*Rosmarie Welter-Enderlin*

**Paare – Leidenschaft und lange Weile**

SERIE PIPER

## Zu diesem Buch

Krisen gehören zu jeder lebendigen Paarbeziehung, wenn die Liebe nicht zur leeren Form erstarren soll. Sie sind Vorboten von fälligem Wandel, für die wir eigentlich dankbar sein müßten. Wer aber mitten in den Problemen steckt, wünscht die Krise zum Kuckuck und sehnt sich nach der »guten alten Zeit«, als Mann und Frau noch wußten, wo sie hingehörten, und nicht jeden Morgen die moderne Frage beantworten mußten: Bleiben wir zusammen, weil wir glücklich sind oder einfach aus Gewohnheit? – Drei Dutzend Paare kehren Jahre nach einer gemeinsamen Krise und anschließender Paartherapie zu ihrer Therapeutin zurück und erzählen ihr, wie sie sich seither entwickelt haben, miteinander und als Individuen. Vier Fünftel der Befragten sind nach der großen Krise zusammengeblieben und erzählen, was ihnen dabei geholfen hat, wie sie Einstellungen verändert und Lebensläufe neu definiert haben.

*Rosmarie Welter-Enderlin*, in Uster, Kanton Zürich, geboren, Studium der Psychologie an der University of Michigan, Ann Arbor, Master of Social Sciences/Social Work; Paar- und Familientherapeutin in eigener Praxis; Gründerin und Leiterin des Ausbildungsinstitutes für Systemische Therapie und Beratung in Meilen/Zürich; Lehrbeauftragte für Psychologie an der Universität Zürich.

*Rosmarie Welter-Enderlin*

# Paare – Leidenschaft und lange Weile

## Frauen und Männer in Zeiten des Übergangs

Piper München Zürich

Redaktion: Ingrid Veblé-Weigel

Ungekürzte Taschenbuchausgabe
1. Auflage April 1995
3. Auflage Februar 1998

Umschlag: Büro Hamburg
Simone Leitenberger, Susanne Schmitt, Andrea Lühr
Umschlagabbildung: allover Bildarchiv, Kleve
Foto Umschlagrückseite: Ringier Bild-Dokumentation, Zürich
Gesamtherstellung: Clausen & Bosse, Leck
Printed in Germany ISBN 3-492-22164-5

# INHALT

# *Vorbemerkungen*

Wir können nur erkennen, was wir wissen.

Dies, liebe Leserin und lieber Leser, ist kein Ratgeberbuch. Weil wir nur erkennen und beeinflussen können, was wir wissen, ist mein Anliegen, Ihnen mit diesem Buch Wissen zu vermitteln. Wenn es gut geht, ergeben sich für Sie daraus Möglichkeiten, die eigene Situation aus vielfältigen Perspektiven neu zu beschreiben und dabei Handlungsfreiräume zu entdecken. Die Entscheidung jedoch, Freiräume im eigenen Leben zu nutzen und wie dies zu tun wäre, liegt bei Ihnen selber. Im besten Fall wird dieses Buch Sie dazu ermutigen.*

Schon lange hat mich die Frage bewegt, wie denn Paare, die einmal bei mir in Therapie waren, danach gemeinsam oder getrennt weiterleben. Ich wollte von rund drei Dutzend »Ehemaligen« wissen, wie sie die Anstöße und Erkenntnisse aus den gemeinsamen Stunden in ihren Alltag übersetzt haben, über Jahre hinweg. Fast alle haben mir geschrieben; die meisten kamen anschließend zu einem Gespräch. Ich habe so viel von ihnen gelernt, daß ich ihre Antworten weitergeben möchte an andere – aus der Praxis, für die Praxis. Die befragten Frauen und Männer erzählen, wie sie in ihrer Beziehung in Engpässe geraten sind, was sie daraus gemacht und wie sie sich seither entwickelt haben. Sie berichten, was ihnen auf ihrem Weg geholfen hat und was schwierig war. Als ihre ehemalige Therapeutin und als teilnehmende Beobachterin erzähle ich ihre Geschichten weiter und unterlege ihnen die Folie meines Wissens sowie einer langen Lebens- und Berufserfahrung. Der erste Teil des Buches bezieht sich auf dieses Allgemeine als Rahmen für das Einmalige der Paarporträts im zweiten Teil, die alle von kritischen inneren und äußeren Übergängen handeln.

Je mehr Erfahrung ich habe mit Paaren in schwierigen Lebenslagen, desto weniger weiß ich, was gut ist für sie, und finde das in

* Die Kapitel dieses Buches sind in sich geschlossen. Sie können ohne weiteres einzeln gelesen werden.

Ordnung, solange ich ihnen behilflich sein kann, ihre eigenen Lösungen zu (er)finden. Ich werde Ihnen mit diesem Buch also keinen Dietrich in die Hand geben, welcher das Schloß von Liebenden öffnet, die vielleicht gerade den Schlüssel dazu verloren haben. Was ich hingegen anbiete, ist eine Fülle von Innenansichten von Paaren, die durch Krisen und Erschütterungen ihre eigenen, einmaligen Schlüssel wieder gefunden oder neu geschmiedet haben. Aus der Perspektive der befragten Frauen und Männer werde ich im dritten Teil des Buches auf die Hauptanliegen kommen, welche diese über alle Milieu-Unterschiede hinweg genannt haben.

## Landkarten des Erkennens

Paarkrisen können unter vielerlei Aspekten betrachtet werden. Der naheliegendste ist der rasche soziale Wandel, den wir in den letzten Jahrzehnten erlebt haben, in den Städten und auf dem Land, als Mobile und als Seßhafte. Unsere Vorstellungen von Liebe, Ehe und Familie sind heute von verwirrender Vielfalt. Zum uralten Paradoxon der Liebe, unserer Sehnsucht nach Verbindlichkeit und »langer Weile« auf der einen Seite und nach der Leidenschaft, die nur sich selber meint, auf der anderen, kommen die neuen Ungewißheiten im Verhältnis von Frau und Mann. »Die einzige Revolution dieses Jahrhunderts« hat Max Frisch den Aufbruch der Frauen genannt. Aber es ist eine unfertige Revolution voller Widersprüche und Ängste, die sich niederschlagen in den Krisen von Paaren, Familien und den übrigen gesellschaftlichen Institutionen, deren Strukturen weit beharrender sind als unsere Visionen. Jene, die von diesen Strukturen profitieren, haben wenig Interesse an Wandel (Männer: nicht alle, aber viele), und wer aus ihnen auszubrechen sucht (Frauen: nicht alle, aber die meisten), zahlt dafür seinen oder ihren Preis. Dennoch sind nicht alle Milieus gleichermaßen betroffen von diesen Widersprüchen. Zwischen traditionellen und progressiven Lebensformen existieren unzählige Varianten, von denen in den Paarporträts die Rede sein wird.

Die These von Paarkrisen als Folge gesellschaftlicher Übergänge muß darum ergänzt werden durch die Frage, wie individuelle Frauen und Männer darauf antworten. Das heißt, wieso sie bestimmte Lebensformen wählen (oder in sie hineinrutschen) und andere ausschließen und auf welche Weise sie sich aufgrund ihrer unterschiedlichen Biographien mit den Wechselfällen ihrer gemeinsamen Geschichte auseinandersetzen. Die Frage stellt sich auch, wie Paare die voraussehbaren und die unvorhersehbaren Übergänge im gemeinsamen Leben verstehen und damit zurechtkommen und wie sie durch ihren Dialog immer wieder die zu ihnen passende gemeinsame Wirklichkeit schaffen – oder aber den Status quo durch Schweigen, Rückzug und andere Machtmittel einfrieren. Ganz besonders interessierte mich, auf welche Art das jeweilige Paar über Verantwortlichkeiten und Privilegien, Familien- und Berufsarbeit, Geld und eigene »Räume« miteinander verhandelt und wer die Entscheidungen wie beeinflußt.

In der Verschränkung der unterschiedlichen Geschichten und Lebenswelten von Frau und Mann mit ihrer gemeinsamen Welt als Paar suchte ich zu verstehen, was sie sich aus dem gemacht haben, was aus ihnen geworden ist. Ich wollte erfahren, wie Frauen und Männer die Leitbilder aus ihren Biographien zu einer gemeinsamen Geschichte verweben, in denen ihre eigenen Geschichten weiterleben können, oder wie der eine oder andere Lebensentwurf vom gemeinsamen verschluckt wird und vielleicht erst durch Krisen wieder ans Licht gelangt.

Wenn Lebensformen und Lebensstil nicht mehr fraglos vorgegeben sind durch Geburt und Zugehörigkeit zu einem bestimmten Milieu, müssen Beziehungen, muß Alltag laufend verhandelt werden. Auch wir selbst, als Frau, Mann und als Paar, stehen zur Verhandlung offen; wir müssen reden, müssen »kommunizieren« über unser Innerstes. Aber wer von uns kann das schon, wo sollten wir es denn gelernt haben? Wenn Liebe verhandelbar wird, ergeben sich Möglichkeiten, von denen die meisten Paare aus den älteren Generationen nicht zu träumen wagten, weil sie vor lauter Arbeit und Existenzkampf gar nicht dazu kamen, sich zu überlegen, wie sie ihr privates Leben gestalten wollten. Aber die Luft wird dünn und das Atmen schwierig, wenn Liebe vorwiegend durch den Ausdruck von Gefühlen produziert werden muß ohne existentielle Verankerung im lästigen, aber verbindlichen Alltag. Zum Fliegen in der Höhenluft gehören die Angst vor dem Fallen und die Anstrengung, täglich neu ja oder nein sagen zu müssen zum anderen, weil in den individualisierten Lebensformen nichts festgeschrieben werden darf. Wie sie mit diesem Dilemma zu leben gelernt haben, erzählen die befragten Paare. Mich interessierte dabei nicht so sehr ihre jeweils einmalig-kreative Lösung, sondern vielmehr, wie Frauen und Männer trotz aller Verunsicherungen in der privaten und der öffentlichen Welt mitmenschliche und lebendige Alltäglichkeit zu praktizieren versuchen.

## Von wem erzählt dieses Buch?

Es sind gewöhnliche Frauen und Männer mit gewöhnlichen Privilegien, nicht ganz Arme, aber auch nicht ganz Reiche, die mir geschrieben und erzählt haben. Sie leben einerseits in *unterschiedlichen Welten*, zum Beispiel als Mittelständische, im Milieu der Angestellten, der Facharbeiterinnen und Facharbeiter, als Geschäftsleute oder als Akademikerinnen und Akademiker. Ausnehmend viele der befragten Paare sind sozial mobil, das heißt sie haben auf dem zweiten Bildungsweg den Stand ihrer ursprünglichen Ausbildung überflügelt. Es gibt anderseits aber auch viel *Verbindendes* bei denen, die hier erzählen. Das Leiden zum Beispiel, mit dem sie in Therapie kamen, ist eher formlos, weil es alltäglich ist und selten mit dramatischen Symptomen daherkommt, wie sie in psychiatrischen Lehrbüchern beschrieben sind. (Depressive Verstimmungen wie auch psychosomatische Erkrankungen rechne ich zum Alltag.) Es geht ihnen im großen ganzen gut, im kleinen ganzen aber oft gar nicht gut. Sie gelten also keineswegs als »Fälle«, und wenn doch, so kommen sie eher in Zeitschriften und in der zeitgenössischen Literatur vor, wo ich beim Schreiben mit Wonne geräubert habe.

Darf man in einer Epoche, die von politischem Unrecht, von Umweltzerstörung, Epidemien und Hungersnöten geschüttelt wird, das kleine Elend dieser eigentlich Privilegierten überhaupt beschreiben? Eine Antwort fällt mir nicht leicht. Was ich hier mitzuteilen habe, ist das, was ich kompetent und aus einer Innenperspektive überhaupt weiß. Weil ich trotz aller Bedenken überzeugt bin, daß das Außen mit dem Innen zu tun hat, schreibe ich hier über das formlose Leiden der relativ Privilegierten. Ich glaube zwar nicht, daß alles, was auf der Weltbühne geschieht, zu Hause begonnen hat. Aber ich bin überzeugt, daß nur selbstsichere Menschen, die verstehen wollen, die lieben und sich geliebt fühlen und aufrecht durchs Leben gehen, »menschliche« Politik machen, im Kleinen wie im Großen. Von Menschen, die solches wollen, handelt dieses Buch.

Ein weiteres Gemeinsames der hier Erzählenden, die über ihren angestammten Boden hinausgewachsen sind, sind die Klumpen aus eben diesem Boden, welche sie an ihren Schuhen in eine ihnen immer etwas fremd bleibende Welt tragen, oft mehr, als sie das selber ahnen. Es sind Klumpen, die zwar ihr munteres Fortschreiten zu immer neuen Horizonten behindert haben, aber nicht nur zu ihrem Schaden. Bei den erzählenden Frauen und Männern handelt es sich um die Generation der heute 35- bis 50jährigen, mit einigen Ausnahmen nach oben und nach unten. Ihre Paartherapie liegt im Schnitt sechs Jahre zurück, manchmal länger und manchmal weniger lang. Diese Auswahl war zwar von mir nicht beabsichtigt, aber dennoch nicht zufällig, denn es ist eine Altersgruppe, welche auffallend häufig in Paartherapie kommt. Sie gehört zu einer Generation, die einiges erlebt hat an gesellschaftlichem Wandel mit seinen Widersprüchen. Auf die eine oder andere Weise sind alle der hier Erzählenden berührt worden von den Leitbildern der fünfziger Jahre, welche die stummen genannt werden, aber auch von denen ihrer Gegenwelt, 1968 und danach. Selbst wenn die hier zu Worte kommenden Frauen und Männer die Nachkriegszeit, die als das »Goldene Zeitalter der Familie« beschrieben wird, nicht bewußt erlebt, sondern durch Erziehung und Lebensstil mitbekommen haben, schlagen die entsprechenden Leitbilder in den meisten Biographien durch und werden in Krisenzeiten aktiviert. Die damalige Blütezeit der Kleinfamilie, geprägt von »offiziellem Patriarchat und heimlichem Matriarchat« – der Mann gilt draußen viel, aber drinnen wenig, die Frau gerade umgekehrt – war an der Entstehung ihrer Träume beteiligt, ob sie sich daran erinnern oder nicht. In ihren innersten Bildern über die Liebe, über Sexualität und Elternschaft, Treue und Untreue, wirken diese Bilder kräftig weiter und stehen im Widerspruch zu den neuen Visionen von Gleichwertigkeit von Frau und Mann. Wenn solche Bilder unbemerkt in alltägliche Sprachregulierungen und Handlungsweisen einfließen, sorgen sie manchmal für Verwirrung, öfter jedoch für Unverständnis und Zorn.

Der Gegenentwurf zum »Goldenen Zeitalter der Familie« aus den späten sechziger und den siebziger Jahren, der als das neoromantische Beziehungsideal bezeichnet wird, ist geprägt von individualisierten Glücks- und Heilserwartungen an die Liebe zwischen Frau und Mann, die sich aus verbindlichen sozialen Bezügen gelöst haben. »Zerschlagt die Kleinfamilie« heißt die Devise. Mit dem Ideal ewiger Verliebtheit in einer offenen Zweierbeziehung sollen die »kleinbürgerlichen« Erwartungen an Verbindlichkeit und Gemeinschaft – bis daß der Tod euch scheidet – überwunden werden. Als Wunsch nach einer ewigen Liebeskindheit, als Sehnsucht nach ständig neuer Ekstase und Verschmelzung, spielen diese Ideale bei vielen Paaren um die 40 auch in meiner Befragung eine Rolle. Wenn das Ideal nicht erfüllbar ist, heißt das dann »Liebe auf Zeit«. Aber unter dem Glanz von Individualismus, Narzißmus und sexueller Freiheit leben die alten Bilder aus der Kindheit munter weiter: »Gemeinschaft ist wichtiger als Individualität« oder »Die Frau ist das Herz, der Mann der Kopf der Familie, und alles andere ist nicht normal.« Die Sehnsucht nach der langen Weile* der Beständigkeit läuft der Lust auf die Kurzweil der Leidenschaft nebenher. In Paarkrisen zeigt sich dieser Widerspruch, und keine(r) weiß so recht, woher er kommt und wie man mit ihm umgehen könnte.

Wie sie mit solch eingebauten Widersprüchen leben, wie sie improvisieren im alltäglichen Tun und an den Widersprüchen manchmal sogar gedeihen, erzählen die Paare in meiner Untersuchung. Ihre Geschichten sind nie bloß Paargeschichten, es sind immer auch Geschichten von einmaligen Frauen und Männern, geprägt von einmaligen Lebensentwürfen in Zeiten allgemeiner Übergänge. Ich habe viel gelernt von den Erfahrungen der hier zu Worte kommenden Frauen und Männer und *danke ihnen herzlich* für die ungezählten und unbezahlten Stunden, die sie in das Schreiben und Erzählen investiert haben. Meine Hoffnung ist,

* »Lange Weile« meine ich im Sinne von »langem Atem« in der Auseinandersetzung mit Paarkonflikten. Gleichzeitig beinhaltet der Begriff auch die Idee, daß zu einer dauerhaften Beziehung ein Stück »Langeweile« gehört als Gegenstück zu romantischer Liebe, deren einzige Grundlage das Gefühl von Verliebtheit ist.

daß daraus vielfältige Möglichkeiten des Sehens, des Wissens und des Handelns für all jene erwachsen, die als Liebende wie auch als ihre Begleiterinnen und Begleiter gangbare Wege im Gestrüpp der wunderbaren und schrecklichen Vielfalt modernen Lebens suchen.

# Teil I Gesellschaftliche Übergänge

# Kapitel 1

## Das neue Reden von der »Paarbeziehung«

Es wäre unvorstellbar gewesen, daß meine Mutter oder mein Vater je das Wort Beziehung in den Mund genommen hätten, schon gar nicht in Form von »Paarbeziehung«. Wie es kommt, daß ihre Tochter heute täglich mit diesem Begriff hantiert, davon lebt und darüber schreibt, will ich als Einleitung zu diesem Buch erzählen.

Wohl redete man in meiner Kindheit von Paaren. Von den »Pärlein«, wenn sie Verlobungssträuße aus unserem Blumenladen geschickt bekamen und auch noch, wenn sie später bei uns die Hochzeitsdekoration bestellten. Vom »Ehepaar« dann, wenn sie ein Kind erwarteten und vielleicht der frischgebackene Vater Rosen kaufte für die junge Mutter. Von da an waren sie dann die Familie Meier oder Familie Müller, manchmal mit dem Zusatz der Berufsbezeichnung des Mannes oder dem Namen des Hofes. »Blattmacher Müllers« oder »Schneidermeister Meiers« oder einfach »die Meierhöfler«. Vom Paar war dann wieder die Rede, wenn eines das andere verlor. »Es«, als Mitglied eines Ganzen, nicht »sie« oder »er«. Der Dialekt machte die Verhältnisse klar, das Wir erwies sich darin dem Ich überlegen. In der Schule wurde diese Erfahrung bestätigt. Wir lernten, daß »man« nie einen Satz mit »Ich« beginnen dürfe. Das Ich war auch hier dem Wir untergeordnet.

### Geschichtenerzählen als Selbstvergewisserung

Über Beziehungen wurde also zu Hause nie geredet, auch nicht über die eigenen. Dafür wurden Geschichten erzählt. Bei Tisch, wo Mutter, Vater, fünf Kinder, eine Großtante, ein Lehrling und eine Haushaltlehrtochter und wechselnde Gehilfen täglich zusammen aßen, die Meistersleute oben am Tisch, wie es sich seit Jahrhunderten so gehörte. Ununterbrochen, scheint mir heute, und auch manchmal überwältigend dicht. Wer keine Geschichte hatte, erfand eine. Die kleinen Abenteuer in der Schule oder auf dem Schulweg zum Beispiel konnten, wenn wir sie farbig und dramatisch genug erzählten, Zuhörerschaft finden, manchmal Lachen auslösen oder eine angespannte Stimmung besänftigen. Ich habe damals intuitiv verstanden, wie wunderbar das Erzählen als Besänftigung und Bereicherung des Alltags dienen kann. Daß daraus einmal ein Beruf würde, konnte ich nicht ahnen. Wohl aber wußte ich, daß Geschichtenerzählen tröstet, daß aus Geschichten Möglichkeiten sprießen und daß Geschichten den Menschen ein Gefühl der Zugehörigkeit vermitteln.

Früheste Erinnerung: Großtante Lisette im langen schwarzen Rock mit geblümter Schürze am Küchentisch neben Mutter beim Gemüseputzen. Der Postbote bringt die Lokalzeitung, das Kind setzt sich zwischen die beiden Frauen auf die Küchenbank, Tante Lisette überfliegt die Todesanzeigen und beginnt zu erzählen. Die Lebensläufe der Verstorbenen nehmen Gestalt an, sie werden zu Figuren vor dem Hintergrund einer Geschichte, die bis ins letzte Jahrhundert reicht. Unter jedem Grabstein liege ein Stück Weltgeschichte, sagte sie manchmal dazu. Tante Lisette, um 1870 geboren als Arbeiterkind im Zürcher Oberland, war eine Schwester von Vaters Mutter. Sie erzählte von Hungersnöten und wie sie manchmal monatelang nichts anderes aßen als Kartoffeln. In meinen Nacherzählungen auf dem Schulweg wurde Gras aus den Kartoffeln. So arm seien sie damals gewesen, daß sie Gras essen mußten! Geschichten werden ja nie in ihrer Urform weitererzählt, sie werden ausgeschmückt oder bagatellisiert, je nach dem Ort, wo erzählt wird. Auch diese Erfahrung gehört heute zu meinem Beruf. Wenn Menschen mir erzählen, hat jedes Familienmitglied eine andere Geschichte, selbst wenn sie seit Jahren miteinander unter demselben Dach leben. Meine Schwestern und Brüder erzählen dasselbe Ereignis selbstverständlich ganz anders als ich. Geschichten kopieren nicht Wirklichkeit, sie erschaffen sie. Die Art und Weise, wie wir Erlebtes und Gefühltes in Sprache fassen, wirkt auf die Realität zurück, indem Sprache neu ordnet, was vorher unbestimmt und diffus war. Die »Versprachlichung« von Erfahrung, also das Erzählen von Geschichten, schließt immer auch neue Perspektiven von Wirklichkeit in sich: verengende »So ist es« oder erweiternde »So könnte es sein« – als Blick auf neue Möglichkeiten.

Das Wort Beziehung fiel in meiner Kindheit nie. Ich erinnere mich auch nicht, daß man mich als Kind je gefragt hätte, wie es mir gehe oder wie ich mich fühle. Auch die Eltern untereinander fragten sich das nicht. Man wußte, wie es einem selber und dem anderen ging, man lebte und arbeitete ja zusammen. Als später mein erster Freund, ein »Studierter«, ins Haus kam und beim Eintreten fragte »Wie geht es Ihnen«, waren Vater und Mutter verlegen. Ich fand seine Höflichkeit interessant, aber distanzierend. Es sagte mir auch nie jemand »ich liebe dich«, als ich ein Kind war. Aber ich wußte es. Ich erlebte es beim Zusammensitzen am Familientisch, wenn Vater abends den Fortsetzungsroman aus dem Wochenblatt vorlas. Ich wußte es, wenn er uns Kinder der Größe nach für eine Fotografie hinter dem Haus aufreihte und nebenbei sagte: Kinder, ihr seid mein ganzer Reichtum, ohne euch könnte ich diesen Laden zumachen. Das sichere Gefühl, daß wir gebraucht wurden und daß unsere Eltern stolz waren, daß wir neben unserer Mitarbeit im Geschäft klaglos oder sogar gerne zur Schule gingen und ihnen damit »Ehre machten«, bedeutete für mich Liebe. Ich hatte keine Ahnung, daß Eltern ihren Kindern sagen müssen, daß sie sie lieben... Viel später erst, als ich als Studentin in Amerika mit meinem Mann am Tisch einer jungen Akademikerfamilie saß, hörte ich zum erstenmal eine Mutter zu ihrem Fünfjährigen vor uns Fremden sagen »I love you Brian«. Ich war verwundert und verwirrt, daß etwas so Selbstverständliches wie Elternliebe Worte brauchte.

Im nachhinein denke ich, daß es in der Familie meiner Kindheit tatsächlich wenig über Beziehungen und Gefühle zu reden gab, wie in vielen anderen damals auch. Wir waren eingebettet in Tradition, wir hatten unseren klar definierten sozialen Ort im Rahmen des Dorfes und des Gewerbes, und wir lebten in abgesteckten Grenzen, die von den Jahreszeiten, vom Wetter und ganz besonders vom mageren Einkommen diktiert waren. Arbeit und Leben, Reden und Handeln waren identisch. Eine heile Welt war das nicht, ganz und gar nicht. Aber sie war überschaubar und von Tag zu Tag voraussehbar. Sogar in den Ritualen des Essens: Am Freitag gab es Käse- und Obstkuchen und jedesmal ein Festessen, wenn im Frühjahr das erste Gemüse aus dem Treibbeet auf den Tisch kam oder im Juni die ersten Erdbeeren. Es kamen aber neben solchen Freuden auch schwere existenzielle Sorgen vor in der Zeit während und nach dem Zweiten Weltkrieg sowie eine ständige Angst vor der Überschuldung des Geschäfts, die ich als Älteste viel zu früh mitbekam. Und es gab unser nie ausgesprochenes

Wissen darum, daß unsere Eltern in mancher Weise unter ihren Möglichkeiten lebten: Auch das war nichts Besonderes. Andere Eltern schienen in der gleichen Lage zu sein. Meine Mutter hatte keinen Beruf erlernen können, und mein Vater mußte, fraglos, das Geschäft seines Vaters übernehmen, als dieser früh starb. Beide hätten gerne etwas anderes gemacht aus ihren vielfältigen Talenten, und diese Sehnsucht nach Wissen, Bildung und dem individuell gestaltbaren Lebenslauf vermittelten sie uns Kindern.

Es wird in diesem Buch oft die Rede sein von den Bildern über sich selber und die Welt, welche Frauen und Männer aus ihren Herkunftsfamilien mitnehmen in die eigene Ehe (in ihre »Paarbeziehung«!). Ich bin meinen Eltern dankbar dafür, daß sie mir zugemutet und zugetraut haben, die Sehnsüchte, die sie sich in ihrem Leben selber nicht erfüllen konnten, in mein Leben zu übersetzen. Mir scheint, daß der bittere Teil dieser Sehnsüchte, daß nämlich das Kind das Gefühl vermittelt bekommt, an Stelle seiner Eltern leben und erfolgreich sein zu müssen, in psychologischen Theorien zu einseitig betont wird. Natürlich kommt das vor, und es kann eine Zwangsjacke ohnegleichen sein. Manchmal tragen Menschen eine solche auch längst über die Zeit hinaus, da ihre Eltern sie ihnen mit der Erwartung verpaßten, es im Leben weiter zu bringen als sie und – quasi als ihr Besitz – ihre Aufträge zu erfüllen. Vermutlich kommt es entscheidend darauf an, auf welche Weise die Wünsche der Eltern an ihre Kinder vermittelt werden, als Chance oder als Zwang. Wir wurden, wie ich mich erinnere, als Kinder nie gefragt, ob wir die Schulaufgaben gemacht und welche Noten wir geschrieben hatten. Aber unser bildungshungriger Vater wollte dafür täglich von mir wissen, was ich in der Schule gelernt hatte. Er fragte es für sich selber, voller Neugier und Lust, von mir zu lernen und das Wissen mit mir zu teilen, das er sich selber aus Büchern und Zeitschriften laufend aneignete, nicht als Kontrolle.

## Von Brüchen und Übergängen

Wenn ich meine Erfahrung mit »Familie« im Rahmen der Tradition und der fraglosen Kontinuität beschreibe, wo man sich erzählte, aber nicht über Gefühle und Beziehungen redete, so stimmt das für die Zeit meiner Kindheit. Aber bereits in den alten Familiengeschichten war Wandel, waren Brüche angelegt. Wenn wir zum Beispiel hörten, wie der Vater unserer Mutter als unehelicher Sohn einer Bauernmagd zur Arbeit auf einem fremden Hof »verdingt« worden war, als er zehn Jahre alt war, und es dann doch bis zum eigenen Geschäft als Handwerker brachte, war da die Rede von Brüchen und Entwicklungen, nicht von Beständigkeit. Auch in der Geschichte des Großvaters auf der väterlichen Seite gab es solche. Als Bauernsohn hatte er bei seiner Tätigkeit als Lehrer in einer Gesamtschule so viele Pflanzen im Schulzimmer gezogen und mit ihnen experimentiert, daß er weggeschickt wurde. Darauf fing er mit seinem Sohn eine kleine Gärtnerei an, welche unsere Familientradition begründete. Sie hat nicht einmal hundert Jahre gedauert. Denn es gab in unseren Geschichten diese Sehnsucht nach Weiterkommen und Verwandlung. In ihnen lag das Versprechen, daß auch wir es weiter bringen und einmal nicht so hart und für so wenig Anerkennung arbeiten müßten wie unsere Eltern, wenn wir nur unser Glück selber in die Hand nehmen würden.

## Wurzeln und Flügel

Ich erinnere mich an eine geheime Angst während der Kindheit, einmal alles verlassen zu müssen, was ich gern hatte und was mir Beständigkeit und das Gefühl von Wurzeln gab. Meine Angst war berechtigt. Von Jahr zu Jahr zeigten sich mehr Veränderungen in unserem Umfeld. Die Neubauten, der Verkehr, die Hektik umbrandeten das alte Haus und die Treibbeete wie eine Insel. Schließlich wurde unser Haus durch einen Brand zerstört, gerade als wir Kinder die Flügel ausbreiteten. Das frühere Dorf wurde zum Vorort und zur Schlafstadt. Die Verheißungen des modernen Lebens und das Versprechen unseres Vaters, daß Bildung mit Lebensfreude und Wohlstand verbunden sei, hatten uns eingeholt. So kam es, daß ich widersprach, als ich eine Lehre als Gärtnerin machen sollte. Heimlich, denn ich wußte, daß es ein Zeichen von Schwäche war, fremde Hilfe zu beanspruchen, ging ich in die Sprechstunde der Berufsberaterin, die es seit kurzem im Dorf gab. Zu Hause zeigte ich dann meiner Mutter nebenbei das Programm der »Städtischen Töchterschule«, und später legte ich es auf Vaters Schreibtisch mit einer Notiz, er möge mir doch ein Jahr dort zugestehen, dann wolle ich die Lehre machen. Es wurde nichts daraus, ich blieb in der Schule. Später gingen auch die Geschwister in die Stadt zur Schule und in die Lehre, was Vater mit zwiespältigen Gefühlen zur Kenntnis nahm. Die Geister, die er gerufen hatte, wurde er nicht mehr los.

Unser Nicht-reden-Können wurde schließlich zum Problem; es paßte nicht mehr, als sich uns Wahlmöglichkeiten eröffneten, welche Diskutieren, Planen und Verhandeln nötig gemacht hätten. Von ähnlichen Erfahrungen erzählen Frauen und Männer in diesem Buch, die ebenfalls ihre Kindheit in vorgezeichneten Bahnen erlebt haben, an deren Ende plötzlich Landschaften aufgingen, zu welchen die alten Landkarten nicht mehr paßten. Lieben und arbeiten, wie Sigmund Freud es als Merkmal gesunder Menschen beschrieben hat, genügen auf einmal nicht mehr.[1] Es muß diskutiert und verhandelt werden, nicht bloß in der Geschäftswelt, sondern auch in Familien, wenn Lebensläufe individuell gewählt werden können und nicht mehr eingebettet sind in Tradition.

Zum Reden über die Gestaltung des Lebenslaufs gehört das Reden über Möglichkeiten von Beziehungen, die sogenannte Kommunikation, ein anderes Wort, das ich erst als Erwachsene gehört habe. Die meisten Paare kommen in die Therapie, weil sie es schwer haben mit ihrer »Kommunikation«. Das Geschichtenerzählen verknüpft zwar Vergangenheit, Gegenwart und Zukunft und vermittelt die große Linie. Angesichts der Öffnung zu vielfältigen Lebensformen zeigt sich erst recht die Notwendigkeit, sich seiner Geschichte zu versichern. Aber für die alltäglichen Vereinbarungen und Lösungen braucht es »die Kommunikation«, das Reden über sich selber und seine Anliegen, im Dialog mit Lebens- und Arbeitspartnern. Die damit verbundene Selbstthematisierung verweist auf die momentanen Anliegen eines Menschen, während das Geschichtenerzählen uns mit dem Fluß der Zeit verbindet. Eine Balance zu finden zwischen beidem, Erzählen und »Verhandeln«, ist eines der Anliegen von Paarberatung.

Prägend für meine Berufswahl, die ich eher als Zufall denn als Wahl beschreiben würde, war die eigene Lebenssituation als Heranwachsende in den fünfziger Jahren mit ihrem ungetrübten Glauben an Fortschritt und Wohlstand. Meine Blindheit für die Verflechtung meiner persönlichen Situation mit Kultur und Gesellschaft zeigte sich im typisch weiblichen Lebensentwurf. Ich hätte gerne Medizin studiert, aber ich wurde Sozialarbeiterin, weil ich weder das Geld noch den Mut dazu hatte, die erste studierte Frau in der Familiengeschichte zu werden. Als ich zu Hause damals über diesen Wunsch redete, schaute man mich groß an, und das Wort vom Blaustrumpf ohne Mann und Kind erschreckte mich derart, daß ich den Wunsch ohne Schmerz wieder wegsteckte. Erst als ich, bald 30 und mit einem Mann verheiratet, der mehr Lust an Wandel als an Seßhaftigkeit hatte, in die USA einwanderte, wagte ich mich an ein Hochschulstudium. Die stummen fünfziger Jahre waren vorbei, die Aufbruchzeit von 1968 hatte begonnen.

Es folgten Jahre des Balancierens zwischen Studium, zwei kleinen Kindern und Beruf, das Leben in einer internationalen Universitätsstadt im mittleren Westen von Amerika. Wir lebten karg, aber dafür eingebettet in ein Netz von Gleichaltrigen und Gleichgesinnten, voll Begeisterung über das Aufbrechen der alten Strukturen. Mit chronischer Übermüdung auch, wollten wir doch alles auf einmal nachholen, was wir bis dahin verpaßt hatten. Damals lernten wir, Beziehungen zu »hinterfragen«, Gefühle in Worten auszudrücken, das bisher Selbstverständliche zu problematisieren und unseren Kindern zu sagen, daß wir sie lieben. Selbstdarstellung und Selbstthematisierung gehörten zum Alltag der späten sechziger Jahre und der folgenden Jahrzehnte.

Unsere Hoffnung war, unsere Kinder dieselbe Verwurzelung erfahren zu lassen, wie wir sie bekommen hatten, und ihnen dennoch zuzumuten, schon in frühen Jahren mit Veränderungen zurechtzukommen. Das hieß für sie, tageweise von einer Nachbarin betreut zu werden, mit Kindern unterschiedlicher ethnischer Herkunft und mit zwei Sprachen gleichzeitig aufzuwachsen. Der praktische Teil dieses Lebensstils war im damaligen Rahmen selbstverständlich und einfach, und die Sehnsucht nach jener »Insel« in der Gemeinschaft mit anderen Familien lebt in uns weiter. Meine ewigen Schuldgefühle als Mutter und Berufsfrau entstanden erst, als wir wieder in den alten Strukturen in der Schweiz lebten. Sie wurden mir zugewiesen von den psychologisierenden Stimmen im eigenen Kopf (die Mutter als wichtigste Bezugsperson!), aber noch mehr von Menschen, die genau wußten, wo der Platz einer Mutter ist.

Ob die Geister der Moderne, die wir riefen, uns glücklich gemacht haben? Glücklicher, als wenn wir seßhaft geblieben wären? Ich kann die Frage nicht beantworten. Wir hatten wohl einfach die Nase im Wind und folgten dem Zeitgeist, mit all seinen Folgen... Aber es ist eine Frage, die mich hier beschäftigen wird. Wieviel Boden unter den Füßen und wie starke Wurzeln in der Gemeinschaft braucht der Mensch, wenn er mit dem Individualisierungsprozeß unserer Zeit zurecht kommen will? Und wo finden Paare zwischen gestern und morgen diesen Boden? Wie finden sie Wurzeln, die nicht bloß Luftwurzeln sind? Und was für Bilder und Vorstellungen leiten sie dabei?

Die sanften und unsanften Übergänge, die einerseits in den vielen Veränderungen im gesellschaftlichen Umfeld und anderseits in den Unterschieden des individuellen Lebensentwurfs von Mann und Frau und der vorherrschenden Rollenteilung angelegt sind, sind Thema dieses Buches. Es hat mit meiner persönlichen Geschichte ebenso zu tun wie mit den Erfahrungen von Paaren und Familien, die seit über 20 Jahren zu mir in die Beratung kommen, wenn sie im Engpaß solcher Übergänge stecken und nicht mehr nach hinten und noch nicht nach vorne gehen können. Auch die eigenen Erfahrungen in einer langen, bewegten Ehe sind mit dem Thema dieses Buches verknüpft. Der Begriff der »sanften und unsanften Übergänge« stammt von einem Bild, das mein Mann in kritischen Zeiten für mich gemalt hat. Unsere Beziehung – ich werde das Wort »Paarbeziehung« in meinem Text verwenden, auch wenn ich es »handschweißhemmend«[2] finde – spannt sich über drei Jahrzehnte. Eine Epoche, in der sich unsere Vorstellungen über Frauen, Männer, Kinder, Liebe und Arbeit grundlegend gewandelt haben, wenn ich sie mit meiner Jugend vergleiche, und dabei doch die Strukturen in Familie und Gesellschaft weitgehend dieselben geblieben sind. Die mit diesem Spannungsfeld verbundenen Experimente und Erschütterungen lassen mich meine Arbeit anders verstehen als zur Zeit meiner Ausbildung. Immer wieder mußten wir im eigenen Leben lernen, als Grenzgänger zwischen diesen Welten auf dem hohen Seil zu balancieren und mit dem jederzeit möglichen Absturz zu rechnen. Nicht Normalität, sondern Erfindungsgeist und Improvisation waren gefragt. Wunderbar! Aber woher nimmt der Mensch die Energie, seine Welt immer wieder neu zu erfinden? Wer oder was trägt sie und ihn, wenn der ersehnte sichere Hafen von Liebe und Familie selber von Stürmen bewegt wird und nicht mehr selbstverständlich alle Sicherheit und Geborgenheit zur Verfügung stellt, die auch sogenannte neue Menschen brauchen? Wo gibt es Inseln zum Auftanken für Frau und Mann als zwei eigene Ich, wenn das Wir immer nur vorübergehend Insel und Nährboden sein kann? Wie leben andere Paare in einem solchen verbindlichen Provisorium?

## Paare in der Beratung

Mit diesen Fragen kommen Frauen und Männer zu mir in die Beratung, die als Paar mit den widersprüchlichen Vorstellungen von »romantischer Liebe« einerseits und »Tod der Familie« anderseits zu leben versuchen und dabei in Konflikte und Krisen geraten. Ich habe nie pfannenfertige Lösungen für sie bereit, aber wir entwikkeln gemeinsam fast immer Szenarien dafür, wie sie ihr Leben zwischen den Polaritäten Ich und Wir, zwischen Leidenschaft und verbindlicher langer Weile, zwischen gestern und morgen gestalten könnten, ohne sich in die Tragödien der Übergangskrisen zu verlieben oder sie zum Normalzustand einzufrieren. Mich interessiert bei solchen Begegnungen sowohl, wie Menschen und Situationen zu dem geworden sind, was sie sind, als auch, mit was für Ressourcen aus ihren Biographien sie sich etwas aus den Dingen machen. Das heißt, wie sie Vergangenheit in Zukunft verwandeln – oder anders, wie sie aus dem Indikativ »so ist es« den Konjunktiv bilden »so könnte es sein«.

Die Frauen und Männer, welche hier ihre Geschichten erzählen, haben es nicht unbedingt »geschafft«, wie das schrecklich puritanische Wort dafür heißt, fraglos zufrieden zu werden. Aber als Menschen, die den Mut hatten, aus den Verstrickungen eines oft leidvollen, sich endlos wiederholenden »Paar-Tanzes« auszusteigen, indem sie eine Dritte dazu baten, haben sie sowohl ihren Mut als auch ihren großen Ernst daran bekundet, daß ihr Leben runder werden solle.

Meinen Auftrag als Therapeutin beziehungsweise Beraterin*

* (ich werde die Begriffe Beratung und Therapie im folgenden austauschbar benützen)

sehe ich darin, den mich konsultierenden Paaren und Familien zu ermöglichen, ab und zu von ihrer alltäglichen Froschperspektive in die Vogelperspektive zu wechseln, damit sie die Unterschiede zwischen dem, was ist, und dem, was sein könnte, erkennen. Erkennen geschieht in meinem Verständnis aber nie bloß durch die Neubeschreibung des Bisherigen und Zukünftigen, sondern vor allem durch das Ausprobieren neuer Schritte zur Erfindung eines neuen »Tanzes«. Ein einmaliger Schrittwechsel, eine winzige, vielleicht zufällige Veränderung, der gelobte Flügelschlag eines Schmetterlings, kann neue Erfahrungen bewirken und Welten in Bewegung setzen. Manchmal läuft es in der Paartherapie auch umgekehrt: Ich ermutige Frauen und Männer zu neuen Schritten, ohne daß sie oder ich je erkennen, woraus der alte Tanz bestanden hat. Auch auf diese Weise können für sie genügend neue Erfahrungen entstehen, daß sie gelassen ihren eigenen Weg wieder unter die Füße nehmen. Erst Jahre später, wenn das Neue sich etabliert hat und jemand mit Fragen zu ihnen kommt, merken sie dann manchmal, worin der Unterschied zwischen dem Vorher und dem Nachher in ihrer Krise bestanden hat.

Ab und zu ist das Erproben neuer Schritte aber auch mit der Erfahrung verbunden, daß die Schrittwechsel bei aller Anstrengung und allem guten Willen immer wieder zu mehr desselben führen. Es werden darum in meinem Bericht auch einige Frauen und Männer zu Wort kommen, die während oder nach der Therapie den Entschluß gefaßt haben, aus dem gemeinsamen Tanz auszusteigen. Sie werden von Erleichterung und neu gefundener Lebensfreude, aber auch von Schmerz und Wut erzählen. Zur Beschreibung der unterschiedlichen Lebensformen verweise ich mehrheitlich auf Paare, die zusammengeblieben sind.

Mit diesem Buch will ich die Tradition der Neugier, des Fragens und der vorläufigen Antworten aus meiner Herkunft weiterführen – mit Ihnen als Lesende zusammen, welche ich unterwegs vermute, wie ich es selber bin. Die Geschichten der hier erzählenden Paare verknüpfe ich mit meinem Wissen und meiner Erfahrung, jedoch nicht als »Wahrheit«, sondern als eine mögliche Sichtweise unter vielen anderen. Ich schreibe aus der Perspektive der professionellen Beobachterin, aber auch einer am Beschriebenen vielfältig beteiligten Frau. Die Grenzen zwischen meinem Denken, Schreiben und alltäglichen Handeln sind fließend – wie man das uns Frauen sozusagen als natürliche Eigenschaft zuschreibt. In meinem Fall haben sie wohl eher mit meiner Familiensituation in Verbindung zu meiner Berufstätigkeit zu tun, schwankend zwischen Tradition und Wandel (wie diese beiden Welten im eigenen Leben bis zum heutigen Tag geblieben sind). Der Vorteil dieser Lage ist, daß ich selber verankert bin in der Improvisation von Alltag zwischen Liebe, Familie und Beruf. Der Nachteil ist, daß mir keine Infrastruktur, keine Assistentinnen und Assistenten zur Verfügung standen, welche die Fülle der erhaltenen Antworten zu diesem Buch aufbereiten halfen. Dafür bin ich vernetzt mit Familie, Freunden, Freundinnen und Kollegen, welche diesen Mangel durch ihre Anregungen und liebevolle Begleitung wettmachten.

# Kapitel 2

## Liebe und Ehe in Zeiten des Übergangs: Kreative Vielfalt oder Dauerkrise?

Zu diesem Kapitel: Wie die alten Bilderbuchvorstellungen von Liebe, Ehe und Familie unter dem Firnis des sozialen Wandels der letzten Jahrzehnte lebendig geblieben sind. – Was uns die sogenannte Moderne an Versprechungen und Wahlmöglichkeiten gebracht hat, und wo sie uns als Liebende mit unserer Sehnsucht nach Wurzeln und nach Flügeln, Sicherheit und Leidenschaft im Regen stehen läßt.

»Seine Ehe ist nicht ihre Ehe« und wie es kommt, daß Männer im Durchschnitt zufriedener verheiratet sind als Frauen. – Die unterschiedlichen Lebenswelten von Frau und Mann lassen sich nur zum kleinsten Teil biologisch begründen. Sie werden im Alltag von Paaren durch Kultur, Sprache und soziale Strukturen laufend reproduziert. Aber der Aufbruch zu neuen Ufern durch die soziale Revolution der Frauen läßt sich nicht rückgängig machen.

Ideen zur Bedeutung von verbindlichen Paarbeziehungen als Kontrast zur »Liebe auf Zeit«. – Mein persönliches Verständnis von Paartherapie: Karikatur moderner Verstiegenheit oder Aufklärung?

»Es ist schlimm genug, daß man jetzt nicht mehr für sein ganzes Leben lernen kann. Unsere Vorfahren hielten sich an den Unterricht, den sie in ihrer Jugend empfingen; wir aber müssen jetzt alle fünf Jahre umlernen, wenn wir nicht ganz aus der Mode kommen wollen.« Eine typische Klage über den raschen Wandel der Zeiten und Werte im ausgehenden 20. Jahrhundert. Oder doch nicht? Der Satz stammt aus den »Wahlverwandtschaften« von Johann Wolfgang Goethe und wurde 1808 geschrieben. Ich verdanke den Hinweis darauf Peter Bichsel.

Wenn ich in diesem Kapitel vorerst die historischen und gesellschaftlichen Rahmenbedingungen der folgenden Paargeschichten skizziere, will ich daran denken, daß einer schon vor bald 200 Jahren die Raschlebigkeit seiner Zeit beklagte. Dennoch vermute ich, daß die Erkenntnis, daß es schon damals so war, für uns Heutige kaum Trost bietet. Denn die meisten von uns erleben die dauernden Umbrüche in unseren Sinn- und Lebenswelten hautnah und als Belastung. Wir müssen zusehen, wie vertraute Landschaften zubetoniert werden, wir lesen in der Zeitung von der Bedrohung durch eine mögliche Klimakatastrophe, und in der privaten Welt erfahren wir zum Beispiel, wie die besten Freunde, deren Ehe wir bisher als lebendig und gut einschätzten, sich scheiden lassen. Kein Wunder also, daß unsere Sehnsucht nach der alten Zeit, die wir gern als die gute bezeichnen, uns Bilder von Ehe und Familie träumen läßt, in welcher Liebe in einem verbindlichen, gemeinschaftlichen Wir aufgehoben ist, das dennoch weitmaschig genug bleibt für die Entwicklung des Ichs.

Warum soll ich mir überhaupt die Mühe machen, im Zusammenhang mit den folgenden Paargeschichten ihre gesellschaftlichen Rahmenbedingungen zu skizzieren, wenn doch alles im Fluß ist und rascher und verwirrender Wandel schon lange einfach zum Leben gehört? Es gibt einen Satz aus der Geschichte der Frauenbewegung, welcher mich seinerzeit beim späten Erwachen zu meiner weiblichen Identität getröstet hat: »Das Persönliche ist politisch.« Er wurde mir tröstlich, weil er das, was ich in meiner privaten Welt von Familie und Arbeit erfahre, verknüpft mit der großen Welt des Sozialen und Politischen. Tröstlich? Ich kann das große Ganze doch kaum beeinflussen! Aber wenn ich die Zusammenhänge meines Lebens besser verstehe und durchschaue, muß ich das Scheitern von persönlichen Utopien und neuen Lebensformen an den fast unveränderten Strukturen von Politik, Wirtschaft und Gesellschaft nicht mehr bloß meiner eigenen Unfähigkeit oder der meines Partners/meiner Partnerin zuschreiben. Das finde ich tröstlich. Zu wissen, daß gesellschaftliche Bedingungen hineinwirken in unsere Sprache als Frau oder Mann und auch in unsere persönlichsten Gefühle, scheint mir besonders wichtig, wenn von Liebe und Familie die Rede ist. Ich kann mich dadurch leichter als Teil begreifen statt als alleinige Ursache von Gefühlen und Verhaltensweisen, und das bedeutet Entlastung von moralischem Druck in den Krisen des »ganz gewöhnlichen Chaos der Liebe«[1], wie die Situation moderner Paare bezeichnet wird. Trost liegt für mich aber auch in der Wut, welche solches Erkennen von Zusammenhängen des persönlichen Scheiterns mit den allgemeinen Bedingungen in Lebensenergie und Handeln wider die Resignation verwandelt.

Es geht mir im folgenden darum, das gewohnte Bild von Paar, Ehe und Familie zu differenzieren und zu verknüpfen mit der Vielfalt von Lebensformen und Lebensstilen, wie sie sich in den letzten

Jahrzehnten entwickelt haben. Gesellschaftliche Entwicklungen fallen aber nicht vom Himmel, weshalb ich sie in Verbindung bringe mit wirtschaftlichen und kulturellen Veränderungen und besonders mit den neueren Vorstellungen von gleichberechtigten Frau-Mann-Beziehungen. Die alten Geschichten von Liebe und Ehe ändern sich durch den Wandel im Verhältnis der Geschlechter, dem ich in diesem Buch aus meiner eigenen Erfahrung besonderes Gewicht beimesse.

Weiter will ich fragen, was Ehe und Familie unter den gegenwärtigen gesellschaftlichen Bedingungen für einen Stellenwert haben. Fragen möchte ich auch, warum es vielleicht doch schwieriger geworden ist als zu anderen Zeiten, als Paar verbindlich zusammenzubleiben. Am Schluß werde ich unter dem Aspekt von »Paartherapie im gesellschaftlichen Wandel« einen Krisenbegriff einführen, der nicht dem üblichen, an persönlichen Defiziten orientierten, entspricht.

## Unsere Tendenz zu Bilderbuchvorstellungen von Ehe und Familie

Noch jedesmal spüre ich die Neugier und Freude an der Vielfalt menschlichen Lebens, wenn ein Paar oder eine Familie zum erstenmal in meine Praxis kommt. Das hat damit zu tun, daß sich zwar in den drei letzten Jahrzehnten viel verändert hat in bezug auf Lebensformen und Lebensstile, aber unter dem scheinbar Neuen doch so viel an Tradition weiterlebt, daß ich mich nie auf genormte Vorstellungen abstützen kann. Das macht mich neugierig offen, manchmal unsicher und immer bereit zu staunen, mit wieviel Energie Frauen und Männer um positive Formen ihres Zusammenlebens ringen. Meine ursprüngliche Ausbildung bezog sich auf die Familienbilder der Nachkriegszeit, die sich bis in die siebziger Jahre erhalten hatten. Die damit verbundene Vorstellung einer naturgegebenen Rollenverteilung der Geschlechter machte Mütter für alles verantwortlich, was in der Familie schief ging (selbst wenn sie berufstätig waren). Väter hingegen wurden als Versager beschrieben, wenn sie ihre Ernährerrolle nicht erwartungsgemäß erfüllten. Diese Definition »gesunder« Ehen und Familien war lange Zeit das Leitbild von Forschung und Psychiatrie.

Formen des Zusammenlebens, die ihm nicht entsprachen, wurden pathologisiert oder vom Begriff Familie ausgeschlossen. Während die Paar- und Familientherapie oft fraglos Klientenfamilien als »Naturreservat« zur Reproduktion der bestehenden Ordnung zementierte, verteufelten progressive Therapiemodelle die Familie ebenso fraglos als Ursache von individueller Pathologie. Die Beschuldigung der Eltern füllte Bücher mit Schreckensbildern und brachte einer ganzen Generation »unbegabter Mütter« (und einiger unbegabter Väter) das Gruseln bei.

*Wie kommt es zu solchen Klischee-Vorstellungen?*

»Familie« wird in der bürgerlichen Tradition des 19. Jahrhunderts verstanden als ein Haushalt mit Vater, Mutter und Kind(ern), unterwegs in ihrem Lebenszyklus mit dem Ziel, dieselbe Familienform in der nächsten Generation zu reproduzieren. Daß es sich hier um ein Bilderbuchmodell handelt, zeigt die Tatsache, daß es heute in den meisten westlichen Ländern der gelebten Wirklichkeit von weniger als der Hälfte der Bevölkerung entspricht. Dieses Idealbild, das nach wie vor Orientierung für viele – besonders für konservative Politiker – bedeutet, entspricht den realen Verhältnissen also schon lange nicht mehr. Oder besser: es hat ihnen nie entsprochen. Dennoch ist es als Wunschvorstellung und Sehnsucht auch bei jüngeren Paaren erstaunlich stabil, wie Untersuchungen zeigen. Das bedeutet nicht, daß dieses Ideal, bei dem der Gatte in die Welt hinauszieht und sich im Lebenskampf bewährt, während die Gattin das bergende Heim für ihn und die Kinder pflegt, sich etwa zu anderen Zeiten in der Geschichte nahtlos auf gelebten Alltag hätte übersetzen lassen. Schon im 19. Jahrhundert war das Ideal nur Schein, auch und gerade im Bürgertum, mit dessen Vorstellungen sich allerdings auch die Arbeiterfamilien bis weit in dieses Jahrhundert hinein auseinanderzusetzen hatten. Wenn sie sich, wie es in den nachfolgenden Porträts von Paaren aus diesem Milieu deutlich wird, in ihren Vorstellungen von Liebe und Ehe weitgehend denen des Bürgertums angeglichen haben, dann taten sie dies unter Preisgabe einer reichhaltigen, ihrer Lebenssituation entspringenden Kultur.

An solche Vielfalt ständig ineinandergreifender und nicht linearer geschichtlicher Entwicklungen ist zu denken, wenn von *»dem«*

Paar und *»der«* Familie die Rede ist. Es hat sie als festen Typus nie gegeben, wohl aber Paare und Familien, die in wechselnden, flüssigen Lebensformen versucht haben, Grundlagen für das Zusammenleben von Eltern und Kindern zu entwickeln. Das geschieht mit dem Anliegen, einerseits einen Rahmen von Vertrautheit und Stabilität zu schaffen und anderseits Familienmitgliedern autonomes Handeln und damit das Gefühl einer persönlichen Identität zu vermitteln.

Offenbar sind also sowohl unsere zeitgenössischen Lieblings- als auch die Katastrophenszenarien von der bürgerlichen Kleinfamilie als »Hafen in einer herzlosen Welt« , oder von der stabilen vorindustriellen Großfamilie oder der postmodernen Anti-Familien-Familie das, was sie sind: Landkarten. Landkarten in unseren Köpfen, welche nicht einfach im Maßstab 1:1 Lebenswelten beschreiben. Woran können wir uns aber orientieren, wenn es *das* Paar und *die* Familie nicht gibt?

### *Soziale Übergänge verlangen wandelbare anstelle normierter Familienbilder*

Ausgehend von den demographischen Entwicklungen, die aufzeigen,
- daß in allen westlichen Ländern die Bevölkerungsbewegung rückläufig ist,
- daß das Modell der Familie mit Vater, Mutter und Kind immer weniger die Norm ist,
- daß sich die Scheidungsrate auf 30% zu bewegt und jene der Wiederverheiratung auf ca. 45% gesunken ist,
- daß die Zahl nicht-ehelicher Lebensgemeinschaften und damit der außerehelichen Geburten im Steigen begriffen ist und
- daß die Zahl Alleinerziehender und Alleinlebender zunimmt,

scheint es sinnvoll, diese Veränderungen in ihrer gesamtgesellschaftlichen Perspektive zu verstehen und sie loszulösen von idealen Modellen. Statt eindeutiger also vielfältige und mehrdeutige Vorstellungen: Woraus bestehen sie? Worauf verweisen diese Lebens- und Familienwelten? Was sind ihre Chancen, was ihre Krisen? Sind die hier zu beschreibenden Paarkrisen das »Privileg« der (aufwärts strebenden) Mittelschicht, sind sie der Maßlosigkeit der Selbstverwirklichungs-Ideologie moderner Frauen, vielleicht aber auch dem unsichtbaren Lebensentwurf der Männer zuzuschreiben, welcher beruflichen Erfolg über emotionale Bezogenheit stellen?

Wenn ich mich in der eigenen Welt und in jener meiner Klientinnen und Klienten umschaue, beobachte ich ähnliche Krisen bei Paaren in den verschiedensten Schichten und Lebensphasen, oft *nach der Geburt des ersten Kindes* und am häufigsten in der *Lebensmitte*. Gerade dort, wo Frauen sich für eine traditionelle Familienform entschieden und das Aufgeben ihrer Berufstätigkeit ursprünglich als Privileg eingeschätzt haben, nachdem sie sich – wie vielleicht ihre Mütter – in schlecht bezahlten Jobs abgerackert hatten, scheint die Paarkrise in der Lebensmitte programmiert. Männer reagieren oft mit Zorn oder Panik, wenn die Frau gegen die bisherige Rollenverteilung verstößt: aktiv, indem sie die Flügel ausbreitet und sich ein eigenes Leben in oder außerhalb der Familie aufbaut, oder passiv, indem sie sich affektiv-sexuell verweigert oder krank wird. Umgekehrt fallen Frauen aus allen Wolken, wenn ein Mann, dem sie vielleicht jahrelang den Rücken freigehalten haben, damit er sich im Beruf verwirklichen konnte, in der Lebensmitte plötzlich eine eigene Wohnung sucht und dort mit einer jüngeren Frau »neu anfangen« will.

Bei jedem Paar, bei jeder Familie, welche in Therapie kommen, spiegelt sich in irgendeiner Weise das Spannungsfeld gesellschaftlicher Veränderungen im Widerspruch zwischen Tradition und Aufbruch. Bis hinein in das private Zusammenleben eines Paares und in die Art, wie Frau und Mann fühlen und im Alltag handeln, wirken die Veränderungen in den soziokulturellen Bedingungen. Zu den »natürlichen« Übergangskrisen, welche Paare während des gemeinsamen Lebens und ihrer unterschiedlichen individuellen Entwicklungen zu bewältigen haben, kommen die Übergänge in den gesellschaftlichen Rahmenbedingungen. An die Stelle eines eindeutigen tritt ein schillerndes Verständnis von Liebe und Ehe. Dieses Spannungsfeld wird auf zwei Nenner gebracht: 1. die Individualisierung – die individuelle Konstruktion – von Lebenslagen, 2. das Zeitalter des Narzißmus.

*1. Die Individualisierung von Lebenslagen* geht einher mit der Auflösung traditioneller Milieus: Familienbeziehungen werden personenzentriert und sind nicht mehr in überdauernde Arbeits-

und Lebenszusammenhänge eingebettet. Der soziale Wandel fiel aber nicht einfach vom Himmel. Er wurde hervorgerufen durch die wirtschaftlichen und gesellschaftlichen Veränderungen, die bis ins 18. Jahrhundert zurückreichen. Der sogenannte Individualisierungsprozeß kennzeichnet den Übergang zu kapitalorientierten Gesellschaftsstrukturen durch die Industrialisierung, welche die Auflösung traditioneller Milieus mit sich brachte. Konnte man noch vom Mittelalter sagen, daß ein- und dasselbe soziale Leben Haus, Hof und Gemeinde durchzog, so differenzieren sich mit zunehmender Komplexität der Gesellschaft einzelne Lebensbereiche, die ihre eigenen Sinnwelten oder Glaubenssysteme entwikkeln. So ist im Bereich der Institutionen das Handeln hoch spezialisiert und mehr und mehr auf eine gemeinsame Identität angelegt (Beispiel »Corporate Identity«), während das Individuum als Person darin zunehmend an Bedeutung verliert. »Für das Individuum entsteht damit auch die Notwendigkeit ständiger Orientierungsleistungen zur Selbstvergewisserung und zur Bestimmung seines sozialen Ortes, den ihm seine ›Identität‹ nun nicht mehr fraglos gibt.«[2]

Der wichtigste Ort, an welchem Identität und Individualität entwickelt und gepflegt werden kann, ist die *Privatsphäre* des Paares, der Familie und des Freundeskreises. Wie in diesen privaten Welten Individualität gefördert werden kann, ist jedoch weitgehend offen. Allgemein anerkannte Entwürfe dafür gibt es nicht. Was ein standesgemäßes, gutes Leben ist, dafür gab es zu anderen Zeiten klare Vorstellungen, die abgestützt waren durch eine alltägliche und eine religiöse Sinnwelt und Praxis. Demgegenüber werden von Menschen heute Flexibilität und Kreativität im Entwickeln eines eigenen Lebensentwurfs, einer beruflichen Laufbahn sowie in der Herstellung laufender »offener Kommunikation« zwischen Partnern gefordert. Das bedingt Fähigkeiten, welche die meisten von uns in ihrer Geschichte wenig lernen konnten. Die Diskrepanz zwischen den hohen Individualisierungszielen und unserer geringen Erfahrung damit, wie sie erreicht werden könnten, hat Konsequenzen für eine Paarbeziehung. Nichts darf für immer festgelegt sein, Wirklichkeit soll täglich neu erfunden und verhandelt werden. Im Widerspruch zu dieser Vorstellung von ewigem Wandel steht seltsamerweise die Idee, daß der anfängliche Zustand romantischer Verliebtheit von

Dauer sein muß. Weil aber niemand so richtig weiß, wie das bewerkstelligt werden kann und wie der entsprechende Leistungsdruck durchzuhalten ist, steht die Beziehung ständig zur Diskussion.

Die gestiegenen Ansprüche an die eigene – besonders die weibliche – Selbstverwirklichung innerhalb einer Paarbeziehung werden dann zum Problem, wenn ein Paar Kinder will. Ist das Planen »eigener Inseln« für das Paar schon mühsam genug, wenn Mann und Frau je eine eigene Karriere wollen, so werden die Probleme fast unlösbar, wenn Kinder mit ihren Ansprüchen dazukommen. Sie lassen sich ja nicht einfach in den Alltag »einprogrammieren«. Zu Anfang der Paarbeziehung, noch vor der Heirat, träumen viele davon, das traditionelle Milieu, in welchem sie aufgewachsen sind, zugunsten einer neuen Lebensform zu verlassen. Wie ich es anhand des eigenen Lebenslaufs beschrieben habe, ist es auch für junge Erwachsene aus Bauern- oder Geschäftsfamilien nicht mehr zwingend, der Tradition zu folgen. Sobald sie aber Kinder haben, realisieren viele von ihnen, daß die Frau in ihrem Beruf keine anständig bezahlte Teilzeitarbeit findet, während vom Mann ein über hundertprozentiger Arbeitseinsatz geleistet werden muß, will man den früheren Lebensstandard als Doppelverdienende einigermaßen beibehalten. Diesen ungeplanten und unerwünschten »Rückfall« in die Beziehungsmuster der Kleinfamilie – die Frau im Haus und der Mann in der Arbeitswelt – werde ich in einem besonders umfangreichen Kapitel dieses Buches beschreiben, da sehr viele Paare dadurch in Krise geraten. In der entsprechenden Lebensform der »Familienehe« werden moderne Selbstverwirklichungs- oder Individualisierungsansprüche meistens vom Mann im Beruf gelebt, während die Frau darauf verzichtet. Die Aussicht der Frau, durch ihren Mann das Einkommen und Prestige zu gewinnen, das ihr selbst vorenthalten ist, bedeutet dann, daß sie unmerklich in eine alte Form von Versorgungsehe gleitet, welche sie so gar nicht wollte. Daß Frauen bei diesem Arrangement ihren Männern den Rükken freihalten und sie gleichzeitig hinter den Kulissen unauffällig zu lenken versuchen, damit sie sich wenigstens in deren Erfolg sonnen können, paßt meistens zu den Kindheitserfahrungen beider. Für den im Beruf engagierten Mann bewährt sich das Arrangement in den ersten Jahren der »Familienehe« fast immer. Krisen treten für ihn, oft ausgelöst durch den Aufbruch seiner Frau, eher gegen die Lebensmitte auf.

Wenn anderseits Frauen in den Familienformen, die als »progressiv« bezeichnet werden, in Teil- oder Vollzeit weiter arbeiten, müssen vom Paar – oft ungenügend bezahlte – Frauen angeheuert werden, welche die Kinder versorgen. Das schlechte Gewissen den Kindern gegenüber ist dabei vor allem für die Mütter durch die Psychologisierung von Mutterschaft vorprogrammiert. Als Berufstätige zahlen sie überdies den Preis für die sogenannte unfertige soziale Revolution, indem sie neben ihrer außerhäuslichen Tätigkeit weiterhin die Hauptverantwortung für Kinder und Haushalt tragen und so tun müssen, »als ob« sie noch immer in einer bürgerlichen Familie lebten, um ja nicht negativ aufzufallen in Familie und Gemeinde.

*Fazit*: Die Tendenz zur Auflösung traditioneller Milieus liegt zwar im Zeitgeist der letzten zwei bis drei Jahrzehnte und wird von vielen Paaren zugunsten des Ideals der Individualisierung und der Liebesehe übernommen. Im Alltag aber, vor allem wenn sie Kinder wollen, wird ihnen der Traum oft zum Alptraum. Die versprochene Wahlfreiheit des Individualisierungs-Modells mit der Ermutigung zu besserer Ausbildung der Frauen und einer flexibleren Rollenverteilung wird von den Zwängen der Arbeitswelt und einer Gesellschaft, die Familien ohne Unterstützung im Regen stehen läßt (z. B. mit Schulplänen, welche die ständige Anwesenheit der Mutter voraussetzen, sowie familienfeindlichen Wohnungen), unterlaufen. Daß häufiger die *Frau* den Verlust des ursprünglich gemeinsamen Traums einer gleichwertigen Partnerschaft wahrnimmt und beklagt, ist nicht zufällig. Sie verfügt einerseits über die Sprache – nicht zuletzt dank dem Mut der Frauen in der über hundertjährigen Frauenbewegung – ihre Trauer und ihren Zorn zu artikulieren. Anderseits hat sie, vor allem nach der Familienphase, bei der bestehenden Rollenverteilung weit mehr zu verlieren als ihr Mann, der meist fest verankert ist in seiner Welt. Natürlich sehe ich – die Porträts von Paaren werden es deutlich machen – auch Männer, die sich in der Lebensmitte aus ähnlichen Rollen-Arrangements lösen. Aber sie tun es fast immer mit einer »neuen Frau«, die das Ideal, welches die eigene Partnerin nicht leben konnte, nun verwirklicht – nicht zuletzt, weil sie auf Kinder verzichtet.

Daß solche Krisen für viele Paare – auch der jüngeren Generation – vorprogrammiert sind, zeigt eine kürzliche Umfrage des Deutschen Jugendinstituts[3] bei 636 Paaren zwischen 18 und 33 mit dem Thema: Kind und Beruf. Die meisten Befragten erscheinen optimistisch und verantwortungsbewußt, wollen Kinder haben. Keineswegs sind sie nur konsumorientiert. Vom Verschwinden »der« Familie kann keine Rede sein. Also: ähnliche Vorstellungen leiten die jungen Paare wie jene, die vor 20 oder 30 Jahren heirateten.

- Wir wollen uns nicht vom Beruf auffressen lassen, sagen die Männer. (Aber mit dieser Ansicht machen sie keine Karriere.)
- Wir wollen Teilzeit arbeiten, uns nicht von der Familie auffressen lassen, sagen die jungen Frauen. (Aber anständig bezahlte Teilzeitarbeit und vor allem die Möglichkeit, daß Kinder dabei nicht zu kurz kommen, ist kaum vorhanden.)

Das bedeutet: die meisten jungen Paare stecken in derselben Zwickmühle zwischen »modernen« Vorstellungen und »traditionellen« Zwängen. Aber die Öffentlichkeit kümmert sich wenig um sie, und die hohen Scheidungsziffern werden kaum in Verbindung gebracht damit, daß die meisten Ehen an den Spannungen zwischen Partnerschaft, Kindern und Beruf zerbrechen.

*2. Narzißmus:* Die Entwicklung der Individualisierungs-Tendenz ist auf der Beziehungsebene gekennzeichnet durch neoromantische Ideale. Feste Vereinbarungen sind verpönt, das Leben soll täglich neu erfunden und frisch verhandelt werden. Solche Beziehungsvorstellungen, ähnlich jenen in der historischen Epoche der Romantik, wurden durch die 68er Generation der bürgerlich-patriarchalen Ehe entgegengesetzt. Aus ihren Ideen resultierte die Eingrenzung auf ein Leitbild, in welchem die Geschlechterbeziehung, als quasi mystische Verschmelzung zwischen Frau und Mann, zum Ersatz wird für Religion. Sie ist eine Möglichkeit zur Wiederverzauberung der Welt in der Kälte des rationalisierten Alltags. Daß das entsprechende Ideal der Frau-Mann-Beziehung als »Wohlfahrtsanstalt« zur Befriedigung sämtlicher affektiver Bedürfnisse brüchig ist, haben Psychotherapeutinnen und -therapeuten längst festgestellt, sein Scheitern aber leider oft einseitig den sogenannten persönlichen »Defiziten« von Frauen oder Männern angelastet und als neurotische Beziehungsunfähigkeit bezeichnet.

Das narzißtische Ideal sieht vor, daß durch die Einsicht in die Zusammenhänge unseres Lebens und die Anwendung von medizinischem, psychologischem und technischem Wissen die Lebensqualität des einzelnen laufend verbessert werden kann. Das Bild des Menschen in dieser Ideologie heißt: Ich bin nicht Opfer, sondern Täter, ich bin meines Glückes Schmied. Die Überzeugung, daß das, was man im Alltag als Paar tut, jederzeit »stimmen« und zur Befindlichkeit jedes Partners »passen« muß, bedingt eine stete Reflexion und intensiven Dialog zwischen Mann und Frau, Eltern und Kindern. Mit verstärkter Selbstbeobachtung geht die *Beziehungsbeobachtung* einher, also das ständige Einnehmen einer Außenposition zu sich selbst und zum Gegenüber. Zum narzißtischen Ideal gehört der Kult von »Gefühligkeit« und Subjektivierung im Beziehungsalltag. Eine neue Moral der Authentizität im quasi therapeutischen Umgang miteinander, verbunden mit der ständigen Aufforderung zu Offenheit und Echtheit im Reden über die Beziehung ist gefragt. Gefühle müssen dargestellt und nach ihrer psychologischen Tiefe und Echtheit bewertet werden. Sätze aus der »Psychokultur« wirken vorgestanzt und austauschbar. Sie beginnen vorzugsweise mit »DUU!« und haben meistens die »Stimmigkeit« der jeweiligen Gefühlslage zwischen Menschen zum Inhalt.

Damit kein Mißverständnis entsteht: Diese Kultur hat ganz offensichtlich ihr Gutes als Gegenpol zu den früheren rigiden, nicht diskutierbaren Zuweisungen vorgefaßter Rollen, den von Institutionen wie Familie, Kirche und Staat diktierten Verhaltensmustern. Sie wird darum von vielen Menschen, die in repressiv-traditionellen Strukturen aufgewachsen sind, als wichtiger Schritt ihrer Befreiung beschrieben. Doch scheint die neue Gefühlskultur leider mit neuen Zwängen verbunden zu sein. »Die rationale Einsicht in Zusammenhänge schlägt unversehens in Pflicht und moralische Haltung um.«[4] »Sag doch nicht immer *man*, rede endlich von dir selber!« kann genau so einengend wirken wie das frühere Verbot, über sich selber und eine Beziehung zu reden.

An dieser Stelle frage ich mich, wie es kommt, daß nach meiner Beobachtung vorwiegend Frauen – oder aber Männer, die in der »weiblichen« Welt eher zu Hause sind, weil sie zum Beispiel in traditionellen Frauenberufen arbeiten – am Reden über Beziehungen und Gefühle interessiert sind, und wieso die meisten anderen Männer dieses Anliegen so oft mit Verweigerung beantworten. Mir scheint, daß das Reden zur Selbstvergewisserung und zur sozialen Verankerung vor allem für jene wichtig ist, die in aufgelösten Strukturen des Übergangs oder in Rollen leben, welche mit Ungewißheit und Vieldeutigkeit verbunden sind. Das sind vorwiegend die Frauen. Das Recht des Schweigens war noch immer das Recht der Mächtigen, und Sprache und Sprachgebrauch müssen deshalb über individuelle und geschlechtsabhängige Aspekte hinaus in ihrer sozialen Gebundenheit verstanden werden. Im Kapitel »Kommunikation, Intimität und Machtverhältnisse« werde ich auf diese Idee näher eingehen.

Wer als »seines Glückes Schmied« – eine Vorstellung, die tief in Calvinismus und Kapitalismus verankert ist – nicht erfolgreich ist und in der Verschmelzung von Frau und Mann (oder Frau und Frau, Mann und Mann) nicht das findet, was das neoromantische Ideal versprach, ist gemäß dieser Weltsicht selber schuld. Wenn wir, als Mitglieder der sogenannten Risikogesellschaft, schon in der Welt draußen nichts mehr durchschauen und beeinflussen können, müssen wir uns umso eher bemühen, drinnen alles »gut und richtig« zu machen. Die neue Wahlfreiheit, die in der Vorstellung liegt, daß wir die alten Zwänge überwunden haben und für unser Glück allein verantwortlich sind, führt unversehens zu neuen inneren Zwängen. Die neoromantischen Verschmelzungsideale tendieren nämlich genauso wie die abgelehnten traditionellen Leitbilder dazu, das Ich im Wir verschwinden zu lassen. Kein Wunder darum, daß moderne Paare Hilfe beanspruchen für das Leben innerhalb dieser Widersprüche! Sie erhoffen sich Orientierung von Therapien oder dem Lesen von Anleitungen zu bewußter Lebenspraxis in der Hoffnung auf die endliche Befreiung von alten Zwängen. Wie »mulmig« es mir als Fachfrau, die selber in diesem Spannungsfeld lebt, bei solch hohen Ansprüchen manchmal wird, darauf werde ich später eingehen.

Vorerst aber will ich festhalten: Nicht alle Paare in allen Milieus sind gleichermaßen betroffen von den Tendenzen des Individualisierungsprozesses mit seiner Illusion der Wahlfreiheit und dem Druck, sein Glück selber zu basteln. Es sind vor allem die Mobilen in den Milieus der sozial Aufsteigenden sowie jene, die als »Gebildete« oder »Alternative« gelten, welche für die Tendenzen des Zeitgeistes besonders offen sind. Aber dieser Zeitgeist weht nicht flächendeckend, und unter dem sogenannten Neuen leben die alten Sehnsüchte nach fragloser Orientierung und nach Wurzeln weiter. Die Vorstellung, »jeden Tag ein Neuer zu sein«[5], vermischt sich mit dem Bedürfnis nach Verbindlichkeit und Gemeinschaft, bis daß der Tod euch scheidet. Ich *und* Wir anstelle des »Wir-losen Ichs«[6] sind nach wie vor gefragt. Meine Untersuchung zeigt das deutlich und im Gegensatz zu den Zeitgeist-Seismographen aus Wissenschaft und Medien, die offenbar lieber die Farbigkeit und Dynamik der individualisierten Liebe darstellen, die sie vielleicht im eigenen Leben zu verwirklichen suchen.

Daß das Leben in den skizzierten Widersprüchen nicht nur anstrengend ist, sondern vielfältig und wachstumsfördernd sein kann, wird sich in den Erzählungen der befragten Paare zeigen. Das richtige Maß an Identitätskonstanz zu finden, ohne Erstarrung und tödliche Langeweile, und auch das Alltägliche der Liebe lieben zu lernen, scheint das Anliegen der meisten Paare zu sein, welche sich »durchwursteln« im verbindlichen Provisorium ihrer Beziehung.

## Seine Ehe ist nicht ihre Ehe

Es gibt eine Fülle von Untersuchungen zur Frage der ehelichen Zufriedenheit. Einer davon entstammt der Titel zu diesem Abschnitt, in dem ich der Frage nachgehe, warum das so ist. Die Resultate vieler Befragungen verweisen darauf, daß Männer und Frauen eine Paarbeziehung völlig verschieden erleben, seine Ehe also nicht dasselbe bedeutet wie ihre. Alle mir bekannten Forschungsprojekte zu diesem Thema belegen außerdem, daß die *eheliche Zufriedenheit bei den Männern größer ist als bei ihren Frauen*. Ich war selber überrascht, als ich beim Überblick über die Resultate jenes Teils meiner Befragung, der sich auf die Einschätzung der ehelichen Zufriedenheit bezieht, feststellte, daß auch hier die Männer sich als wesentlich zufriedener beschreiben als ihre Frauen.

Obwohl die meisten Frauen erzählen, daß sie seinerzeit voller Enthusiasmus eine auf Dauer angelegte Paarbeziehung eingegangen sind und geheiratet haben, während Männer eher von ihrer damaligen Zwiespältigkeit und Angst vor dem Verlust ihrer persönlichen Autonomie berichten, zeigen Frauen in der Ehe weit häufiger Zeichen von chronischem Streß. Sie fallen auch im statistischen Durchschnitt mit mehr psychischen und körperlichen Symptomen auf als unverheiratete Frauen oder verheiratete Männer. Frauen neigen eher als ihre Männer zu Selbstunsicherheit, psychosomatischen Erkrankungen und Depressionen, am häufigsten, wenn sie in traditionellen Familienformen leben, und ganz besonders um die Zeit der Lebensmitte. Beispiele für die Verwundbarkeit von verheirateten Frauen mit Kindern in dieser Lebensphase kommen auch in meiner kleinen Untersuchung unerwartet häufig vor. Womit könnte das zu tun haben? Könnte es auch damit zusammenhängen, daß Frauen bei ihren Antworten »Schwächen« wie psychosomatische Erkrankungen eher zugeben als Männer?

Es scheint, daß Frauen weit mehr als Männer, die Halt finden in ihrer Zugehörigkeit zur Arbeit und zu Institutionen, den vielfältigen Veränderungen im Spannungsfeld zwischen Tradition und Modernisierung ausgeliefert sind. Ihre Biographie ist belastet von vielerlei Widersprüchen und Brüchen. Auf der einen Seite werden junge Frauen angehalten, »etwas aus sich zu machen«, einen Beruf zu erlernen und sich damit auf eigene Füße zu stellen. Auf der anderen Seite werden sie nach wie vor daraufhin erzogen, sich verantwortlich zu fühlen für andere und das Wohlbefinden jener, die zu ihrem Beziehungsnetz gehören, wichtiger zu nehmen als ihre persönliche Entwicklung. Sie werden damit auch zugänglicher als Männer für kleine und große mitmenschliche Probleme. Kinder, Freundinnen und Freunde, vor allem aber die Angehörigen der älteren Generation wenden sich weitaus häufiger an die Frauen als an die Männer in der Familie, wenn sie von sich erzählen wollen oder wenn es ihnen schlecht geht. In Therapien bezeichne ich diese weibliche Erfahrung jeweils als den »Fliegenfänger-Effekt«. Wie seinerzeit im Haus meiner Eltern die altmodischen, mit Leim überzogenen gelben Wachspapierspiralen die Fliegen anzogen, scheinen viele Frauen mit ihrer Offenheit und »Durchlässigkeit« gegenüber Menschen die Probleme ihrer Umgebung auf sich zu ziehen. Männer werden davon viel häufiger verschont. Sie haben ja »richtig« zu arbeiten, sie sind nicht zuständig für die Beziehungsarbeit.

Bleiben Frauen also zu Hause, übernehmen die Rolle der Familienfrau und genießen es anfänglich, die hundert Dinge zu tun, welche für eine angenehme Atmosphäre sorgen, erfahren sie meistens, daß ihre Arbeit wenig gilt und als selbstverständlich betrachtet wird. Sie erleben auch, daß sie in der isolierten Lage der Mutter und Hausfrau »ausgeschlossen sind vom Strom des Lebens«, wie eine von ihnen schreibt. Folgen sie hingegen dem zeitgemäßen Anspruch oder dem starken eigenen Bedürfnis, Familie und Beruf zu verbinden, leiden sie unweigerlich unter der Doppelbelastung und dem ständigen schlechten Gewissen, es weder daheim noch in der Arbeit »richtig« zu machen. Auch aus den eigenen Reihen kommt der Ruf nach der Superfrau, die elegant und fröhlich für ihre Familie sorgt und zugleich eine berufliche Laufbahn meistert. Selbst wenn eine solche gelingt, bleibt die Aufgabe der emotionalen Versorgung von Mann, Kindern und den Menschen in ihrem weiteren Netz weitgehend an ihr hängen. Als »Fliegenfängerin« zieht sie diese an, sowohl in der Familie als auch im Beruf. Wer aber sorgt für sie?

Besonders belastend ist die Erfahrung, daß die meisten Männer berufstätiger Frauen in der Theorie zwar gerne bereit sind, sie bei der Hausarbeit zu unterstützen, in Wirklichkeit aber die hundert Einzelheiten, welche damit verbunden sind, ihren Frauen überlassen. Auch für diese Situation gibt es Bestätigung aus großangelegten Untersuchungen. Eine kürzlich in den USA[8] erschienene verweist darauf, daß in Paarbeziehungen lebende berufstätige Frauen mit und ohne Kinder im Durchschnitt einen ganzen Monat mehr arbeiten im Jahr als ihre Männer, weil sie neben der Berufsarbeit 80% der Hausarbeit allein besorgen. In der Arbeitswelt fühlen sich Frauen oft nicht richtig zu Hause, da diese mehrheitlich von Männern geprägt ist. Ihre Löhne betragen im Durchschnitt in den westlichen Ländern immer noch bloß 60 bis 70% der Männerlöhne für gleichwertige Arbeit. Das bedeutet zusätzliche Anstrengung für weniger Anerkennung. Da sich Frauen, zumindest während der Kleinkinderphase, selten voll im Beruf engagieren können, trifft sie dort eine zusätzliche Benachteiligung. Als Resultat werden so für Frauen, auch wenn sie trotz Familie einen Fuß im Beruf behalten, gebrochene persönliche und Arbeitsbiographien angelegt. Eine Architektin, welche neben zwei Kindern teilzeitlich im Büro ihres Mannes arbeitet, erzählte in der Paartherapie zum Thema solcher Brüche kürzlich einen Traum:

»Mit Max, meinem Partner, fahre ich auf dem Rad auf einer langen geraden Landstraße. Eine Zeitlang sind wir nebeneinander, halten das gleiche Tempo. Dann tauchen rechts und links von der Straße Menschen auf, Kinder und Frauen und Männer, besonders viele ältere. Ich höre, wie sie uns zurufen und sehe sie uns zuwinken. Es ist klar, daß sie etwas wollen von uns. Max radelt weiter, ich verlangsame die Fahrt, steige schließlich ab und gehe zu ihnen. Viele möchten einfach, daß ich mit ihnen rede, andere verlangen eine kleine Handreichung. Wie ich wieder aufs Fahrrad steige, sehe ich weit vorne auf der geraden Straße Max davonfahren. Er dreht sich noch einmal nach mir um, winkt und ruft ungeduldig, wieso ich denn nicht endlich nachkomme. Er ist, wie so oft, zornig über meinen Zickzackkurs. Und dann ist er verschwunden am Horizont! Ich erwache, in Tränen aufgelöst... Max, von meinem Schluchzen aufgeweckt, verstand mich vorerst überhaupt nicht, als ich ihm erzählte, wieso der Traum mich so erschüttert hatte. Aber am folgenden Abend hatten wir ein langes, heftiges Gespräch. Daraus kam dann der Beschluß für die gemeinsame Therapie.«

Verheiratete Frauen mit Kindern sind entweder von der Abwertung als Hausfrauen und Mütter, von der Doppelbelastung durch Familien- und Berufsarbeit oder von beidem betroffen. Sie leben ihr Leben im Zickzackkurs. Kein Wunder, daß sie im Durchschnitt weniger zufrieden sind mit ihrer Situation als Männer oder unverheiratete Frauen. Kein Wunder auch, daß viele von den jüngeren unter ihnen sich überlegen, ob sie überhaupt heiraten und Kinder haben wollen, wenn sie dieses Dilemma erkennen. Sind sie nicht bereit, in hergebrachter Weise die tüchtige Frau hinter dem tüchtigen Mann zu spielen, machen sie es falsch. Sind sie zwar nach wie vor bereit, ihn zu stützen und gleichzeitig etwas Eigenes zu beanspruchen, sei dies eine Berufsarbeit oder eine andere Tätigkeit, welche nicht der Familie dient, werden sie damit weitgehend allein gelassen und brauchen dafür überdurchschnittlich viel Selbstsicherheit, Energie und eine robuste Gesundheit.

## Männliche und weibliche Entwicklung

Warum reproduziert eine neu gegründete Familie so oft die alten Vorstellungen und die alten Verhältnisse zwischen Frauen und Männern? Mit dieser Frage steche ich in fast jedem meiner Lebens- und Arbeitskontexte ins Wespennest, denn sie betrifft ein

Thema, das bisher vor allem innerhalb einzelner Fachgebiete erforscht wurde und dadurch eher mit wissenschaftlichen Teilergebnissen und alltäglichen Vorurteilen als mit Erklärungsansätzen belegt ist, welche vielfältige Aspekte miteinander verknüpfen. Es ist die Frage nach dem *Verhältnis von Biologie, Kultur und Gesellschaft*, die Frage also, was an den als »typisch« männlich oder weiblich beschriebenen Merkmalen und Verhaltensweisen stammesgeschichtlich angelegt ist und was durch Erziehung in Familie und Gesellschaft, durch die sogenannte Sozialisation, erzeugt wird. Ich werde mich hüten, in diese polarisierende Debatte einzugreifen, jedoch von meiner systemisch-ganzheitlich orientierten Interessenslage als Paartherapeutin hier die Erkenntnisse zusammenfassen, die mich in der Praxis leiten.

Ich gehe davon aus, daß stammesgeschichtlich angelegte Unterschiede zwischen Frauen und Männern selbstverständlich vorhanden sind. Es scheint auch nützlich zu wissen, daß bereits die frühe Entwicklung von Buben und Mädchen unterschiedlich verläuft, indem zum Beispiel Buben motorisch aktiver sind und räumlich mehr auskundschaften als Mädchen, diese aber im Durchschnitt wesentlich früher reden und über Sprache Beziehungen aufnehmen als die Buben. Im Rahmen meiner Alltagsarbeit und meiner Überlegungen interessiert mich weniger, was mögliche biologisch bedingte Unterschiede zwischen Frauen und Männern sind, als wie diese als Partner und als Eltern mit Unterschieden umgehen und zu ihrer Verflüssigung oder Verfestigung beitragen. Daß zum Beispiel allein Frauen gebären und Männer nicht sicher sein können, ob sie Vater eines erwarteten Kindes sind – kann diese Tatsache allein die Unterschiede in ihren Lebenswelten, ihrer Rollenverteilung und den (weitgehend asymmetrischen) Machtverhältnissen in Familie und Gesellschaft begründen? Wenn die Frage nach dem Unterschied im Zusammenleben der Geschlechter unter den Aspekt des »Geschlechts als sozialer Konstruktion« gestellt wird, müssen wir Antworten suchen auf die Frage, was Menschen sich aus den angelegten Bedingungen machen. Es bedeutet nicht, daß Biologie und Sozialisation gegeneinander ausgespielt werden, wie das folgende Zitat bestätigt:[9]

»Obwohl der Vielfalt an Möglichkeiten der Menschwerdung in solch zwiefach umweltlicher Wechselbeziehung offenbar physiologische Grenzen gesetzt sind, entfaltet der menschliche Organismus in seinen Reaktionen auf die Umweltkräfte, welche auf ihn einwirken, eine außerordentliche Elastizität. Besonders klar zeigt sich das in der Flexibilität seiner biologischen Konstitution gegenüber der Vielfalt kultureller Bedingungen, denen sie ausgesetzt ist. Für die Völkerkunde ist es ein Gemeinplatz, daß die Arten und Weisen, Mensch zu werden und zu sein, so zahlreich sind wie die menschlichen Kulturen. Menschsein ist sozio-kulturell variabel. Mit anderen Worten: Eine biologische Natur des Menschen, die als solche sozio-kulturelle Gebilde und ihre Mannigfaltigkeit bestimmte, gibt es nicht.«

Nützlich scheint mir die Unterscheidung von zwei sozialwissenschaftlichen Zugängen zum Thema Geschlecht[10], die ich im folgenden zusammenfasse.

*Die Vorstellung von Weiblichkeit und Männlichkeit als Gegensätze (Das »Alpha-Vorurteil«)*

Dazu gehört die erwähnte Beobachtung, daß Frauen in der Familie und Kultur der westlichen Welt vorwiegend an Bezogenheit, Emotionalität, Abhängigkeit und Anpassungsbereitschaft orientiert sind, Männer hingegen an persönlicher Abgrenzung, Autonomie, Vernunft und Durchsetzungsbereitschaft. Zahlreiche Untersuchungen, vor allem von Sozialwissenschaftlerinnen, erklären diese Gegensätze mit der Art und Weise, wie Kinder in unserer Gesellschaft erzogen werden. Für die meisten Kinder, Buben wie Mädchen, ist die primäre Bezugsperson eine Frau, ob es nun die Mutter oder eine andere Betreuerin ist. Diese Erfahrung trifft für Kinder überwiegend auch dann zu, wenn ihre Mutter berufstätig ist, und wird durch ihre Erfahrung mit Kindergärtnerinnen und Lehrerinnen weitergeführt. Das bedeutet, daß sowohl kleine Buben wie Mädchen sich primär mit als »weiblich« bezeichneten Werten und Verhaltensweisen identifizieren.

Für die Tochter kann die Identifikation mit der Mutter während der ganzen Zeit des Aufwachsens weitergehen. Das heißt, sie kann sich mit einem gleichgeschlechtlichen Vorbild identifizieren und mit der Mutter »verschmelzen«, vermißt aber oft den Zugang zum Vater. Das wird ihr meistens erst beim Eintritt in die männlich geprägte Arbeitswelt zum Verhängnis, wenn sie sich dort fremd und unerfahren bewegt. Jungen müssen, damit sie eine

»männliche« Identität finden, sich im Laufe ihrer Entwicklung von der Mutter und der »weiblichen« Sinnwelt (von weiblicher Sprache und der Moral des Umsorgens zum Beispiel) abgrenzen. Anders gesagt: sie werden aktiv ausgegrenzt und ermutigt, »richtige« Jungen zu werden. Vor allem beim Übertritt in die Schule und in die Kultur der Gleichaltrigen erfolgt diese Abgrenzung vom »Weiblichen« oft radikal, selbst wenn sich ihre Eltern alle Mühe geben, das Heldenbild von Männlichkeit, welches ihnen über TV und Comics vermittelt wird, in Frage zu stellen.

Die Nützlichkeit dieser Beschreibung von Gegensätzen ist einleuchtend. Frauen und das sogenannt Weibliche werden durch sie aufgewertet, ihre speziellen Qualitäten als Ethik der Bezogenheit hervorgehoben. Gleichzeitig zementiert diese Sichtweise jedoch das Vorurteil von Frauen als dem mystischen »anderen«, wie es aus männlicher Sichtweise schon über Jahrtausende definiert wird. Denn die menschliche Geschichte wurde bisher vorwiegend von Männern geschrieben, und der Begriff Mensch ist dabei stillschweigend gleichbedeutend mit Mann, wobei Frauen als das »andere« oder das »zweite Geschlecht«, als Abweichung von der männlichen Norm definiert werden. Das »Alpha-Vorurteil« hat also eine Kehrseite. Die Idee von der Gegensätzlichkeit in den Eigenschaften von Frau und Mann verschleiert die Möglichkeit, daß diese nicht primär auf das natürliche Geschlecht bezogen sein könnten, sondern vor allem mit *Unterschieden ihrer sozialen Situation und den damit verbundenen Machtverhältnissen* zu tun haben könnten. Rachel T. Hare-Mustin (op. cit. 10) erzählt dazu folgende Beobachtung: In Paarkonflikten berufen sich Männer häufig auf Vernunft und Regeln, während Frauen den Beziehungsaspekt und die Gefühle in den Vordergrund stellen. Wenn dieselben Frauen aber aus einer Position der hierarchischen Überlegenheit mit ihren »untergeordneten« Kindern oder Angestellten umgehen, sind oft sie es, die auf Vernunft und Regeln pochen. Das könnte heißen – und es ist ein Gedanke, den ich bei meinen Überlegungen zu den beschriebenen Paarkrisen und ihrer Bewältigung immer wieder aufgreifen werde –, daß die Polarisierung von Bezogenheit versus Vernunft und emotionaler Distanz nicht ausschließlich mit Geschlecht zu tun hat, sondern ebenso geprägt ist von der jeweiligen Position eines Menschen, Frau oder Mann, innerhalb der Hierarchie einer bestimmten Beziehungskonstellation.

*Es gibt eigentlich keine Unterschiede zwischen Mann und Frau (Das »Beta-Vorurteil«)*

Diese Beschreibung sagt aus, Frauen könnten das, was Männer können, und Männer das, was Frauen können, wenn sie bloß unter Bedingungen der Gleichwertigkeit erzogen würden. Dieses Argument ist weit weniger populär als das Alpha-Vorurteil. Im positiven Sinne dient es zum Beispiel dazu, Frauen die gleichen Bedingungen in der Entlohnung, den sozialen Leistungen, der Bildung sowie den Aufstiegsmöglichkeiten in Politik und Arbeitswelt zu sichern. Die negativen Folgen der Verneinung möglicher Unterschiede sind offensichtlich. Wenn Frauen wie Männer und Männer wie Frauen behandelt werden, wird zum Beispiel die Tatsache übersehen, daß die Geburt eines Kindes für eine Frau eine andere körperliche und seelische Erfahrung ist als für den Mann, daß Mutter-sein eine andere Bedeutung hat als Vater-sein, weder wichtiger noch weniger wichtig, sondern anders. Frau und Mann als »Gleiche« zu behandeln hieße dann, weder die speziellen Anliegen des Mannes noch der Frau zu berücksichtigen, zum Beispiel bezüglich eines Elternurlaubs oder einer Fortbildung.

Wichtig scheint mir bei all diesen Überlegungen, daß nicht eine »Realität« oder eine einzige Ursache für die komplexe Art und Weise zuständig ist, in welcher Familien und Gesellschaft über Generationen das vermitteln, was als geschlechtliche Identität bezeichnet wird. Die beschriebene Polarisierung von »männlichen« und »weiblichen« Sinn- und Lebenswelten in der Familie und in der Welt draußen ist eine gute Möglichkeit zu verstehen, warum Frauen und Männer es oft schwer haben, miteinander Intimität zu erleben. Aber es gibt zwischen den beiden Polen unendlich viele Varianten, ebensoviel Unähnliches wie Ähnliches, wenn ich die einzelne Beziehung beobachte. Daraus schließe ich, daß das Ähnliche wie auch das Unähnliche nur anhand der jeweils einmaligen Paargeschichte und nicht durch die Beschreibung allgemeiner Tendenzen zum Vorschein kommt.

## »In der Welt zu Hause sein« Zur Bedeutung von Ehe und Familie in unserer Zeit

Warum ist eine Paarbeziehung qualitativ etwas so anderes als die meisten anderen menschlichen Beziehungen, und warum ist ihre Auflösung ein so großer Verlust, eine so schmerzliche Erfahrung? Warum ist zum Beispiel Scheidung nach wie vor mit so viel Zwiespältigkeit belegt? Wenn Scheidung auch seit langem »staatlich geschützt« ist, eine Paarbeziehung also aufkündbar wird, bleiben Paare dennoch als Eltern in unaufkündbarer Beziehung miteinander verbunden, selbst wenn sie sich als Liebende trennen. Ihre Beständigkeit im Wechsel wird dann für die Kinder überlebenswichtig. Aber wie ist solche Beständigkeit möglich in einer Zeit raschen äußeren Wandels? Wie können – auch wenn keine äußere Trennung erfolgt – die inneren Trennungen des zu jeder lebendigen Paarbeziehung gehörenden Entflechtungsprozesses geschehen, ohne daß die Beziehung daran zerreißt?

Mit einem Menschen verbindlich zusammenzuleben, verheiratet oder unverheiratet, alleinerziehend oder mit einem nicht-leiblichen Elternteil der eigenen Kinder, bietet eine Möglichkeit, in der Welt zu Hause zu sein, Kontinuität im raschen Wandel zu erleben und zu vermitteln. Was aber sind die Quellen dieser Konstanz, wenn der Mensch nicht mehr fraglos zu einer Gemeinschaft gehört, sondern sie sich selbst immer wieder neu erschaffen muß? Wo findet er dann seine Wurzeln?

Die tiefe Sehnsucht nach Geborgenheit und Verschmelzung, die zu den allerersten Erfahrungen im menschlichen Leben gehört, die Sehnsucht nach Wiederverzauberung in einer entzauberten Welt, gehört zu jeder Paarbeziehung genau so wie die gleichzeitige Angst vor dem Verlust individueller Grenzen, vor dem Verschlungenwerden. Daß zu Anfang einer Beziehung, im Gefühl von Verliebtheit, die Grenzen verschwimmen und die Wurzeln in den gleichen Blumentopf gesetzt werden, ist wunderbar. Wenn dann, im Laufe der individuellen und gemeinsamen Entwicklung, die Wurzeln gelockert und zum Teil in andere Nährböden gesetzt werden, ohne daß deswegen der gemeinsame Blumentopf gesprengt wird, kann die moderne Vielfalt möglicher Lebensformen und Lebensstile zum Wachstum der Beziehung führen, ohne daß ihr Gefäß zerbricht. Die Balance zwischen den Polen Verschmelzung und Autonomie, Nähe und Distanz, bleibt dann nicht an eine »ewig gültige« Rollenverteilung gebunden, sondern kann immer wieder neu verhandelt und eingependelt werden. Allerdings können solche vielfältigen Wahlmöglichkeiten für diese und gegen jene Lebensform, mit Kind oder ohne Kind, auch so überwältigend sein, daß Menschen Entscheidungen unendlich hinausschieben. Im freien Zusammenleben von jüngeren Paaren ist das häufig der Fall. Vor lauter Verwirrung über die offenen Möglichkeiten entscheidet dann manchmal der Zufall, sogar was existentielle Entscheidungen wie das Auseinandergehen oder die Geburt eines Kindes betrifft. Auch davon wird in einer Paargeschichte die Rede sein.

»Auf Liebe und Sympathie aufgebaute Lebensformen sind notwendigerweise zerbrechlicher als die auf sachlicher Notwendigkeit und Zwang beruhenden einer vergangenen Zeit. Wir müssen heute etwas völlig Neues erlernen: sozialen Beziehungen, die auf Liebe, Zuneigung, Sympathie beruhen, eine gewisse Verbindlichkeit zu geben, eine relative Dauer zu verschaffen. Das ist sehr schwer.«[11]

Liebe und Ehe als verbindliches Provisorium also – wie bewältigen Paare diesen Gegensatz? Die Erzählungen jener, die in Krise gerieten und dafür Hilfe suchten, werden zeigen, daß die meisten anfänglich blind waren dafür, wie sehr ihre als einmalig erlebten privaten Gefühle und Verhaltensmuster abhängig sind von gesellschaftlichen Bedingungen. Im Gegenteil: Die Idee persönlicher Verantwortlichkeit für ihre Gefühle und ihre Alltagsbewältigung zwingt Paare geradezu, die gesellschaftlichen Bedingungen zu bagatellisieren. In einer Welt, in der die öffentlichen Institutionen wie Schule, Arbeit und das politische Gemeinwesen zunehmend als »äußerst mächtige und fremde Welt dem Individuum gegenübertreten« (9 op. cit.), wird Ehe und Familie die wichtigste Möglichkeit, Lebenssinn und Identität, Handlungs- und Gestaltungsfreiräume zu finden. Dieser Prozeß geschieht weitgehend durch das Gespräch, die »Kommunikation« zwischen Frau und Mann – das Hauptanliegen von Paaren, die in Beratung kommen. Wenn dieses Gespräch fließt, auch über Jahre hinweg, werden beide in eine dauernde Verwandlung eintreten, die ihr Bild von sich selber und von ihrer Welt immer wieder verändert. Zu dieser Forderung nach dauernder Verwandlung der Beziehungsgestalt gehört aber ebenso dringend die Forderung nach der Weiterentwicklung individueller Identität, welche nur zum Teil aufgehoben sein kann in der Paarbeziehung. Genau so, wie der Ablösungs- und Differenzierungsprozeß des einzelnen von seiner Herkunftsfamilie Voraussetzung dafür war, daß zwei Einzelbiographien »umgeschrieben« werden konnten zu einer Paarbiographie, muß im Lauf der Ehe ein schrittweiser Ablösungsprozeß der Partner voneinander geschehen, ohne daß dabei die gemeinsame Biographie verlorengeht. Wenn diese Balance zwischen gemeinsamer und individueller Identität immer wieder neu gefunden wird, kann sie Orientierung und ein Gefühl für beide vermitteln, in der Welt zu Hause zu sein. »Ich bin 20 Jahre verheiratet«, sagt dazu eine Frau. »Aber nicht mit demselben Mann. So wenig wie er mit derselben Frau verheiratet ist. Wir haben uns beide verändert. Das Gemeinsame unserer Geschichte gibt den Nährboden, ohne den so viele Veränderungen gar nicht möglich gewesen wären.«

Solche Erfahrungen machen verstehbar, warum die Krise oder gar Auflösung einer auf Verbindlichkeit angelegten Beziehung für die Beteiligten den *vorläufigen Zusammenbruch einer Welt* bedeuten, die bei allen täglichen Spannungen sinnstiftende und stabilisierende Aspekte hatte. Ich möchte einen Schritt weitergehen und dafür plädieren, daß die Krisen in Ehen und Familien und die zunehmende Scheidungs-Anfälligkeit weder mit zunehmendem Egoismus – Narzißmus ist nicht dasselbe wie Egoismus! – noch mit der Mißachtung von Ehe und Familie zu tun haben. Im Gegenteil! Paare trennen sich nicht deshalb, weil ihnen Liebe und Familie unwichtig geworden sind, sondern weil sie ihnen so wichtig sind, »daß sie sich nicht mit weniger als einer völlig zufriedenstellenden Übereinstimmung mit dem jeweiligen Partner begnügen wollen« (9 op. cit.). Ehe und Familie sind in dieser Sicht – ideologisch, nicht faktisch – etwas absolut Privates, Selbstverantwortetes. Im Extremfall muß dabei jeden Tag die Frage neu beantwortet werden: Bleibe ich in dieser Beziehung, weil sie mich glücklich macht oder bloß, weil ich mir nichts anderes vorzustellen wage?

## Glück als Wahlmöglichkeit und als Leistungsanspruch: Wer es nicht schafft, ist selber schuld

Kein Wunder also, daß jenen, die dem Ideal untreu werden, den Geschiedenen, Alleinlebenden oder -erziehenden, denen, die in Zweit- oder Drittfamilien leben, das Gefühl, versagt zu haben, zu schaffen macht. Ein Gefühl, das sie nicht selber »erfunden« haben, wie zu sehen ist. Meine Erfahrung mit ihnen zeigt, daß es – neben den alltagspraktischen Problemen – vor allem dieser Widerspruch ist, der sie belastet: Einerseits sind Trennung und Scheidung und die Wahl vielfältiger Familienformen auch vom Gesetz her akzeptiert, aber anderseits werden jene, die von diesen Möglichkeiten Gebrauch machen, subtil oder weniger subtil diskriminiert. Einmal mehr zeigt sich mit aller Deutlichkeit, daß offenbar völlig verschiedene und widersprüchliche Ehe- und Familienmodelle nebeneinander bestehen, jedoch nach wie vor das bürgerliche Familienideal als Norm gilt. Das zeigt sich auch im sozialwissenschaftlichen Klassifizierungs-Repertoire. »Stieffamilien«, »Eineltern-« oder »unvollständige Familien« sind Konstrukte, welche zumindest für die Betroffenen signalisieren, daß sie nicht der Norm entsprechen. Vielleicht handelt es sich hier um ein Übergangsproblem. Der Vorteil, daß solche »anderen« Lebensgemeinschaften überhaupt untersucht und beschrieben werden[12], mag darin liegen, daß sie aus dem Dunkel der Anonymität auftauchen und gezeigt wird, mit welcher Energie – und mit wie wenig gesellschaftlicher Unterstützung – Lebensformen entwickelt werden, welche punkto Lebendigkeit und Flexibilität die von konservativen Politikern hochgelobte bürgerliche Familie oft in den Schatten stellen. Es ist zu hoffen, daß auch sie in Zukunft einfach als »Familien« definiert werden.

Paare in Zweitehen, die mit ihren Kindern eine »gemischte« Familienform leben, bekommen manchmal Magenschmerzen vor lauter Anstrengung, sowohl ihre neue Paarbeziehung zu pflegen, als auch den Kindern einen festen Boden inmitten der bewegten Landschaft von Kommenden und Gehenden, alten und neuen Loyalitäten zu vermitteln. Kein Wunder, daß gerade bei ihnen oft die Paarbeziehung von Krisen geschüttelt wird.

Dort, wo die Vorurteile gegenüber geschiedenen Erwachsenen abgebaut worden sind, bestehen sie leider nach wie vor gegenüber den Kindern: »Vaterlose Kinder«, die bei ihren alleinerziehenden Müttern leben, werden nach meiner Erfahrung, z. B. von Lehrerinnen und Lehrern, nach wie vor als besonders gefährdet eingeschätzt und mit einer sich selbst erfüllenden Prophezeiung belastet. Ihre geschiedenen Eltern spüren mit ihnen, daß sie im Glashaus sitzen, und geben sich solche Mühe, alles richtig zu machen, daß ihnen vor lauter Anstrengung oft keine Energie mehr bleibt zum kreativen Nützen freigewordener Spielräume. Solange Scheidung und Alleinerziehung rechtlich akzeptiert, moralisch und wirtschaftlich aber bestraft werden, wird die Lüge von der heilen Familie »als Keimzelle des Staates« immer wieder entlarvt.

## Mein Verständnis von Paartherapie: Karikatur oder Chance?

Paartherapie hat Konjunktur. Das erfüllt mich mit zwiespältigen Gefühlen. Die Klinifizierung und Psychologisierung des Alltags und die mit dem Modernisierungsprozeß verbundene emotionale Erhitzung familialer Binnenwelten finde ich zum Ersticken. Wenn das Anliegen der Individualisierung umschlägt in eine Pseudo-Therapiekultur des persönlichen Alltags, »ich bin dein Helfer und du bist meiner, und wenn wir uns begegnen, ist das schön, wenn nicht, analysiere ich dich und du mich ...« bekomme ich Atemnot. Wozu denn Paartherapie, wo liegen ihre Möglichkeiten? Ich denke: in der Verbindung zwischen beidem, der Kontinuität der Tradition und den Wandlungsmöglichkeiten im Modernisierungsprozeß.

Die fraglose Selbstverständlichkeit der traditionellen Lebensform hatte viel Einengendes, auch Repressives an sich. Aber sie gab Halt und Boden unter den Füßen, sie hatte mit alltäglichem, handfestem Leben und mit seinen Grenzen zu tun. Niemand hat mir in meiner Kindheit je einen Rosengarten versprochen. Das wäre auch keine Attraktion gewesen, denn es gab ihn bereits, und es mußte darin Unkraut gejätet und stachliges dürres Zeug geschnitten werden. Reden war in dieser Lebensform eins mit Handeln im Alltag – und Handeln mit Reden. Aber unser Reden war zu sehr auf die selbstverständliche Verwurzelung in der Tradition und zu wenig auf Wandel bezogen, der nötig wurde, als wir die

Individualisierung als Chance für eigene Lebensentwürfe erkannten. Wenn die persönliche Biographie nicht mehr eingebettet ist in fraglose Tradition, sondern laufend entworfen und verhandelt werden muß, setzt das voraus, daß ich mich auf mich selber beziehen lerne. Es bedeutet, daß ich zuerst bei mir selber merken muß, was ich will, bevor ich darüber mit meinen Nächsten »verhandle«. Und es bedeutet, daß dieses »zu mir selber kommen« meistens nicht mittels eindeutigem, rationalem Reden geschehen kann, sondern ein sprachlich diffuses Suchen im Sinne von Versuch und Irrtum bedeutet, an dem ich andere teilnehmen lasse. Da aber liegt das Problem: Die wenigsten von uns sind in einer Kultur aufgewachsen, welche Übungsfelder vermittelt hat für geduldiges Bei-mir-selber-Sein sowie geduldiges Zuhören, wenn das Gegenüber sich selber sucht und langsam findet im lauten Probedenken, vielleicht unterstützt durch meine Fragen. Ungeduldiges »sag doch endlich, was du willst« oder »so unsachlich kannst du doch nicht sein« oder »so sag doch endlich, wie du fühlst«, spiegelt solchen Erfahrungsmangel. Es verhindert, daß zwei sich »mit-teilen«, indem sie etwas (nicht alles!) von sich selber mit dem anderen teilen und durch das laufende Zwiegespräch mit der Zeit eine gemeinsame Welt erzeugen, in der sie zu Hause sind.

Was die meisten Paare bestens können, ist hingegen das gegenseitige psychologisierende Interpretieren und Analysieren im Namen von Liebe und Verstehen: »Du tust das ja bloß, weil ...« oder »Du müßtest dich mal mit deiner Mutter befassen ...« oder »Hast du eigentlich schon bemerkt, daß du immer ...« Ich nenne dies das Reden in Sprechblasen, weil es so gut zu den Sprechblasen in den Comics über Zweierkisten paßt und weil es in den luftigen Höhen von psychologischen Abstraktionen und Interpretationen, übrigens fast immer negativen, stattfindet. Viele Paare müssen dieses Reden in Sprechblasen zuerst verlernen, bevor ihnen ein laufendes Zwiegespräch in der Verbindung mit alltäglichem Handeln möglich wird.

Spannend scheint mir, die geschichtlichen Bedingungen dieses Auseinanderklaffens von Reden und Tun zu betrachten. Offenbar hat es mit der Auflösung des »ganzen Hauses« früherer Jahrhunderte zu tun, in welchem Arbeit und Leben eins waren. Die historisch neue Aufteilung von Arbeiten und Wohnen und auch die Arbeitsteilung selber scheinen das Auseinanderfallen des Umgangs mit *Sprache* und des Umgangs mit *Dingen* zu begründen. Ähnliches geschah offenbar bereits im Bürgertum des ausgehenden 18. und des 19. Jahrhunderts. Die Erfahrung von Sinnentleerung im persönlichen Raum, abgetrennt vom Hantieren mit Dingen (das taten die Dienstboten), scheint zu ähnlicher Erhitzung in Selbstdarstellung und Selbstreflexion geführt zu haben, wie sie heute in der sogenannten »Psychokultur« zelebriert wird. Wer Fontanes »Effi Briest« oder Gorkis »Sommergäste« liest, wird immer wieder an Dialoge erinnert, die heute, über 100 Jahre später, vor allem im Milieu der »Gebildeten« oder der »Alternativen«[13] ganz ähnlich ablaufen.

»Dem Siegeszug der bürgerlichen Lebenswelt wohnte von vornherein die Zuwendung zum Wort inne ... Nach dem Zerfall der widerspruchslos hingenommenen Deutungsmuster der alten ständischen Daseinsordnung im Zeitalter der Aufklärung gewinnt das »Wort« auch für die Neukonstitution der Lebensentwürfe herausragende Bedeutsamkeit.«[14]

Mich fasziniert, daß ausgerechnet die narzißtische Selbstdarstellung des Bürgertums, welches von der modernen Gegenkultur einer auf Emanzipation angelegten Psychologisierung des Alltags hätte überwunden werden sollen, dort fröhlich weiterlebt.

Paartherapie heißt in meinem Verständnis also schlicht, daß ich mich einem Paar als Dritte zur Verfügung stelle und in jeder Stunde Bedingungen zu schaffen suche, welche Frau und Mann ein »Zwiegespräch mit den Füßen auf dem eigenen Boden« ermöglichen, als Voraussetzung für das Experimentieren mit anderen Möglichkeiten. Als »Dritte« bin ich jedoch kein unbeschriebenes Blatt, sondern begegne einem Paar mit einem bestimmten Menschenbild, das aus meiner eigenen Geschichte, aus theoretischen Konzepten und ethischen Überzeugungen zusammengesetzt ist. Meine Sichtweise wird als systemische bezeichnet. Das bedeutet, daß ich Menschen und ihre Probleme in ihrer Verflechtung mit physischen, psychischen und gesellschaftlichen Bedingungen und Vorstellungen verstehe und nicht als Summe persönlicher Merkmale. Ich habe den Traum längst ausgeträumt, durch Wissenschaft oder therapeutische Kunst ließe sich eines Tages feststellen, welche Art von Persönlichkeit oder Paarkonstellation bessere oder schlechtere Entwicklungschancen habe. Das sagt sich so leichthin, und doch erfahre ich fast täglich, daß uns

Therapeuten und Therapeutinnen solche Fähigkeiten in Form eines »Röntgenblicks« zugeschrieben werden – nicht zuletzt in den Eheberater-Witzen. Das Klassifizieren und Diagnostizieren von Menschen kann zwar die Illusion von Wissenschaftlichkeit und Kontrolle nähren, aber Anlaß zu Wandel ist sie selten. Die Wirklichkeit, wie sie von den hier erzählenden Paaren erlebt und beschrieben wird, kann nicht durch einen Röntgenblick von außen, sondern nur im Dialog mit ihnen erfahren werden.

Damit will ich aber auch nicht behaupten, Therapie sei genau das, was auch im Treppenhaus eines Mietshauses geschehe: miteinander reden. Zur Professionalität von Therapie gehört, daß sie in einem vereinbarten Rahmen geschieht, durch welchen der Auftrag an uns Berufsleute genau abgesteckt wird. Und es gehört eine Aus- und Weiterbildung dazu, welche uns befähigt, im Spezifischen das Allgemeine zu erkennen und unseren Klienten nutzbar zu machen, sowie die Fähigkeit, sich intensiv mit Menschen einzulassen und dennoch immer wieder aus einer Außenperspektive die Muster zu erkennen, welche sie selber als »Mitspieler« im Paarspiel nicht wahrnehmen können.

Zu meinem Menschenbild gehört auch, daß ich mich mehr an menschlichen Ressourcen als an den Defiziten orientiere, also mehr Freude an den »Speisekammern« im Unbewußten und in der Biographie von Menschen habe als an den »Leichen im Keller«. Das bedeutet aber nicht, daß dieser Blick auf das Positive jenen auf Unrecht, Schuld und Gewalt verstellt. Im Gegenteil! In der Auseinandersetzung mit den dunklen Stellen der eigenen Geschichte ist Wandel möglich, kann Wut oder Trauer in Lebensenergie verwandelt werden. Aber lieber nicht mit moralistischer Lust am Wühlen im sogenannten Bösen, sondern mit der Frage, in welcher Weise die erzählten Geschichten abgeschlossen und in neue Kapitel übergeleitet werden können.

Bei allen Konflikten im Dickicht vielfältiger und widersprüchlicher Orientierungen bin ich immer wieder überrascht, mit welcher Energie Frauen und Männer um die Entwicklung lebbarer Beziehungsformen ringen. Es scheint tatsächlich, daß sie sich in einen »kollektiven Suchprozeß nach der personalen Liebe«[15] begeben haben. Selbst dort, wo sich solches Ringen vorerst durch psychische oder körperliche Symptome manifestiert, ist es möglich, diese als Vorboten von anstehenden Veränderungen zu entziffern. Dabei komme ich nicht umhin, mich selbst immer wieder zu fragen, was meine therapeutischen Anliegen sind: Aufklärung, mit dem gemeinsamen Ziel, daß Menschen ihre persönliche und gesellschaftliche Situation durchschauen und damit neue Handlungsfreiräume entdecken und nutzen? Oder Lebenshilfe, mit dem Ziel, ihnen Anweisungen und praktische Ratschläge für die Lösung ihrer Probleme zu geben und zu zeigen, was richtig und falsch ist? Rezepte zum guten Leben also? Die meisten Menschen kommen mit dem Anliegen in Therapie herauszufinden, was wahr, richtig oder falsch ist, und vor allem, wer daran schuld ist, daß es Probleme gibt. So sind sie erzogen, so suggeriert es das individualistische Ideal mit dem Glauben an die Machbarkeit von Glück durch die fleißige Anwendung von Wissen. Sie in dieser Annahme zu unterstützen hieße, zum bestehenden noch mehr Leistungsdruck hinzuzufügen, ihnen als »Musterschüler und Musterschülerinnen« noch mehr Vernunft und Fleiß beizubringen. Darum versuche ich, mit Frauen und Männern, die zu mir kommen, jeweils einen »Vertrag« auszuhandeln, der vorsieht, daß ich sie im Erkennen neuer Perspektiven unterstütze und sie mit langem Atem in einem zeitlich begrenzten Rahmen, mit Fragen, Experimenten und Anregungen, begleite. Ich übernehme Verantwortung für den Prozeß, nicht für den Inhalt ihrer Entscheidungen. Mein Anliegen dabei ist die Zunahme von Autonomie aller Beteiligten. Daß auch ein Stück »Lebenshilfe« durch das Finden eigener Lösungen mit dieser Form von Therapie verbunden ist, hoffe ich.

Natürlich färbt meine Lebens- und Berufserfahrung auf mein therapeutisches Verhalten ab. Spielerisches Denken – im Konjunktiv der Phantasie statt im Indikativ der Realität –, Handeln im Sinne von Versuch und Irrtum, Lust an Vielfalt und Vieldeutigkeit statt an »Wahrheit« und Eindeutigkeit sowie meine Neugier darauf, wie etwas sein könnte, erleichtert diese Arbeit. Ein Stückweit vertrete ich mit der Idee, daß Wirklichkeit zur Verhandlung offen steht, wohl selber das Ideal der Individualisierung von Lebenslagen. Allerdings ohne die Meinung, daß jeder, der nicht glücklich ist, selber schuld ist. Denn Therapie als Aufklärung heißt für mich immer, das Besondere mit dem Allgemeinen, das Persönliche mit den gesellschaftlichen Zusammenhängen zu verknüpfen. Dazu gehört auch der nüchterne Blick auf die Grenzen des Machbaren.

Das widerspricht dem – vielleicht doch etwas adoleszenten – Ideal von Autonomie im Sinne des Narzißmus: entweder »Ich bin fähig, die Welt täglich neu zu erschaffen« oder »Ich bin absolut unfähig und machtlos«. Wenn dann, wie letzthin in der Schluß-Sitzung einer Paartherapie, mir jemand sagt: »Sie haben mich ermutigt zu leben, statt weitere Therapien auf mich zu nehmen« (nach unendlich vielen Jahren in verschiedenen Therapien), so freue ich mich. Und erinnere mich an Woody Allens Antwort auf die Frage, wie viele Jahre er in Analyse sei: »15 Jahre. Nächstes Jahr gehe ich dann nach Lourdes.«

Ob Paare zusammenbleiben oder nicht, ob sie als Alleinerziehende oder Wiederverheiratete ihr Leben von Grund auf neu gestalten oder nicht, ist nicht meine Entscheidung. Ich weiß eigentlich nie, was richtig ist für sie. Aber ich nehme immer an, daß die gegenwärtige Krise für sie mehr bedeutet als das Leiden am »Familien-Katzenjammer«: nämlich eine Chance, anstehende Lebensprobleme so zu verstehen und zu lösen, daß vielfältigere, reichere Möglichkeiten daraus entstehen und damit ein weiteres Stück Mündigkeit erworben wird. Daß dazu auch Blicke in den Abgrund von Wut, Angst und Trauer über Verpaßtes gehören, daß neben den Möglichkeiten auch Grenzen klar werden, ist schmerzhaft, aber unvermeidbar.

## Kapitel 3

# Von Paarkrisen und ihrer Bewältigung: Die Befragung von Frauen und Männern nach der Therapie

Hier geht es darum, was für Frauen und Männer an meiner Befragung teilgenommen haben, was ihre Erfahrungen damit waren und welche Annahmen meinen Fragen zugrunde liegen. Es sind folgende:

1. Das Erzählen von Geschichten rekonstruiert Wirklichkeit und öffnet neue Perspektiven.
2. Krisen im Lebenszyklus verstehe ich als Vorboten von Wandel.
3. Partnerwahl und »Paarmythos« enthalten Leitmotive individueller und gemeinsamer Entwicklung.
4. Die Auseinandersetzung mit dem »Chor hinter den Kulissen« der eigenen Herkunft wird durch Paarkrisen herausgefordert.

Als Überleitung zu den Geschichten einzelner Paare stelle ich anschließend ein Raster von sechs möglichen Konstellationen vor und skizziere die Fragen meiner Untersuchung in Verbindung mit ihrer Auswertung in den nachfolgenden »Paarporträts«.

Im Sommer 1990 habe ich an insgesamt 3 Dutzend heterosexuelle Paare, die zwischen 1975 und 1989 bei mir in Paartherapie waren, einen Bogen mit 12 Hauptfragen verschickt. In Kapitel 8 findet sich ein von einem Paar ausgefüllter Fragebogen zur Illustration.

*27 Frauen und 26 Männer* (25 als Paare zusammenlebend) haben meine Fragen schriftlich beantwortet und dazu, je nach Bedürfnis, ausführliche Geschichten geschrieben. Zwei Frauen und ein Mann haben allein, ohne ihre Partner geantwortet. Die eine der beiden Frauen lebt mit ihrem Mann zusammen, während die anderen einzeln Antwortenden inzwischen geschieden sind. *Zusätzlich* zum Ausfüllen des Fragebogens machten später 7 Paare sowie 3 Frauen und ein Mann Gebrauch von den angebotenen Gesprächsterminen. *Anstelle* von schriftlichen Antworten erklärten sich *5 Paare* zu einem Interview bereit sowie 3 Frauen, welche inzwischen alle getrennt oder geschieden sind. Bei diesen auf Video aufgezeichneten Gesprächen benützte ich den Fragebogen als Gesprächsleitfaden. Insgesamt bekam ich also Rückmeldungen von *33 Paaren*.

Von den insgesamt 66 antwortenden Frauen und Männern leben *54 noch als Paare zusammen. 6 Paare sind inzwischen geschieden oder haben sich »intern« getrennt,* indem sie zwar verheiratet geblieben sind, aber getrennt wohnen. Es ist anzunehmen, daß von jenen, die gar nicht geantwortet oder eine Antwort auf später verschoben haben (also 5 Paare), zwei inzwischen getrennt sind. Auf einen Nachfolgebrief an sie im Dezember 1990 habe ich entsprechende Hinweise von ihnen bekommen. Dieses Ergebnis entspräche etwa dem Erfahrungsdurchschnitt in meiner Praxis, daß nämlich etwa *ein Fünftel aller Paare, die in Therapie kommen, sich entweder trennen oder scheiden lassen.* Ob dieses Ergebnis gut oder schlecht ist, will ich hier nicht bewerten.

Die Auswertung der Fragebogen erfolgte zusammen mit Barbara Welter, einer Studentin der Sozialwissenschaften, die Videos wertete ich allein aus. Das bedeutet, daß meine therapeutische Perspektive sowohl in den Fragestellungen als auch in der Auswertung der Antworten durchgängig wirksam ist, was von einem strengen, quantitativwissenschaftlichen Standpunkt aus natürlich fragwürdig ist. Da ich aber bereits als Therapeutin Teil der beschriebenen Paarbeziehungen geworden war und außerdem hier an Geschichten als Erfindung von Wirklichkeit und nicht an quantitativer Forschung interessiert bin, vertrete ich die qualitative wissenschaftliche Tradition. Die in meiner Fragestellung enthaltenen Annahmen sollen klar werden, weshalb ich mich eingehend mit meinen Annahmen und Ideen über menschliche Probleme und Wandel befassen werde.

## Erfahrungen der Paare mit dem Beantworten meiner Fragen

Die meisten Paare, auch voneinander getrennt lebende, berichten, daß sie meine Fragen (siehe dazu Kap. 8) zwar individuell beantworteten, ihre Antworten jedoch später miteinander austauschten und dabei spannende und manchmal auch entspannende Gespräche führten. Mit zwei Ausnahmen haben alle ihre Erfahrungen mit den Fragen als hilfreich, anregend oder »wie eine gute Therapiestunde« bewertet. Ein sozialwissenschaftlich Gebildeter unter ihnen kritisierte die Komplexität meiner Fragen. Er verwies darauf, daß sie wieder einmal ein typisches »Mittelschicht-Vorurteil« einschließen. Als Angehörige dieser Schicht und Vertreterin der Überzeugung, daß alle unsere Theorien, auch die sogenannt wissenschaftlichen, geprägt sind von den Interessen der Fragenden sowie vom Kontext der Befragung, kann ich dieser Kritik nur beipflichten. Wer sich über Paare und Familien in den Elendsquartieren einer europäischen Großstadt oder in einem schweizerischen Bergtal informieren möchte, ist hier am falschen Ort. Ich habe mich jedesmal besonders gefreut, wenn ausgerechnet von denen, die über das geringste Maß an formeller Bildung verfügen, lebendige, ausführliche und für mich neue Geschichten kamen. Offensichtlich hatten sie keine Mühe, die gestellten Fragen zu verstehen. Sie waren ja auch keine »Anfänger« darin, denn wie erwähnt spiegeln meine Fragen mein Verständnis davon, wie Menschen in Krise geraten und daraus herauskommen, das ihnen aus der Paartherapie vertraut war.

Vielleicht sind unsere Vorstellungen von der Schicht-Spezifität sozialer Konstruktionen in dieser Zeit doch eher Kopfgeburten, *zumindest* was jene Menschen betrifft, die eine Beratung in Anspruch nehmen? Vielleicht bezieht sich die private Orientierung bei den befragten Menschen aus der Schweiz, aus Deutschland und aus Österreich doch mehr auf Generation als auf Schichtzugehörigkeit. Das heißt nicht, daß ihre jeweils einmaligen Lebensgeschichten dieselben sind. In ihnen spiegeln sich wesentliche Unterschiede über die Art und Weise, wie Paare leben und Sinn suchen. Aber die widersprüchlichen modernen Ideen von der Wichtigkeit des individuellen Lebensentwurfs und der gleichzeitigen Sehnsucht nach der verbindlichen Zweierbeziehung und dem ewigen Liebeserlebnis berühren wohl alle auf irgendeine Weise.

Falls ich je vom Experten-Dünkel befallen war, nämlich der Idee, daß ich wüßte, was für andere gut sei, so hat mich die Erfahrung mit den mir antwortenden Paaren davon befreit. Wenn jeweils wieder ein dicker Briefumschlag voller Geschichten bei mir im Briefkasten lag, konnte ich kaum auf die nächste ruhige Stunde warten, um sie zu lesen. Meine Bewunderung und Dankbarkeit meinen ehemaligen Klientinnen und Klienten gegenüber wuchs täglich. Nicht nur, was die Qualität ihrer Antworten betrifft, sondern auch, was die vielen Stunden Arbeit anbelangt, die sie in das Schreiben investierten. Einige haben ganze Wochenenden daran gegeben, andere nahmen sich zusätzlich Zeit für das Gespräch mit mir. Ich hoffe, ihnen allen mit diesem Buch zu danken.

Meine Auseinandersetzung mit der unerwarteten, überwältigenden Fülle, den ungefähr 800 Seiten Gedanken und Geschichten zu meinen Fragen, begann, als ich versuchte, anhand meines ursprünglichen Frage-Kompasses die Erfahrungen der Befragten zu einem Ganzen zu fügen. Die nachfolgenden Gespräche mit ihnen ergaben Antworten auf neue Fragen, die mir erst beim Lesen der ausgefüllten Fragebogen kamen. Denn das ist der Nachteil und gleichzeitige Vorteil, wenn Klienten die Annahmen ihrer Beraterinnen und Berater überprüfen. Sie sagen einem deutlich, wo man ins Schwarze getroffen hat, aber auch, wo man auf dem Holzweg war. Ich werde versuchen, das, was die erzählenden Paare mich lehrten, in dieses Buch einzubauen, indem ich möglichst viel davon im *Originalton* wiedergebe.

## Wer kommt überhaupt in Paarberatung, und wer machte bei der Befragung mit?

Stimmt es, daß es vor allem die »Gebildeten« oder die sogenannten »Alternativen« sind, wie die gängige Vorstellung lautet? Obwohl ich in einer Privatpraxis arbeite, bestätigt sich das Vorurteil nicht. Von den 33 Paaren, welche an der Befragung teilgenommen haben, gehören 11 zu der Gruppe, bei welcher Mann und Frau eine Lehre oder Anlehre gemacht haben, wobei die Männer in dieser Gruppe eher als die Frauen eine Zusatzausbildung (z. B. Technikum) aufweisen. Bei den Frauen sind es 3 von 11, die als Verheiratete noch eine Fortbildung absolvierten, übrigens alle als Folge der Paarkrise. Eine Frau hatte als Lehrerin bereits mehr formale Ausbildung als ihr Mann, nutzte diese aber erst nach der Scheidung zum Wiedereintritt in die Arbeitswelt. Bei 15 Paaren haben die Männer eine akademische Ausbildung in Naturwissenschaften, Sozialwissenschaften oder als Ingenieure. Ihre Frauen haben als gelernte Sekretärinnen, Krankenschwestern, Sozialpädagoginnen usw. meistens eine Lehre oder Berufsmittelschule absolviert, auf eine mögliche Fortbildung nach der Heirat aber durchwegs verzichtet. Auch hier wurden einige Frauen durch die

Krise motiviert, ihre Fortbildung wieder aufzunehmen. Bei 7 der antwortenden Paare haben beide, Frau und Mann, eine abgeschlossene akademische Ausbildung. 4 Frauen unter ihnen sind voll berufstätig, 3 in Teilzeit.

Nota bene: Wenn wir das Spannungsfeld zwischen Frauen und Männern in einer Paarbeziehung verstehen wollen, kommen wir nicht darum herum, zur Kenntnis zu nehmen, daß das Ideal der »Gleichwertigkeit« – als Voraussetzung für die Wahl eines eigenen Lebensentwurfs – bereits an ihrer unterschiedlichen Schul- und Berufsausbildung zerbricht. Sogar dort, wo diese ursprünglich gleich war, wie zum Beispiel bei zwei Paaren, wo Frau und Mann dieselbe Verkaufslehre machten, laufen ihre beruflichen Entwicklungen völlig auseinander, sobald sie Kinder haben. Während der Mann aufsteigt und ein großes Geschäft leitet, sinkt seine Frau als »Aushilfe« mit stundenweiser Arbeit auf die unterste Lohnstufe und hält ihm zu Hause für den Aufbau seiner Laufbahn den Rücken frei, ohne Lohn.

An solche Ungleichheiten in den Bedingungen von sozialem Status, Lohn, Anerkennung und Einflußmöglichkeiten ist zu denken, wenn von der unterschiedlichen Zufriedenheit von Frauen und Männern mit ihrem Leben als Paar die Rede ist. Die gängige Frage, wie Frauen »Familie und Berufslaufbahn« kombinieren können, wirkt dann beinahe zynisch. Sie muß auf jeden Fall um die Perspektive der ungleichen Voraussetzungen in der Berufsausbildung und der beruflichen Fortbildung von Frauen und Männern erweitert werden. Das bedeutet, Frauen entscheiden sich, wenn sie Kinder möchten, nach wir vor fast immer für schlechtere Entwicklungsbedingungen im Beruf. Wenn mitbedacht wird, daß Frauenlöhne für dieselbe Arbeit immer noch unter den Männerlöhnen liegen, wird verständlich, warum auch jüngere Frauen oft froh sind, ihre Berufstätigkeit aufzugeben und Identität aus der Rolle als Mutter und Hausfrau abzuleiten. Aber auch der spätere Groll vieler solcher Frauen wird verstehbar, wenn sie erleben, wie wenig Anerkennung sie für ihre Entscheidung zugunsten der Familie bekommen und darüber hinaus als »mächtige Mütter« in einen zweifelhaften Ruf geraten.

26 Paare von den 33 in meiner Untersuchung haben zwischen einem und fünf *Kindern*, drei davon aus je früheren Ehen. 7 der befragten Paare sind kinderlos, bei 5 von ihnen ist die Kinderlo-

sigkeit geplant, 2 haben sich noch nicht für oder gegen Kinder entschieden.

*Was sind das denn für Menschen, die in eine Paarberatung kommen*? Ich kann diese Frage, die mir immer wieder gestellt wird, nicht generell beantworten. Meine Mutter sagte damals, als ich mit dieser Arbeit begann: »Es sind die schlechtesten Früchte nicht, woran die Wespen nagen...« Nach meiner Erfahrung kommen jene Menschen, welche nicht zufrieden sind mit Mittelmäßigkeit, weder bei sich noch in ihrer Beziehung, sowie jene, die genug Phantasie und Visionen haben, daß das, was sie jetzt leben, verwandelt werden kann in mehr Vielfalt und Lebendigkeit. Ich mag die sogenannten Unzufriedenen und die, welche unterwegs sind, mehr als die Zufriedenen und Satten und hoffe, daß in den Porträts, welche ich skizzieren werde, etwas von diesem Gefühl spürbar wird.

## Zu den Annahmen hinter meinen Fragen:

### 1. Geschichten erzählen als Rekonstruktion von Wirklichkeit

*Was man nicht erklären kann, muß man erzählen*

Eine Annahme, welche meinem Verständnis vom Leben in der Vielfalt moderner Lebensformen zugrunde liegt, ist, daß menschliche Identität wesentlich strukturiert wird von Interaktions- und Sinnfindungsprozessen in Familien und familienähnlichen Beziehungen. Die bereits skizzierte Subjektivität des Modernisierungsprozesses stellt hohe Anforderungen an das Individuum, sich seiner sozialen Zugehörigkeit zu vergewissern, weil Paar- und Familienbeziehungen in den wenigsten Milieus noch geprägt sind von fraglosen Normen. Ich verwende für diese Situation den Begriff des »verbindlichen Provisoriums«. Soziologen bringen die mit diesem Anspruch verbundene Überlastung in Verbindung mit der Beobachtung, daß etwa ein Drittel der Bevölkerung der westlichen Welt in ihrem Leben bereits eine psychische Krankheit durchgemacht hat oder noch daran leidet.

Auf einem solchermaßen schwankenden Boden des Alltags bekommt unser Verstricktsein in Geschichten für das Individuum eine besondere Bedeutung, sowohl als Möglichkeit von Verankerung wie auch als Ermutigung zum Aufbruch. Wenn ich auf Familiengeschichten zurückgreifen kann, in welchen beides angelegt ist, das Festhalten und das Loslassen, verlieren kritische Übergänge etwas von ihrem Schrecken. Unsere Vertiefung in Geschichten und unser Erzählen davon schafft die Voraussetzung für ständig notwendige Verwandlung im rasch fließenden Strom der Zeit. *Geschichten erzählen ermöglicht gleichzeitig Kontinuität und Wandel.* Im Begriff des »Fließgleichgewichtes« sind beide Aspekte aufgehoben, das Festhalten und das Loslassen als Voraussetzung dafür, daß wir weder in tödliche Erstarrung verfallen noch vom Chaos überwältigt werden.

Das »Selbst« ist in dieser Sichtweise ein zwischenmenschliches Phänomen: Es gibt so viele Selbst, wie wir einander Geschichten über uns und andere erzählen. Als die befragten Männer und Frauen, angeregt durch meine Fragen, ihre Geschichten erzählten, haben sie damit für sich selber zweierlei erzeugt, nämlich Sinnzusammenhänge und neue Handlungsmöglichkeiten. Kein Wunder, daß die meisten von ihnen diesen Prozeß zwar als anstrengend, aber auch stimulierend und hilfreich beschrieben. Indem sie erzählen, denken Menschen über ihre Lage nach und nehmen gleichzeitig Abstand von ihr. Auf diese Weise bleiben sie nicht länger als Gefangene im Netz ihrer Geschichte(n) verstrickt, sondern stricken diese weiter oder – um im Bild zu bleiben – knüpfen ihr Netz eigenständig. Wenn Erfahrung in Sprache gefaßt wird, eröffnen sich vielfältige Perspektiven. Es werden damit bisherige, meist einengende Interpretationen mit neuen Bedeutungen versehen. Das meine ich, wenn ich davon ausgehe, daß das Erzählen der eigenen Geschichte sowohl Sinnzusammenhänge im Gewordenen als auch Perspektiven für Neues erzeugt.

»Wenn wir von menschlichen Eigenschaften reden, so mag die letzte Grundlage dafür sein, daß die Geschichten von Anbeginn eine Wachstumsrichtung haben, daß in jeder Geschichte schon die zukünftige Geschichte mitangelegt ist, daß die vergangene Geschichte die zukünftige hervortreibt, aus sich heraussprießen läßt.«[1]

Die Versprachlichung des Erlebten als Voraussetzung für Handeln bedeutet also nicht einfach Abbildung, sondern Neuordnung von Wirklichkeiten. Es geht daher nicht um »die« Wahrheit im Sinne der Begründung, warum ein Leben so und nicht anders geworden ist (und wer schuld daran ist!), sondern um die Frage, wie Menschen Wirklichkeiten schaffen und Wahlmöglichkeiten freilegen. Denn natürlich kann jede Geschichte – auch die Geschichte dieses Buches – ganz anders erzählt werden und zu ganz anderen Möglichkeiten führen. Bei den nachfolgend skizzierten Paargeschichten geht es also nicht um »Authentizität«, wie sie von der modernen Subjektivierungskultur verlangt wird. Es geht um Rekonstruktion von Erfahrungen. Daran ist zu denken, wenn Frauen und Männer über ihr Leben mit Partnerin und Partner, Kindern und Herkunftsfamilien erzählen.

## 2. Krisen im Lebenszyklus sind Vorboten von Wandel

Paarberatung ist insofern kritisiert worden, als die präsentierten Probleme dadurch zu sehr psychologisiert und individualisiert würden. Paarkrisen müßten vielmehr als »folgerichtiger Schritt im Modernisierungsprozeß« verstanden werden. Im zweiten Kapitel habe ich auf den Wandel in der therapeutischen Theorie und Praxis verwiesen, welche den gesellschaftlichen Kontext von Paar und Familie mitthematisiert. Die Frage allerdings, warum die einen Paare am skizzierten Modernisierungsprozeß und den dadurch notwendigen Übergangskrisen gedeihen, während andere daran zerbrechen, ist durch die gesellschaftliche Perspektive allein nicht erklärbar. Es gehört dazu das Verständnis für individuelle Disposition, Biographie und persönliche Entwicklung eines Mannes und einer Frau in der Verschränkung mit ihrer Paargeschichte von dem Moment an, wo sie sich ineinander verlieben und später im Alltag zusammen leben. Meine Fragen zum Krisenverständnis der Erzählenden betreffen diese *Verknüpfung des Einmaligen ihres Lebens mit dem Allgemeinen von Geschichte und gesellschaftlichem Wandel*.

Ich verstehe Paarkrisen immer als Übergänge in der Entwicklung von Frau und Mann als Individuen und als Paar. Der Begriff des »Lebenszyklus« erscheint als hilfreicher Begriff dafür, warum zu den allgemeinen Veränderungen auch der Blick auf den Entwicklungsprozeß in der einmaligen Welt eines bestimmten Paares gehört. Jede Familiengeschichte kann gedacht werden als ein Staffettenlauf durch die Generationen, wobei die Stabübergabe als kritische Übergangsphase im Lebenszyklus jeweils sanft und beinahe unbemerkt oder aber unsanft und in Verbindung mit heftigen Erschütterungen geschehen kann. Viele psychische und körperliche Erkrankungen haben mit dem Streß zu tun, der bei solchen Stabübergaben entsteht, vor allem dann, wenn Familienmitglieder im »Interregnum« zwischen gestern und morgen steckenbleiben und die Generationen sich nicht genügend abgrenzen.

Der persönliche Lebenszyklus eines Menschen, also die Entwicklungsphasen, welche er von Kindheit an durchläuft, ist nicht genormt, wie das einmal angenommen wurde, sondern hat vielerlei Varianten. Es kann auch nicht angenommen werden, daß eine jeweils vorhergegangene Phase, zum Beispiel die berühmte frühe Kindheit, linear die nächste vorbereitet. Zu jeder menschlichen Entwicklung gehören voraussehbare Diskontinuität, aber auch plötzliche Sprünge, welche nicht berechenbar und nicht kausal vorbestimmt sind. Damit läßt sich erklären, warum zwei Menschen, auch wenn sie noch so sehr aufeinander bezogen sind, sich nie im Gleichschritt entwickeln können.

Auch der Lebenszyklus von Paaren und Familien ist kein normativer, er verläuft in plötzlichen heftigen Sprüngen oder sanften Verwandlungen, die manchmal kaum bemerkt werden. Dennoch scheint es sinnvoll, sich an einem allgemeinen groben Raster voraussehbarer Übergänge beziehungsweise krisenanfälliger Zeiten zu orientieren: Die Zeit der jungen Liebe mit ihrer Tendenz zur Fusion des Paares und der Abgrenzung von anderen als erste Phase mitsamt der Frage, ob ein Paar Kinder will; die Geburt des ersten Kindes und dann die Zeit mit Kindern als zweite; die Adoleszenz der Kinder, ihr Wegzug und die Neudefinition (oder Auflösung) der Paarbeziehung als dritte Phase; schließlich der Rückzug aus dem Berufsleben und zuletzt das Altwerden und der Tod des einen und dann des anderen Partners. Die meisten Paar- und Familienkrisen stehen im Zusammenhang mit Übergängen von einer Phase zur anderen, meistens verbunden mit dem Weggang oder der Aufnahme eines Menschen in die Familie. Sie sind verbunden mit neuen Erfahrungen, welche eine Umwandlung des Ganzen nötig machen, ohne daß es daran zerbricht. Jede Übergangsphase bedeutet ein kritisches Spannungsfeld zwischen dem Bisherigen und dem noch nicht geborenen Neuen. Die dabei auftretenden Zeichen von Streß sind in meiner Sicht als *Vorboten anstehenden Wandels* zu verstehen, nicht als Quittung für »nicht richtig gelebtes Leben«.

Es sind aber nicht die Übergänge im Lebenszyklus an sich, welche »kritisch« sind, sondern die Art und Weise, wie Menschen sie bewerten und mit ihnen umgehen. Darum lohnt es sich, im folgenden einen kurzen Blick darauf zu werfen, wie der »natürliche« Prozeß von Entwicklung und Wandel in menschlichen Beziehungen geschieht. Als erste Vorboten fälliger Veränderungen versagen die alten Beziehungsmuster. Eine Paargewohnheit wie die, daß zum Beispiel eine Frau ihren Mann beim Autofahren mit Hinweisen auf Gefahren irritiert oder ein Mann bei Einladungen jeweils mit anderen Frauen flirtet und seine Partnerin ignoriert, kann jahrelang toleriert werden. Dann, quasi über Nacht, wird das entsprechende Muster zwischen den beiden zum Kristallisationspunkt heftiger Auseinandersetzungen oder eisiger Distanz. Typischerweise greift der eine oder andere der beiden dann auf Lösungen zurück, die schon einmal wirksam waren, und verwendet sie ad hoc, das heißt ohne weitere Diskussion. Er zum Beispiel bringt ihr Rosen, sie zum Beispiel schweigt während der restlichen Autofahrt. Aber diese ad hoc Lösungen (die sogenannten »Lösungen erster Ordnung«) bewirken meistens mehr desselben: mehr Irritation, mehr Dissonanz. Denn sie weisen ja auf den alten, unbefriedigenden Zustand zurück. Als letzter Schritt der Eskalation der Krise erfolgt meistens der Zusammenbruch des Bisherigen. Nicht selten schlägt in dieser Phase die erfahrene Hilflosigkeit in Aggression oder Depression um. Wenn dann inmitten des Chaos und der Verzweiflung nichts mehr geht, kann auf einer anderen, noch nie erreichten Ebene plötzlich Neues entstehen, können differenziertere Sichtweisen des Bisherigen sowie Verhaltensmöglichkeiten aufgehen, die bisher nicht vorstellbar waren (»Lösungen zweiter Ordnung«). Es können aber auch beide verharren im Chaos oder in der Erstarrung, aus welcher mit der Zeit ein sogenanntes Symptom als Kompromiß zwischen »Festhalten und Loslassen« entsteht: Sie trinkt heimlich zu viel Alkohol, er leidet an Bluthochdruck, sie verbündet sich gegen ihn mit den Kindern, er nimmt diesen den Fernseher weg.

In einer Situation von Erstarrung oder Chaos, manchmal bereits mit deutlicher Symptomatik, sehe ich die meisten Paare, welche Beratung beanspruchen. Wenn sie im Rückblick beschreiben, was die damalige Krise auslöste, tun sie es immer nur annähernd und aus der Sicht der Gegenwart. Sie beschreiben vor allem Unterschiede zwischen damals und heute, d. h., was ihnen aus der *heutigen Sicht* damals geholfen oder was sie behindert hat. Das allerdings ist aufschluß- und hilfreich genug, auch für andere, wie die folgenden Paargeschichten zeigen werden. Wenn Paare rückblickend ihre Probleme und ihre Sicht der Krise beschreiben, welche sie in die Therapie brachte, tun sie es nun mit einer Außenperspektive, wie sie auf dem Tiefpunkt des damaligen Engpasses zwischen Vorher und Nachher nicht möglich war. Gerade durch den Zusammenbruch des Vorherigen wurde Neues möglich. Statt, wie zum Beispiel »Streitpaare« es tun, nach der Erhitzung eine Abkühlungsphase einzuleiten, welche zu neuer Erhitzung des Konflikts führt, hat ein solches Paar vielleicht inzwischen eine Möglichkeit gefunden, durch Rituale von Distanz und Versöhnung einen Streit jeweils so zu Ende zu führen, daß daraus neue Lösungen entstehen. Erstarrte Rollenmuster werden auf diese Weise verflüssigt, es entstehen neue Spielräume und vielfältigere Verhaltensmöglichkeiten für beide.

## 3. Partnerwahl und Paarmythos

Im Rückblick auf ihre Krise nimmt meine Frage, mit welchen Bildern und Vorstellungen Frau und Mann zusammenkamen, einen besonderen Platz ein. Das hat seine Gründe. Unter dem Einfluß wissenschaftlicher Erkenntnis- und Vorgehensweisen sowie einer hohen Bewertung individueller Autonomie neigen wir Therapeuten dazu, das Thema der Partnerwahl vorwiegend unter neurotischen Aspekten persönlicher Mängel zu untersuchen. Wir beklagen zum Beispiel, daß die unbewußten Motive, mit denen eines das andere in die Rolle eines Elternteils oder Heilers oder umgekehrt eines Kindes oder Patienten »lockt«, den jeweils eigenen Entwicklungsprozeß zur Selbstfindung behindern. Die Seiten, welche ein Mensch sich selber nicht zu leben getraut, werden gemäß dieser Sichtweise dem Partner zugeschoben, der damit in ein Bild gezwängt wird, das nur einen Teil seiner vielfältigen Facetten erfaßt. Viele von uns kennen das aus eigener Erfahrung. Man verliebt sich immer nur in gewisse Seiten eines anderen Menschen und überhöht diese, während andere geflissentlich übersehen werden. Aber ich sehe das nicht als »Pathologie«. Einengend und entwicklungsbehindernd wird solche Einseitigkeit in der Zuweisung von Facetten bloß, wenn beide miteinander stillschweigend übereinstimmen, daß sie »so sind« und bleiben müssen, wie sie vom Partner in der ersten Phase der Verliebtheit als Idealbild entworfen wurden. An der Güte der Partnerwahl liegt das aber nicht.

Mir gefällt darum die Idee, wonach das »Liebeserlebnis« der romantischen Phase einer Beziehung und die »Liebe« zwei verschiedene Dinge sind, beide gleich viel wert und voneinander abhängig.

»Im Liebeserlebnis, in der Verliebtheitserfahrung leuchtet tatsächlich ohne unser Zutun, als Geschenk und Gnade, die Vollgestalt der Liebe auf. In ihr wird gleichsam im Vorgriff ahn- und fühlbar, was die Liebe zwischen diesen beiden Menschen sein könnte. Was sie sein könnte, nicht was sie ist.«[2]

Vision also, wie die Dinge werden könnten, und nicht neurotische Projektion ist gemeint, wenn ein Partner im anderen Eigenschaften sieht und liebt, welche dieser vielleicht bisher selber kaum bemerkt oder sich zugetraut hat. Dazu Brecht[3]

»Der Beobachter muß also dem Beobachteten ein gutes Bildnis schenken, das er von ihm gemacht hat. Er kann Verhaltensarten einfügen, die der andere gar nicht fände, diese zugeschobenen Verhaltensarten bleiben aber keine Illusionen des Beobachters; sie werden zu Wirklichkeiten: Das Bildnis ist produktiv geworden, es kann den Abgebildeten verändern, es enthält (ausführbare) Vorschläge. Solch ein Bildnis machen heißt lieben.«

Mit dem Begriff des »Paarmythos« als Leitbild für den gemeinsamen Lebensentwurf bezeichne ich bewußt diffus das, was wissenschaftlich als Motivation für die Partnerwahl beschrieben wird. Diffus deshalb, weil der rationale Begriff der Wahl nicht das trifft, was ich meine: Das intuitive Gespür für etwas, was entstehen könnte, auch wenn es noch keine klare Gestalt hat, die Ahnung, daß das Fremde überwunden werden kann und daß im scheinbar Unähnlichen, das die Faszination des Gegenübers ausmacht, auch Ähnliches verborgen ist. Der Paarmythos ist eine gemeinsam erfundene Geschichte, die weitererzählt und erneuert werden kann.

Mythos wird in Meyers Großem Taschenlexikon wie folgt definiert:

(griech. »Wort, Rede, Erzählung, Fabel«), »Wort« im Sinne einer letztgültigen und deshalb nicht mehr zu begründenden Aussage, die Existenz und Geschichte der Welt und des Menschen auf das Handeln von göttlichen Wesen zurückführt... Im Gegensatz zur logischen Erkenntnis bildet nämlich der Mythos keine Urteile, sondern will Realitäten darstellen, für die er keine rationalen Beweise zu erbringen braucht.

Im Paarmythos liegt, ähnlich wie in den Geschichten eines Paares, der Keim für Entwicklung und Verwandlung. Ich verstehe ihn als die *Ouvertüre zum Gesamtwerk*, in welcher die Leitmotive anklingen, die in den nachfolgenden Sätzen auf dem gemeinsamen Weg Gestalt annehmen. Damit sie das tun, damit daraus vielfältige, nie genau vorhersehbare Variationen entstehen können, braucht es jedoch handwerkliches Rüstzeug und Ausdauer. Auch davon wird in den folgenden Paargeschichten die Rede sein.

Die Partnerwahl aktiviert die bisherige Lebensgeschichte jedes einzelnen mit ihrem Reichtum und ihren traurigen Seiten. Viele Jahre später berichten mir Frauen und Männer in Therapie, wie unvergeßlich ihnen jene ersten Stunden des Kennenlernens sind. Sie erinnern sich, wie sie einander Geschichten erzählten von Kindheit, Eltern, Geschwistern, Schule, von den Streichen, die sie gespielt haben und von dem, was sie traurig gemacht hat, und wie wohl es ihnen beim Erzählen war. Eine Frau Ende 30: »Während ich ihm damals erzählte, bin ich eine andere geworden – fast wie eine Schauspielerin, die ihren Part zwar kann, aber noch nie auf der Bühne gespielt hat, zusammen mit anderen Figuren und im richtigen Kostüm. Das war eine wunderbare Erfahrung, und wenn wir es heute gut haben zusammen und einander erzählen, ist es mir so wohl mit meinem Mann wie damals.«

Das gemeinsame Erzählen schafft die Voraussetzung dafür, daß jedes sich selbst und das Gegenüber erkennt. Erkennen, die Voraussetzung für Intimität, heißt dann, sowohl das, was gewesen ist, als auch das, was werden könnte, zu verweben zu einer gemeinsamen Geschichte. In dieser Geschichte müssen, soll sie lebendig bleiben, die beiden einzelnen Biographien so aufgehoben sein, daß jede von ihnen sich als Ganzes und gleichzeitig als Teil einer neuen Ganzheit entwickeln kann. Die Wiederbelebung der lustvollen wie auch der konfliktbesetzten Themen der bisherigen Lebensgeschichten, »in ihren auf Veränderung gerichteten, progressiven, wie den auf Fortsetzung des Bisherigen gerichteten Aspekten, macht die gegenseitige Anziehung aus«.[4] Genau das meine ich, wenn ich in diesem Text manchmal das Bild von den neuen Kapiteln benutze, die der bisherigen Geschichte zugefügt werden, ohne daß das Alte dem Neuen geopfert wird.

Ich frage Paare gerne nach ihren Geschichten und Bildern aus der Zeit der ersten Verliebtheit, weil ich darin immer ein Stück Weisheit im Sinne von Selbstheilung vermute, welche der Besänftigung ihrer heutigen Krise dienen kann. Wer erinnert sich nicht an die Neugier, mit der wir als Kinder wissen wollten, wo und wie sich unsere Eltern kennengelernt haben, warum gerade sie beide sich ineinander verliebten, wie sie geheiratet haben und wer was dazu gesagt hat... Davon zu hören gab uns ein Gefühl von Sicherheit und Vertrauen: »Die zwei haben etwas miteinander, das stärker ist als ihr alltägliches Geklöne.« Die Geschichten aus der ersten Zeit einer Liebe können aber auch für das Paar selber eine Art Gehäuse bedeuten, das beim Erzählen ausstaffiert wird mit tausend bunten Kleinigkeiten. Die Farbe des Kleides, das sie beim ersten Rendezvous trug, eine Melodie, die damals überall in der Luft hing, der Wiesenstrauß, den er für sie pflückte, oder wie ihre jüngeren Geschwister ihn sofort mochten, als er mit ihnen beim ersten Besuch zu Hause Ball spielte, gehören dazu. Die wunderbaren Verwandlungen der Zeit der ersten Verliebtheit sind manchmal einer Bekehrungserfahrung ähnlich, da ein bedeutsamer anderer alle bisherigen Grenzen des Selbst sprengt, zu Verwandlungen und Entwicklungen ermutigend, wie sie bisher undenkbar waren. Beim Nacherzählen wird fast immer etwas von dieser Erfahrung lebendig: So über mich selber hinauswachsen kann ich ja, das habe ich doch schon erlebt, oder: So also konnten wir zwei einander einmal beflügeln und unsere gegenseitigen Möglichkeiten erweitern!

Die Verbindung von Vergangenheit und Zukunft ist ein Schwerpunkt meiner Untersuchung wie auch dieses Buches. Geschichtenerzählen zur Eröffnung vielfältiger Perspektiven gehört wesentlich zu meinem Therapieverständnis. Das Anknüpfen an den ursprünglichen Paarmythos fordert zum Versuch heraus, die damalige Vision nochmals aufzunehmen und zu übersetzen auf weitere Sätze des »Gesamtwerkes«, bevor dieses voreilig weggesteckt wird. Im Wiederfinden des Mythos liegen Möglichkeiten zu seiner Entwicklung, solange er nicht bloß negativ, als lineare Erklärung für die gegenwärtige Krise, gebraucht wird. Zur Frage, was die ursprüngliche Partnerwahl aus den beiden Menschen gemacht hat, kommt ja die Frage, wie sie dem gemeinsamen Lebensentwurf neue Variationen zufügen. Solche Fragen bewirken nicht selten, daß das ursprüngliche Liebeserlebnis, welches inzwischen vielleicht als unreif oder irrational abgetan wurde, wieder in seiner früheren Leuchtkraft ersteht: »Da waren wir aber unglaublich risikofreudig und sind eigentlich über uns selber hinausgewachsen«, erzählt eine Frau aus traditionellen Verhältnissen, die in der Phase der ersten Verliebtheit auf seine Bitte hin zu ihrem damaligen Freund und heutigen Partner nach Südamerika reiste, worüber ihre und seine Familie kopfstanden. Die gemeinsame Risikofreude und Lebendigkeit konnte später quasi aus der Vorratskammer der Paargeschichte geholt werden, als die Mühen des Alltags einer interkulturellen Ehe die beiden zu überrollen drohten.

Krisen im gemeinsamen Leben fordern immer auch dazu heraus, Abschied zu nehmen von jenen Seiten des Paarmythos, welche mit dem Begriff der »Projektion« bezeichnet werden. Ich meine damit die Einengung des Gegenüber auf ein Bild, das ihn oder sie zwingt, eigene ungelebte Seiten stellvertretend zu leben. Solche Projektionen haben neben persönlichen Motiven immer auch mit kulturellen Normen zu tun. So wird zur Erfüllung der gemeinsamen Sehnsucht nach Intimität in unserer Kultur von der Frau traditionell »volle Hingabe« erwartet und vom Mann »volle Aktivität«, was dazu führen kann, daß Frauen sich auf Pseudo-Intimität und Männer sich auf Pseudo-Distanz festnageln lassen, womit beide einen Teil ihrer selbst aufgeben. Abschiednehmen von solchen einseitigen Zuschreibungen heißt, die Fremdheit des anderen neu zu respektieren. Es bedeutet eine Möglichkeit, den »Paar-Tanz« um Nähe und Distanz neu zu erfinden.

Ein weiterer Anlaß für die Revision des Paarmythos durch die Krise liegt in den unfertigen Geschichten oder unerledigten Geschäften aus der jeweiligen Herkunftsfamilie, welche oft beide Partner in die Erwartungen aneinander verwoben haben. Wie die Porträts der Befragten zeigen werden, können Paarkonflikte sinnvoll in Verbindung gebracht werden mit dem ursprünglichen Ablösungsversuch aus ihren Familien. Die Ablösung von der Herkunft besteht ja nie aus einem einzigen großen Schritt, sondern aus unendlich vielen kleinen Schritten, welche die Bilder von sich und von anderen verändern. »Partnerwahl als widersprüchlicher Individuationsversuch«[4] bedeutet, daß einerseits fast immer der Paarbeziehung Anliegen zugewiesen werden, welche stellvertretend dem Abschied von den Eltern dienen, und daß andererseits Glückserwartungen, welche von diesen nicht erfüllt werden konnten, nun dem Partner delegiert werden. Auch dieser Prozeß ist meines Erachtens ein völlig normaler, solange beide bereit sind, die alten Bilder von sich und der Welt und die damit verbundenen Verhaltensweisen nicht als ewig gültige festzuschreiben, sondern laufend zu verhandeln. Die Krise kann unter diesem Aspekt zur Chance einer »zweiten Ablösung« von alten Bildern und Beziehungsmustern werden, die nicht mehr zu den gegenwärtigen Entwicklungen passen. Sie ermöglicht dann beiden, ihre ursprünglichen Leitmotive im Paar-Mythos mit neuen Variationen zu versehen. Dazu eine persönliche Erfahrung:

In meiner eigenen Lebensgeschichte bedeutete diese »zweite Ablösung«, daß ich sowohl von alten Verhaltensweisen als auch von Bildern, die ich mir von mir gemacht hatte, Abschied genommen habe. Abschied zum Beispiel von früheren Zuweisungen an mich als überverantwortliche älteste Tochter und Schwester, »Rosmarinus officinalis, das heilsame Rosmarinkraut«, wie meine Eltern mich früher genannt haben. Ich habe dadurch kindlich-spielerische Seiten an mir wiederentdeckt, die vorher in unserer Paarbeziehung zu kurz kamen und nun zu ihrer Lebendigkeit beitragen.

## 4. Auseinandersetzung mit dem Chor hinter den Kulissen

Wenn aus der privaten, wunderbaren Verschmelzung eines Paares in der Phase romantischer Verliebtheit eine verbindliche, auf Dauer angelegte Beziehung wird, bedeutet das immer auch die Verbindung zweier Familien mit ihren Traditionen und Geschichten. Selbst wenn das Paar auf das Ritual der Hochzeit verzichtet und sich Einmischung von seiten seiner Familien verbittet, wird der Chor hinter den Kulissen ihre Verbindung begleiten, werden sie durch ihre Verbindung Teil zweier Familiengeschichten. Unhörbar vielleicht in den entspannten Zeiten ihres Lebens auf der gemeinsamen Paarinsel, kräftig und unüberhörbar bei den Übergangskrisen, wenn beide vom Chaos der vielfältigen Wahlmöglichkeiten und Entscheidungszwänge überflutet werden und Halt suchen, indem sie auf Bekanntes zurückgreifen. Die Leitmotive aus den Herkunftsfamilien werden damit aktiviert, stärker meistens, als es den beiden bewußt ist.

Der »Chor« der beiden Herkunftsfamilien kann Paare liebevoll begleiten und Entwicklungen unterstützen, sie aber auch durch alte Melodien einengen. Meine Erfahrung ist, daß allein schon das Erkennen solcher Leitmotive Möglichkeiten schafft, Variationen dazu zu entwickeln oder von ihnen Abschied zu nehmen. Aus diesem Grunde habe ich besonders bei jenen Paaren, die mit der Wahl einer traditionellen Familienform den Rückgriff auf Bekanntes taten, ausführlich nach den Aufträgen und Rollenvorschriften aus ihren eigenen Familien gefragt.

Von kritischer Bedeutung ist die Neudefinition der Beziehungen eines Paares zu den Herkunftsfamilien vor allem bei zwei Ereignissen: der Heirat (oder einem ihr ähnlichen Ritual) und der Geburt des ersten Kindes; Ereignisse, die in neueren Lebensformen oft unmittelbar miteinander verknüpft sind. Eine wichtige Frage an ein Paar in Krise ist darum, wie die beiden konkret ihre formelle Verbindung nach außen bekanntgaben, wie und ob sie Hochzeit oder ein ähnliches Übergangsritual und wie die Geburt ihrer Kinder feierten und in welcher Weise ihre Herkunftsfamilien daran teilnahmen. Bei der Paarbildung als formeller Verbindung zweier Familien wird vieles angelegt, was später als Hilfe oder Behinderung wirkt. Die Balance zwischen Nähe und Distanz, Abgrenzung oder Zugehörigkeit zu den Herkunftsfamilien, welche in den Hochzeits- und Tauf-Szenarien angelegt ist, kann sich fruchtbar oder belastend auf die Intimität des Paares auswirken, je nachdem, ob sie mit dem »Chor« gemeinsam vereinbart werden oder ob dieser hinter die Kulissen verbannt wird. Wessen Traditionen und Ideen im Leben des Paares dominieren oder ausgeklammert werden, ihre oder seine, oder ob daraus ein Neues, Drittes entstehen kann, wird wesentlich zu diesen Zeiten entschieden. Dort, wo ich dazu Antworten der Befragten habe, werde ich sie erwähnen.

## Paargeschichten als »flüssige Konstellationen«

Es war nicht einfach, für die Fülle von Geschichten und Informationen, welche ich von den 33 Paaren erhalten habe, ein Raster zu finden, das weit genug ist für ihre Einmaligkeit und dennoch das Allgemeine ihrer Situation mitberücksichtigt. Schließlich habe ich sechs verschiedene »Paar-Konstellationen« entwickelt, welche unter den Aspekten ihrer Lebensform, ihres Lebensstils sowie ihrer Lebensphase voneinander unterscheidbar sind, aber gleichzeitig fließend ineinander übergehen. Mit »Konstellationen« meine ich im folgenden also keineswegs wissenschaftliche Kategorien oder Typologien, welche in bezug auf ihre »Güte« unterschieden werden könnten. Es handelt sich vielmehr um Skizzen von bestimmten Situationen im Rahmen von Raum und Zeit, die nicht ein für allemal festgelegt sind. Im Gegenteil: Die Geschichten der Befragten zeigen gerade, daß Paare, welche in eine bestimmte Lebensform hineinrutschten – von Wahl zu reden paßt da kaum – im Laufe ihres Lebens und ihrer Entwicklung zu ganz anderen Formen und Lebensstilen finden, als sie es sich ursprünglich vorstellten. Meine Einteilung von Paar-Konstellationen oder -Porträts in *»traditionelle, übergängliche und progressive«* ist darum eher als Blitzlicht auf bestimmte Lebensphasen und -situationen denn als Klassifizierung zu verstehen.

Ich werde mit »übergänglichen« Formen des frühen Zusammenlebens bis zur Geburt des ersten Kindes beginnen und mich dann der Hauptgruppe unter den Befragten zuwenden, welche mit ihrem Rückgriff auf Bekanntes die »traditionelle« Form der Familienehe wählten. Anschließend will ich mit diesem Phasen-Modell eine Konstellation des Übergangs der Lebensmitte skizzieren, um dann zu den »Progressiven« überzuleiten, welche Beruf und Kinder miteinander verbinden.

Die Auswahl der befragten Paare geschah nach dem Zufallsprinzip. Nicht jede Paarkonstellation ist darum gleich häufig vertreten, aber wenn ich sie mit der Statistik vergleiche, sind progressive Lebensformen eher übervertreten. Am häufigsten kommt dennoch die traditionelle Form der Familienehe vor, am seltensten die der unverheiratet zusammenlebenden jungen Paare.

Damit sie erstens nicht erkennbar und zweitens möglichst reichhaltig sind, lasse ich bei jeder Konstellation neben den »Hauptdarstellern« im Originalton auch andere Frauen und Männer aus der gleichen Gruppe zu Wort kommen. Wie aus dem Fragebogen in Kapitel 8 hervorgeht, habe ich alle Erzählenden um die Erlaubnis gefragt, ihre Aussagen original wiederzugeben. Ich habe höchstens da und dort kleine stilistische Änderungen angebracht. Hingegen habe ich durchgängig die Lebensumstände der Befragten soweit verändert, daß ihre Geschichten nur von ihnen selbst erkennbar sind.

# Teil II Kritische Übergänge in unterschiedlichen Lebensformen und Phasen des Paarzyklus: Sechs Paarporträts

# Kapitel 4

## Jugendliebe: Der Traum, daß alles ewig offen bleibt *David* und *Silvia*

Zum Begriff der »Jugendliebe«:
Es ist damit die freie Partnerschaft eines jungen oder jüngeren Paares gemeint
- als Vorstufe zu einer verbindlichen Lebensgemeinschaft oder
- als unverbindliches Provisorium des »Nicht-Übergangs« und verlängerter Adoleszenz.

*»Unsere frühe Liebe geriet uns zur Lebenslüge«*

### Die ersten Jahre

David war 18 und Silvia 19 Jahre alt, als sie sich in einer internationalen Handelsfirma kennenlernten, wo beide eine kaufmännische Lehre machten. Es war das Jahr 1974, und in der »Jugendszene« der Stadt mit ihren Berufsschulen, einer Hochschule und einem Technikum war »schwer was los«, wie David rückblickend erzählt. Die beiden verbrachten ihre ganze Freizeit zusammen im Jugendhaus und gingen nur noch unregelmäßig nach Hause in die Kleinstadt, in der beide aufgewachsen waren. Meistens übernachteten sie bei Freundinnen und Freunden in Wohngemeinschaften oder in Studentenhäusern. Daß es ihnen damals trotzdem gelungen ist, ihre Lehre abzuschließen – darüber wundern sie sich heute selber.

Dieses unverheiratete Paar hat sich nach 14 Jahren in freier Partnerschaft vor drei Jahren getrennt, ist jedoch lose miteinander verbunden geblieben. Beide nahmen einzeln an der Befragung teil und hielten Rückblick auf ihre individuelle und ihre gemeinsame Geschichte sowie auf die Krise, derentwegen sie damals in Therapie kamen.

## David

Er stammt aus »kleinbürgerlichen Verhältnissen«, wie er sie nennt, hat eine ältere und eine jüngere Schwester, mit denen er auch heute gern zusammenkommt, erzählt er bei unserem ersten Gespräch. Davids Vater ist inzwischen als ehemaliger Bahnhofsvorstand pensioniert. Seine Mutter arbeitet mit ihren 60 Jahren noch ganztags als Leiterin eines größeren Personalrestaurants. Mit ihrem Lohn hat sie Davids Weiterbildung jahrelang unterstützt. »Sie hat mich sehr verwöhnt und mich ganz sicher meinen Schwestern vorgezogen«, erzählt David im Rückblick. »Ich bewundere sie für ihre Tüchtigkeit und bin ihr dankbar für ihre Unterstützung. Aber mit der Zeit konnte ich schwer ertragen, daß ich in ihrem Leben einen so wichtigen Platz einnahm. Meine Gefühle zu ihr sind heute zwiespältig. Liebe und Dankbarkeit, aber auch Wut auf ihre Anklammerung, ständig gemischt! Mir ist klar, daß mein Vater mir diesen Platz bei ihr schon früh abgetreten hat. Das gab ihm Ruhe für seine Arbeit bei der Bahn und besonders für seine vielen Hobbys – Modell-Eisenbahnen, Fischen und Bergsteigen. Er war schon immer ein Eigenbrötler, nicht ungesellig, aber am liebsten nur mit Kollegen zusammen, die seine Interessen teilten. Ich kenne meinen Vater kaum. Wenn er jeweils seine Uniform auszog, wirkte er so... irgendwie schwach und verletzlich, daß ich ihn lieber in Ruhe ließ.«

Die Ehe von Davids Eltern entwickelte sich entsprechend unpersönlich, aber das Familienleben war gemütlich (dafür sorgte die Mutter) und sicher (dafür sorgte der Vater). Zu sicher und zu gemütlich vielleicht, meint David heute. Kein Wunder, daß er sich damals so begeistert hat für die »Jugendszene«. Er blieb zwar unpolitisch, aber es roch endlich nach Leben und Freiheit. Das unbeschwerte Zusammensein mit Silvia, ohne feste Bindung und Verpflichtung, war wohl genau, was er damals brauchte, meint er rückblickend.

## Silvia

Sie kommt aus einer bewegten, aber wenig Sicherheit vermittelnden Familie. Ihre Mutter hatte früh einen italienischen Arbeiter geheiratet und sich bald nach der Geburt eines Sohnes scheiden lassen. Silvias Halbbruder, 10 Jahre älter als sie, lebte viele Jahre in Pflegefamilien und wurde schließlich in Mutters zweite Familie aufgenommen. Als Kind habe sie ihn bewundert, erzählt Silvia, »weil er sich überhaupt nicht unterkriegen ließ«. Aber als er als junger Erwachsener in die Drogenszene geriet, die Sucht schließlich mit Einbruchdiebstählen finanzierte und die Familie ständig erpreßte, hat Silvia ihn zu hassen begonnen. Ihre Mutter habe zu ihm gehalten, durch dick und dünn, und ihn mit ihrem knappen Verkäuferinnenlohn unterstützt.

Silvias Vater, Mutters zweiter Mann, habe das ewige Theater mit seinem Stiefsohn überhaupt nicht aushalten können. Den Streitereien sei er schließlich ausgewichen, indem er öfter abends im Gasthaus saß und sich betrank, erzählt Silvia. Als Schichtarbeiter in einer Lebensmittelfabrik sei er gesundheitlich sowieso angeschlagen gewesen, und der Alkohol habe das seine dazu getan. Manchmal habe der Vater ihre Mutter auch geprügelt, aber das erfuhr Silvia von ihr erst, als sie erwachsen war. Als Kind liebte sie ihren Vater sehr. Manchmal durfte sie mit ihm Fahrradausflüge machen oder ins Kino gehen. Sie fand ihn überhaupt viel »lustiger und lieber« als ihre Mutter, die ständig überarbeitet war und zunehmend bitterer wurde.

Als Silvia 10 Jahre alt war, beantragte ihre Mutter die Scheidung. »Darauf verschwand mein Vater von der Bildfläche. Er arbeitete nur noch sporadisch, bezahlte nichts für mich, und von Bekannten habe ich gehört, daß er mit einer älteren Frau in der Stadt lebte. Gesehen habe ich ihn nie mehr. Warum ich mich nicht darum bemüht habe, weiß ich heute auch nicht. Als ich 16 war, hörte ich von meiner Mutter, Vater sei gestorben. Er habe sich ›zu Tode gesoffen‹, sagte sie. Ich habe damals innerlich beschlossen, daß ich mich sobald als möglich von Mutter trennen wollte. Irgendwie gab ich ihr die Schuld an Vaters Tod. Daß das alles viel komplizierter war, merkte ich erst später. Damals habe ich Mutter gehaßt und Vater vermutlich idealisiert.

Am demütigendsten war für mich, daß ich Mutters Unterschrift brauchte, als ich die Pille wollte, nachdem ich David kennengelernt hatte. Ihren Gesichtsausdruck werde ich nie vergessen, so im Stil ›daß meine Tochter mir so etwas antut‹... Dabei hatte sie selber seinerzeit mit 18 heiraten müssen, weil sie schwanger war.«

## Die Paargeschichte

Beide waren fasziniert vom Aufbruch der Jugend, als sie erwachsen wurden, und beide waren überzeugt, daß sie es ganz anders und viel besser machen würden als ihre Eltern. Daß von beiden Seiten Widerstand gegen ihre frühe Verbindung kam, verdeckt bei Silvias Mutter, direkt und zornig bei Davids Eltern, verstärkte diese Überzeugung. »Die gönnten uns ganz einfach unsere Freiheit nicht«, erzählt David im Rückblick, »aber das schweißte uns mehr zusammen, als wenn sie mitgemacht hätten.«

Sobald Silvia ihre Lehre beendet hatte, mietete sie eine kleine Wohnung in der Stadt, die sie knapp bezahlen konnte von ihrem Lohn. David, im letzten Lehrjahr, lebte halb bei ihr und halb zu Hause. Gemeinsam lernten sie ungezählte »aufgestellte« junge Leute kennen, wie man diese nannte. Als sie ein Angebot als Untermieter eines Paares erhielten, das bereits mit zwei Kolleginnen eine große alte Wohnung teilte, zogen sie dort ein. »Das Leben in der Gruppe war zuerst ein absoluter Hit«, erzählt David rückblikkend. »Nach dem Leben in der Kleinstadt ging uns beiden so richtig die Welt auf. Politisch engagiert waren wir nicht, aber einfach ständig high, auch ohne Drogen. Es war toll, mit Gleichaltrigen zu leben, so richtig frei und ungebunden.« Silvia: »Für mich war es das erste Mal, daß ich mit Leuten über mich selber und über Beziehungen redete. Wir saßen jeweils stundenlang am Tisch, ließen alles stehen und tratschten. Das gab mir ein Gefühl von Nähe und Geborgenheit wie noch nie im Leben.«

David beschloß kurz nach der Lehre, das Abitur nachzuholen, seine Mutter würde ihn dabei finanziell unterstützen. Er legte sich ins Zeug und schuftete Tag und Nacht. Silvia blieb an ihrer Stelle, wurde Chefsekretärin und verdiente gut. Sie war froh um die Wohnpartner, denn David verbrachte viel Zeit in der Bibliothek und lernte in der Schule neue Kolleginnen und Kollegen kennen. Als David schließlich Jura zu studieren begann, war es klar, daß nun Silvia ihn unterstützte. Seine Mutter zahlte nicht mehr, weil sie mit dem »offenen« Lebensstil des jungen Paares überhaupt nicht einverstanden war und auch wenig begeistert davon, daß David mit einer Frau »aus zerrütteten Familienverhältnissen« lebte. Silvia hatte sich von ihrer eigenen Mutter inzwischen »energisch und schmerzlos« getrennt, wie sie erzählt. »Das war kein Problem, im Gegenteil. Ich fand es toll, so selbständig das Leben zu meistern, David aufzubauen und mich auf den gemeinsamen Erfolg zu freuen. Ich fühlte mich damals stark wie seither nie mehr.«

## Die erste Krise

Nach zwei Jahren gab es eine Krise in der Wohngruppe. Das andere Paar trennte sich und zog aus. An seiner Stelle kamen zwei »Singles«, eine Frau und ein Mann in die Wohnung, Berufstätige, mit relativ hohen Ansprüchen an Privatsphäre und an Ordnung. Mit der Gemeinschaftlichkeit am Küchentisch war es vorbei. Was Silvia und David vorher kaum bemerkt hatten, als sie aufgehoben waren in der Gruppe, wurde jetzt offensichtlich: Sie hatten kaum mehr Gemeinsamkeiten als Paar. Sie unternahmen nichts zusammen und wußten kaum voneinander, wohin jedes sich bewegte. Einen gemeinsamen Raum hatten sie zwar, aber der war bisher allen offen gewesen. »Wir waren eher wie Geschwister geworden, Hänsel und Gretel, die sich im Wald verlaufen haben, weg von daheim und doch kein richtiges Zuhause als Paar«, erinnert sich Silvia. »Wir waren kuschelig miteinander wie zwei Kinder, aber sexuelle Leidenschaft gab es schon lange nicht mehr«, beschreibt David die damalige Situation.

In dieser Zeit verliebte sich David in eine Studienkollegin. Nichts Ernsthaftes sei es gewesen, erzählt er im Rückblick, sondern einfach eine Leidenschaft aus dem Gefühl einer großen Langeweile. »Ich machte kein Geheimnis daraus, irgendwie gehörte das ja zu unserem Lebensstil der offenen Zweierbeziehung. Andere experimentierten schließlich auch. Silvia war erstaunlich großzügig. Sie äußerte ihre Gefühle in bezug auf meine Außenbeziehung überhaupt nicht, sondern reagierte mit ausgesuchter, kühler Distanz. Anderes wäre ›daneben‹ gewesen in der damaligen Umgebung. Erst später habe ich zu spüren bekommen, wie wahnsinnig verletzt sie war.« Silvia versuchte jedoch auf indirekte Weise, die Türe zu David einzuschlagen, wie sie rückblickend erzählt. Sie begann sich noch intensiver um alles und jedes zu kümmern, was David, sein Studium und das gemeinsame Leben betraf. Sie kaufte ihm Kleider und besorgte Kinokarten, sie lud Bekannte zum Essen ein und kuschelte sich an ihn. Mit ihrer versorgenden, mütterlichen Art zog sie sich allerdings die Verachtung der Gruppe zu. Die Leute fanden Silvia spießig und nannten sie »das Muttchen«. Aber weil sie David all die ihm liebgewordene Sicherheit und Geborgenheit gab, zog er zu ihr, als sie eine kleine Wohnung mietete. Er hätte sich damals ein Leben ohne sie überhaupt nicht vorstellen können, berichtet er später.

Silvia über jene Zeit: »Ich hatte früh beschlossen, ganz für David dazusein und ihn auf seinem Weg zu unterstützen, damit er mit mir glücklich wird. Zwar habe ich schon damals immer wieder mein Unbehagen formuliert, wenn er sich von mir zurückzog. Als wir wieder zu zweit lebten, erneuerte sich unsere Beziehung, das heißt, wir schliefen nun wieder miteinander. Aber es gab für mich nie genug Zärtlichkeit und Zuwendung von David, er blieb der Pascha und ich tatsächlich das Muttchen. Wenn ich mit ihm darüber reden wollte, nannte er mich unzufrieden und ›nörgelnd‹. Oder er sagte: ›Mir ist es wohl so, wie es ist. Ich weiß überhaupt nicht, was dir fehlt. Du solltest nicht so viel Psychologie lesen.‹ Davon ließ ich mich jedesmal einschüchtern. Trotzdem waren diese Jahre schön und irgendwie auch gemütlich und vertraut. Wir kannten uns gut, sehr gut sogar, und konnten uns bei allen Unterschieden einfühlen in die Situation des anderen.«

Erst im nachhinein wird deutlich, daß die beiden alle heißen Themen und alle anstehenden Entscheidungen jahrelang unter den Teppich gekehrt hatten, der Gemütlichkeit zuliebe. Silvia hatte offenbar zu Recht Angst, zur Spielverderberin zu werden und David zu verlieren, wenn sie ihre unguten Gefühle formulierte. Sie galt bei ihm als lieb, aber schwerblütig. David sah sich selber als unbeschwert, selbstbewußt und »dynamisch«. Nur langsam realisierte Silvia, daß diese Rollenverteilung so für sie nicht stimmte. Aber als sie später eine eigene Zweitausbildung an einer Wirtschaftsfachschule begann, traute sie sich eine Trennung erst recht nicht zu. David, der inzwischen sein Studium abgeschlossen hatte, wurde Sekretär eines Gewerbeverbandes. Er unterstützte nun seinerseits seine Freundin finanziell. Die Gemütlichkeit im gemeinsamen Heim blieb beiden wichtig, auch als sich wieder Distanz zwischen ihnen und eine gewisse Langeweile eingeschlichen hatten.

## Die zweite Krise

Sie bahnte sich langsam und über Jahre an. Beide waren inzwischen um die Dreißig, sie hatten interessante Stellen und verdienten gut. Zusammen mieteten sie nun eine größere Wohnung mit eigenen Zimmern für beide und richteten sie stilvoll ein. Auch das gemeinsame Ausgehen, Tennis im Sommer und Skilaufen im Winter sowie die Einladungen für Freunde genossen beide. Es war mehr, als ihre Eltern sich je in ihrem Leben hätten träumen lassen. Bloß die gemeinsamen Ferien waren jedesmal eine Enttäuschung. Silvia dazu: »Wir merkten, daß wir uns eigentlich nichts mehr zu sagen hatten, oder genauer: Was wir uns zu sagen hatten, war so ›heiß‹, daß keiner sich traute, davon anzufangen. Die Kinderfrage, der Umgang mit unseren Familien, besonders mit Davids Mutter, die gelegentlichen Seitensprünge von uns beiden – nichts wurde besprochen. Vor allem nicht eine gemeinsame Zukunft oder eine Trennung. Es war ein Gefühl wie in Watte verpackt – kein grundsätzliches Ja und kein grundsätzliches Nein.«

Mit 32 gab David seine Stelle auf und entschied sich zu einem halbjährigen Aufenthalt in Afrika, wo er bei einem Freund wohnte und mit ihm an einem industriellen Entwicklungsprojekt arbeitete. Silvia war mit seiner Entscheidung zwar nicht eigentlich einverstanden, aber sie wollte auch nicht mitfahren, denn seit sie eine Stelle als Abteilungsleiterin in ihrer ehemaligen Lehrfirma hatte, war sie derart angebunden, daß eine längere Abwesenheit für sie nicht möglich war. Die beiden trennten sich, ohne die fälligen »heißen Themen« diskutiert zu haben. Am Schluß der halbjährigen Trennung reiste Silvia ihrem Freund entgegen, und gemeinsam durchquerten sie die Sahara. »Wir waren fast wie Fremde«, erzählt David im Rückblick. »Aber in Verbindung mit dieser völlig fremden und aufregenden Umgebung war das wunderbar, eigentlich der Höhepunkt unserer bisherigen Beziehung. Um so schlimmer war das Zurückkommen nach Deutschland. Die alte Routine, die alte Langeweile. Aber ich hatte bereits als Partner in einer Anwaltspraxis zugesagt, sonst wäre ich sofort wieder abgereist.«

Bald darauf meldeten sich Silvia und David für eine Paartherapie an, als zwei »ewig unzufriedene Singles«, wie sie sich nannten. Sie hatten inzwischen ihre Wohnung gekauft und umgebaut. Aber die Frage nach einer verbindlichen Zukunft und gemeinsamen Kindern hatten sie noch immer nicht gestellt, geschweige denn beantwortet.

Beide erzählten von mehreren Außenbeziehungen, die sie bisher gehabt hätten – immer vorübergehende, wie sie betonten. Aber genau zum Zeitpunkt des Wohnungskaufs habe David sich »ernsthaft« in eine andere Frau verliebt. Er verbringe jetzt die meisten Wochenenden mit seiner neuen Freundin, erzählte er, wohne aber dennoch weiter mit Silvia zusammen, da er sie liebe und sich ein Leben ohne sie nicht vorstellen könne. Einmal mehr versuchte Silvia vorerst, Davids Nebenbeziehung zu akzeptieren, weil das zum gemeinsamen Verständnis eines partnerschaftlich-gleichberechtigten Arrangements gehörte. David erinnerte sie daran, daß auch er tolerant auf Silvias Freundschaft zu einem anderen Mann reagiert habe, den sie während seiner Abwesenheit kennengelernt hatte.

Aber – und das nannten beide als Anlaß für die Paartherapie – je mehr Silvia versuchte, ihrem Beziehungsideal der Toleranz zu folgen, desto schlechter ging es ihr, desto »nörgelnder« wurde sie. Sie sorgte zwar angestrengt für Geselligkeit und Gemütlichkeit im neuen Heim, aber ihre Vorwurfshaltung wurde unübersehbar. Silvias Vertrauensverlust äußerte sich in subtiler Kontrolle von David, und ihre Enttäuschung intensivierte die Selbstzweifel, welche sie trotz aller beruflichen Erfolge nie verlassen hatten. »Ich empfand Davids Forderung, daß ich mich ändern und lernen müsse, daß Leben eben Loslassen heiße, genau zu dem Zeitpunkt als reine Überforderung. Plötzlich wurde mir bewußt, daß er vermutlich schon immer gehofft hatte, daß einmal eine noch bessere Frau für ihn komme. Eine Klassefrau, kein Muttchen. Ich aber hatte mich von Anfang an auf eine gemeinsame Familie und auf Geborgenheit eingestellt und meinte, daß ich ihn mit der Zeit auch dafür würde gewinnen können. Dafür hatte ich ihm ja schließlich jahrelang den Rücken freigehalten. Vermutlich hatten wir beide Angst vor der Wahrheit unserer völlig unterschiedlichen Erwartungen und haben darum nie geredet.«

David, im Rückblick auf die damalige Krise: »Mir wurde langsam klar, daß ich mich von Silvia verwöhnen und verwalten ließ, als ob sie meine Mutter wäre. Ich war viel zu passiv und wartete auf ein Geschenk des Himmels, das heißt Silvias Einsicht, daß sie nicht über mich verfügen kann. Aber ich bin ihren Vorwürfen immer ausgewichen, was sie natürlich als mangelndes Interesse an ihr empfand. Je mehr ich auswich, desto mehr klammerte sie sich an mich und kämpfte für ihre Ziele. Sie wollte mich verändern, und ich wollte ihr beweisen, daß das nicht möglich war.«

Nach quälenden Auseinandersetzungen und einer Phase des Schwankens zwischen dem Wunsch, nun schnell zu heiraten und Kinder zu haben, und ebenso plötzlichem Kippen der Beziehung in distanzierenden Streit und gegenseitige Vorwürfe, entschloß sich schließlich David, zu seiner Freundin zu ziehen. Die Wohnung verkauften sie, und Silvia zog mit einer Freundin zusammen. Sie brauchte ein Jahr, erzählt sie rückblickend, um wieder einigermaßen auf die Füße zu kommen. Die Trennung von David sei das schlimmste gewesen, was sie bisher im Leben erfahren habe.

## Der Paarmythos

Beide stimmen im Rückblick auf ihr Zusammenkommen überein, daß es eine »kindliche Wahl« gewesen sei, weil sie damals weder sich selber kannten noch wußten, wie sie ihr Leben gestalten wollten. Sie klammerten sich aneinander in der Hoffnung, rasch von zu Hause wegzukommen. In der Stadt fanden sie sich dann eingebettet in die damalige Jugendkultur, welche ein Leben als Gegenentwurf zu Davids kleinbürgerlich-beschützendem Elternhaus und zu Silvias zersplitterter Familie versprach.

Silvia zur damaligen Partnerwahl: »Ich habe mich in Davids Intelligenz und seine Selbstsicherheit verliebt, ohne zu merken, wie viel Egoismus damit verbunden war. Eigentlich suchte ich in ihm einen starken Vater. Auch heute noch finde ich seine Intelligenz und seinen ›Biß‹ dem Leben gegenüber faszinierend, aber seine Selbstbezogenheit könnte ich nicht mehr ertragen.« Silvias ursprünglicher Lebensplan war, ganz für ihn da zu sein und ihm zu helfen als seine Gefährtin. Sie hat damit David aufs Podest gestellt und idealisiert und sich selber als liebes kleines Mädchen und gleichzeitig als Muttchen eingestuft, welches nur durch ihn zu einer selbstsicheren Frau werden konnte. Trotz der damaligen Aufbruchszeit waren ihre gegenseitigen Erwartungen völlig konventionell. Beide waren sehr jung, »ein Erahnen des inneren Menschen bei sich und beim anderen gab es nur ansatzweise«, schreibt Silvia. Beide fühlten sich in der Kleinstadt isoliert, David wollte weg von zu Hause, und Silvia suchte eine Heimat, war sie doch viel zu früh auf die eigenen Füße gestellt worden. David versteht heute seine damalige Wahl als Flucht vor der bindend-verwöhnenden Atmosphäre seines Elternhauses und als Sehnsucht nach einem Leben in der Freiheit der Liebe. »Wir träumten den Traum vom neuen Menschen, der sich nicht festkrallt in kleinbürgerlichem Besitzdenken, und wir wollten uns gegenseitig dazu verhelfen. Aber über den Weg dazu redeten wir nie«, erzählt David. Die Vorstellungen des Weges waren aber völlig verschieden: Bei Silvia hieß er, in Übereinstimmung mit ihrer Lebenserfahrung: »Der Weg kann nie bequem sein«, bei David: »Ich nehme das Leben, wie es kommt.«

David zur damaligen Partnerwahl: »Ich habe mich in Silvias Begeisterungsfähigkeit, ihre hübsche, lebendige Ausstrahlung und ihre gute praktische Art verliebt. Sie hat mich stark gemacht, als ich noch wenig selbstsicher war. Erst später habe ich bemerkt, daß sich hinter ihrer Selbständigkeit ein großer Wunsch nach dauernder Verschmelzung mit mir als Vaterfigur verbarg. Als ich ihr das, was sie von zu Hause zu wenig bekommen hat, diese Heimat, diese ganz große, unerschütterliche Liebe, nicht geben konnte, hat sich ihre Zuneigung in quälende Vorwürfe an mich und an sich selber verkehrt. Silvias Ernsthaftigkeit und ihr Interesse an Menschen und an Psychologie kippten um in eine unerträgliche Anspruchshaltung mir gegenüber.«

Wenn Silvia und David heute beide im Rückblick sagen, daß ihre Partnerwahl und die geteilte verlängerte Kindheit trotz all ihrer Krisen mehrheitlich gut und bereichernd war, berührt es erst recht schmerzlich, daß sie keine andere Lösung als die einer Trennung fanden. »Es hat immer etwas gefehlt, aber wir konnten darüber nicht reden, weil unser Leben nicht mit spießigen Regeln und Normen belastet werden durfte, und weil wir uns davor fürchteten, unsere Konflikte auf den Tisch zu legen«, erzählt Silvia, die heute allein lebt. Daß der Entschluß zur Trennung genau zu dem Zeitpunkt von David gefaßt wurde, als beim Paar die Frage der Verbindlichkeit und Silvias Kinderwunsch zur Diskussion standen, wird verstehbar, wenn er auch heute erklärt, daß er dem Ideal der »Liebe auf Zeit« treu geblieben sei. In der neuen Beziehung mit einer wesentlich jüngeren Frau habe er seine Leidenschaft und Vitalität wiedergefunden, erzählt er, aber es fehle das Gemeinsame, das er mit Silvia hatte. Einmal mehr entging David wohl mit der Flucht in eine neue Beziehung dem Anspruch auf die »lange Weile« einer verbindlichen Partnerschaft, die nur auf emotionaler Eigenständigkeit als Voraussetzung von Gegenseitigkeit beruhen kann. Im Gespräch mit ihm wurde mir jedoch deutlich, daß bei ihm gleichzeitig auch die Hoffnung weiterbesteht, irgendwann eine Beziehung zu finden, die fraglos beides vereinbart: Offenheit, Leidenschaft und gleichzeitig verbindliche Sicherheit.

## Die Sicht der Paartherapeutin

### *Freie Partnerschaft als Vorstufe zur Heirat oder als neue Lebensform?*

Nach meiner Erfahrung ist es erst etwa ein Dutzend Jahre her, seit Paare in freier Partnerschaft sich für Therapien zu melden begannen. Ganz junge Paare, die noch in der Phase der Verschmelzung und Abgrenzung gegen außen sind, kommen auch heute selten. Hingegen nimmt in meiner Praxis die Gruppe jener zu, welche – oft nach vielen Jahren in einer offenen Zweierbeziehung – in Krise geraten und Beratung beanspruchen. Bevor ich Davids und Silvias Erfahrung verknüpfe mit den allgemeinen Bedingungen dieser Lebensform, kurz ein Blick auf die demographischen Daten. In der Schweiz wurden bei der Volkszählung im Jahre 1980 zum erstenmal jene Paare erfaßt, welche zusammenleben, ohne verheiratet zu sein. Sie hatten sich allerdings auf dem Fragebogen als »unverheiratetes Ehepaar« zu bezeichnen, so daß die errechneten 3 % der Gesamtzahl aller Haushaltungen vermutlich wesentlich unter der tatsächlichen Zahl liegt. Trotzdem scheint mir wichtig festzuhalten, daß das Phänomen der freien Partnerschaften vermutlich weniger häufig vorkommt, als jene annehmen, die in dieser Lebensform den Tod von Ehe und Familie sehen. Erstens wird sie zunehmend als Vorstufe einer Heirat, oft in Verbindung mit der Geburt eines Kindes verstanden – eine Tatsache, die durch die Statistik nicht erfaßt wird –, und zweitens ist es eine Lebensform, die trotz ihrer Zunahme nur auf eine bestimmte Bevölkerungsgruppe bezogen bleibt. Es sind meistens junge oder jüngere Paare, die beide erwerbstätig sind (zum Teil neben einer verlängerten Ausbildungszeit) und vorwiegend in städtischen Verhältnissen leben. In der Schweiz werden zwei Merkwürdigkeiten dieser Lebensform festgestellt[1]: Erstens ist der überwiegende Teil, das heißt vier Fünftel der Konsensualpaare, im Gegensatz zu den Ehepaaren, kinderlos. Zweitens wird bei einem Fünftel dieser Paare als Haushaltsvorstand eine Frau genannt, was nur bei ungefähr einem halben Prozent der verheirateten Paare der Fall ist.

Die wachsende Neigung zu unabhängiger, individueller Lebensgestaltung, welche sich in den freien Partnerschaften zeigt, bedeutet also keineswegs, daß junge Paare wenig von Verbindlichkeit und Dauer halten. Im Gegenteil: Zumindest eines der beiden – häufiger, aber nicht immer die Frau – sieht im freien Zusammenleben eine Vorstufe zur späteren Heirat und Familiengründung, wie Silvia erzählte. Das Problem ist allerdings, daß, anders als vor zwei oder drei Jahrzehnten, als das sogenannte »Konkubinat« vielerorts verboten und Heirat die einzige Möglichkeit war, eine gemeinsame Wohnung zu mieten, die Formlosigkeit dieser Lebensform dazu verführt, wichtige Entscheidungen auf die lange Bank zu schieben. Ich will mich nun den zwei häufigsten Entwicklungsmöglichkeiten zuwenden, welche diese Lebensform mit sich bringt:

### *1. Freie Partnerschaft als Vorstufe zu Heirat und Familiengründung*

Diese Lebensform wurde bereits in den 50er Jahren als sogenannte Probeehe vorgeschlagen, im Sinne des Wortes »Drum prüfe, wer sich ewig bindet«. Es sollte damit die Möglichkeit geschaffen werden, daß ein Paar sich nicht nur über das Sonntagsgesicht kennenlernte, sondern die alltäglichen Turbulenzen erleben und meistern lernen konnte, bevor es sich zur Familiengründung entschloß. Wenn man die Lebensphase der jungen Erwachsenen als bedeutsamen Übergang für jeden Menschen versteht, sind Beziehungsformen, welche diesen Übergang erleichtern, besonders wichtig. Der Abschied von den Eltern, die sogenannte Ablösung, ist im besten Fall ein Entflechtungsprozeß, der zu einer Neuregelung von Nähe und Distanz und zu einer neuen Beziehungsbasis unter Erwachsenen führt. Dieses Anliegen kann aber auch als Flucht in eine Ersatzbeziehung durch radikales Abschneiden der Verbindung mit den Eltern gelebt werden. Es kann unter Umständen auch zum »Hängenbleiben« im Dreieck mit Vater und Mutter führen, je nachdem, welche Rolle ein junger Mensch in der Dynamik seiner Familie innehat. Formen der Nichtablösung werden häufig aufrechterhalten durch zwiespältige emotionale Verstrikkungen im Dreieck mit den Eltern, durch entsprechende Symptombildungen oder durch langjährige materielle Abhängigkeit.

»Normal« scheint in einer Epoche verlängerter Ausbildung und verlängerter Jugend eine ausgedehnte Phase des Pendelns zwischen Nähe und Distanz zu den Eltern zu sein. Durch zunehmende Verwurzelung eines jungen Menschen außerhalb des Elternhauses entstehen schließlich klare, aber durchlässige Grenzen zwischen den Generationen durch eine Beziehungsform, welche auf wachsender Autonomie der jungen Erwachsenen basiert. Eine feste Zweierbeziehung in dieser Lebensphase kann die Bewältigung einer schrittweisen Loslösung erleichtern. Der große Vorteil des Zusammenziehens mit einem oder mehreren anderen Menschen liegt in einer Verlängerung der Jugend mit der Möglichkeit, ohne Druck herauszufinden, was man selber will, ohne bereits wieder in neue Abhängigkeit zu geraten. Das gelingt dann am besten, wenn beide sich mit dem Thema ihrer *individuellen Entwicklung* direkt auseinandersetzen und sich dafür stark machen, es also der gemeinsamen Beziehung überordnen. Auf diese Weise können sich Frau und Mann so entwickeln, daß sie sich schließlich zum verbindlichen Zusammenleben oder aber zur Trennung entscheiden können.

Die Verlängerung der Jugend in einer freien Lebensgemeinschaft kann aber auch zum Nachteil geraten, wenn sie nämlich zum Ersatz für die Beziehung zu den abgelehnten Eltern wird, mit völliger Verschmelzung und Abkapselung von anderen Beziehungen. Der »Paarmythos« ist dann darauf angelegt, daß beide einander als Ersatzfiguren für die »schlechten« Eltern idealisieren, ohne daß sie sich direkt mit ihnen auseinandergesetzt haben. Auf diese Weise wird unbeabsichtigt die Entwicklung von Autonomie bei beiden behindert, und der Weggang von den Eltern wird zum Pseudo-Abschied, zu einer Kette von unerledigten Geschichten, die oft über Jahre mitgeschleift wird. Sowohl aus der Position junger Erwachsener, welche als »Eltern ihrer Eltern« funktionierten wie Silvia und sich entsprechend ausgenützt fühlten, als auch aus der Position der verwöhnt-gebundenen Kinder wie David, ist eine solche Flucht zu Ersatzpartnern verständlich. Es sind denn auch oft genau die beiden Konstellationen, die sich anziehen: Die von ihrer Herkunftsfamilie »Ausgenützten« und die übermäßig an sie »Gebundenen«. Die Gefahr, daß die Idealisierung ihrer Ergänzungsmöglichkeiten umschlägt in eine zwiespältige Dauer-Verstrickung und schließlich von ihnen genau das bekämpft wird, was die beiden zueinander gezogen hat, zeigt das Beispiel von David und Silvia.

*Positiv an dieser Lebensform* ist die Chance zur schrittweisen Ablösung vom Elternhaus, das probeweise Zusammenleben als Vorstufe zu Verbindlichkeit oder Trennung, das Einüben von Verantwortlichkeit und nicht zuletzt die finanziellen Erleichterungen im gemeinsamen Haushalt. Mit den *negativen Seiten* solcher Partnerschaften will ich mich, da sie so oft zur Krise führen, etwas ausführlicher befassen.

*2. Freie Partnerschaft als »Nicht-Übergang«*

»Es wird meines Erachtens kaum je so ausgiebig über wichtige Themen geschwiegen wie in freien Partnerschaften, wo Paare in unendlichen Geschichten einfach so vor sich her wursteln«, meinte die 38-jährige Buchhändlerin Marianne, welche mit ihrem gleichaltrigen Freund Adrian, einem Computerfachmann, in Therapie kam. Sie war »unerwartet und ungeplant« schwanger geworden nach 14 Jahren des Zusammenlebens. Beide waren durch dieses Ereignis völlig aus dem Gleichgewicht geraten und standen vor der Entscheidung, ob sie das Kind behalten oder abtreiben wollten. Adrian war ganz sicher, daß er dieses Kind wollte, aber Marianne zögerte. Der Druck lastete fürchterlich auf beiden, da sie sich innerhalb von zwei Wochen entscheiden mußten. Nachher würde es zu spät sein für eine Schwangerschaftsunterbrechung. Sie traue Adrians Beständigkeit überhaupt nicht mehr, erzählte

Marianne. Sie sehe seinen beruflichen Zickzackkurs, den sie bisher als seine »kreative Art« interpretierte, plötzlich mit neuen Augen. Ganz besonders das Gefühl, daß sie beide bisher Konflikte einfach umgangen hätten und daß Initiativen zu Nähe fast immer von ihr gekommen seien, mache ihr nun schwer zu schaffen. Aber auch Adrian hatte im Sog der Krise endlich den Mut, Dinge auf den Tisch zu bringen, die er bisher nie erwähnt hatte: Mariannes Tendenz, ihre Spannungen mit Tabletten zu lösen sowie ihre plötzlichen aggressiven Ausbrüche, wenn er sie zu wenig beachtete. Dennoch wünschte er das Kind »mit allen Fasern«, sagte er.

Marianne entschied sich schließlich, das Kind zur Welt zu bringen, weniger, weil sie auf eine gemeinsame Zukunft mit seinem Vater hoffte, als weil sie diese »letzte Chance« der Elternschaft nicht aufgeben wollte. Als Katholikin lag ihr überdies eine solche Entscheidung näher als eine Abtreibung. Ich begleitete das Paar während der Zeit der Schwangerschaft und nach der Geburt eines Mädchens. Viele Themen ihres Zusammenlebens, ganz besonders die nie geklärten Fragen ihrer Verantwortlichkeiten, kamen nun auf den Tisch. Marianne arbeitete zwar in Teilzeit weiter und brachte das Kind jeweils zu ihrer Mutter, aber sie forderte nun von Adrian, daß er regelmäßig zum gemeinsamen Haushalt beitrage. Das hatte sie bisher nie getan.

Trotz der neuen Entwicklung entschieden sich beide zur Trennung, als ihre Tochter zwei Jahre alt war. Es scheint, daß die durch ihre Krise geforderte Eigenständigkeit der beiden sie erst spät befähigte, das Risiko der Trennung und des Alleinlebens auf sich zu nehmen. Einmal mehr bedauerte ich – nicht zuletzt im Hinblick auf das kleine Kind –, daß dieser Entwicklungsprozeß bei den Eltern nicht früher möglich war, indem sie sich den fälligen Fragen und Entscheidungen gestellt hätten. Aber wer bin ich zu wissen, was gut ist für andere Menschen?

Was mich bei Paaren wie Marianne und Adrian wie auch bei David und Silvia immer wieder beeindruckt, ist ihre Illusion der *Zeitlosigkeit* und, in Verbindung damit, das unendliche Verschieben wichtiger Entscheidungen zugunsten von »pflegeleichter Gemütlichkeit« in vielen Jahren des freien Zusammenlebens. Ihr Lebensstil wird unmerklich zur Karikatur des modernen Anspruches an die Machbarkeit von Glück durch Sicherheit und Gemütlichkeit. Früh schon richten sie sich ein wie ein gestandenes Ehepaar, schmücken liebevoll ein »Nest«, kleiden sich stilvoll und versehen sich mit allen Symbolen von Wärme und Sicherheit, die sie sich mit ihren zwei Löhnen leisten können. Botho Strauß (2):

»Seine Neigung zu skandinavischen Abholmöbeln hat sich bei der Einrichtung ihrer Dreieinhalbzimmer-Wohnung durchgesetzt. Gute moderne Zweierbeziehung. Sie gehen lässig und freundlich miteinander um, ohne Übertreibungen, ohne Flamme. Das ›sogenannte Irrationale‹ wird mit eben dieser Floskel angepackt und unter Kontrolle gehalten. Ihre Einstellung zu Beruf und Pflichten ist, soweit eben möglich, lustbetont. Vieles macht Spaß. Beim Liebemachen machten sie ein Kind.«

Der lustbetonte Spaß und die Lässigkeit gerät ihnen jedoch leicht zur Lebenslüge, die Wärme wird zum Ersticken muffig. Dazu nochmals Silvia, rückblickend: »Wir haben uns doch einfach die Hucke voll gelogen. Wir sind nicht so blöd wie die anderen, sagten wir uns, wir schaffen alles: Erst Bildung, eine gute Stellung, Reisen, eine lange Jugendzeit, dann eine eigene Wohnung, schöne Möbel, elegante Kleider, Experimente mit sexuellen Abenteuern. Dabei bleibt alles immer offen und auf Probe, und wir sind einander abwechslungsweise Eltern und Kind, in ewiger Adoleszenz. Miteinander verklammert, dann wieder plötzliche Distanz mit Außenbeziehungen, einfach wie sehr langsam alternde Siebzehnjährige.«

Und dann ergibt sich manchmal, wenn die »biologische Uhr« bei der Frau abzulaufen beginnt, doch noch die Entscheidung zum Kind und zur Verbindlichkeit – oft unbewußt und ungeplant, wie bei Marianne und Adrian, hin und wieder einseitig, wie bei Silvia. Manchmal aber auch will sich ein Kind in dieser Phase nicht mehr »machen lassen«, obwohl beide es nun dringend wünschen. Die Erfahrung der Nicht-Planbarkeit von Leben und der Irreversibilität der Zeit trifft solche Paare dann unerwartet und wie ein Schlag ins Genick.

## Warum Nicht-Übergänge so attraktiv sind

Die Kindheits-Gerüche der dampfenden Küche eines frei zusammenlebenden jungen Paares, in der sie sich vertraut und nahe sind, er beim Gemüseputzen wie damals neben seiner Mutter, sie rotwangig und atemlos am Herd [endlich einem eigenen!], er brüderlich hilfsbereit, aber auch ein bißchen Pascha, sie mütterlich bergend, warum sollten sie sich eine solche Möglichkeit nicht nehmen? Und warum sollten sie nicht sofort nach dem Verlassen des zu warmen oder zu kalten Elternhauses auf eine eigene Insel flüchten? Die gemeinsame Insel der wohltemperierten offenen Zweierbeziehung verspricht ja tausend Möglichkeiten zum Ankuscheln in einer fremden Welt; die zu dieser Lebensphase gehörenden Höhenflüge mitsamt den Abstürzen werden nach innen verlegt. Warum also nicht? Warum sollten zwei junge Menschen nicht gleichzeitig beides wollen, die Freiheit einer offenen Beziehung und die Geborgenheit eines gemeinsamen Haushalts? Die Frauen und Männer, welche damals in der Epoche vor der Pille, vor der neuen Toleranz und dem neuen Wohlstand jung waren, als ein Paar entweder getrennt leben mußte, bis beide ihre Wanderjahre hinter sich hatten, oder eben früh heiratete, sind ja nicht unbedingt glücklich geworden damit, wie die Scheidungsstatistik zeigt.

Die zur verlängerten Liebeskindheit gehörige Vorstellung von Beziehung als »ewige Freiheit«, mit ihrer Relativierung von Verbindlichkeit und Treue, wird auch als »psychosoziales Moratorium verlängerter Jugend« bezeichnet. Unbewußt suchen Frau und Mann damit eine Fortsetzung der bindend-bergenden Herkunftsfamilie oder Ersatz für das, was dort an Heimat gefehlt hat, leider zum Preis des hinausgeschobenen oder verhinderten Individualisierungsprozesses. Damit in Verbindung steht wohl auch die Illusion der Zeitlosigkeit. Vorübergehend können solche Nicht-Übergänge der Entspannung zwischen den Generationen dienen und auch für die *Eltern* angenehm sein. Wenn sie ihre »Jugendlichen« über Jahre in diesem Status wissen, bleiben sie selber vor der »Stafettenübergabe« und dem Rücktritt ins letzte Glied bewahrt. Das Moratorium des Nicht-Übergangs kann auch der Anforderung moderner Arbeitsplätze nach räumlicher und sozialer Mobilität dienen. Aber selbst zwei oder drei Jahre in New York oder Hongkong bedeuten nicht, daß ein Paar sich damit von den beiden Elternhäusern löst. Im Gegenteil! Ich sehe häufig Frauen und Männer gerade in dieser Lebenssituation in tiefer Krise, wenn sie wieder zurückkommen und die Frage der Auseinandersetzung mit ihrer Herkunft neu gestellt wird.

Auch die oft beobachtete rasche Scheidung, kaum, daß ein vorher lange Jahre zusammenlebendes Paar geheiratet hat, scheint mit solchen nicht beantworteten Fragen bezüglich ihrer Eigenständigkeit zusammenzuhängen. Ich beobachte auch, daß die in dieser Lebensform *fehlenden Markierungen neuer Phasen* durch Übergangsrituale manchmal durch plötzliche »Ereignisse« inszeniert und nachgeholt werden: eine ungeplante Schwangerschaft, eine Außenbeziehung, die Flucht in eine Sekte. Im Sinne eines Zeitraffers wird durch solche Ereignisse plötzlich alles in Bewegung gesetzt, was jahrelang »eingefroren« war. Allerdings sind gemeinsame Entwicklungen auf diese Weise schwierig, aber dafür werden lange fällige Entscheidungen endlich möglich. Im Zusammenhang mit solchen Krisen gebrauchen Paare in dieser Gruppe übrigens häufig den Begriff der Torschlußpanik: Jetzt aber sofort oder nie!

Als vorübergehende Lebensphase kann also das frühe Zusammenleben eines Paares in der Form des Nicht-Übergangs eine ideale Lösung sein. Auf die Dauer, wenn alle wichtigen Fragen und Entscheidungen aufgeschoben bleiben, scheint diese Lebensform oft auf einen schmerzhaften Abschied angelegt. Der nicht vollzogene Abschied von den Eltern wird dann stellvertretend zum Abschied vom Partner oder von der Partnerin, wie das frühe Zusammenziehen seinerzeit als Ersatz für das Elternhaus diente.

»Dies Ende bringt daher auch den Zusammenbruch einer Liebeskindheit, mit ihrem Allbegehr und ihrem Drang, das Unbedingte zu erfassen.«[3]

## Entwicklungen nach der Phase der »Liebeskindheit«

Der Widerspruch zwischen Allbegehr – der Bruch mit Tradition und die Illusion, daß alles offen bleiben könne – und gleichzeitiger Sehnsucht nach altmodischer Verbindlichkeit gehört in ganz besonderer Weise zu dieser Lebensform. Wie entwickelten sich die befragten Frauen und Männer nach dem Zusammenbruch ihrer Liebeskindheit? Wenn diese nach vielen Jahren in der Beziehungsform des »Moratoriums« sich entscheiden, nun verbindlich zusammenzubleiben, ist es oft zu spät zum Kinderhaben. Das bedeutet, daß jene, die über das Ende ihrer freien Partnerschaft hinaus miteinander verbunden bleiben wollen, sich eigentlich immer ein »Drittes« schaffen, das an die Stelle einer Familie tritt, ähnlich wie jene, die bewußt kinderlos bleiben. Das frühere romantische Liebesideal, wonach sie sich von Tag zu Tag gegenseitig genug sind, erweitern sie nun um das, was von dem Entwicklungsspychologen Erik Erikson als das *Prinzip der »Generativität«* bezeichnet wird. Das kann ein intensives berufliches, politisches oder soziales Engagement sein, oder es kann bedeuten, daß sie sich nun »Haus und Hof« schaffen, indem sie zum Beispiel in eine Siedlung ziehen, wo sowohl Familien in vielfältigen Lebensformen wie auch Singles leben. Eines der befragten Paare erzählt, daß sie in ihrer Siedlung die Rolle von »Ersatzpatin und Ersatzpate« für Kinder von Alleinerziehenden übernommen haben. Ihr Anliegen ist nun, sich ganz bewußt an diese Gemeinschaft anzuschließen, ohne sich dabei aufzugeben – ähnlich, wie sie es innerhalb ihrer Beziehung durch die Krise gelernt haben.

Ein anderes Paar hat sich nach der Krise bewußt entschieden, nochmals das »Experiment Wohngemeinschaft« zu versuchen, obwohl beide inzwischen über 40 sind. Ihr Ziel ist nicht mehr die über Jahre in Gruppen und Therapien eingeübte Verbesserung ihrer Paarbeziehung, sondern die Vernetzung mit einer größeren Lebensgemeinschaft. »Wir wollten von unserer Paar-Fixierung wegkommen und dennoch unsere kleinbürgerlichen Sehnsüchte nach Verbindlichkeit und Geborgenheit nicht mehr verleugnen«, schrieb der betreffende Mann. »Statt alles voneinander zu begehren und uns laufend zu überfordern mit unserem Aneinanderkleben, verteilen wir das Geben und Nehmen nun auf eine größere Gruppe«, beschreibt seine Frau ihre neue Lebenssituation. »Die Trauer, daß wir irgendwie den Anschluß verpaßten und keine Kinder haben, bleibt bei mir. Aber die frische Luft in dieser neuen Situation tut gut.«

Aber auch jene, die sich getrennt haben, wie Silvia und David, erzählten von Entwicklungsschritten nach dem Abschied von ihrer Liebeskindheit. Was hat ihnen dabei geholfen?

David: »Ich habe gelernt, Schwächen vor mir selbst und anderen zuzugeben im Bestreben, wirklich partnerschaftlich zu leben. Es sind nicht alle Probleme gelöst, aber wichtige Entwicklungsschritte habe ich gemacht. Wir beide übernehmen viel mehr Verantwortung für uns selber als früher, das merke ich bei jeder Begegnung mit Silvia. Wut und Trotz, Bequemlichkeit und Verdrängung sowie mein Anspruch, ohne Verbindlichkeit alles zu wollen, haben unser Zusammenleben behindert. Ich glaube, wir sind damit in eine schlechte Epoche der Zeitgeschichte geraten. Aber im Alleinsein und auch durch meine neue Beziehung, durch das Reden mit Freunden, durch Therapie und durch Literatur, ist mir vieles klarer geworden. Wir können nun fairer umgehen miteinander, wenn wir uns begegnen. Alles in allem haben Silvia und ich einander viel gegeben und viel bekommen in den Jahren unserer langen Jugend.«

Silvia: »Die Krise hat mich gezwungen, mein Verständnis von Liebe zu revidieren. Das war und ist ein sehr schmerzhafter Prozeß. Meine Angst, daß ich mich und meine Interessen an einem eigenen Weg aufgeben muß, wenn ich liebe, fällt nun ganz weg. Ich bin zur Ehrlichkeit gezwungen worden und zu größerer Bescheidenheit dem Leben gegenüber. Aus einer Veränderung seinetwegen ist eine Veränderung meinetwegen geworden. Ich mußte mich wohl zum letzten Mal von meinem Wunsch nach Familie, Geborgenheit und Kindern verabschieden. Die Frage der Grenzen im Leben ist mir wichtig geworden und damit das Loslassen des Anspruchs an Sicherheit und Gemütlichkeit.«

Als Therapeutin nehme ich wahr, daß die jetzt heranwachsende Generation von Frauen und Männern mit der Erfahrung von Grenzen anders in eine Paarbeziehung tritt als die vorangegangene. Nicht nur wird es schwieriger, die eigene Herkunft mittels sozialen Aufstiegs zu überflügeln. Auch die Idee der Machbarkeit von Glück wird von vielen jungen Menschen als Katzenjammer der Elterngeneration erfahren. Vollbeladen mit äußerer Sicherheit stehen sie manchmal mit leeren Herzen da.

In der folgenden Kurzgeschichte von Franz Kafka[4], meine ich, sei alles enthalten, was Silvia und David erkannt haben.

Der Aufbruch

Ich befahl, mein Pferd aus dem Stall zu holen. Der Diener verstand mich nicht. Ich ging selbst in den Stall, sattelte mein Pferd und bestieg es. In der Ferne hörte ich eine Trompete blasen, ich fragte ihn, was das bedeute. Er wußte nichts und hatte nichts gehört. Beim Tore hielt er mich auf und fragte: »Wohin reitest du, Herr?« »Ich weiß es nicht«, sagte ich, »nur weg von hier, nur weg von hier. Immerfort weg von hier, nur so kann ich mein

Ziel erreichen.« »Du kennst also dein Ziel?« fragte er. »Ja«, antwortete ich, »die Reise ist so lang, daß ich verhungern muß, wenn ich auf dem Weg nichts bekomme. Kein Eßvorrat kann mich retten. Es ist ja zum Glück eine wahrhaft ungeheure Reise.«

# Kapitel 5

## Aus zwei werden drei: Das frohe Ereignis ist auch ein kritisches Ereignis *Lisa, Christoph* und *Mirjam*

Lisa war 35 und Christoph 39, als Mirjam geboren wurde. Sie war ein Wunschkind, sorgfältig geplant nach einer zwölfjährigen Partnerschaft. Zwei Jahre vor ihrer Geburt hatte das Paar geheiratet und gemeinsam ein kleines Bauernhaus am Rande eines Dorfes umgebaut, eine halbe Autostunde von ihren Arbeitsplätzen in der Großstadt entfernt. Es sollte ein Familiennest werden und auch Platz bieten für Haustiere, hofften sie und freuten sich auf die Geburt ihres ersten Kindes.

### Die Paargeschichte

Kennengelernt haben sich Lisa und Christoph, als sie 23 und er 27 war, auf dem Parkplatz vor einem Restaurant in der Nähe ihrer Arbeitsplätze. Das Lenkrad an Lisas Kleinwagen war blockiert, und sie war dankbar, daß ihr ein netter junger Mann zu Hilfe kam. Als sie sich am nächsten Tag am selben Ort wieder trafen, lud Christoph sie zum ersten gemeinsamen Essen ein. Es sei zuerst einfach Sympathie zwischen ihnen gewesen, erzählen sie im Rückblick. Beide waren erst seit kurzer Zeit in der Stadt und hatten noch kaum Bekannte. Sie unternahmen viel miteinander, gingen ins Kino, zum Waldlauf und zum Schwimmen. Lisa lebte noch bei ihren Eltern in der Vorstadt, Christoph teilte eine Wohnung mit zwei Kollegen. Sie arbeitete als Kindergärtnerin in der Stadt, er als Werbeleiter einer Kaufhauskette.

Auf einer Reise zu zweit ins Burgund habe dann der Funke gezündet, berichten sie rückblickend, und einen Monat später zogen sie zusammen. Christoph hatte die lang gesuchte eigene Wohnung im Stadtzentrum gefunden, und Lisa freute sich, von zu Hause wegzugehen, »obwohl ich mich dort überhaupt nicht eingeengt gefühlt habe«, wie sie rückblickend erzählt. Als Paar führten sie ein offenes Haus und hatten oft Besuch von Kolleginnen und Kollegen. Auch Lisas älterer Bruder und die jüngere Schwester, die in derselben Stadt ihre Ausbildung machten, gingen bei ihnen ein und aus. Es sei eine wunderbar unbeschwerte Zeit gewesen, finden sie nachträglich, voll Lebendigkeit und Anregung. Eine Zeit, in der alles offen blieb, wie es zu dieser Lebensphase paßte.

## Lisa

Sie kommt aus dem Arbeitermilieu, aus einfachen Verhältnissen, wie sie sagt. Ihr Vater war Vorarbeiter in einer Maschinen- und Apparatefabrik und mußte sich nach der Lebensmitte mit den gewaltigen Veränderungen in dieser Branche auseinandersetzen, was für ihn schwierig gewesen sei. Auch ihre Mutter, als Schichtarbeiterin in einer Textilfabrik tätig, sei von der Einführung der Elektronik betroffen worden. Die neue Technologie bedeutete für sie Verlust von Gruppenarbeit mit Frauen, die sie sehr gemocht hatte. Lisas Eltern sind heute pensioniert und leben in derselben Wohnung, in der Lisa und ihre Geschwister aufgewachsen sind. Sie beschreibt sie als lieb, fürsorglich gegenüber den Kindern und der Nachbarschaft, in der sie fest verwurzelt seien. Mit einer Spur Mitleid erzählt Lisa davon, wie ihre Eltern sich ein Leben lang angepaßt haben, »autoritätsgläubig, aber auch verführbar für einfache Erklärungsmuster über Gott und die Welt.« Daß ihre Kinder sich bilden konnten und ihre Chancen nutzten, sei für sie eine große Freude. Lisa blieb mit ihren Eltern und ihren Geschwistern auch nach dem Zusammenziehen mit Christoph in regem Kontakt, und alle zusammen genossen in jener Zeit viele gemütliche Sonntagsessen bei ihnen zu Hause.

## Christoph

Seine Eltern sah das junge Paar, obwohl auch sie in der Nähe lebten, ganz selten. Sie hatten bei Lisa und ihrer Familie den Ruf einer »arrivierten Bürgerfamilie«, zu welcher sie selber überhaupt nicht paßte, fand Lisa. Christoph unterstützte ihre Sichtweise, sowohl was seine Eltern als auch seine um sieben Jahre ältere Schwester betraf. Sie war Lehrerin am Gymnasium, und auch mit ihr gab es nur formelle Kontakte. Christoph beschreibt die Frauen in seiner Herkunftsfamilie als »gescheit, aber unnahbar«. Seine Mutter, welche in der Lebensmitte als Lehrerin wieder in den Beruf zurückging, »bekam mich als zweites Kind damals in den fünfziger Jahren wohl einfach, weil es unanständig gewesen wäre, bloß ein Kind zu haben, nicht aus Begeisterung«, meint Christoph. Seinen Vater bezeichnet er als »typischen höheren Beamten, immer auf Ausgleich bedacht, distanziert und ein bißchen feige, dabei aber wohl sehr scheu und versteckt vielleicht sogar humorvoll. Uns Kinder behandelte er wie das Publikum im Amt: korrekt, förmlich, ohne sichtbare Gefühlsregung.« Zwar habe Christoph immer geahnt, daß da noch eine andere Seite bei seinem Vater war, eine Sehnsucht nach Lebendigkeit und vielleicht sogar Chaos. Aber diese Seite sei erst nach Vaters Pensionierung zum Vorschein gekommen. Er verbringe jetzt viel Zeit in einem alten Haus im Tessin, bearbeite den Rebberg und lese daneben »kiloweise« Bücher. Christophs Beziehung zu ihm sei aber förmlich geblieben, weil er sich weder auf seine noch auf Mutters Seite schlagen wolle, erzählt er. Nachdem ihre Kinder erwachsen waren, gab es wohl einfach keinen Grund mehr für Christophs Eltern, weiter zusammenzuleben, aber auch keinen für eine Scheidung. Mit dem Arrangement des getrennten Lebens seien nun beide viel zufriedener als früher, findet ihr Sohn.

## Der Paarmythos

### *Lisa*

Sie habe sich verliebt in Christophs »humanistische Bildung, seine Kreativität und seinen gewissen Charme«. Für sie war er ein Mann von Welt, der die Dinge durchschaute, vor allem im Geschäft. Ein bißchen arrogant und abweisend, aber ein guter Gegenpol zu ihrer einfachen Herkunft, fand sie. Christoph hatte und habe auch eine geheimnisvolle Seite, die sie neugierig machte, berichtet sie, »etwas Kompliziertes, Philosophisches, das Gegenteil eines Nützlichkeitsapostels«. Lisa spürte von Anfang an Christophs große Sehnsucht nach Geborgenheit und Wärme, und die wollte sie ihm geben, damit er sich selber entwickeln könne zu mehr Einfühlung in sie und andere Menschen, hoffte sie. »Er ist zwar ein schwieriger Mensch, aber den bringe ich schon auf den richtigen Weg«, habe sie sich damals gedacht, schreibt sie. »Denn natürlich wußte ich von Anfang an, daß er egozentrisch war, wie alle Einzelgänger, und daß sein Charme eher eine Möglichkeit zur Distanzierung als Interesse an anderen bedeutete.« Auch Christophs manchmal pedantische bis pessimistische Art und eine gewisse Selbstgerechtigkeit (die er bei seinem Vater abgrundtief haßte!), fiel ihr schon früh unangenehm auf. Aber mit ihrer Liebe wollte sie ihn »so richtig aufweichen«, darum redete sie lieber nicht von seinen Schattenseiten.

Heute mag sie Christophs Eigensinn zwar immer noch, kennt inzwischen aber auch seine Kehrseiten. Damit meint Lisa vor allem seinen Trotz, seine Ungeduld und seine jeweils kühle Distanz, wenn sie spontan alles auf einmal und ungeplant tun will. »Irgendwie hatte ich schon lange den Eindruck, für ihn eher Ersatz für Ungelebtes zu sein als die große Liebe. So eine Art Familienersatz bin ich wohl, aber nicht eine einmalige Person«, schreibt sie im Rückblick auf die große Krise nach der Geburt ihres Kindes. »Christoph hat damals Charakterzüge gezeigt, die ich nie erwartet hatte und mit denen ich schwer fertig wurde: Zum Beispiel daß er immer zuerst für sich schaute und daß er sich selber das wichtigste im Leben war und mich als Mensch in meiner Einsamkeit kaum wahrnahm.«

*Christoph*

»Ich habe mich beim Kennenlernen in Lisas Schönheit, ihre Sinnlichkeit und ihre gewisse Erdhaftigkeit verliebt. Diese Seiten an ihr trösten mich immer wieder darüber hinweg, daß sie die Dinge so wenig durchschaut und in einer so engen Welt lebt.« Lisas Unbeschwertheit, ihre Wärme und ihre spontane Lebensweise sowie ihre Herkunft aus dem Arbeitermilieu, das er idealisierte, erhoffte sich Christoph als Gegenpol zu seiner eigenen gefühlsmäßigen Verkrampftheit. Alle aufgezählten Eigenschaften bei Lisa seien ihm heute noch wichtig, schreibt er. »Ich hatte ein Riesenglück, sie überhaupt zu bekommen. Allerdings habe ich inzwischen gemerkt, daß hinter Lisas scheinbarer Unbeschwertheit auch eine sehr große Beschwertheit steckt. Als wir uns vor sieben Jahren, noch vor Mirjams Geburt, für ein halbes Jahr trennten, tauchte Lisa in einer Weise ab, die ich bei ihr nie erwartet hätte. Noch schlimmer wurde ihre Abhängigkeit von mir und ihr Zorn darüber, daß ich dieser Sehnsucht nach ihrem Aufgehobensein nie ganz entsprechen konnte, nach Mirjams Geburt. Ich glaube, daß bei uns beiden, nicht nur bei mir, die Hoffnung auf eine gegenseitige Fürsorge, so quasi einander Eltern sein, bei unserer Verliebtheit eine viel größere Rolle spielte, als ich ursprünglich angenommen habe. Obwohl Lisa aus einer sogenannt gemütvollen, intakten Familie kommt, hat sie letztlich nicht viel an elterlicher Unterstützung für ihre persönliche Entwicklung bekommen«, berichtet Christoph. »Ihre tiefe Unsicherheit als Person wurde mir so richtig klar, als ich merkte, daß sie sich persönlich und beruflich völlig fallen ließ nach der Geburt unseres Kindes, als ob sie selber überhaupt niemand sei.«

Christoph hatte früher als selbstverständlich angenommen, daß Lisa trotz des Kindes eine weitere berufliche Entwicklung machen würde. Auch Lisa selber hatte damit gerechnet. Aber irgendwie fehlte ihr, als sie Mutter wurde, der »innere Boden« für die mit einem Wiedereinstieg als Kindergärtnerin geforderte Anstrengung. Seit sie ein eigenes Kind hätte, habe sie ihre frühere Lust an diesem Beruf etwas verloren und träume von einer Ausbildung als Erwachsenenbildnerin, berichtet sie. Aber dafür fehlte ihr die Selbstsicherheit und ganz besonders die Unterstützung durch Christoph und ihr weiteres Beziehungsnetz. Lisas Eltern zeigten sich angesichts der Krise ihrer Tochter eher wehleidig und sentimental als gefühlvoll verstehend oder tatkräftig unterstützend, wie Lisa es von ihnen erwartet hatte.

## Entwicklungen in der Paarbeziehung

Die ersten fünf Jahre in der als freie Partnerschaft verstandenen Beziehung von Lisa und Christoph verliefen ruhig, fast ein bißchen zu ruhig und bequem, wie sie im nachhinein finden. Ihre gegenseitige Fürsorglichkeit erlebten beide wohltuend, sie gaben sich viel Unterstützung für ihre Berufsarbeit. Beiden war das berufliche Weiterkommen wichtig, und es war auch kein Problem, wenn sie sich wegen Christophs auswärtigen Weiterbildungen öfters trennen mußten. Nur hin und wieder, wenn es um gemeinsame Dinge wie das Einrichten der Wohnung oder um Besuche oder Einladungen bei den Familien oder Freunden ging, machten sich schmerzhaft ihre Unterschiedlichkeiten bemerkbar: Christophs eigensinniges Planen, ohne Einbeziehung seiner Partnerin, und Lisas intuitives »In-den-Tag-hinein-leben-Wollen«. Aber die Atmosphäre innerhalb des alltäglichen Gehäuses, ihre länger werdende gemeinsame Geschichte, ihre Verwurzelung in Lisas Familie und im Freundeskreis waren ihnen wichtig. So wichtig, daß sie aus Angst vor den möglichen Konsequenzen, das heißt einer Trennung, lieber nicht über heikle Themen redeten.

Eine erste Krise brach fünf Jahre nach dem gemeinsamen Zusammenziehen »wie ein Blitz aus heiterem Himmel« über sie. Christoph hatte bei einer auswärtigen Fortbildung eine Frau aus dem gleichen Beruf kennengelernt und war fasziniert von ihrer – im Vergleich zu Lisa – emanzipierten Weltoffenheit und ihrem weiten Horizont. Das Paar trennte sich für ein halbes Jahr, beide lebten allein, und beiden ging es nicht gut dabei. Lisa magerte während dieser Zeit so sehr ab, daß von ihrem Arzt bereits von einer Magersucht gesprochen wurde, und Christoph zeigte ebenfalls psychosomatische Beschwerden in Form ständiger Magenschmerzen. Erst als sie wieder zusammenlebten, erholten sich beide, sowohl seelisch als auch körperlich. Aber beide beschreiben die Zeit danach als »wenig krisenfest, auf schwankendem Grund, da die Probleme rund um die Trennung nie ausdiskutiert wurden, aus Angst vor möglichen Konsequenzen«. Vier Jahre später heirateten sie dennoch, mit der Übereinkunft, eine Familie zu planen. Zwei Jahre später kam Mirjam auf die Welt.

## Das frohe Ereignis wurde zum kritischen Ereignis

Lisa arbeitete ganztags bis einen Monat vor der Geburt. Christoph intensivierte sein berufliches Engagement genau zu dem Zeitpunkt, an dem geplant war, daß Lisa vorläufig ganz zu Hause bleiben würde. Die Zinsen für die Hypotheken waren weit über die ursprünglich geplanten angestiegen. Er übernahm das Werbeberatungsbüro eines pensionierten Kollegen und richtete sich außerdem im Haus ein Arbeitszimmer ein, damit er abends noch an Projekten tätig sein konnte.

Lisas Schwangerschaft verlief problemlos, und beide zukünftigen Eltern nahmen regelmäßig an Kursen zur Geburtsvorbereitung teil. Aber dann wurde Mirjams Geburt zu einer schweren Krise für beide. Ihr dramatischer Verlauf war nach der unkomplizierten Schwangerschaft und der guten medizinischen Betreuung und exakten Planung völlig unerwartet. Lisa geriet in Lebensgefahr, und auch das Leben des Kindes war gefährdet. Seelisch und körperlich auf dem Nullpunkt und mit einem Säugling, der stundenlang schrie und sich trotz häufigen Stillens kaum beruhigen wollte, kam Lisa nach Hause. »Ich hätte damals Menschen um mich gebraucht, einfach als Versicherung, daß ich nicht allein war mit diesem ewig schreienden Kind, das mir auch nach neun Monaten in meinem Bauch zuerst ein Fremdling war. Aber da war niemand«, erzählt Lisa. »Ich wußte ja gar nicht, was Kinder so mit sich bringen, daß sie nachts so viel schreien und sogar tagsüber quengeln. In meinem körperlichen und seelischen Tief fand ich überhaupt nichts mehr normal, weder das Kind, noch mich selber, noch meine Umgebung. Es war einfach alles ein großer Schock, und niemand hat mich darauf vorbereitet oder mich getröstet, als ich total außer mir war.«

Christoph reduzierte zwar seinen Arbeitseinsatz soweit es ging, besorgte die Wäsche und nahm Mirjam manchmal nachts auf. Aber Lisas Erschöpfung und Verwirrung über die neue Situation fand er kaum verständlich und eigentlich auch ziemlich unangebracht. Lisas Mutter, die nun in einem Altenheim arbeitete, war schwer abkömmlich. Mehr noch, sie war entsetzt, daß ihre bisher so tüchtige Tochter und deren erfolgreicher Mann derart hilflos auf ein an sich natürliches und frohes Ereignis reagierten. Sie und Lisas Vater erklärten sich zwar bereit, ab und zu das Kind zu hüten. Aber eigentlich hätte vor allem Lisa »behütet« und getröstet werden sollen in dieser Zeit. Bloß konnte sie das nicht deutlich genug ausdrücken, und niemand merkte, was sie brauchte, auch der Frauenarzt nicht, der ihre Verwirrung und ihr Unglücklichsein vorwiegend auf die körperlichen Umstellungen und nicht auf das Fehlen an »naturwüchsiger« Lebenspraxis in Gemeinschaft mit anderen zurückführte.

Als ich das Paar zum ersten Mal sah, war Mirjam eineinhalb Jahre alt. Bereits beim ersten Telefongespräch mit ihrer Mutter, als wir einen Termin aushandeln wollten, fiel mir auf, daß diese sich ständig von ihrem Kind unterbrechen ließ und sich ihm ausführlich und unendlich geduldig zuwandte. »Ich habe Eigenes immer zurückgesteckt im Leben bis zu dem Punkt, wo das Maß voll war. Dann ist jeweils mein Unmut in großen Krach mit Christoph oder in tiefe, einsame Verzweiflung umgekippt«, schreibt Lisa im Rückblick auf ihre Krise. »Mir war Übereinstimmung und totale Harmonie mit Lisa und später auch mit Mirjam das Wichtigste im Leben«, erzählt Christoph. »Ich wollte keine Problemfrau und kein Problemkind haben, darum nervte mich das sogenannte Unglück meiner Frau und Mirjams ständiges Schreien unendlich. Das Chaos zu Hause wollte kein Ende nehmen.«

Der von beiden beschriebene Anlaß für die Paarberatung war, daß seit Mirjams Geburt sich zwischen ihnen ein tiefer Graben aufgetan hatte. Die größte Enttäuschung für Lisa war, daß für Christoph nach Mirjams Ankunft nicht die junge Familie, sondern der Aufbau seines Geschäftes im Mittelpunkt stand. »Ich habe mich damals von ihm zurückgezogen, weil ich zutiefst verletzt war. An eine sexuelle Beziehung war nicht mehr zu denken, solange nicht einmal mehr freundschaftliche Gespräche zwischen uns möglich waren«, berichtet sie rückblickend. Christoph hingegen war enttäuscht, daß Lisa sich nach dem traumatischen Geburtserlebnis nicht selbstverständlicher wieder in den Strom des Lebens zurückfand. »Irgendwie verstehe ich Lisas Reaktion bis heute nicht«, erzählte er in der Beratung. »Ich hoffte immer, daß ich meine Frau würde mitziehen und begeistern können für Außenaktivitäten, aber je aktiver ich wurde, desto lethargischer wurde sie. So lange kann doch ein Geburtsschock nicht andauern! Meine Mutter und meine Schwester, die beiden tüchtigen, wenn auch kühlen Frauen, erschienen mir plötzlich attraktiver als Lisa, die Nesthockerin, und darüber hatte ich ein schlechtes Gewissen.«

Schlimm für beide war, daß Mirjam auch mit anderthalb Jahren noch jede Nacht vier- bis fünfmal schrie. Manchmal beruhigte sie sich erst, wenn sie im Ehebett schlafen konnte. Aber da die durch Erziehungslektüre verfestigte elterliche Überzeugung lautete, daß so etwas für kleine Kinder schlecht sei, wollten sie diese Gewohnheit gar nicht erst aufkommen lassen. So schlief die junge Mutter immer häufiger im Kinderzimmer, damit Christoph nicht durch das Kind gestört würde. Einsamkeit, Enttäuschung und Wut machten sich zwischen dem Ehepaar breit, ihre frühere Einheit als Paar bröselte, obwohl beide auch erzählten, daß das Kind »ihre tiefste Lebenserfahrung« sei. Christoph sagt, daß er noch nie so unmittelbar in seinen Gefühlen angesprochen gewesen sei wie durch Mirjam. Er hätte mit ihr Geduld gelernt, wie er diese vorher nicht kannte, und auch seine Aggressivität, wenn die Dinge chaotisch wurden, habe er durch dieses Kind zügeln gelernt. Auch Lisa betont, daß Mirjam bis heute der Mensch sei, den sie auf der Welt am meisten liebe, nicht Christoph. »Wir nahmen sehr viel Rücksicht auf sie, viel mehr als auf uns zwei«, erzählt sie später im Rückblick. »Dem Kind zuliebe stellte ich alle persönlichen Bedürfnisse zurück. Ich fühlte mich nur noch als Teil einer Familie und kaum mehr als Teil einer Liebesbeziehung. Darum wurde mir das Zusammensein mit Christoph, sowohl emotional als auch sexuell, beinahe unangenehm. Ich hatte das Gefühl, er hänge sich wie ein zweites Kind an mich. Zum Beruhigen und Trösten reizte mich aber das Kind, nicht mein Mann.« Christoph war wie Lisa unendlich zärtlich mit Mirjam in der ersten Zeit, während sich das Paar als Frau und Mann immer fremder wurde, erzählt er.

## Überlegungen der Paartherapeutin

### *Von den Widersprüchen zwischen Wunschkind und »Babyschock«*

Daß etwas so Selbstverständliches wie das Kinderhaben in unserer Zeit überhaupt problematisiert wird, sei manchmal noch schlimmer als ihre Erfahrungen mit dem »frohen Ereignis« an sich, berichten Paare, die damals in Krise gerieten.

Einige Frauen erzählen selbstkritisch, daß ihre Mütter und ihre Großmütter doch selbstverständlich und klaglos mehrere Kinder hatten, obwohl damals die Windeln in der Waschküche im Kessel über dem Holzfeuer mühselig ausgekocht und an der Leine zum

Trocknen aufgehängt werden mußten, es noch keine Fertignahrung für Säuglinge gab und die Hausarbeit überhaupt viel komplizierter und anstrengender war als heute.

»Was ist nur mit den heutigen jungen Frauen los«, fragen sie, und dasselbe fragen ihre Männer, Eltern und Schwiegereltern. Fast immer vergleichen sie sich auch mit anderen »glücklichen Eltern«, deren Kinder angeblich von der ersten Nacht an durchschlafen, sich mühelos stillen lassen und überhaupt ihre Väter und Mütter so weiterleben lassen, als ob nichts geschehen wäre ... Dieser Mythos ist, wie ich es sehe, um so verbreiteter, je aufgeklärter die Eltern sind. Wer würde schon zugeben, daß alle Planung und Vorbereitung, alle intellektuelle und psychologische Anstrengung, die Dinge rund ums Kind richtig und »Wie aus dem Büchlein« zu machen, dennoch das Chaos im Alltag der neuen Situation sowie das nächtliche Gebrüll des »Fremdlings« nicht verhindern? Aus eigener Erfahrung meine ich, daß von aufgeklärten Eltern kaum je so viele Wunschgeschichten erzählt werden wie nach der minutiös geplanten Geburt eines Wunschkindes. Von den Schattenseiten, von der Unsicherheit im Umgang mit dem Unplanbaren und Fremden, von der Einsamkeit der gestörten Nächte und dem Gefühl, immer nur geben zu müssen, ohne zu wissen, ob es das Richtige ist für dieses Kind, wagen sie nicht zu reden.

Wieso wird das Kinderhaben in der modernen Paarbeziehung so oft zu einer dramatischen »Aufführung«? Was ist mit den jungen Frauen (und ihren Männern) eigentlich los? Es gibt neben den einmaligen, individuellen Gründen eine Menge allgemeiner Entwicklungen für die Problematisierung des sogenannt frohen Ereignisses. Da mir im eigenen Leben das Erkennen der historischen und gesellschaftlichen Zusammenhänge im Erleben des »Babyschocks« hilfreich war, will ich einige davon skizzieren.

## Schwangerschaft und Geburt als Ereignis und als »Aufführung«

In den frühen 60er Jahren begann, zumindest in den USA, der Kampf um die »Natürlichkeit« von Schwangerschaft und Geburt. Dies kam als verständliche Reaktion auf die Medizinalisierung und Technologisierung eines in den meisten Fällen nicht mit

Krankheit verbundenen Geschehens. Der Kontakt der Schwangeren und ihres Partners zum Ungeborenen anstelle der ausschließlich medizinischen Betreuung durch den Arzt, (damals noch selten durch eine Ärztin) sollte wieder im Zentrum stehen. Frau und Mann lernten in Geburtsvorbereitungskursen richtig atmen, um sich zu entspannen während der Schwangerschaft und – als Team – die Geburt wenn möglich ohne Medikamente hinter sich zu bringen. Frauen taten sich zusammen, um nach der Geburt den jungen Müttern das Stillen beizubringen und sie zu ermutigen, nicht zu früh abzustillen. Was als »zurück zur Natur« gemeint war, kippte allerdings, wie so viel angestrengt Natürliches in der Moderne, unvermittelt in neue Zwänge und erhöhte den Leistungsdruck für die zukünftigen Eltern erheblich.

Ich erinnere mich, daß mein Mann und ich, als unser erstes Kind 1967 in einer Universitätsklinik in den USA geboren wurde, getreulich alle Vorbereitungen für eine »natürliche« Geburt auf uns nahmen. Wir mußten in unserer Geburtsvorbereitungs-Gruppe versprechen, unsere Erfahrungen bei der Geburt als Ermutigung für andere Eltern detailliert aufzuschreiben. Als dann in einem hochtechnisierten medizinischen Umfeld nichts wie geplant verlief und ich schließlich froh war um eine lokale Anästhesie, war für mich das schlimmste, daß ich nicht von einer »natürlichen Geburt« würde berichten können. Ich dachte sehnsüchtig und selbstmitleidig an die Geburtserfahrungen meiner Mutter damals im kleinen Bezirksspital zurück, wo selbstverständlich unser Vater dabei war und wir Kinder jeweils unmittelbar nachher bei ihr im Zimmer saßen und weiße Semmeln mit Schokolade bekamen und wo kein Mensch davon redete, ob sie es »richtig« gemacht habe mit dem neuen Kind, das auf ihrer Bettdecke lag.

Während der Zwang zur inszenierten Natürlichkeit von Schwangerschaft und Geburt inzwischen wohl in unseren Breitengraden etwas nachgelassen hat, entstand ein neuer und vermutlich schlimmerer Druck für die Schwangeren: die neuen medizinischen Möglichkeiten und der damit verbundene Entscheidungszwang für oder gegen vorgeburtliche Diagnostik. Zu viele oder zu wenige oder überhaupt keine Untersuchungen durchführen zu lassen, ist die Frage, mit der sich Paare unter dem Druck von Verwandten, Freunden und dem medizinischen System auseinandersetzen müssen. Aber was tut ein Paar, wenn während der Schwangerschaft eine Behinderung des Fötus, wie zum Beispiel das Down Syndrom, festgestellt wird? Wer entscheidet über den Wert eines behinderten Lebens? Neue technische Möglichkeiten kippen einmal mehr in Entscheidungszwänge der totalen Machbarkeit von Gesundheit und Normalität. Ich meine, die Illusion der Machbarkeit von gesunder Schwangerschaft und Geburt und besonders von gesunden Kindern sei nicht unbedingt ein Fortschritt. Wer ihr nicht genügt, wer es nicht schafft, alles richtig zu machen und dann auch ein »richtiges«, das heißt gesundes und pflegeleichtes Kind auf die Welt zu bringen, ist selber schuld. Vor allem, wenn Eltern wie Lisa und Christoph sorgfältig und von langer Hand ein Wunschkind planen, und wenn die Frau als nicht mehr ganz junge Mutter alle möglichen Tests auf sich nimmt, wird eine komplizierte Geburt und ein Kind, das häufig schreit und schlecht trinkt oder gar behindert ist, leicht als persönliches Versagen der Eltern, vor allem der Mutter, bewertet.

Die heimliche Schuldzuweisung an Lisa durch Christoph, etwas während der Schwangerschaft »nicht richtig gemacht zu haben«, und jene von Lisa an Christoph, ihr in den schweren Stunden der Geburt und nachher nicht »richtig geholfen« zu haben, hat etwas mit diesem Machbarkeitsmythos zu tun. Damit verbunden ist eine tiefe Unsicherheit unerwarteten Komplikationen oder auch ganz gewöhnlichem Streß gegenüber. Lisa zum Beispiel bekam vor lauter Anstrengung beim Stillen ein steifes Genick und hatte starke Schmerzen. Als sie Christoph um eine Nackenmassage bat, schickte er sie zum Rheumatologen mit dem Hinweis, er wolle nichts falsch machen. Und als bei ihr die Milch vorübergehend zurückging, telefonierte sie mit der Expertin der Liga für natürliches Stillen, welche von da an täglich bei ihr anrief um zu fragen, wie sie es nun mache, womit sich der Leistungsdruck für sie erhöhte.

Irgendwann wurde das Leben mit dem Kind für Christoph und Lisa zum Alltag. Aber der Riß in ihrer Beziehung blieb bestehen. Alle die Enttäuschungen, die Lisa während und nach der Geburt durch Christophs psychische Abwesenheit erlebt hatte, aber auch seine Verständnislosigkeit gegenüber ihrer »Dramatisierung eines doch ganz natürlichen Geschehens«, wirkten sich belastend auf das Paar aus. Erst nachdem sie einander in der Therapie endlich ihre unterschiedlichen Geschichten zu der erlebten Krise erzählen konnten und erlebten, daß beide einander mit offenen Ohren und Anteilnahme zuhörten, ließ die Spannung zwischen ihnen nach.

Wie sie gleichzeitig auf der alltäglichen Ebene ihr Leben neu organisierten, davon wird noch die Rede sein.

## Die widersprüchliche Einheit von Elternschaft und Paarbeziehung

Es mag seltsam klingen, wenn von Konkurrenzproblemen zwischen den beiden Beziehungen, jener des Paares zueinander und jener als Eltern zu ihrem Kind, geredet wird. Es seien doch gleichwertige Aspekte eines Ganzen, sollte man meinen. Wie kommt es zu dem Widerspruch der beiden Rollen, von dem die meisten Paare nach der Geburt eines Kindes erzählen?

In den letzten zwei bis drei Jahrzehnten hat sich – je nach Region und sozialer Schicht allerdings unterschiedlich intensiv – die Stellung von Kindern innerhalb der Paarbeziehung auffallend verändert. In den Sozialwissenschaften spricht man von einem »affektiven Bedeutungszuwachs« von Kindern für ihre Eltern, der so weit gehen kann, daß das Einmalige und Besondere der Paarbeziehung neben ihrer Elternschaft kaum noch zum Tragen kommt. Anders gesagt: *Die erotische Solidarität der Paarbeziehung wird von der affektiven Solidarität mit dem Kind überlagert.* Während eine solch starke Gewichtung der Elternrolle vorübergehend notwendig ist, bis die Eltern sich auf ihr Kind und auf ihre neue Situation eingestellt haben, wird sie für das Paar dann verhängnisvoll, wenn seine Liebesbeziehung auf Dauer der Elternschaft unterstellt wird. Die damit verbundene Tendenz zur Verwischung der Generationengrenzen, bei welcher Kinder zum Ersatz für die Paarbeziehung werden, kann langfristig schwierig sein für die Bewältigung der notwendigen Entflechtungsprozesse zwischen Eltern und Kind, die ja bereits mit seiner Trotzphase beginnen. Christoph beschreibt seine Erfahrung des Verschmelzens mit Mirjam so: »Das Kind ist meine wichtigste Lebenserfahrung geworden. Der ganze gesellschaftliche Frau-Mann-Ballast lastet dank Mirjam nicht mehr auf meinen Schultern. Ich hatte zeitlebens nie eine so vertrauensvolle Nähe zu einem Lebewesen wie zu diesem Kind. Mirjam bindet meine Frau und mich zwar zusammen, aber sie hat irgendwie auch zu einer neuen Distanz beigetragen zwischen uns.«

Gerade dort, wo Partnerschaften schon vor der Geburt auf unsicherem Boden standen, weil wesentliche Konflikte nicht besprochen und gelöst worden sind, kann ein Kind zum Garant von Stabilität und Verbindlichkeit für das Paar werden. Die intensive Bindung beider Eltern an ihr Kind stärkt dann ihre Identität als Mutter und als Vater. Vorübergehend ist das wunderbar und vom Kind aus gesehen auch wünschenswert. Wenn aber das Konkurrenzverhältnis zwischen Eltern- und Ehebeziehung fortlaufend zuungunsten der letzteren ausfällt, wenn das Kind mehr und mehr zum Partnerersatz wird, kann das seine Entwicklung empfindlich stören. Es ist, als ob Kinder wie Mirjam spürten, welche stabilisierende Rolle sie im Dreieck zu spielen haben, und der nicht abgetragene »Frau-Mann-Ballast«, von dem Christoph schreibt, lastet dafür auf ihren Schultern. Könnte darin ein Grund für Mirjam liegen, daß sie auch mit anderthalb Jahren wie als Säugling noch fünfmal in der Nacht schrie und damit eine Routine aufrechterhielt, die für ihre Eltern zwar mühsam, aber verbindend war? Nachdem Mirjam einige Nächte lang bei der Schwester ihrer Mutter problemlos durchgeschlafen hatte, begannen Lisa und Christoph damals, sich solche Fragen zu stellen.

Woher aber kommt diese so häufig beobachtete Schwierigkeit in der – zugegebenermaßen widersprüchlichen, aber notwendigen – Vereinbarung von Paar- und Elternrollen? Wieso entscheiden sich Paare, denen diese Unvereinbarkeit offenbar deutlicher ist als anderen, deshalb auch manchmal gänzlich *gegen* das Kinderhaben? Antworten gibt es viele. Sie reichen vom beschuldigenden »Egoismus der Mütter« über »narzißtisches Fehlverhalten« junger Eltern bis zum kritischen Nachdenken über die Bedingungen moderner Elternschaft. Davon soll im folgenden die Rede sein.

Der Lebensstil vieler junger Paare der aufstrebenden sozialen Schichten, besonders der aufgeklärten, gebildeten, ist darauf angelegt, daß sie sich selbst genügen. Im Bild der ewigen Liebeskindheit, das ich im vorangehenden Kapitel gezeichnet habe, ist die Vorstellung enthalten, daß Paare sich nicht nur Partner, sondern auch gegenseitig Eltern und Kind sind. Das meine ich mit der Idee ihrer »Selbstgenügsamkeit«. Wenn eine Paarbeziehung vorher als freie Partnerschaft auf Zeit angelegt war, wird die Geburt eines Kindes plötzlich zu einem Stabilitätsfaktor. Das Motto »bis daß der Tod euch scheidet« bezieht sich dann weniger auf das Paar als auf die Eltern-Kind-Beziehung. Konkurrenzprobleme zwischen Eltern und Kindern liegen bei solcher Widersprüchlichkeit nahe. Sie zeigen sich zum Beispiel darin, daß sich junge Mütter, ähnlich wie Lisa, sozusagen im Kind auflösen, womit die dichte Zweierbeziehung von Mutter und Kind, wie jede Symbiose, den Dritten ausschließt. Bei einer vernetzten Betrachtungsweise kann man aber auch sehen, wie Väter mit diesem Ausschluß kooperieren, beispielsweise durch die von Christoph beschriebene Irritation über das häusliche Chaos und seinen emotionalen Rückzug. Nicht selten beobachte ich in dieser Situation eine Intensivierung affektiver Beziehungen zwischen dem jungen Vater und seiner Herkunftsfamilie – vor allem zu den Frauen – oder er findet in einer Affäre Ersatz für die verlorene Liebesbeziehung zu seiner Frau. Sie verliebt sich in das Kind, und er sich in eine neue Partnerin...

Eine verhängnisvolle Spaltung kann sich daraus ergeben, daß fortan die junge Mutter allein die Verantwortung für familiale Stabilität und Kontinuität, für Nähe und Wärme übernimmt und so zur Nesthockerin wird, während der junge Vater sich ebenso allein spezialisiert auf die Welt draußen, auf die Rolle des Ernährers und des Nestflüchters. Da eine solche Spaltung nach wie vor nahtlos übereinstimmt mit den Strukturen der Arbeitswelt, ist es naheliegend, daß sie mit der Zeit von den Ehepartnern als die »natürliche« erlebt wird und beide froh sind, wenn wieder Klarheit ins Chaos einkehrt, ohne daß sie andere Möglichkeiten ihrer Rollenverteilung diskutieren. Der Traum, daß man sich vom Kind im bisherigen Lebensstil nicht stören lassen will, kippt dann unversehens in die Lebensform der »Familie als Naturreservat« für Väter und Kinder, wo die Mutter als emotionale Tankstelle für alle dient.

Lisa allerdings konnte sich mit dieser »Natürlichkeit« ihrer Lebensform nicht abfinden, obwohl sie längere Zeit mitgespielt hatte. Ein wesentlicher Schritt auf dem Weg aus der Krise nach dem »Babyschock« war, daß sie mit Christoph zusammen Szenarien entwickelte für flüssigere Lebensformen zwischen Tradition und Karriere. Inzwischen haben die beiden einen vorläufigen kleinsten gemeinsamen Nenner gefunden, wie sie ihr neues Rollenarrangement bezeichnen. Christoph hat seinen Arbeitseinsatz um 8 Wochenstunden reduziert, und Lisa arbeitet an vier halben Tagen in der Woche wieder in ihrem Beruf in einem privaten Kinderhort. An zwei halben Tagen hütet eine Frau aus dem Dorf die kleine Mirjam. Eine zwar vorläufige Lösung (wie im Kapitel zum »Phasen-Modell« von Mutterschaft und Berufstätigkeit noch zu sehen sein wird), aber besser als die vorherige Halbierung des Lebens in eine Innen- und eine Außenwelt, berichten Lisa und Christoph drei Jahre später. Beide haben inzwischen übrigens den Mythos überwunden, fremde Hilfe bei der Kindererziehung und im Haushalt zu beanspruchen bedeute »bürgerliche Ausbeutung« (Christoph) oder »schade der Intimität zwischen Mutter und Kind« (Lisa).

## Elternschaft als Profession: Das Drama der verwalteten Kindheit

Welche Leitbilder führen dazu, daß für so viele junge Frauen Mutterschaft zum Problem wird, und daß auch Väter wie Christoph der Meinung sind, das Kind sei das Wichtigste in ihrem Leben, weit wichtiger als die Paarbeziehung? Woher kommt der damit verbundene übersteigerte Leistungsanspruch an die Elternschaft, besonders an Mütterlichkeit (im Milieu der »Aufgeklärten« auch an Väterlichkeit), zuungunsten der Liebe von Frau und Mann? Oder anders: Warum haben die in traditionellen Milieus »randständigen« Väter der Quasi-Professionalisierung von Mutterschaft so wenig entgegenzusetzen?

In der Praxis tauchen immer wieder zwei Themenkreise auf, welche Zugänge zum Verständnis der Problematik erschließen. Einerseits kann man sie mit der Idealisierung und Psychologisierung von Mütterlichkeit begründen, welche im Widerspruch steht zu modernen sozialen und räumlichen Umfeldern, die weder den Kindern noch Müttern und Vätern zuträglich sind. Ich denke da an die vielen zu engen oder anderswie kinderfeindlichen Wohnungen und an Lebensweisen, die eine Vernetzung in der Gemeinschaft unmöglich machen. Dazu gehört besonders die moderne Trennung von Wohnen und Arbeiten, wodurch alltägliche Verrichtungen wie Einkauf, Besuche beim Zahnarzt oder beim Friseur zu einer eigentlichen »Aufführung« werden für Familienfrauen mit Kleinkindern. Anderseits trägt die Expertenhörigkeit vieler Eltern nicht nur in bezug auf das Kinderhaben, sondern vor allem bezogen auf den Alltag mit ihren Kindern, zu ihrer Verwirrung bei. Sie werden überschwemmt von einer Vielzahl wissenschaftlicher und pseudowissenschaftlicher Theorien und Anleitungen zur »richtigen« Kindererziehung. Diese Theorien setzen hohe Maßstäbe für eine Quasi-Professionalisierung der Elternschaft und zeichnen sich, je nach Interessenlage der Schreibenden, mit oft widersprüchlichen Ideen aus. Die inzwischen durch namhafte Untersuchungen relativierte Überbetonung der Bedeutung der frühen Kindheit, welche einhergeht mit der Vorstellung nie wieder gutzumachender Schäden beim Kind durch unpassendes elterliches Verhalten, ist nur ein Beispiel dafür. Die in einigen psychologischen Theorien eingebauten Schuldzuweisungen an die eigenen Eltern, ohne Rücksicht auf deren damalige Lebensbedingungen, verführen aufgeklärte junge Eltern dazu, sich das Leben mit unwahrscheinlich hohen Leistungsansprüchen zu vergällen. Damit wollen sie ihren Kindern um jeden Preis ersparen, worunter sie selber gelitten haben. Säuglinge wie Mirjam werden dann zum Beispiel zwei Jahre lang hingebungsvoll gestillt, weil ihre Mutter gehört hat, daß die eigene Mutter sie selber nach drei Monaten abstillte (vielleicht, weil sie wieder arbeiten gehen mußte). Kleine Jungen werden von ihren Vätern ins klassische Konzert mitgenommen, weil diese selbst als Kinder davon ausgeschlossen waren. Die Erkenntnis vieler Mütter und Väter, daß sie als Kinder irgendwie zu kurz gekommen sind oder zu sehr die Aufträge ihrer Eltern verwirklichen mußten, statt »das Eigene« zu leben, kann bewirken, daß sie sich nun auf den Kopf stellen, um ihren Kindern das gleiche Schicksal zu ersparen. Ihre exklusive Kindorientierung und penetrante Frühförderung kippt dann leicht um in die totale Verwaltung des Kindes, welches unbemerkt das tut, was seine Eltern überwinden wollten: für diese leben. Plus ça change, plus c'est la même chose...

## Der Mütterlichkeitsmythos

»Mein großer Irrtum war, daß ich mir Anerkennung und Liebe erhoffte von meinem Mann und der Welt um mich herum für meine Mutterschaft. Statt dessen bekam ich Vorwürfe«, erzählt Lisa. Mit der psychoanalytischen »Entdeckung« der Mutter-Kind-Beziehung wurde einerseits die Rolle der Mutter im Vergleich zu jener des Vaters aufgewertet. Anderseits wird die Mutter damit als Ursprung kindlicher Entwicklungschancen oder -störungen aber auch überlastet und für alles beschuldigt, was im Leben des Kindes nicht rund läuft. Die Situation ist absurd: Auf der einen Seite werden übermenschlich hohe persönliche Anforderungen an Mütter gestellt, und auf der anderen sind sie äußerlich so allein gelassen wie noch nie. Die meisten der befragten Väter erzählen zum Beispiel, daß sie nach der Geburt des ersten Kindes zuerst mit schlechtem Gewissen, dann aber zunehmend aus Überzeugung die Rolle des Alleinernährers übernahmen und den ganzen »Kinder- und Haushaltkram« ihren Frauen überließen. »Wenn schon Ernährer, dann richtig und erfolgreich«, sagt Christoph dazu.

Diese Einschränkungen der Mütter im isolierten Alltag mit kleinen Kindern stehen im krassen Gegensatz zu der von ihnen geforderten Eigenständigkeit und den beruflichen und geographischen Freiräumen, welche ihnen als junge Frauen in den »aufsteigenden Milieus« vor dem Kinderhaben zur Verfügung standen.[1] Eine Sozialwissenschaftlerin nennt das den Anspruch an die Chamäleonfähigkeit der modernen Frau: Auf der einen Seite soll sie sich weiterbilden und selbstbewußt ihre Frau stehen in der Öffentlichkeit, auf der anderen Seite »gehört die Mutter zu den Kindern«, wie das seit der neuzeitlichen Erfindung von »Mütterlichkeit als Gefühl«[2] gepredigt wird.

Dieser Widerspruch zeigt sich im weiblichen Dilemma zwischen der Mutter- und der Erwachsenenrolle. Einerseits muß die Frau sich fallen lassen können in die Welt des Kindes, um es zu erspüren und sich seinen Bedürfnissen anzupassen, wie das vorwiegend von männlichen Kinderpsychiatern[3], z. B. Winnicott, mit dem Begriff der »Teilregression« von der Mutter gefordert wird. Anderseits und gleichzeitig soll sie an ihrer Identität als Erwachsene festhalten und ihre Autonomiebedürfnisse nicht zurückstecken, damit sie die notwendige Generationengrenze aufrechterhält und dem Kind eine schrittweise Ablösung ermöglicht. Besonders deutlich wird der Zwiespalt zwischen diesen beiden Ansprüchen in ihrer Rolle als Erzieherin und als Hausfrau. Als Erzieherin soll sie regredieren können in die kindliche Welt, als Hausfrau planen, organisieren und ein attraktives Heim präsentieren, also autonom über den Dingen stehen. Dazu eine Mutter und Autorin[4]:

Tut es der Hausfrau in der Seele weh, wenn der Sohn mit Kieselsteinen das hochglanzlackierte Büfett verziert und zerkratzt, so freut sich die Erzieherin an seinem Sinn für verborgene Schönheiten.

Je autonomer eine Frau bisher gelebt hat oder in der Berufswelt leben mußte, desto weiter entfernt wird sie sein vom regressiven Teil der Kinderwelt, von ihrer Spontaneität und Ungeplantheit. Desto größer ist dann oft ihre vom Mutterschaftsmythos diktierte Anstrengung des ununterbrochenen Sich-Einlassens mit dem Kind sowie des ständigen Sich-Unterbrechenlassens in ihrem Handeln.

Wenn ich manchmal eine solchermaßen »professionalisierte Mutter« verbissen-entspannt mit ihrem Kind am Boden sitzen und mit ihm spielen sehe, während wir anderen am Eßtisch das Gespräch unter Erwachsenen an ihr vorbeifließen lassen, wird mir ganz mulmig zumute. Anstelle des »intellektuellen Spiel-Obligatoriums«, denke ich, könnte ihr vielleicht ein vorgängiges warmes Bad mit dem Kind zusammen einen kinderfreien Abend unter Erwachsenen ohne Schuldgefühle ermöglichen. Dadurch würde gleichzeitig das Kind erleben, daß es eigene Räume hat und nicht so wichtig ist für das Glück der Erwachsenen.

Um so bedeutsamer ist in meiner Erfahrung, daß auch andere Erwachsene, vorab der Vater, aber auch Großeltern oder Freunde und vor allem auch ältere Kinder aus der unmittelbaren Umgebung mit dem Kleinkind leben und spielen und damit der Mutter im Alltag kinderfreie Räume und Zeiten ermöglichen. Wo immer möglich gehört dazu auch die bezahlte Dienstleistung des gelegentlichen Kinderhütens. Wenn Frauen sich vergleichen mit den Müttern früherer Zeiten und sich fragen, was denn mit ihnen los sei, daß sie so unglücklich sind, vergessen sie, daß ihre Einsamkeit im Alltag mit Kleinkindern eine relativ junge gesellschaftliche Erscheinung ist. In den Bürgerfamilien, auch den wenig begüterten, gab es bis in die Jahrhundertmitte selbstverständlich die Hausangestellte oder zumindest eine Waschfrau, welche nicht selten als langjähriges Familienmitglied zur Freundin der Kinder und Gesprächspartnerin der Hausfrau wurde. In der Arbeiterschicht lebten Familien in größeren Wohneinheiten: in den sogenannten Kosthäusern zum Beispiel, wo zwar die Mütter keine Zeit für die Kinder hatten, aber dafür die Kinder unter sich in einer eigenen Welt leben konnten.

Sowohl das eine als das andere habe ich als Kind erlebt: die

Einbettung in eine Nachbarschaftsgruppe von jeweils bis zu 20 Kindern wie auch zahlreiche »Nebenmütter« in Form von Nachbarinnen und Haushaltlehrtöchtern, mit denen wir über Jahrzehnte verbunden blieben. Ich denke, daß der »Ausbeutungsaspekt« bezahlter Haushalt- und Kinderhütedienste eine Seite der Medaille ist, die verbesserungswürdig ist, daß aber deshalb die gute Sache bezahlter Hilfe nicht verketzert werden sollte. Dennoch wird damit das grundsätzliche Problem der Isolation moderner Kleinfamilien nicht gelöst, nur abgeschwächt. Der Aufbau sozialer Netzwerke, in denen Frauen und Männer sich gegenseitig in die Verantwortung für ihre Kinder teilen, ist aber nur möglich mit *Wohnformen*, welche eine solche Vernetzung selbstverständlich anbieten. Denn die Situation der Eltern »als beste Freunde des Kindes, stets gerne zu seinen Diensten« ist auf Dauer weder für sie noch das Kind wünschenswert. Lisa und Christoph haben darum in der Zwischenzeit beschlossen, ihr Bauernhaus am Waldrand zu verkaufen und sobald als möglich in eine Wohnsiedlung in die Stadt zu ziehen, in welcher Familien in unterschiedlichen Lebensphasen in Reihenhäusern nahe zusammenleben. Die Nähe zu ihren Arbeitsplätzen und die Vereinfachung der Kinderhütesituation sei für beide so wichtig geworden, erzählen sie, daß sie das Leben im kleinräumigen Häuschen inmitten anderer Familien der Idylle im Bauernhaus vorziehen. Mit einem Zitat von Christa Wolf[8] ermutigte ich Lisa und Christoph zu diesem Schritt: »So viel ist sicher: Niemals kann man durch das, was man tut, so müde werden wie durch das, was man nicht tut oder nicht tun kann.«

Mehrere Paare in dieser Situation haben übrigens nach der Geburt des ersten Kindes ihre Beziehungen zu den Herkunftsfamilien wieder belebt, »damit das Kind seine Großeltern kenne«. Erstaunlich viele leben in relativer Nähe zu ihnen, nicht bloß in der Schweiz. Und wenn auch viele moderne Großeltern noch voll engagiert sind im eigenen Leben, scheint doch ihre gelegentliche Übernahme des Kindes eine wesentliche Entlastung für die jungen Eltern zu sein – selbst bei ambivalenten Beziehungen zwischen den Generationen. Gerade durch die eigene Elternschaft wird manchmal eine »zweite Ablösung« vom Elternhaus mit einer Neudefinition der gegenseitigen Beziehungen möglich, welche von beiden Generationen bisher aufgeschoben wurde. Im nächsten Kapitel wird davon ausgiebiger die Rede sein. Im Beispiel von Lisa und Christoph bedeutete seine Wiederaufnahme der abgeschnittenen Beziehungen zu Vater und Mutter, daß er sich kritisch zu fragen begann, in welcher Weise er vielleicht durch das Überengagement mit Mirjam »sich selber füttere«, wie er es nennt. Umgekehrt konnte Lisa die bisherige Idealisierung ihrer Eltern als Gegenpol zu Christophs »kalter Mutter« und seinem »distanzierten Vater« aufgeben und sie nun als erwachsene Tochter liebevoll, aber ohne die früheren Erwartungen in ihr Leben einbeziehen.

## Neue Väter braucht das Land

Wenn der »Frau-Mann-Ballast«, wie er von Christoph genannt wurde, nicht weiter auf dem Rücken ihrer Kinder abgeladen werden soll, dann müssen beide Eltern ihn etwa gleichmäßig tragen, was natürlich nicht dasselbe bedeutet wie eine mathematische Gleichung. Was sind eigentlich die *Unterschiede zwischen Vater- und Muttersein*, und was sind die neueren Entwicklungen zu mehr Gemeinsamkeit der Elternschaft? Fürs erste ist die Frau als Mutter als »ganze Person« involviert in Schwangerschaft, Geburt und Stillen des Kindes, sie muß sozusagen ihre Biographie neu schreiben, während für den Vater vieles gleich bleibt in Alltag und Beruf. Vielleicht sogar »gleicher« und intensiver als früher betreibt er nun sein berufliches Vorwärtskommen. Viele Männer berichten, daß ihnen der Ernährerschock so sehr in die Knochen gefahren sei wie ihrer Frau der Babyschock. Auch in anderen Studien[5] wird dieser Schock mit der heimlichen Angst vor dem männlichen Nichtgenügen begründet. Da Angst von vielen Männern aber nicht in Worte gefaßt wird, kann sie sich zum Beispiel ausdrücken im tödlichen Schweigen des unerreichbaren »Teflon-Vaters«[6]. Seine Rolle dabei wird oft aufrechterhalten durch eine seltsame Schonung in der Familie, das heißt durch die Art, wie Frauen und Kinder den Vater als »schützenswertes Objekt« konstruieren. Man darf ihm dann möglichst nichts zumuten, weil er ja als alleiniger Ernährer der Familie so wichtig und so sehr gefordert ist. Auf diese Weise wird die emotionale (und manchmal auch die physische) Abwesenheit des Vaters zu seinem eigenen Nachteil und zu dem von Frau und Kindern vorausgesetzt und laufend reproduziert.

Ein weiteres Problem für engagierte Väterlichkeit ist das bereits erwähnte: die Bedingungen in der Arbeitswelt. Es braucht schon einiges an Privilegien, an Selbstsicherheit, Bildung und emotionaler Verankerung, daß ein Mann es wagt, sich stark zu machen für einen freiwilligen Verzicht auf Prestige oder Macht, indem er sich beispielsweise um eine Teilzeit-Stelle bewirbt oder vorübergehend zugunsten der Familie sein Arbeitsengagement einschränkt. Wenn sogar freiberuflich Tätige wie Christoph auf die Geburt eines Kindes vorerst mit einer Intensivierung ihrer Berufsarbeit und mit einer Reduktion ihrer Mitwirkung bei der Hausarbeit reagieren, woher sollen dann Arbeiter und Angestellte den Mut und die ökonomischen Ressourcen nehmen, gegen den Strom zu schwimmen? Zwar gibt es eine schmale Schicht von »Gebildeten und Alternativen«, die ihre Vorstellungen von Väterlichkeit in die Tat umsetzen und sogar darüber schreiben. Aber sie können höchstens zu Zukunftsvisionen stimulieren und haben kaum Vorbildcharakter. Einige von ihnen erzählen übrigens, wie sie sich sowohl in der Rolle als Teilzeit-Angestellte als auch als Teilzeit-Väter »als halbe Portion« fühlen[7] und an der Isolation in beiden Welten leiden, in denen sie als Einzelgänger völlig verunsichert sind. Wenig zu Experimenten ermutigend ist die »schleichende Ausgrenzung«, die sie in der Arbeitswelt beschreiben. Das ist allerdings keine Neuigkeit für Mütter, die teilzeitlich arbeiten! Im nächsten Kapitel über die Aufbrüche aus der Lebensform der »Familienehe«, wie Lisa und Christoph sie eine Zeitlang gelebt haben, wird ausführlich von beruflichen Aufbrüchen von Männern in der Lebensmitte die Rede sein.

Ein anderes Problem von Vätern hängt ebenfalls mit den Bedingungen der meisten männlichen Arbeitswelten zusammen, das heißt mit der Art und Weise, wie dort Probleme gelöst werden. *Männer lernen in der Arbeit in der Regel, Menschen zu verwalten, selten jedoch, mit ihnen zusammen Lösungen zu entwickeln.* Die dominierenden Modelle der Arbeit, der Politik und des Militärs gehen nach wie vor von hierarchisch orientierten technischen Vorstellungen aus, mit der Annahme klar definierbarer Probleme, klarer Zielvorstellungen und planbarem Lösungsvorgehen. Die »diffusen« Alltagsprobleme mit Kindern aber eignen sich schlecht für diese Art der Instrumentalisierung. »So ist es und nicht anders«, »So mach jetzt dies oder jenes« greift eigentlich immer zu kurz im Zusammenleben von Familien mit Kindern. Kein Wunder, daß solche Männer darum eher »geschont« als herausgefordert werden von ihren Frauen, indem sie ihnen eher das Spazierengehen oder gelegentliches Spielen mit dem Kind zuweisen als Umgang mit dem alltäglichen Chaos in der häuslichen Welt! Auf diese Weise wird der alte Mythos von der »Väterlichkeit als Gegenwelt zur Welt der Mütter« immer wieder belebt, übrigens eine Vorstellung, die sowohl in psychologischen Theorien als auch in der neuen Männerliteratur vorkommt. Väter werden dabei als die Befreier des Kindes von der mütterlichen Umschlingung propagiert. Die mit solchen Bildern verbundene These, Väter müßten ihren Kindern, vor allem ihren Söhnen, als Vehikel der Ablösung von der Symbiose mit der Mutter dienen, wird dabei mit frauenfeindlichen Begriffen wie dem von der »Durchmutterung der Gesellschaft« begründet. Die Aufwertung der Vaterrolle geschieht dann leider in Verbindung mit der Abwertung der Mutterrolle. Auf diese Weise wird aber einmal mehr die Polarisierung der Geschlechter verfestigt. Flexible, emotional »nährende« männliche Verhaltensweisen brauchen nach meiner Erfahrung nicht einer idealisierten Mütterlichkeit nachempfunden zu sein. Engagierte Männer haben dafür ihre eigene Art, ohne daß sie als »Gegenwelt« konzipiert werden müssen, selbst wenn sie leider eher selten von der eigenen Vatererfahrung profitieren.

## Wo und wie kann Väterlichkeit gelernt werden?

Aus der persönlichen und der Erfahrung mit vielen Familien in ähnlicher Lage bin ich der Meinung, daß eine gute Möglichkeit in der *Normalisierung eines Vater–Kind-Alltags* liegt, der beginnt, bevor Väter in ihrer beruflichen und familialen Laufbahn fixiert sind. Ich meine damit zum Beispiel ihre aktive Teilnahme am Leben der Kinder von Verwandten und Freunden, lange bevor sie selber Väter werden, welche ihnen ein entspanntes Verhältnis zu Kindern ermöglicht. Es gibt einige Studien (3, op. cit.), die darauf verweisen, daß solche »Alltäglichkeit« von Vätern mit Kindern durch ihre Präsenz bei den Vorbereitungen und besonders bei der

Geburt selber verbunden ist, wo ihre Bindung zum Kind beginnt. Am wichtigsten scheint mir, daß Väter so oft als möglich den Alltag *allein* mit dem Kind erleben, ohne dabei von ihrer Frau »angeleitet« zu werden, und daß sie selbstverantwortlich auch alle die Details übernehmen, an welche bei kleinen Kindern gedacht werden muß. Erfreulich viel hat sich in der Vaterrolle in den letzten Jahrzehnten verändert, trotz fast unveränderter gesellschaftlicher Strukturen. Wenn Männer in Zukunft vermehrt mit anderen Männern über ihre Erfahrungen als Väter reden, werden auch die ungelösten Strukturprobleme der Arbeitswelt von ihnen energischer angepackt werden – davon bin ich überzeugt.

## Wie Intimität und Differenzierung zwischen Eltern und Kindern entsteht

Das Leben mit kleinen Kindern bietet eine einmalige Praxis der Intimität. »Daß ich einen Menschen auf so innige Weise lieben kann und er mich genau so liebt, hätte ich mir nie träumen lassen im Leben«, schreibt der junge Vater eines Sohnes. In einer Zeit, in der das Gefühl von Nähe und Geborgenheit vielen Menschen fehlt, ist das Leben mit Kindern eine Möglichkeit zum Wiederfinden der eigenen verlorenen Kindheitswelt. Über die körperliche Pflege und die affektive Nähe gedeiht das Kind, und wenn – nach der ersten Phase der Verschmelzung mit ihm – von dieser neuen Intimitätserfahrung etwas in die Paarbeziehung zurückfließt, gedeiht auch diese und kann zur Verwurzelung beider Eltern in Vergangenheit, Gegenwart und Zukunft beitragen. Wenn beide Partner mit der Zeit eine Balance finden zwischen der ursprünglichen »Über-Fokussierung« auf ihr Kind und ihrer Eigenständigkeit als Erwachsene und als Paar, werden sich die wechselnden Phasen von großer Nähe und allmählich wachsender Abgrenzung zum Kind immer neu einpendeln lassen. Ein ehemaliger Klient schreibt:

»Zu den wichtigsten Einsichten dieses letzten Jahres gehört für mich, daß Elternschaft eine Entwicklungsphase ist, in der Vater und/oder Mutter manches korrigieren und neu konzipieren können, was in der eigenen Beziehung nicht so gut gelaufen ist. Das fließt dann wieder in die Paarbeziehung ein.«

Notwendig ist, daß Frau und Mann, allein wie auch gemeinsam, sich viele eigene, kinderfreie »Inseln« im Alltag leisten und damit das Kind und sich selber daran erinnern, daß sie sich bei aller Liebe nicht grenzenlos angehören können. Von solchen Inseln wird im nächsten Kapitel ausführlicher die Rede sein. Aber auch das Kind braucht elternfreie Inseln, räumliche und sinnbildliche, als Voraussetzung für seine wachsende Eigenständigkeit.

Von Bedeutung scheint mir auch eine Relativierung der eigentümlichen Idee, daß Eltern die alleinigen »Choreographen« des kindlichen Tanzes seien. Aus dem Erkennen, daß das Kind mit ganz spezifischen Eigenarten zur Welt kommt und nur bedingt »geformt« werden kann, weil es selber seine Bezugspersonen mitformt, und daß sehr früh auch andere Menschen als Vater und Mutter seine Entwicklung beeinflussen, kann die Bereitschaft der Eltern zum Loslassen wachsen, die genau so wichtig ist wie ihre Bindungsangebote.

In meiner Untersuchung wurde von ausnahmslos allen Paaren mit Kindern erzählt, was für Entwicklungschancen diese ihnen selber als Menschen ermöglichten und wieviel Beständigkeit die Verantwortung für Kinder auch in schweren Zeiten, selbst über Trennung und Scheidung hinweg, ihrem Vater und ihrer Mutter vermittelt. Gleichzeitig erzählen Paare von ihren eigenen Eltern, daß es eigentlich nie ihr »Erziehungsverhalten«, sondern die Art war, wie sie als Menschen und Liebende lebten, welche für ihre Entwicklung ausschlaggebend war. Das ist tröstlich und ermutigt dazu, daß Erwachsene auch erwachsen bleiben und sich nicht mit dem Kind verwechseln. Der »Babyschock« kann so zum Anfang einer lebenslangen Entwicklung zwischen den Polen von Verschmelzung und Autonomie werden.

Lisa und Christoph, aber auch andere Paare in derselben Lebenslage, brauchten Geduld und Flexibilität, um sich mit den Grenzen der Machbarkeit und Planbarkeit ihres Lebens auseinanderzusetzen, welche ihnen in einer Weise durch das Kind aufgingen, die sie nie für möglich gehalten hätten. Die Dinge nicht mehr im Griff zu haben, fortlaufend improvisieren zu müssen und in bezug auf eigene Räume und eigene Zeiten von der Hand in den Mund zu leben, haben viele Mütter lernen müssen, seit sie, als Preis für das Kinderhaben, als quasi Alleinerziehende in der Isolation der Kleinfamilie leben. Aber der Preis für diesen ständigen

Balanceakt und das nagende Gefühl, sich selber zu verlieren im Zickzackkurs des gebrochenen Lebenslaufs, geht zu Lasten der Mutter als Person. Er geht jedoch auch häufig, wie Lisa und Christoph erzählen, zu Lasten der Intimität des Paares durch die dauernden Schuldgefühle des Vaters und den Groll der Mutter. Wenn das Kind auf Dauer einziges Zentrum eines Paares bleibt, ist die Chance groß, daß die Liebesaffäre zwischen Mutter und Kind oder Vater und Kind schließlich zum Kollaps der Paarbeziehung oder zur Verstrickung des Kindes im Dreieck mit seinen Eltern führt. Die Familie mag dann zwar überleben, aber sie tritt an die Stelle von Paar und Individuen.

Kinder brauchen nach meiner Erfahrung weder »neue Väterlichkeit« noch »neue Mütterlichkeit« im Sinne radikaler Umkehr. Sie brauchen jedoch einen *Vater*, der selbstverständlich die tausend kleinen Dinge des Alltags mit übernimmt, nicht bloß mit dem Kind selber, sondern auch im Haushalt. Und einen, der als Partner in den Tagen und Wochen nach der Geburt seine Frau in besonderer Weise »stillt«, indem er ihr zum Beispiel ab und zu ein warmes Tuch um die Schultern legt, im wörtlichen und im bildlichen Sinne des Wortes. Das Kind braucht eine *Mutter*, die ihren Selbstwert nicht allein aus der Mutterschaft bezieht, so sehr sie die wunderbare Nähe zum Kind auch genießen mag, sondern wieder »auftaucht« aus der Verschmelzung mit ihm und am allgemeinen Leben teilnimmt. Es braucht eine Mutter, die nach draußen geht und bereit ist, ihrem Mann oder anderen Menschen das Kind anzuvertrauen, um vom eigenen Boden aus wieder auf andere zuzugehen. Auf diese Weise können auch die widersprüchlichen Rollen von Frau und Mann als Eltern- und als Liebespaar mit der Zeit wieder ins Lot kommen. Natürlich läßt sich das leichter machen, wenn sie ihr Dreieck einbetten in Vier-, Fünf- und Fünfzehnecke, wie es Christoph und Lisa über den Anschluß an ihre Eltern sowie an einen Kreis von Familien in ähnlicher Lage mit großer Wahrscheinlichkeit gelingen wird.

*Paare in traditionellen Lebensformen: Familienehe als Versorgung und Fürsorge*

# Kapitel 6

## Auf- und Ausbrüche nach den ersten Jahren der »Familienehe«: *Claudia* und *Robert*

*»Unsere Leidenschaft erstickte in der Kinderstubenluft«*

Zum Begriff der Familienehe:
»Es ist die Ehe, die aus Liebe und zum Zweck der Familienbildung geschlossen wird und wo die Rollenverteilung zwischen Mann und Frau noch weitgehend dem klassischen Muster entspricht, daß der Mann (in erster Linie) die Versorgung der Familie mit materiellen Gütern übernimmt, die Frau (in erster Linie) für die Versorgung der Kinder und der ganzen Familie mit Gefühl und Liebe zuständig ist.«[1]

### Die frühen Jahre

Sie war 21, er 30, als sie sich auf einem Hochzeitsfest bei gemeinsamen Freunden kennenlernten. Erst den letzten Tanz tanzten sie miteinander, und »da hat es uns wie ein Blitz getroffen«, erzählt Claudia, und beide bekommen feuchte Augen bei unserem ersten Therapiegespräch, 15 Jahre später. Eben noch hatte Robert sich bitter über die Distanz und die unerträglichen Spannungen zwischen beiden beklagt und Claudia dazu hartnäckig geschwiegen.

Als sie sich kennenlernten, hatte Robert gerade eine Stelle als Ausbildungsleiter eines aufstrebenden Unternehmens angetreten. Für ihn war es der lange gesuchte Traumjob. Früh von zu Hause ausgezogen, ein »Nestflüchter«, wie er sich nennt, hatte er als angehender Betriebswirtschaftler bereits viele Jahre mit einer Studienkollegin zusammengelebt. Eine Jugendliebe sei es gewesen, geplant als »offene Zweierkiste«, welche schließlich so offen wurde, daß beide sich ziemlich schmerzlos trennten, erzählt Robert. Als er Claudia traf, war er »in einem Beziehungsloch« und bereit, seßhaft zu werden. »Wohl gleichzeitig habe ich mich in

Claudia und in ihre Sippe verliebt«, erzählt er rückblickend. »Claudias Eltern haben mich aufgenommen wie einen Sohn, und ich fühlte mich bei ihnen ganz zu Hause.«

Claudia, die dritte von vier Töchtern eines Kaufmanns und einer Mutter, welche ihren Beruf als Kinderpflegerin nie ausgeübt hat, wohnte damals samt ihren zwei jüngeren Schwestern noch zu Hause – die älteste war bereits verheiratet. Ihre Eltern führten eine ganz traditionelle Ehe, der Vater im Geschäft, die Mutter im Haus, eingebettet in ein mittelständisches Kleinstadt-Milieu. Für sie war die Welt nach dem 2. Weltkrieg wieder in Ordnung gekommen. Ihr Leben verlief voraussehbar, spannungsarm, manchmal auch spannungslos.

Claudia hatte mit einem Pädagogikstudium begonnen, das sie eher langweilte. Voller Begeisterung ließ sie sich von Robert zu Kunstausstellungen und Konzerten mitführen und schwänzte gerne ihre Vorlesungen dafür. Ein halbes Jahr später heirateten die beiden. Claudia brach ihr Studium ab, und gemeinsam bezogen sie eine Wohnung »um die Ecke« ihres Elternhauses. Noch nicht 23 gebar Claudia das erste Kind, Peter. Zwei Jahre später folgten Zwillinge, Lea und Daniela. Claudia hatte gar keine Zeit mehr zu fragen, wie es ihr ging und ob sie zufrieden war. Sie ging auf in der Pflege der Kinder und war ihnen eine geduldige, zärtliche Mutter, Super-Mutter, wie sie sich rückblickend nennt. Mit Hilfe ihrer eigenen Mutter und ihrer jüngsten Schwester gelang es Claudia vorerst noch, gelegentlich ein paar Stunden für sich selber zu ergattern und aus dem warmen, aber einengenden Nest auszufliegen. Zutiefst verlassen, erschöpft, »angebunden« und auf sich allein gestellt, begann sie sich jedoch zu fühlen, als die Schwester ins Ausland verreiste und ihre Mutter den schwer erkrankten Vater zu pflegen hatte. Voller Zorn und Enttäuschung darüber, daß Robert auf ihre Not kaum reagierte, gelobte sie sich in dunklen Augenblicken, daß er noch einmal dafür bezahlen werde, daß er so selbstbezogen seine Karriere verfolgte. Der Groll auf ihren Mann wurde zu Claudias ständigem Begleiter, ohne daß sie klar wußte, was sie anders hätte haben wollen.

## »Der reisende Odysseus und die wartende Penelope«

*Robert* war tatsächlich tagelang bei Seminaren auswärts, wie es zu seiner Arbeit gehörte. Oft voller Begeisterung, aber manchmal auch verärgert und erschöpft kam er jeweils ins warme Nest zurück. Er hoffte jedesmal auf zärtliche Nähe zu Claudia und Entspannung mit den Kindern, und es kränkte ihn, als Claudia sich gefühlsmäßig und sexuell von ihm zurückzog und mehr und mehr ihre ganze Wärme und Zärtlichkeit den Kindern, ihrer Familie und ihren Freundinnen zukommen ließ. Robert war stolz auf seine junge Frau, seine Familie und das gemütliche Heim. Bloß hin und wieder, wenn er beim Nachhausekommen seine Frau und die Kinder auf dem Ehebett zusammengekuschelt fand beim Fernsehen und niemand ihm entgegenlief oder so richtig Notiz von ihm nahm, packte ihn zorniger Neid. In solcher Stimmung benutzte er jeweils die erste Gelegenheit, etwa das fehlende Klo-Papier oder den zähen Braten, um Claudia scharf zu kritisieren für ihre »Schlampigkeit«. Robert: »Ich wußte genau, wie ich sie zur Schnecke machen konnte – aber sie wußte auch, wie sie sich ins Schneckenhaus verkriechen und mich im Regen stehen lassen konnte.«

Anfänglich hatte sie jeweils noch sehnsüchtig auf ihn gewartet, aber nun schien es, als sei sie nur noch an Kind und Haus interessiert. Je mehr seine Frau sich von ihm zurückzog, desto intensiver pflegte er sein berufliches Engagement. In der Arbeit bekam Robert als tüchtiger Fachmann und jovialer Chef viel Zuneigung und Anerkennung, von Frauen wie von Männern. Aber persönliche, eigene Freundschaften und Interessen entwickelte er keine, aus Angst, damit etwas bei Claudia zu verpassen, bei ihr nicht mehr dauernd »an Bord« zu sein, wie er erzählt.

Die dauernde Kränkung durch Claudias Rückweisung nagte an Robert, auch wenn er nicht darüber redete. Sexuell und emotional fühlte er sich draußen stehengelassen. Alte Kindheitsängste über das Zukurzkommen in der Liebe, deren er sich nur dumpf bewußt war, kamen in ihm hoch, und seine Kritik an Claudia schlug öfter in böse Aggression um. Wenn sie sich dann tagelang hinter einer Wand trotzigen Schweigens zurückzog, tat sich in Robert ein Abgrund von Verzweiflung und schmerzlicher Einsamkeit auf. Aber darüber konnte er nicht reden. Je mehr er Claudia an solchen

Abenden mit Forderungen nach Zärtlichkeit verfolgte, je verzweifelter er darauf drängte, mit ihr zu schlafen, desto hartnäckiger zog sie sich von ihm zurück.

## Erste Lösungsversuche

*Claudia:* »Wir entwickelten recht schnell ein perfektes System, um mit unseren Problemen umzugehen. Nach außen spielten wir das harmonische Ehepaar. Robert stellte sich dar, und ich lieferte ihm die Stichworte, besonders meinen Eltern gegenüber. Aber nach innen wurde die abwechslungsweise heiße Hochspannung und dann wieder kalte Distanz fast unerträglich. Wir hatten beide nie gelernt, Konflikte so auszutragen, daß es nicht Sieger und Besiegte gab. Selbst wenn Robert siegte und ich mit ihm schlief, konnte er seinen Triumph nicht genießen. Im Gegenteil – einige Male wurde er dabei sogar impotent. Ich selber schwankte zwischen abgrundtiefen Schuldgefühlen und Verachtung für das, was ich als Demonstration seiner Macht über mich erlebte. Je länger dieser Zustand dauerte, desto mehr merkte ich, daß ich nur noch der Kinder wegen bei Robert blieb. Wenn er ehrlich war, sagte er das gleiche von sich.«

Als die Zwillinge in die Schule kamen, beschloß Claudia, ihr Studium stundenweise wieder aufzunehmen. Robert war zögernd damit einverstanden. Er schöpfte Hoffnung aus der Perspektive ihrer Loslösung von den Kindern. Eigentlich war es ihm recht, die Kinder ab und zu einen halben Tag zu übernehmen und sie für sich zu haben, wenn er es sich ohne Probleme einrichten konnte. Nun lag er mit ihnen manchmal auf dem Ehebett, wenn Claudia nach Hause kam. Mit Peter, inzwischen 10 Jahre alt, hatte er allerdings oft seine liebe Mühe. Robert empfand ihn als verwöhnten Muttersohn und versuchte, ihn straffer zu erziehen. Peter wurde dadurch noch mehr als vorher gefangen zwischen Mutters »Laissezfaire« und Vaters Forderungen gegenüber dem »jungen Mann«, dessen Schulleistungen zu wünschen übrig ließen.

Die Hauptverantwortung für die Versorgung der Kinder, ihre Schularbeit und den Haushalt blieb trotz des Studiums an Claudia hängen. Sie leistete sie nebenbei »in zweiter Schicht«, wie eine amerikanische Soziologin[1] das nennt, damit niemand sie kritisieren würde wegen ihrer Weiterbildung, der von ihrer Familie und einigen Nachbarinnen belächelten »Selbstverwirklichung«. Nicht im Traum wäre ihr eingefallen, mit ihrem Mann über die Verteilung der Hausarbeit neu zu verhandeln. Schließlich ermöglichte er ihr ja durch seine angestrengte Arbeit, daß sie sich beides leisten konnte, eine Familie und die Wiederaufnahme ihres Studiums. Da sollte sie ihm dankbar sein, fand sie, und nicht mehr von ihm verlangen. So beschützend hatte ihre Mutter sich ihrem Vater gegenüber verhalten, und so entsprach es auch Claudias inneren Bildern von Frau, Mann und Familie, welche weit hinter den äußeren Veränderungen herhinkten. Lieber nahm sie grenzenlose Müdigkeit und häufige Erkältungen auf sich, als Ansprüche an Robert zu stellen. Aber wenn sie jeweils atemlos auf dem Heimweg von der Schule einkaufte oder wenn sie spät abends bügelte in der Küche, während ihr Mann am Fernseher saß, wurde sie immer wieder von Wellen der Bitterkeit gegen ihn überrollt.

## Die große Krise

*Claudia erzählt*

»Der große Knall kam, als ich meinte, dieses Leben nicht mehr länger ertragen zu können. Ich verliebte mich in einen Mitstudenten und glaubte, endlich das gefunden zu haben, was mir an Robert fehlte: Einen, der mich als erwachsene Frau mit eigenem Kopf respektierte, nicht bloß als Bettgefährtin und emotionale Tankstelle zur Erholung vom Berufsstreß... Einen Mann halt, mit dem ich interessante Gespräche führen konnte und der mit seinen Gefühlen präsent war und meine Gefühle ernst nahm, selbst wenn ich aggressiv oder traurig war. Einer, der nicht mit Wutausbrüchen oder totalem Rückzug reagierte, wenn ich an seinem Firnis kratzte oder emotionale Unterstützung forderte... Vielleicht ist das Gerede vom ›neuen Mann‹ dumm – aber im Vergleich zu Robert war mein Freund ein solcher.«

*Robert erzählt*

»Nach Jahren des Zukurzkommens in Erotik und Sexualität habe ich schier durchgedreht, als Claudia urplötzlich, aus heiterem Himmel, aus meinem Leben verschwand. Jahrelang hatte sie sich in sich selber und in der Kinderstube eingeschlossen ... und nun öffnete sie sich strahlend einem anderen. Ich hatte mich schon lange damit abgefunden, daß wir nie eine ganz erwachsene Partnerschaft haben würden. Sie die Kind-Frau, ich die Vaterfigur, das war nicht immer leicht für mich! Selbst als sie ihr Studium wieder aufnahm und in psychologische und spirituelle Grüpplein und Kürslein eintauchte, um über das Schicksal der Frau zu heulen und zu klagen, war das für mich mehr desselben. Denn die Verantwortung für die finanzielle Grundlage der Familie blieb ja doch an mir hängen. Claudia kümmerte sich nie darum und fragte auch nie, wie es mir mit dieser Last am Hals erging. Wie eine verwöhnte Tochter halt.

Um so brutaler traf mich der Treuebruch meiner Frau. Ich bin von Natur aus ein lebensfroher Mensch, aber damals tat sich ein rabenschwarzer Abgrund vor mir auf. Ich hätte ihren Freund ermorden können, oder mich selber ... Einmal habe ich während einer unserer unendlichen nächtlichen Diskussionen Claudia gewürgt, bis ich aus der Trance erwachte. Darauf bin ich die Nacht lang wie irre durch die Stadt gelaufen und habe geflucht und geweint. – Heute frage ich mich, warum ich die ›Zeichen an der Wand‹ so lange nicht wahrgenommen habe.«

*Claudia*

»Für mich kam die Krise keineswegs als Blitz aus heiterem Himmel. Ich hatte jahrelang unter dem Gefühl gelitten, ein Nichts, ein auf allen Gebieten problembeladener Mensch zu sein. Mit 35 fühlte ich mich alt, dumm, unglücklich, erschöpft und reif für die Psychiatrie. Aber irgendwann merkte ich, daß etwas an unserer Lebensweise nicht stimmte. Ich fing an, meine Gedanken aufzuschreiben und Forderungen an Robert zu stellen, wenn auch vorerst bloß gefühlsmäßige, keine konkreten, wie zum Beispiel eine faire Neuregelung von Arbeit und Geld. Und ich begann, mich jeweils sofort zu wehren und mir Roberts Demütigungen zu verbitten. Er verstand nichts und behandelte mich nach wie vor wie eine rebellische Tochter. Entweder reagierte er freundlich-jovial, oder er ließ Gras darüber wachsen, bis ich wieder ›normal‹ war. Denn für ihn stimmte ja unsere Welt!

Weil wir beide nie gelernt hatten, so miteinander zu reden, daß der andere hören und verstehen konnte, verlegten wir unsere Konflikte auf den Kampfplatz der Sexualität. Robert wollte ständig mit mir schlafen, und ich verweigerte mich, wann immer es möglich war. Dann redete er jeweils stundenlang väterlich-belehrend auf mich ein. Er verfolgte mich von Zimmer zu Zimmer, und weil ich mich ihm nicht gewachsen fühlte, schwieg ich trotzig oder lief weg. Robert wußte immer genau, wo meine Probleme lagen und wie ich sie zu lösen hatte. Wenn ich weinte, wurde er unheimlich aggressiv, und ich verschloß mich noch mehr. Dann zog auch er sich hinter eine Mauer zurück. Seine Botschaft an mich lautete klar: Ich laß dich jetzt einfach zappeln, dann wirst du schon wieder kommen. So hat er das offenbar selber in seiner Kindheit von Vater und Mutter erfahren und ich mit Sicherheit auch.

Wenn ich nicht den Mut aufgebracht hätte, mein Studium wieder aufzunehmen, wäre mir die Klapsmühle sicher gewesen. Eher riskierte ich unsere Ehe ...«

## Wie sie ihre Krise im Rückblick verstehen

Wie die meisten befragten Paare, können auch Claudia und Robert im Rückblick erkennen, wie sich in der ersten Zeit ihrer Liebe, vielleicht schon bei der ersten Begegnung, ihre gegenseitigen Hoffnungen und Sehnsüchte aufs wunderbarste ergänzt hatten. Claudia sehnte sich nach Flügeln und bewunderte Roberts Unabhängigkeit, er sehnte sich nach Wurzeln und verliebte sich in sie und ihre seßhafte Familie mit ihrem engen Zusammenhalt.

### *Partnerwahl und Paarmythos »Ihr die Wurzeln, ihm die Flügel«*

Claudias Vorstellung war: Ich biete dir deinen fehlenden Nährboden und mache dich stark mit meiner Liebe, damit ich mich schließlich an deine Stärke anlehnen und vom sicheren Nest aus meine Flügel erproben kann. Du hilfst mir, mich zu lösen von der

Sehnsucht nach meinem distanzierten Vater und von den Ansprüchen meiner Mutter, ihre »Mutter« zu sein. Mit deiner Hilfe werde ich selber fliegen lernen.

Roberts Vorstellung war: Wenn du mir alles gibst an Geborgenheit und fragloser Zugehörigkeit, was ich in meiner bisherigen Lebensgeschichte vermißt habe, und wenn du mir mit deiner Liebe den Rücken frei hältst, werde ich dich als mein kleines Mädchen schützen und verehren und dich mit meiner Leistung stolz machen auf mich. Du gibst mir die fehlende Nahrung für meine Wurzeln, und ich zeige dir, wie man fliegt.

Die positiven Aspekte dieses Mythos, mit seinen Heilungsmöglichkeiten für erfahrene Mängel und frühe Verletzungen, blieben als Sehnsucht bestehen, auch als der Mythos zum Gefängnis wurde. Was beide bei der ersten Begegnung bewußt und unbewußt als Ergänzungsmöglichkeiten ahnten, wurde jedoch später vor allem für Claudia verhängnisvoll polarisiert. Sie blieb mit drei kleinen Kindern im Familiennest sitzen, und wenn sie ein bißchen flattern wollte, nahm niemand sie ernst, am wenigsten sie sich selber. Robert erfuhr eine Zeitlang beides, Wurzeln und Flügel, bis Claudia aufhörte, ihn emotional und sexuell zu versorgen und sich grollend von ihm zurückzog. Ihm blieben die Flügel und die dünne Höhenluft, und ihr die warme, stickige Luft der Kinderstube.

Daß sie mit diesem Mythos fraglos das Modell der traditionellen Familienehe übernommen hatten, war keinem der beiden bewußt. Auf meine Frage nach ihren ursprünglichen Ehevorstellungen meint Robert: »Eine richtige Familie halt: Die Frau ist Zentrum der Familie und der Gefühle, der Mann verdient das Geld und hat die Vernunft, und als anständiger Partner hilft er auch mal im Haushalt.« Claudia zu ihrem Ehebild: »Völlig unreflektiert! Genau so, wie meine Eltern gelebt haben.«

## Claudias Sicht der Krise

### *Die fehlenden Vorbilder für Neues*

Rückblickend, nachdem sie sich von ihrem Freund getrennt und sich, vielleicht zum erstenmal bewußt, für das Leben mit Robert entschieden hat, bringt Claudia ihre Krise in Zusammenhang mit der strikten, fraglosen Rollenverteilung im Elternhaus und mit der damit verbundenen Vorstellung, eine Frau sei bloß etwas wert als pflegeleichte Gefährtin eines erfolgreichen Mannes. »Ich liebte meine Eltern sehr und dachte, ihr Leben sei gut, weil Mutter sich nie beklagte. Vater kannte ich ja kaum. So versuchte ich genau wie meine Eltern zu leben. Aber es funktionierte nicht für mich, weil ich einfach nicht einsah, warum bloß ich alles zurückstellen sollte – Freundeskreis, Ausbildung, meine ganze Jugend – während Robert alles hatte, Familie, Beruf und Freunde. Aber weil ich lange glaubte, in meinem Mann den Vater gefunden zu haben, den ich nie hatte (mein eigener war für mich gefühlsmäßig unerreichbar), sagte ich mir immer wieder: ›Versuch es noch einmal‹ und biß auf die Zähne.«

Erst als Claudia mit 36 Jahren ihre abgebrochene Ausbildung wieder aufnimmt und mit Frauen und Männern zusammenkommt, die mit vielfältigen Beziehungsformen experimentieren, zieht sie ihren Kopf aus dem Sand und betrachtet sich, ihre Ehe und ihre Herkunftsfamilie zum erstenmal nüchtern und mit offenen Augen. Sie denkt an Trennung und versucht, ihrem Trotz und ihrer Kälte Robert gegenüber auf den Grund zu gehen, statt sich weiterhin selbst dafür zu bestrafen. Sie sucht in der Paartherapie nach den Leitmotiven und Aufträgen aus ihrer Lebensgeschichte als Tochter und als Frau, aber sie will diese nicht mehr einfach ausführen, sondern neu verhandeln mit Robert.

### *Frauen-Bildung lockert Bindungsbereitschaft: Claudias Auftauchen aus der Kinderstube der Verschmelzung*

In ihrer Verliebtheit zu einem jüngeren Mann erlebt Claudia Seiten von Kraft und Eigenständigkeit an sich, die sie bisher kaum geahnt hatte. Sie entdeckt, daß sie eigene Gedanken formulieren und schreibend Zusammenhänge erkennen kann, welche ihr bisher nur verschwommen zugänglich waren. Sie setzt sich, welch ein Luxus, jeden Tag eine Stunde allein in ein ruhiges Café und schreibt ihre Ideen auf: Was will ich, was will ich nicht, wie will ich mein Leben ändern? Sie liest viel und redet mit guten Freundinnen, mit ihren Schwestern und mit Studienkolleginnen, die sie ermutigen, sich Zeit für sich selber und für ihre Entscheidung zu nehmen. Mit diesem Anliegen kommt sie in die Paarberatung, zu welcher Robert den ersten Schritt getan hat.

Auf Anraten der Therapeutin suchen Claudia und Robert sich ab und zu eine gemeinsame »Insel«, wo sie ohne Kinder, Familie und Arbeit einander gegenüber sitzen, sich wieder einmal ins Gesicht schauen und einander von ihren Welten erzählen, wobei abwechselnd er redet und sie ihm zuhört, und umgekehrt. Einige Male schlafen sie auch wieder zusammen und finden es schön... Aber eine Spannung zwischen ihnen bleibt bestehen, die sie nicht verstehen.

Mit der Zeit merkt Claudia in der Therapie, daß ihre Kämpfe um Eigenständigkeit und Abgrenzung, welche sie gegen Robert führt, auch noch an einem anderen Ort auszutragen sind, dort nämlich, wo sie ihren Weg ins Erwachsenenleben unterbrochen hat, mitten im zaghaft begonnenen Ablöseprozeß vom Elternhaus.

### *Alte Geschäfte erledigen*

Es ist nicht einfach, mit Mutter und Vater darüber zu reden, wie es im Leben der Tochter zu der Krise kam und was für sie an unerledigten Geschäften mit ihnen nun ansteht. Ihrem Vater geht es gesundheitlich noch immer nicht gut, und ihre Mutter trägt schwer an der Last seiner Pflege. Aber Claudia versucht dennoch immer wieder, ihren Eltern zu zeigen, daß sie endlich erwachsen ist und daß sie »keine Fotokopie ihres Lebens« leben kann, wie sie sagt. Sie zeigt sich ihnen mit ihren neugefundenen Stärken, mit ihrem klaren Geist und ihrer Entscheidung zur eigenen Entwicklung und erzählt auch von ihren Ängsten und Unsicherheiten. Sie verweist auf die Unterschiede zum Leben ihrer Mutter, auf die Bildungschancen, welche sie im Gegensatz zu ihr hat und wahrnehmen will, weil sie erlebt hat, welche negativen Folgen ihr bisheriger Verrat an den eigenen Möglichkeiten für sie und ihre Ehe hatte.

Am Ende vieler schmerzlicher Diskussionen, bei denen Claudia sich zwar abgrenzt von ihren Eltern, ihnen aber gleichzeitig näher kommt und ihnen dankt für das, was sie an Wurzeln von ihnen bekommen hat, stirbt ihr Vater. Auch wenn er sie nicht ganz verstand, akzeptierte er, daß seine Tochter ihren eigenen Weg gehen würde. Claudia ist zutiefst traurig, daß die Nähe zu ihm, die sie eben zaghaft ertastet hat, nun abgebrochen ist. Sie trauert, aber sie wird nicht depressiv, denn Robert ist jetzt präsent, unterstützend, geduldig – als Partner, nicht als Vaterersatz.

Der Entflechtungsprozeß von der Mutter dauert noch an, und gleichzeitig vertieft sich Claudia in Mutters Geschichte, die ein Kapitel Frauengeschichte der Nachkriegsgeneration ist, und kommt ihr auf neue Weise näher.

## Roberts Sicht der Krise

### *»Die Kinderaufzuchtanstalt erstickte unsere Erotik«*

Im Rückblick, drei Jahre später, führt Robert die Paarkrise darauf zurück, daß Claudia und er sich ursprünglich »wie zwei gefühlsmäßig unsichere, noch nicht erwachsene Kinder aneinander klammerten, wobei immer einer Vater oder Mutter und der andere das Kind spielte. Wir wurden zur Kinderaufzucht-Anstalt, wohl mehr für uns selber als für unsere Kinder«.

Obwohl zumindest Robert ursprünglich von alternativen, verhandelbaren Formen des Zusammenlebens geträumt und damit auch schon Erfahrung hatte, war seine Sehnsucht nach dem »warmen, sicheren Nest« so groß, daß er kaum realisierte, was es bedeutete, daß Claudia ihr Studium abbrach und beide ein Kind hatten, noch bevor sie sich richtig kannten. Ohne darüber zu reden, rutschten sie damit in das traditionelle Schema: Die Frau versorgt ihren Mann wie ein ältestes Kind und macht ihn groß und stark, damit sie in seinem Schatten ruhen kann. Er läßt das gern geschehen, damit er draußen leistungsbereit und anpassungsfähig sein kann, wie es seine Karriere verlangt. Sie pachtet Kinder, Gefühle und das warme Nest für sich und er den Erfolg, die Macht der Vernunft und der materiellen Unabhängigkeit. Und beide zahlen ihren Preis für dieses Arrangement, indem jedes sich spezialisiert an einem Pol: Autonomie gegen Abhängigkeit. Er ist draußen eigenständig und innen emotional abhängig, sie ist wirtschaftlich von ihm abhängig und emotional selbstversorgend, und beide leben nur ein halbes Leben.

Warum hat Robert so fraglos mitgemacht bei diesem traditionellen Arrangement, ausgerechnet er, der sich als romantischer »68er« und als politisch wacher Mensch begreift, der ursprünglich alles anders machen wollte als seine Eltern und Großeltern? Mit welchen Sehnsüchten, welchen verschwommenen Bildern von sich selber und der Welt und mit welchen Leitmotiven und Aufträgen aus seiner Lebensgeschichte war sein Verrat am eigenen Traum verknüpft?

### *Roberts Aufstieg aus dem kleinbürgerlichen Mief*

»Mein Vater starb an einer verschleppten Lungenentzündung, als ich erst einige Monate alt war. Ich habe ihm meine Liebe nachgetragen, denn mit meinem späteren Stiefvater habe ich mich nie zurechtfinden können. Instinktiv fühlte ich, daß meine Mutter mit ihm in ihrer Verlassenheit den Falschen gewählt hatte: Er war kleinbürgerlich-spießig und rassistisch eingestellt. Ich wollte sie vor ihm schützen und ihr helfen, und sie hat mich in den ersten Jahren auch ganz nahe zu sich herangezogen. Aber dann gebar sie noch zwei Söhne, und ihnen zuliebe hat sie mich im Regen stehenlassen. Ständig mußte ich auf die Halbbrüder aufpassen, während Mutter als Fabrikarbeiterin mitverdiente. Mein Stiefvater begann zu trinken und schlug meine Mutter, und einige Male habe ich sie vor ihm in Schutz nehmen müssen. Aber gedankt hat sie mir dafür nie, mich bloß mit ihren Klagen und ihren Krankheiten belastet. Je schlechter es mir zu Hause ging, desto mehr klammerte ich mich an das Traumbild meines »richtigen« Vaters. Meine Verehrung für ihn war grenzenlos, und ich gelobte, ihm ähnlich zu werden.

Noch vor dem Abitur zog ich in eine Wohngemeinschaft, und seither habe ich mich geweigert, mein Nicht-Elternhaus zu betreten. Ich habe als Werkstudent studiert und mir gelobt, es weit zu bringen und meinem Vater Ehre zu erweisen. Manchmal scheint es mir heute, ich sei zu früh aus dem Nest geflogen und klammere mich deshalb so sehr an alles, was mir Bestätigung und Geborgenheit verspricht: Beruf und Familie, allen voran natürlich Claudia.

Wenn sie mich verlassen hätte: ich hätte sofort wieder eine ›Neue‹ gesucht.

Was mich manchmal fast kaputt macht, ist, daß mir niemand meine Verletzbarkeit glaubt. Alle sehen in mir den starken, zuverlässigen Vater, den erfolgreichen, jovialen Chef. Aber daß dahinter ein ausgehungerter Bub versteckt ist, das spürte nur Claudia, und genau das hat sie so anziehend gemacht für mich. Als sie dann aufgehört hat, diesen kleinen Buben zu versorgen, bin ich fast draufgegangen. Sie meinte, ich sei pervers, weil ich dauernd mit ihr schlafen wollte. Dabei war Sex für mich bloß Mittel zum Zweck ihrer Bestätigung: Du kannst dich mir restlos anvertrauen, ich verlasse dich nicht.

Meine Frau hat nie verstanden, daß mein Weg nach oben für mich noch immer mit tiefen Ängsten vor dem Fallen verbunden ist. Schließlich habe ich keine Tradition, oben zu leben. Weder mein Vater noch mein Stiefvater hat mir die vermittelt. Wer weiß, ob Claudia mich noch liebte, wenn ich meine Stellung verlieren würde? Ich weiß ja selber nicht, ob ich ohne den beruflichen Erfolg und die finanzielle Sicherheit etwas wert wäre...

Mein alter Traum, daß ich mit einer Frau in einer gleichwertigen Beziehung zusammenleben würde, wo der Mann beruflich auch mal schlappmachen darf, war für mich plötzlich nichts mehr wert, als ich Claudia kennenlernte. So viel Weiblichkeit, so viel herzliche Naivität! Und ein Vater, wie ich ihn ersehnt hatte, einer, dem ich Eindruck machen konnte. Daß ich mit dieser Heirat auch völlig konservative Wertvorstellungen einhandelte, und daß Claudias traditionelle Erziehung und übermäßige Bindung ans Elternhaus sich ausgerechnet an mir rächen würden, als sie sich davon losstrampelte, konnte ich in meiner Begeisterung für die endlich gefundene Heimat ja nicht ahnen. Sie holt nun quasi auf meine Kosten ihre Entwicklung nach und ist dabei erfolgreich. Das macht mich einerseits stolz und anderseits zornig.«

*Roberts Suche nach eigenen emotionalen Nährböden*

In der gemeinsamen Therapie klärt sich für Robert, was er lange dumpf geahnt hatte: Seine Autonomie war ein luftiges Gebilde ohne den Boden eines soliden Selbstwertgefühls. Roberts Leistungsorientierung hatte viel mit seiner Angst vor Liebesverlust zu tun, vielleicht mehr als mit Lust an der Arbeit selber. Dankbarkeit für seine Bildungs- und Aufstiegschancen, den Sprung vom Arbeiterkind zum Chef gemacht zu haben, mischten sich bei ihm immer deutlicher mit Wut. Mit Trauer auch über die verpaßte Kindheit und über den inzwischen verinnerlichten Anspruch, seiner Mutter ein guter Helfer zu sein (auch als sie längst keinen mehr brauchte) und dem Phantombild des Vaters Ehre zu machen.[2]

Im Lauf der Therapie beginnt sich Robert zu fragen, wo er denn seine eigenen Wurzeln finden könnte, statt sie kindlich seiner Frau nachzutragen, damit diese ihnen endlich genügend Nährstoff gebe. »Meine versteckte Angst vor dem Fall, meine Abhängigkeit von bedingungsloser Anerkennung und emotionaler Versorgung durch Claudia haben mich eigentlich schon lange belastet. Auf komplizierte Art habe ich mich ihr gegenüber possessiv verhalten und mich gleichzeitig heftig gewehrt, wenn sie in meine Gefühlswelt eindringen wollte. Irgendwann merkte ich, daß sich meine alten Ängste vor dem Benütztwerden und vor dem Verlassenwerden damit immer wieder neu belebten. Ich fragte mich, ob ich mich nicht vielleicht genau so meinem traditionellen Lebensentwurf unterordnete wie Claudia sich dem ihren.«

Während unserer therapeutischen Gespräche kommt auch Robert auf die Idee, nach seiner eigenen Geschichte, einer Geschichte von schier unerfüllbaren Beziehungsaufträgen und schmerzlichen Abbrüchen, zu fragen. Er besucht seine Mutter nach langer Zeit wieder einmal im Altersheim und beginnt mit ihr über den Vater zu reden. Sie erzählte von ihm und zeigte ihm Briefe und Fotos, anfangs zögernd, aus Angst vor seinen gewohnten Beschuldigungen, dann lebhafter. Robert lernte sie zum erstenmal nicht bloß von der Seite der tüchtigen, aber besitzergreifenden Mutter kennen, sondern als Frau und Angehörige einer bestimmten Epoche und einer sozialen Schicht, in welcher ein gescheiter, sensibler Junge wie er damals vielleicht wirklich ihr einziger Reichtum war...

Später hat Robert dann mit Peter, seinem Sohn, eine Reise in das kleine Dorf, in dem er geboren wurde, gemacht. »Wir haben mit ein paar alten Leuten geredet, die meinen Vater gekannt haben, und Peter hat Zeitgeschichte im Maßstab eins zu eins erlebt bei ihren Erzählungen über die Jahre zwischen den beiden Kriegen, über die Wirtschaftskrise und die Armut auf dem Lande...

Es ist für mich nicht viel Spektakuläres, aber persönlich Wichtiges herausgekommen dabei. Mein Vater war offenbar ein versponnener, phantasiebegabter Mensch, eher kontaktscheu und zaudernd, aber von vielen im Dorf respektiert, weil er sich stark gemacht hat während eines Streiks in der lokalen Maschinenfabrik. Er hat nie viel von sich selber gehalten und nicht gut zu sich selber geschaut. Das tut mir erst jetzt weh.«

*Robert über sein neues Selbstverständnis und seine Arbeit*

»Mein Arbeitsengagement hat sich seither gewandelt. Von einer vorbehaltlosen Unterordnung unter die echten und vermeintlichen Anforderungen meiner Berufstätigkeit und meiner Stellung komme ich langsam weg. Mein eigenes »Ausbrennen« zu vermeiden, wird mir immer wichtiger. Mein Rhythmus verändert sich auch altersbedingt von selbst, ich reise weniger gerne zu auswärtigen Seminaren als früher. Konkretes Beispiel: Bei einem kürzlichen Gespräch mit meinem Vorgesetzten über Nachfolgefragen wurde mir klar, daß er davon ausging, daß ich bei seinem Übertritt in den Ruhestand auf seine Position aspirieren würde. Ich gab ihm zu verstehen, daß er nicht selbstverständlich mit meinem Interesse rechnen solle. Es scheint für ihn jetzt so auszusehen, als sei ich ein ›Versager‹. Das kann ich mittlerweile eher gelassen hinnehmen und empfinde dabei manchmal so etwas wie Heiterkeit. Ganz neu ist für mich, daß ich mit ein paar wenigen Kollegen über meine Ängste und Unsicherheiten reden kann und daß sie verstehen, ohne mich gefühlsmäßig abhängig zu machen, wie ich das bei Frauen so leicht erlebe.

Das Zusammenleben mit Claudia entspannte sich, seit ich sie deutlicher als Person wahrnehme, auch wenn ich oft mit dem Tempo ihrer Entwicklung Mühe habe. Unseren Töchtern und auch Peter geht es viel besser als vor einigen Jahren. Unser Sohn hat gelernt, daß die Spannungen zwischen seiner nun häufig allein »fliegenden« Mutter und seinem noch immer eher besitzergreifenden Vater, welche manchmal zu lauten Gewittern führen, außerhalb von ihm stattfinden. Alle drei Kinder wissen das, und sie können darüber schon herzlich lachen. Claudia und ich übrigens in guten Stunden auch!«

»Ich habe spät, aber immerhin, für mich meine Sinnlichkeit entdeckt. Die zeigte sich zuerst überhaupt nicht im Bett – da hatte ich immer noch zu sehr Angst vor Roberts Besitzansprüchen. Aber inzwischen habe ich meinen Körper spüren gelernt, zuerst bei meinem Freund und später beim Tanzen, und ich freue mich zum erstenmal im Leben, eine Frau zu sein. Aber noch wichtiger ist mir, daß ich durch das Studium meinen Geist entdeckt und damit eigenen Boden unter den Füßen gewonnen habe.

Für Robert ist Sexualität immer noch der Beweis meiner Liebe und Treue, quasi ein Leistungsbeweis, und das behindert uns ab und zu. Aber es ereignet sich nun so viel zwischen eigener Welt, Familie und Bett für jeden von uns, daß wir auf eine Art Nähe erleben, wie das in der Kinderzeit unserer Liebe nicht möglich war. Daß wir uns ganz neu organisiert haben bei der Hausarbeit und bei der Verantwortung für die Kinder, ich würde sagen er ein Drittel und ich zwei Drittel, hat viel von meinem Groll gegen Robert besänftigt. Wenn ich einmal einen eigenen Lohn verdiene, werden wir nochmals neu verhandeln müssen. Auch das gehört dazu!«

## Überlegungen der Paartherapeutin zur »Familienehe im Aufbruch«

*Es gibt sie noch, die glückliche Familie, wo der Vater nicht in Frage gestellt wird und wo die Mutter ihre Freiheiten hat und sie sich nehmen kann, wenn es nötig ist... und wo man dafür nicht auf die Barrikaden steigen muß!* Soweit ein Zitat aus einem Leserinnen-Brief (1991) in einer Schweizer Lokalzeitung, aus Protest gegen eine Kindergärtnerin, die ein Mittagessen mit den Kindern in der Schule vorschlägt, damit ihre Mütter sich einmal in der Woche untereinander treffen können.

Zum Thema Aufbruch nach den ersten »glücklichen Jahren« mit Kleinkindern: Es hat mich selber überrascht, daß Angehörige des hier beschriebenen »Familienehe«-Modells am weitaus häufigsten in meiner Praxis und in der von Kolleginnen und Kollegen sowie in meiner Befragung erscheinen. Zu dieser Gruppe gehören

Paare zwischen 35 und 45, nach etwa 8 bis 15 Ehejahren, mit Schulkindern oder mit Kindern in der Pubertät. Fast immer erzählen sie, wie die Leserbriefschreiberin, von guten gemeinsamen Anfangsjahren mit frагloser Übernahme traditioneller Frauen- und Männerrollen.

Das Arrangement bewährt sich tatsächlich für viele zunächst bestens. Mann und Frau passen sich nahtlos der Vorstellung an, daß »von Natur aus« der Mann für die Erwerbsarbeit und die Frau für die Arbeit als Mutter und Hausfrau geschaffen sei. Diese Rollenteilung wird dabei von den fast unveränderten Forderungen der Arbeitswelt und den fehlenden Tageshorten für Kinder unterstützt. An Ausbruch ist nicht zu denken, solange der Mann den Beruf als wichtigsten Ort für seine Identitätsfindung wählt, wie er es gelernt hat. Aber auch für viele Frauen ist der Rückzug aus der Arbeitswelt in die fraglos akzeptierte Rolle als Mutter und Hausfrau willkommen. Das ist besonders so, wenn sie, wie Claudia, in der Berufswelt wenig Sinn und Chancen sehen und wenn sie kein positives Modell haben für eine Verbindung von Familien- und Berufsarbeit.

Die ersten Jahre dieser Familienehe ermöglichen also häufig beiden, was sie am meisten ersehnen: konfliktfreie Anpassung an bestehende Normen und dafür das Gefühl, ganz »dazuzugehören«. Für den Mann bieten die Normalität des Lebensstils und das Versorgungsangebot seiner Frau genau den Rahmen, den er für seine berufliche Entwicklung braucht. Für die Frau ist die Normalität (wenn auch nicht Anerkennung!) ihrer Rolle eine Möglichkeit, eine Identität zu finden, die ihr in der Welt der Bildung und Arbeit noch kaum zur Verfügung steht. Und beide führen außerdem bruchlos das aus, was ihre Eltern ihnen vorgelebt haben oder was sie vielleicht von ihnen an indirekten Aufträgen zum Auswetzen alter Scharten übernommen haben. Die Frau, deren Mutter vielleicht nach ihrem Begriff wenig Mütterlichkeit geben konnte, macht sich diese nun zur Lebensaufgabe. Der Mann kompensiert nicht selten, was seinem Vater im Beruf nicht gelungen ist oder rivalisiert mit ihm um »Höheres«.

*Alarmzeichen*

Dann bahnt sich eine Krise an, oft lange unbemerkt vom Mann. Seine Welt ist in Ordnung, solange seine Frau das Problem allein auf sich nimmt, daß sie sich nämlich schon längere Zeit ausgebrannt und unglücklich fühlt. Wieso sollte sie auch darüber reden? Die Schuld liegt doch klar bei ihr, muß sie annehmen, wenn sie sich in ihrer Welt umsieht. Oft genug hat sie vielleicht selber, wie die Schreiberin des Leserbriefes, für die glückliche Familie plädiert und gegen eine Nachbarin geschimpft, die als »Emanze« ihre Mutterpflichten vernachlässigte. Also hat sie jetzt zu schweigen.

*Kinder geben Signale*

Es gibt natürlich immer zahlreiche Hinweise auf eine sich anbahnende Krise in einer Paarbeziehung, die jedoch lange ignoriert werden können. Aber irgendwann schrillt die Alarmglocke dann doch einmal so laut, daß sie nicht mehr überhört werden kann. Ich sehe als »Wecker« nicht selten ein Kind, das schon lange Hinweise gibt, daß etwas nicht stimmt. Meistens werden seine Verhaltensauffälligkeiten aber ihm persönlich oder seiner Schulsituation angelastet – und natürlich haben sie manchmal auch wirklich damit zu tun und nicht mit dem Unglück der Eltern. Aber häufig ist das eine mit dem anderen verwoben.

Bei jüngeren Kindern sind es nach meiner Erfahrung eher Buben, bei älteren eher Mädchen, welche Signale aussenden, daß ein Verhängnis sich anbahnt. Jungen fallen zum Beispiel durch aggressives Verhalten daheim und Leistungsverweigerung in der Schule auf, Mädchen eher durch depressive oder psychosomatische Symptome, nicht selten in Form von Eß-Störungen.[3] Kinder kämpfen manchmal mit ihrem auffälligen Verhalten (das lange genug keinem auffällt) indirekt, zusammen mit ihrer an die Rolle der »emotionalen Tankstelle« gebundenen Mutter, um den innerlich oder äußerlich abwesenden Vater. Manchmal fordern sie damit aber auch lautstark eine Mutter heraus, welche sich vielleicht schon seit Jahren deprimiert ins Schneckenhaus der Resignation verkrochen hat und bloß noch nach außen »funktioniert«. Oft entziehen sie sich aber auch der Mutter, vor allem die Jungen in der Anfangszeit der Pubertät, und verbünden sich heimlich mit dem von seiner Frau enttäuschten Vater. So oder so zahlen vorerst die Kinder den Preis dafür, wenn die Eltern starr wegschauen und am Mythos der glücklichen Familie festhalten. Da aber bei diesem Familienmodell die *ganze Verantwortung für die Erziehung auf der Mutter lastet*, fühlt sie sich durch die Auffälligkeit eines Kindes noch elender. Wenn dann der Druck von innen erhöht wird durch den Druck von außen, bei Schulversagen eines Kindes zum Beispiel, entsteht oft ein Teufelskreis. Vor allem Frauen, welche den sozialen Aufstieg über Ehe und Familie zu schaffen suchten, reagieren manchmal mit Gegendruck auf das Kind, wenn dieses ihnen die Quittung für ihre Nachhilfearbeit in Form guter Schulnoten versagt. Je schuldiger sich die Mutter fühlt, desto mehr kümmert sie sich um die Hausaufgaben, desto mehr rebelliert das Kind gegen ihr Eindringen. Wenn dann der Vater sich heimlich mit dem von der Mutter »unterdrückten« Kind – übrigens nach meiner Erfahrung häufiger einem Sohn als einer Tochter – verbündet, schließt sich der Teufelskreis für alle.

Nach einem Seminar zu diesem Thema schreibt mir eine Kollegin:

»Ein Punkt, der für mich ungeheuer wichtig war: Im Seminar wurde mit dem Beispiel einer Familie in Therapie dargestellt, wie es dem 13jährigen Sohn gelingt, durch Leistungsverweigerung seinen beruflich überbeschäftigten und emotional abwesenden Vater in die Familie zurückzuholen. Das betraf mich sehr persönlich! Die Leistungsverweigerung unseres damals 12jährigen ältesten Sohnes hatte ich seither immer auf mein mütterliches »Schuldkonto« gebucht, weil ich sehr emotional, von meiner Anlage her jähzornig, damals in Situationen von totaler Hilflosigkeit diesem Sohn gegenüber zugeschlagen habe. Ich habe mir später immer vorgeworfen, ich hätte alle seine Probleme verschuldet: seine Leistungsverweigerung, seine psychosomatischen Probleme, seine psychotischen Episoden in der Adoleszenz. Der Begriff von der »schizophrenogenen« (Schizophrenie auslösenden) Mutter mit ihrer Alleinschuld saß tief! Ich konnte mich nach dem Vergleich mit dem Fallbeispiel in Ihrem Seminar zu einem wesentlichen Teil davon befreien! Denn auch mein Mann war psychisch und physisch abwesend während des Aufwachsens unserer Kinder. Als Familie erlebten wir noch und noch die Enttäuschung, daß geplante gemeinsame Veranstaltungen, auf die alle sich gefreut hatten, wegen einer akuten Situation in der Klinik nicht durchgeführt werden konnten. Zumal ich damals, während meiner 14jährigen Kinderpause, noch der Klischee-Vorstellung nachhing, nichts ohne meinen Mann unternehmen zu dürfen, wenn bei ihm von Berufes wegen etwas ausfiel – aus Gründen der Fairneß!«

*Indirekte und direkte Signale der Frauen*

Eine andere Möglichkeit von Alarmzeichen demonstriert Claudia: Sie hat zuerst mit Liebesentzug und sexueller Verweigerung ihrem Groll gegen Robert (und gegen ihre eigene Überanpassung) Ausdruck gegeben, einem Groll, den weder sie selber noch ihr Mann verstehen konnte. Manchmal geraten Frauen in dieser Situation auch in Depression, chronische Krankheitsanfälligkeit oder in heimliche Süchte. Damit finden sie unbewußt eine vorläufige Lösung für ihr Dilemma zwischen offizieller Anpassung und heimlicher Rebellion. Es ist allerdings eine Lösung, die sich bald einmal gegen sie selbst wendet und den Teufelskreis verstärkt.

Immer häufiger erlebe ich bei Frauen Claudias zweite, direktere Reaktion in Form von Verhaltensweisen, die nicht mehr übersehen werden können. Es sind die vorerst kleinen und später größeren »Fluchten« aus der Familie. Solange Frauen Kurse besuchen und sich für ihre bisherige Rolle weiterbilden oder diese in Form freiwilliger Sozialarbeit über die Familie hinaus weiterführen, ist alles für alle in Ordnung. Erst später, wenn ihre gezielte Neuorientierung auf einen Berufsabschluß oder eine Zusatzausbildung hinweist, wird die Sache brenzlig. Solange der volle Service zu Hause geleistet wird von ihr, mag ihr keiner den Anspruch auf ein bißchen mehr Lebensqualität verwehren. Wenn sie aber als »Service-Stelle« nicht mehr funktioniert und vor allem, wenn sie sich mehr nach außen richtet, sind die Alarmsignale nicht mehr zu überhören.

*Signale bei Männern*

Wie Robert reagieren viele: Sie leiden zwar darunter, daß die emotionale und sexuelle Leidenschaft erstirbt in der Kinderstubenluft der Verschmelzung von Paar und Kindern. Sie spüren auch den heimlichen Groll ihrer Frauen und merken, daß sie ausgebootet sind bei den Kindern und fühlen sich zu Hause mehr und mehr bloß auf ihre Ernährerrolle beschränkt. Aber meistens schicken sie sich darein, solange ihnen das warme Nest garantiert bleibt. Denn fast immer haben sie in dieser Lebensphase genug damit zu tun, ihren beruflichen Weg zu finden und auszubauen. Und da das Männer-Motto aus ihrer Kindheit bisher funktioniert hat: »Wenn ich nichts sage, ist alles recht«, schweigen sie, arbeiten um so fleißiger und bauen ihre Positionen in der Männerwelt aus. Meistens kommen sie ja aus einem Milieu, wo ein Mann nicht gewohnt war zu fragen oder gefragt zu werden, wie es ihm gehe. Allerdings zeigen Männer, deren Frauen sich innerlich zurückziehen, ihre Verletzung oft in Form von chronischer Verstimmung und beleidigter Vorwurfshaltung, aber ihr Leid in Worte zu fassen, fällt ihnen schwer.

*Auf- und Ausbrüche: Untreue als Treue zu sich selbst*

Ein typisches Aus- und Aufbruchsymptom in solchen Phasen des Übergangs ist eine Liebesbeziehung zu einem anderen Menschen, die von der Frau oder vom Mann »wie ein Blitz aus heiterem Himmel« erlebt wird. Robert erzählt, daß er einige Male drauf und dran war, mit einer Kollegin ein Verhältnis anzufangen, aber jeweils im letzten Augenblick davor zurückschreckte aus Angst, er würde damit seiner Laufbahn schaden. Denn natürlich habe er große Sehnsucht nach Bestätigung durch eine Frau gefühlt, schon lange, auch wenn er nie davon redete. So ließ er es bei vielen kleinen Flirts bewenden. Andere Männer in der Gruppe der Familienehe verliebten sich zum Beispiel in eine (meistens jüngere) Arbeits- oder Sportkollegin. Claudia allerdings ist überzeugt, daß Robert ohne ihre Beziehung zu einem anderen Mann und die Perspektive einer möglichen Trennung ihr nie geglaubt hätte, daß es ihr ernst sei mit ihrem Aufbruch. Auch ist sie der Meinung, daß ihr selber erst durch die Erfahrung mit ihrem Freund deutlich geworden sei, wie viele Facetten ihrer Person sie der Anpassung an die Ehe- und Familienvorstellungen ihrer Eltern geopfert habe. Treue zu den Eltern und zum Hergebrachten sei ihr wichtiger gewesen als die Treue zu ihrem persönlichen Lebensentwurf – ein Thema, dem Kapitel 12 gewidmet ist.

Außenbeziehungen, auch sexueller Art, sind nicht mehr nur die Möglichkeit der Männer, äußere Zeichen zu setzen und innere Spannungen abzubauen. Zumindest bei den Paaren, welche in dieser Lebensphase in die Beratung kommen, fällt mir auf, daß zunehmend auch Frauen aus einer Ehe »ausbrechen«. Allerdings, so sagen sie, tun sie das selten mit der Absicht, sich von ihren Männern zu trennen, sondern als vorerst unbewußte Möglichkeit zur Ablösung von der stickigen Luft der »Kinderstube«. Bloß resultiert aus einer solchen »Untreue als Treue zu sich selber« (auch bei Männern) nicht selten ein Zusammenbruch des Partners oder der Partnerin, mit gewaltiger Aggression gegen sich selber oder den anderen, weshalb ich das Problem keinesfalls bagatellisieren will. Ich werde im Kapitel 12 darauf zurückkommen.

### *»Wir sind blind in dieses Arrangement gerutscht und haben erst nach der Krise etwas Gutes daraus gemacht«*

Anhand der Erzählungen der Paare in dieser Gruppe habe ich mich gefragt, warum wohl so viele unter ihnen nach wie vor fraglos in dieses »Familienehe-Modell« rutschten, das im eingangs zitierten Leserinnenbrief so schön idealisiert ist. Es fällt mir auf, auch bei jungen Paaren, daß es bei ihnen überhaupt nie Diskussionen gab über die Balance von Arbeit, Liebe und Familie, nicht vor dem Zusammenleben und auch nicht vor dem ersten Kind. Zwar existierten bei vielen Frauen und einigen Männern Bilder im Kopf, die mit dem Begriff der »Gleichberechtigung« beschreibbar sind, erzählen sie rückblickend. Aber die meisten folgten, als sie zusammenzogen und besonders nach der Geburt des ersten Kindes, einfach den Vorstellungen aus dem Elternhaus. Selbst bei Menschen wie Robert, der bereits in einer Beziehung das Ideal flexibler Rollenverteilung ein Stückweit gelebt hatte, verlor es an Attraktivität, als er eine Frau mit konventioneller Einstellung kennenlernte und bereit war, sich beruflich zu etablieren.

Ich denke, daß Antworten auf die Frage, warum das so ist, nur in der Verschränkung der skizzierten äußeren Bedingungen mit den inneren gefunden werden können. Das heißt in den stereotypen Vorstellungen davon, was ein »richtiger« Mann und eine »richtige« Frau oder eine »richtige« Ehe ist, sowie in den Bildern aus ihren einmaligen Biographien. Sie pflanzen sich als »Familienromane« in der nächsten Generation fort oder werden zu Wegweisern für Aufbruch und Verwandlung. Weder die gesellschaftlichen Verhältnisse noch das »Psychologische« an sich genügen also als Erklärungsansatz.

Wie machen es die Frauen und Männer, welche unfreiwillig in eine Familienehe rutschten, und wie verändern sie die alten Bilder und finden einen Weg, der zu dem notwendigen Aufbruch paßt, wie er sich in der Paarkrise manifestiert? Im nächsten Kapitel wird davon die Rede sein, wie die Auf- und Ausbrüche in dieser Lebensform durch die Revision alter Bilder zum Entwerfen neuer Szenarien ermutigen.

# Kapitel 7

# Lebensmitte als Chance einer zweiten Ablösung: Das Neuschreiben von Lebensentwürfen

Wie Claudia und Robert geraten offenbar viele Paare nach der ersten Familienphase an einen Tiefpunkt, wenn sich das Paar in der Familie »aufgelöst« hat und die halbierten Welten der beiden eine gegenseitige Entfremdung (wie auch eine Entfremdung jedes Partners von sich selber) unerträglich machen. Die Scheidungsstatistik redet hier eine deutliche Sprache. Aber die Krise kann auch einen neuen Anfang auf einer Beziehungsebene bedeuten, die das Wechselspiel von Nähe und Distanz wieder belebt und anregend macht. Mir war es darum besonders wichtig, daß auch Paare an meiner Befragung teilgenommen haben, die vor mehreren Jahren im Aufbruch nach den ersten Jahren der Familienehe zu mir kamen und über ihre seitherige Entwicklung berichten.

## Bilanz nach der Lebensmitte

Grundsätzlich zeigen sich nach der Lebensmitte zwei Tendenzen:

- Das Paar entscheidet sich nochmals neu füreinander, indem jeder Partner vom neu definierten »eigenen Boden« aus das Gemeinsame sucht und miterzeugt, ohne den eigenen Boden dafür aufzugeben. Die Paare in dieser Gruppe erzählen von Entwicklungen, welche damals, auf dem Tiefpunkt der Krise, weder für sie noch für mich in solcher Fülle vorstellbar waren.
- Das Paar trennt sich, weil beide erkennen, daß ihre Beziehung schon seit langem, oft vielleicht seit der Geburt des ersten Kindes, vorwiegend »Kinderaufzucht-Anstalt« war, wie Robert das nannte. Oder anders gesagt, daß sie sich als Paar aufgelöst haben in der Familie und sich als Individuen fremd geworden sind; die Paarbeziehung eine »leere Hülle«, wie eine Frau schreibt, die inzwischen geschieden ist.

Vorerst also zur Frage, wieso denn die Jahre zwischen etwa 45 und 55, welche gemeinhin als Lebensmitte bezeichnet werden, sowohl zum Neuanfang einer Beziehung wie auch zum Abschied davon führen können: Was sind die besonderen Themen, die besonderen Streßfaktoren, aber auch die Chancen dieser Lebensphase für die Frau und den Mann in einer Familienehe?

## Streßfaktoren und Chancen der Lebensmitte

### *Frauen, die bisher als Familienfrauen gelebt haben, als Risikogruppe*

Nach Jahren des Lebens im »Naturreservat« der Familie, das sie pflegten und anderen zur Erholung und Regeneration zur Verfügung stellten, meistens ohne dabei ein kräftiges Gefühl von »Selbst« entwickeln zu können, werden viele Frauen in dieser Lebensform nun zu einer Risikogruppe. Sie sind verwundbar, seelisch und körperlich, und werden damit – zynischerweise – zu einem volkswirtschaftlich bedeutenden Erwerbszweig. Schönheitsinstitute und Boutiquen, aber auch die Gebiete der Psychotherapie und der Frauenmedizin leben von ihnen. Wiedereinstiegstrainings in den Beruf können seriös und hilfreich sein, aber manchmal profitieren sie vom geringen Selbstwertgefühl der Frauen in dieser Lebensphase und versprechen ihnen weit mehr, als sie halten können.

### *Körperliche Zeichen*

»Ich bin unsichtbar geworden. Früher drehten sich die Männer auf der Straße nach mir um, jetzt ist es damit fertig«, erzählt mir eine Frau im Gespräch. »Eine Zeitlang habe ich alles gemacht, um jünger auszusehen, und dafür viel Geld gebraucht. Jetzt habe ich es satt. Ich will mich nicht mehr an patriarchale Normen von Weiblichkeit anpassen! Aber mein Problem ist nicht gelöst. Ich bin am Suchen. Und solange ich unzufrieden bin mit meinem Leben, kann ich nicht erwarten, daß es mir körperlich gut geht. Die Wechseljahre machen mir wirklich zu schaffen. Es ist ein böser Trick der Natur. Ausgerechnet in dem Moment, wo Frauen nochmals lebendig werden könnten, werden sie zurückgehalten durch ihren Körper. Als letzthin meine um vieles jüngere Frauenärztin mir sagte, ich solle es mir nun doch schön gemütlich machen, viel spazieren und schlafen, dann würde ich die Wechseljahre genießen können, habe ich beschlossen, nie wieder zu ihr zu gehen.«

Es scheint jedoch, daß lange nicht alle Frauen in dieser Gruppe die Wechseljahre als »bösen Trick der Natur« erleben. Viele von ihnen interpretieren sie als Zeichen, endlich liebevoller für sich und ihren Körper zu sorgen. Die frühere Ressource ihrer Gebärfähigkeit wird von ihnen gerne zugunsten neuer Möglichkeiten aufgegeben, wie das Beispiel von Theres im nächsten Kapitel zeigt. Frauen reden miteinander über ihre Erfahrungen und helfen sich zum Beispiel mit Salbei-Aufgüssen und anderen Hausmitteln gegen die unangenehmen Schweißausbrüche, erzählen sie. Es gibt inzwischen gute Literatur zu diesem Thema, welche viele Frauen als Hilfe erleben.

### *Krankheit und Tod der eigenen Eltern*

Die längere Lebensdauer, welche oft verbunden ist mit einer langen Phase von Schwäche oder Krankheit bei der älteren Generation, fällt heute mehr und mehr zusammen mit der Phase des »leeren Nestes« einer Ehe. Wenn dann, wie es bei dieser Lebensform vorgesehen ist, vorwiegend die Frauen sich verantwortlich fühlen für die Pflege der eigenen und der Eltern ihres Mannes, verbringen sie oft Jahre mit dieser wichtigen Arbeit, jedoch auf Kosten ihrer eigenen Entwicklung. Denn es ist ein Mythos, daß die meisten älteren Menschen heutzutage in Alters- und Pflegeheime »abgeschoben« werden. Statistiken zeigen, daß nur etwa 10 bis 12% der betagten Bevölkerung in Deutschland und der Schweiz in Institutionen leben und daß ein wesentlicher Teil von ihnen in Kontakt bleibt mit Familienangehörigen, vorwiegend mit Frauen.

Aus der persönlichen Erfahrung ist es mir wichtig, den Einsatz der Frauen hier nicht einfach als Verlängerung der Familienphase zu disqualifizieren, so als hätten sie nicht den Mut zu einer anderen Lebensweise. Wer sich bewußt in dieser Phase für ein »Sowohl-als-auch« entscheidet, also seine Eltern nicht fallenläßt, aber ihnen den beruflichen Wiedereinstieg auch nicht opfern will, tut gut daran, mit ihnen offen darüber zu reden. Claudia und ihre Eltern sind ein gutes Beispiel dafür, daß auch alte und kranke Eltern zu solcher Auseinandersetzung bereit sind und die Anliegen ihrer Tochter verstehen können, wenn sie ihnen das zutraut! Am wichtigsten scheint mir aber, daß Frauen nicht einfach fraglos die Verantwortung für alternde Eltern übernehmen, wenn zum Beispiel Brüder da sind, sondern auch mit diesen verhandeln, welche Aufgabe sie zu leisten bereit sind.

*Beruflicher Wiedereinstieg*

Die Frauen in dieser Gruppe berichten überwältigend oft, daß sie der Meinung sind, sie hätten sich zu spät um ihren beruflichen Wiedereinstieg gekümmert. »Haushalt und Hobbys erfüllen mich nicht«, erzählt eine Frau in dieser Gruppe, »und von unbezahlter sozialer Arbeit habe ich die Nase voll. Sie ist nichts anderes, als was ich Jahrzehnte in der Familie gemacht habe. Aber ich traue mir eine bezahlte Berufstätigkeit gar nicht mehr zu und bekomme Angstgefühle, wenn ich daran denke.«

Immer wieder höre ich von Frauen in dieser Lebensphase, daß ein beruflicher Wiedereinstieg für sie fast unmöglich ist, wenn sie seit Jahrzehnten »weg vom Fenster« waren. Ihr geringes Selbstvertrauen spielt da wohl die größte Rolle. Aber manchmal bleiben sie auch so sehr ihrer Identität als Familienfrau treu, daß sie eine außerhäusliche Arbeit eher als »Puffer gegen Langeweile« oder als »Quelle von Taschengeld« verstehen. Daraus entwickelt sich jedoch leicht eine ungute Beziehung zwischen Arbeitswelt und Teilzeit-Frau, bei der beide Teile sich mißbraucht fühlen.

*Wegfallen der Kinder als Gesprächspartner*

Am schlimmsten ist offenbar für viele Frauen in dieser Gruppe das Weggehen der Kinder. Selbst wenn sie bereits einen Fuß in der Arbeitswelt haben, definieren die meisten von ihnen sich nach wie vor über ihre Rolle als Mutter, deren wichtigste Gesprächspartner die Kinder sind. Vielleicht war früher, angesichts einer gewissen ehelichen Leere, die Lösung für sie ein weiteres Kind. Aber nun sind sie als Mütter pensioniert, und da sie oft noch viele Jahre auf Enkelkinder warten müssen – und die Nachkinderphase für Frauen unserer Zeit statistisch gesehen leicht drei Jahrzehnte beträgt – drängt sich ihnen eine Neuorientierung auf. Vor allem dort, wo die Quittung für ihren Einsatz als Familienfrau eher negativ ausfällt, lohnt sich diese Neuorientierung doppelt.

*Männer als Risikogruppe*

Die männliche Krise der Lebensmitte wird seit etwa zwei Jahrzehnten ausführlich beschrieben, sowohl vom medizinischen als vom psychologischen Standpunkt aus. Auch aus der Sicht der Organisationsberatung werden Männer um die 50 und darüber neuerdings als Risikogruppe erwähnt, zum Beispiel satirisch in ihrer Rolle als erfolgreiche Aufsteiger, die stur im goldenen Käfig verharren und andere mit einsperren, oder als »graue Mäuse«, deren größter Streß die Langeweile ist.

*Krankheitsanfälligkeit und frühe Sterblichkeit*

Wer die Todesanzeigen in den Tageszeitungen liest, erschrickt immer wieder über die Häufung von Todesfällen bei Männern in dieser Altersgruppe. Männer leben ganz offensichtlich risikoreicher als Frauen und werden dafür nach der Lebensmitte schlecht belohnt. Die Statistiken zeigen es deutlich: Viele Männer vernachlässigen ihre Gesundheit weit mehr als Frauen – vor allem jene, die daran gewöhnt sind, von Frauen versorgt zu werden. Wenn ihre Frauen dann aufbrechen, ausgerechnet in der Lebensphase, in welcher der Mann beruflich ein Plateau erreicht hat, und wenn er erlebt, wie die jungen nachdrängen und ihm klar wird, daß er die ersehnte Spitzenposition nicht mehr schafft, kann der Streß für ihn gefährlich werden. Er muß aber nicht! Gerade durch die Krise im Beruf und daheim, bewegt von einer Frau, die ihre Flügel ausbreitet in Richtung Arbeitswelt und dafür bereit ist, auch ihr Teil zur Versorgung beizutragen, können für einen solchen Mann neue Perspektiven aufgehen.

*Beruflicher Erfolg ist nicht (mehr) alles*

Ich habe bereits bei Roberts Bericht darauf verwiesen: Die meisten Männer aus dieser Gruppe haben als Resultat der Paarkrise ihre *berufliche Situation verändert.* Sie wagten, endlich die Augen zu öffnen und sich zu fragen, wessen Ziele sie mit ihrer Arbeit verfolgt und wem sie gedient haben. Je nach Schichtzugehörigkeit ist das allerdings leichter oder schwerer möglich. Es spielt aber auch hier der Mut, überhaupt Fragen an die eigene

Situation (und an die Lebenspartnerin) zu stellen, eine so große Rolle wie die Arbeitssituation selber. So hat zum Beispiel ein gelernter Verkäufer, welcher vorher ein Geschäft leitete, in der Krise der Lebensmitte entschieden, sich endlich seinen Kindheitstraum zu erfüllen. Er ist Lokomotivführer bei einer Privatbahn geworden und schickt mir ab und zu Fotos von seinen Fahrten, zum Beispiel durch die verschneite Winterlandschaft. Er schreibt, er sei sehr glücklich über seine neue Arbeit, trotz geringerem Lohn.

Unvergeßlich ist mir die Erfahrung mit einem Paar, Peter und Anne, heute beide 50 Jahre alt, das sich nach der Paartherapie am Ende der ersten Familienphase bereit erklärte, bei einer Radiosendung zum Thema »Liebe und Arbeit« mitzumachen. Da zwei ihrer drei Kinder an einer Behinderung leiden, konnte Anne gar nicht anders, als Familienfrau zu sein. Peter rackerte sich ab und schaffte einen beachtlichen Aufstieg in einem großen Unternehmen. Als Folge einer ernsthaften Krise in der Paarbeziehung entschloß er sich dann, in Übereinstimmung mit Anne, die nächste Stufenleiter im Beruf nicht mehr zu erklimmen. Darüber erzählte das Paar bei der erwähnten Radiosendung. Zuerst war geplant, ihre Stimmen zu verfremden, dann aber entschlossen sich beide für den Originalton. Das Ergebnis war bemerkenswert. Natürlich wurden die beiden erkannt, auch vom Direktor von Peters Firma. Aber anstelle eines möglichen Vorwurfes kam die Antwort, daß gerade Peters Typ als Mitarbeiter gefragt sei im Unternehmen. Er sei ein Beispiel für Eigenverantwortlichkeit, ein Vorbild gegen den Trend der »grauen Mäuse«, die sich automatisch an fremde Ziele anpassen und dabei sich selber (und andere) klein machen. Peters Wunsch, keine weitere Hierarchiestufe zu nehmen, wurde vom Chef mit Respekt behandelt. Er erhielt einen Spezialauftrag in der Mitarbeiterschulung, der seinen Fähigkeiten als sensibler und autonomer Mensch weit besser entspricht als ein weiterer »Schritt nach oben«.

### *Heimliche Ängste*

Wie ich bereits angedeutet habe, war die Paarkrise in dieser Gruppe manchmal Ausdruck heimlicher Ängste der Männer, die sich zum Beispiel in chronischer Verstimmtheit äußerten. Fast immer haben solche Ängste mit dem Gefühl zu tun, nicht mehr zu genügen. Das kann sich auf die Arbeit beziehen, aber noch häufiger betrifft es die Sexualität. Wenn ein Paar nicht gelernt hat, über seine intimsten Gefühle und Wünsche zu reden, ergäbe sich jetzt nochmals eine Chance dafür, entlastet von der Vereinnahmung durch die Familie und möglicher Angst vor Schwangerschaft. Nicht selten macht ein Mann in dieser Phase jedoch zuerst einen Umweg über eine sexuelle Außenbeziehung zu einer jüngeren Frau. Sie ersetzt ihm wohl hin und wieder unbewußt die eigene Tochter, zu welcher er als Vater in dieser Familienform vielleicht seit Jahren keinen Zugang mehr hatte. (Max Frisch beschreibt eine solche Paarkonstellation eindrücklich im Roman Homo faber).

*Lebensmitte als Neuanfang: Überlegungen der Paartherapeutin*

Die Antworten der Befragten in dieser Gruppe haben mich nicht nur in ihrer Fülle beeindruckt, sondern auch in ihrer Tröstlichkeit. Der etwas abgegriffene Ausdruck von der Krise als Chance scheint hier zu passen. Ich habe den Eindruck, daß die sogenannte »Midlife-Krise« oder das »Leere Nest« sprachliche Konstrukte sind, welche diese Lebensphase mit viel zu negativen Zuschreibungen belasten, die zumindest bei den Paaren, welche sich den vorangegangenen Übergangskrisen gestellt haben, in keiner Weise zutreffen. Im Gegenteil! Für die meisten bedeutet die Zeit nach dem Flüggewerden der Kinder (und manchmal nach dem Tod der eigenen Eltern) einen Neuanfang als Individuen und als Paar. Facetten des Eigenen, die bisher der Familie oder dem Beruf geopfert wurden, können endlich gelebt werden, nicht zuletzt, weil die finanziellen Belastungen der Familienphase langsam wegfallen. Besonders die »geflügelten Frauen« in der Gruppe der über 45jährigen beeindrucken mich mit ihrer Lebendigkeit und unkonventionellen Weltsicht.

Das Bewußtsein eigener Grenzen und der eigenen Endlichkeit, ganz besonders in der Auseinandersetzung mit dem Sterben der Eltern, kann zu dem führen, was einige Paare, in unterschiedlichen Worten, mit dem Ausruf zusammenfassen: »Carpe diem. Pflücke den Tag!« Vielleicht ist das Wort »pflücken« nicht ganz treffend, denn die meisten haben von »genießen« geschrieben und von ihrer neuen Bereitschaft, auch ab und zu »auszuflippen«, wie sie es in jüngeren Jahren nicht wagten.

Eindrücklich erscheinen übrigens die *Perspektiven des gemeinsamen Alters*. Gerade durch die Begleitung der eigenen Eltern, welche meistens nicht damit gerechnet hatten, so alt zu werden, setzen sich die befragten Paare intensiv mit ihrem eigenen Älterwerden auseinander. Sie machen sich konkrete Vorstellungen davon, wie ihre Eltern das nicht taten, und entwickeln häufig bereits handfeste Pläne dafür.

## Das Neuschreiben von Lebensentwürfen durch den Abschied von biographie- und geschlechtsabhängigen Leitbildern

Auf die Gefahr, in Klischees zu geraten, wage ich hier den Versuch, »typische« Erfahrungen in der Lebensgeschichte jener Männer und Frauen zu beschreiben, die fraglos ein traditionelles Ehemodell übernommen haben. Natürlich treffen ähnliche Erfahrungen in der einen oder anderen Form bei *allen* Befragten zu. Ich interessierte mich bei den antwortenden Paaren dafür, wie ihre weibliche bzw. männliche Biographie sie geprägt hatte, daß sie so bedenkenlos in dieses Arrangement schlüpften. Claudia und Robert sind wie alle anderen zwar als Individuen einmalig, aber die Verhältnisse, in denen sie ihre Vorstellungen und Rollen gelernt haben, sind es keineswegs. Die inneren und äußeren Wirklichkeiten sind untrennbar: »Was ›außen‹ wirklich ist, entspricht dem, was ›innen‹ wirklich ist.«[2]

Wenn ich mich nun der Frage zuwende, was zwei Menschen an inneren Bildern über Liebe und Ehe von ihrer Mutter und ihrem Vater übernehmen oder bekämpfen, meine ich damit keinesfalls, daß Kinder einfach Produkte (oder Opfer) ihrer Eltern sind. Wir bringen alle auch ein Eigenes, eine körperliche und eine seelische Disposition mit uns in die Welt und beeinflussen sie damit, wie wir umgekehrt beeinflußt werden. Die Familie ist keineswegs der einzige Ort, wo wir leben lernen. Schule (die alten Lehrbücher mit ihren stereotypen Bildern von Mutter und Vater, Frau und Mann) sowie Medien sind wichtige Identifikationsquellen für Buben und

Mädchen. Aber in Übergangszeiten, beim Betreten neuer Welten, bei der Eheschließung oder der Geburt des ersten Kindes, greifen wohl die meisten von uns auf alte Familienbilder im Kopf zurück, quasi als Landkarten für das Unbekannte. Ob wir diese als Wegweiser fraglos übernehmen oder energisch bekämpfen – es sind übernommene Bilder und Vorstellungen, die nachwirken.

»Unausweichlich müssen die Kindheitserlebnisse der Gefühlsabhängigkeit von signifikanten anderen noch einmal nachvollzogen werden. Die signifikanten anderen sind die Führer in der neuen Wirklichkeit.«[3]

Zunächst geht es also um das Thema, wie bei den Befragten die Botschaften aus der Herkunftsfamilie und der Kultur, wie eine »richtige« Frau oder ein »richtiger« Mann zu sein hat, die persönlichen Vorstellungen prägten, mit denen sie in eine traditionelle Paarbeziehung rutschten. Es darf allerdings nicht vergessen werden, daß nicht alle Söhne und Töchter derselben Familie gleich empfänglich sind für die Übernahme solcher Botschaften zur Konformität. Nach meiner Beobachtung sind es vorwiegend jene, die ihrer Familie in besonderer Weise verpflichtet sind oder von ihr abhängig bleiben. Ich meine das nicht materiell, sondern in Form einer beständigen, wenn auch meistens zwiespältigen Art der Treue, wie sie bei Claudia und Robert deutlich wurde.

## Männerbilder: Der abwesende oder mystifizierte Vater und die den Sohn aufbauende Mutter

Ob er körperlich oder emotional abwesend war, ob beruflich erfolgreich oder ein sogenannter Versager: Die Söhne in dieser Gruppe vermißten fast alle die Nähe zu ihrem Vater. Einige, wie Robert, teilen die Welt nach wie vor in den idealisierten, aber unerreichbaren Vater und den anwesenden, aber emotional zurückgezogenen oder strengen Vater auf. Es gibt auch jene, die ihren Vater »eigentlich gemütvoll und familienfreundlich, aber beruflich erfolglos und gedemütigt« beschreiben, so daß der Sohn schon früh beschlossen hat: »Nur nicht so werden wie er«, und sich von ihm abgewandt hat. Nicht wenige Männer in dieser Gruppe erzählen von Vätern, die dem Alkoholismus oder einer anderen

Sucht verfallen waren und auf diese Weise für ihre Familie abwesend waren. Einige haben ihre Väter auch gar nie erlebt, weil sie nicht aus dem Zweiten Weltkrieg zurückkehrten.

Gemeinsam scheint allen diesen Söhnen der Schmerz, daß sie ohne Nähe und Zärtlichkeit eines Mannes, aber auch ohne kräftige Auseinandersetzung mit einem, der seinen Sohn festgehalten hat, aufgewachsen sind. Die deutlichste Botschaft für sie war: »Du kannst Liebe nur erfahren, wenn du es in der Männerwelt draußen zu etwas bringst, und dafür mußt du eine Frau finden, die dir zu Hause den Rücken freihält und deine Anstrengung lohnt.«

Von ihren Müttern haben diese Männer häufig zwei widersprüchliche Botschaften mit auf den Weg bekommen. Auf der einen Seite haben sie ihren besonderen Respekt und ihre besondere Zuneigung erfahren, oft weit mehr als ihre Schwestern. Manchmal wurden sie von ihren Müttern schon früh so ernst genommen, als seien sie erwachsen, und das gab ihnen Stolz und Selbstsicherheit. »Ich mache dich stark, damit ich stolz sein kann auf dich ...« Aber es gab auch die andere Seite dieser bevorzugten Stellung: Mutters subtile Hinweise auf die Mängel in der elterlichen Ehe und besonders auf ihre Sehnsucht nach einem starken Mann, ihre Anlehnung an den Sohn, wie sie diese mit dem eigenen Mann nicht erleben konnte. Als Bündnispartner und Helfer der Mutter erlebte der Sohn Ohnmacht und hatte kaum eine Chance, sich direkt mit seinem Vater auseinanderzusetzen. Er blieb gefangen im Dilemma, seine Mutter für ihre Kraft und versteckte Leidenschaftlichkeit zu lieben und sich gleichzeitig davor zu fürchten und im Vater kein Gegengewicht zu haben.

Die *Forderung nach früher Autonomie* prägt viele dieser Söhne, und damit erklärt sich wohl ihre nie ganz gestillte Sehnsucht, noch einmal ein kleiner Junge sein zu dürfen ... Einige Männer in dieser Gruppe antworteten spontan auf meine Frage, wo und wie sie sich heute so richtig fallenlassen könnten: »Es gibt für mich eigentlich nur den einen Ort: in meiner Familie. Das setzt voraus, daß ich mich bei meiner Frau gefühlsmäßig und sexuell fraglos aufgehoben fühle. Manchmal lasse ich auch los im Spiel mit den Kindern, wenn wir so richtig blödeln miteinander und ich wie eines von ihnen sein kann.«

Robert erzählt uns: Seine emotionale Sicherheit hängt von zwei Aspekten ab – von der fraglosen Zuneigung und Versorgung durch seine Frau und die Kinder sowie vom beruflichen Erfolg. Familie ist für ihn Heimat, Hafen in einer unwirtlichen Welt. Sie soll ihm als Naturreservat die Stabilität und Erholungsmöglichkeit gewähren, welche er in der unpersönlichen Welt draußen nicht findet. Oder noch eher: die er selber nicht sucht oder schafft, solange er so fixiert ist auf die Familie als alleinigem Nährboden für seine körperlichen und emotionalen Bedürfnisse. Diese Abhängigkeit ist aber, wie seinerzeit jene von seiner Mutter, geprägt von zwiespältigen Gefühlen, von Sehnsucht nach Nähe und der Angst, dominiert zu werden. Wenn ihm innere Bilder fehlen, wie ein Mann sich emotional selber versorgen und gleichzeitig mit offenen Händen Liebe geben und nehmen kann, ohne Angst, dabei verschlungen zu werden, wird er auch zwiespältig auf alle Schritte seiner Frau reagieren, zu sich selber zu finden. Und wenn er darüber hinaus sein Selbstverständnis und seine Selbstsicherheit bisher vorwiegend aus der Rolle des »starken Mannes« bezogen, und sowohl über die Zeit seiner Frau und Kinder als auch den Umgang mit Geld allein bestimmt hat, wird er zuerst einmal bloß rot sehen, wenn ihm diese Privilegien streitig gemacht werden. Wenn man an den Konkurrenzkampf im Beruf denkt, den er nur zu bestehen meint, solange im persönlichen Bereich alles beim alten bleibt, würde seine Wut über die anstehenden Veränderungen sogar verständlich, sofern er sie in Sprache faßte.

Kein Wunder, daß der Verlust der regressiven Möglichkeiten in der Paarbeziehung einen so dramatischen, tiefgreifenden Schock auslöst für Männer wie Robert! Kein Wunder auch, daß ihre Sehnsucht, zu Hause kleiner Junge sein zu dürfen, damit sie draußen um so stärker auftreten können, das traditionelle Modell der Familienehe voraussetzt und zementiert.

### *Die Angst vor dem Fallen*

In der Gruppe der Männer, welche bewußt oder unbewußt die »Familienehe« wählten, ist mir ein weiteres Merkmal aufgefallen, das sie offenbar besonders verletzbar macht für Krisen in der Paarbeziehung. In Anlehnung an Barbara Ehrenreich[3], welche die Gefahren des Absinkens in einen tieferen Stand bei Angehörigen der amerikanischen Mittelschicht beschreibt, nenne ich dieses Phänomen die »Angst vor dem Fallen«.

Wohl kaum je in der Geschichte der westlichen Welt gab es für so viele Menschen, ganz besonders für Männer, die Möglichkeit, von einer Generation zur anderen einen sozialen Aufstieg zu machen, mit dem sie aufs Mal eine bis zwei soziale Schichten überspringen konnten. Viele Männer in dieser Gruppe wuchsen in sogenannten einfachen Verhältnissen auf. Ihre Väter waren ungelernte oder gelernte Arbeiter wie jener von Robert, oder sie hatten ein kleines Geschäft oder einen kargen Hof. Den Vätern gelang es in den mageren Jahren nach dem Zweiten Weltkrieg nicht, ihre Fähigkeiten und ihre Intelligenz so einzusetzen, daß sie ihrer Familie ein ordentliches Einkommen bescheren konnten.

Die Söhne hatten es einfacher und schwieriger zugleich: Unterstützt von ihren Müttern, nicht selten gegen ihre emotional unerreichbaren Väter, und mit Hilfe des wirtschaftlichen Aufschwungs und des sozialen Aufbruchs der 60er Jahre, erfuhren sie zweierlei, von dem ihre Eltern nur geträumt haben mochten: Sie erlebten eine Lebensphase, die als »Jugend« bezeichnet werden kann, eine Art Moratorium zwischen Kindheit und Erwachsenenwelt, wie ihre Väter und Mütter es sich nie hatten leisten können. Und sie erhielten auch als Kind weniger bemittelter Eltern Zugang zu Bildungschancen, wie sie in früheren Generationen keiner hatte. Daraus erwuchsen den Söhnen gleichzeitig Möglichkeiten und Verpflichtungen, aber oft auch eine heimliche Angst vor dem Zurückfallen in die frühere Kargheit. Diese Angst wurde, so scheint es, für viele Männer zum Motor für Leistung und Anpassungsbereitschaft, welche sich vordergründig äußerst positiv für sie auswirkte. Hintergründig allerdings arbeitete diese heimliche Angst gegen sie selber, wie viele von ihnen mich wissen ließen. Ihre Bereitschaft, Vater-Figuren in der Arbeitswelt als gute Söhne bedingungslos zu dienen und sich auszubeuten und ausbeuten zu lassen für »ein bißchen Lob und einen guten Job«, wie einer schreibt, geht auf Kosten ihrer Frauen und ihrer Kinder und fast immer ihrer eigenen Lebendigkeit. Das alte Lebensmotto aus ihrer Geschichte: »Augen zu und durch« wurde schließlich einigen der Befragten zum Verhängnis, ganz besonders in der Beziehung zu ihrer Familie, aber hin und wieder auch in der Arbeitswelt, wo direktives Führungsverhalten ohne Rücksicht auf Menschen immer häufiger kritisiert wird. Das zu dieser erlernten Lebensweise gehörige Verschließen der Augen vor sich anbahnenden Krisen im Beziehungsbereich sowie die Vorwürfe der Männer an ihre Frauen, »verrückt« zu sein, wenn sie aggressiv oder depressiv reagieren, wird immer häufiger mit dem endgültigen Ausbruch der Frauen quittiert.

Auf diese Weise schließt sich für die betroffenen Männer ein Teufelskreis: »Ich habe mich halb zu Tode geschuftet für Frau und Kinder und geholfen, wo ich konnte, und nun nimmt sie mir alles weg.« Die Angst vor dem Fallen bestätigt sich für sie auf bitterste Weise.

## Frauenbilder – Ungenügen auf allen Ebenen: Aus Töchtern werden Mütter, aber wer sie selber sind, wissen sie nicht.

Auffallend ist, daß mehrere Frauen in dieser Gruppe keine abgeschlossene Ausbildung haben, wie zum Beispiel Claudia, und anstelle eines Diploms das erste Kind bekamen. Wenn sie einen Beruf erlernen konnten, geschah dies meistens in einem typischen Frauenberuf, mit wenig Anerkennung und schlechtem Lohn. Es gehören aber auch Frauen zu dieser Gruppe, welche im Beruf bereits Fuß gefaßt hatten – zum Beispiel als Lehrerin, Krankenschwester oder als Akademikerin – sich jedoch nie richtig zu Hause gefühlt haben in der Arbeitswelt. Denn auch Frauenberufe werden ja nach wie vor in von Männern verwalteten Institutionen ausgeübt.

Vertraut ist diesen Frauen vor allem die Rolle als Tochter und – aus nächster Anschauung – jene der Mutter. Beruflich haben sie kaum Vorbilder. Für die meisten von ihnen war darum bei der Heirat die Übernahme der Rolle als Mutter und Hausfrau mit mehr innerer Sicherheit und einer klareren Identität verbunden als jene im Beruf. Manchmal, zum Beispiel bei *Frauen von Ärzten und Pfarrern*, geschah die Übernahme dieser Rolle allerdings nicht freiwillig, doch wurde sie von ihnen selten als Konfliktsituation mit Nachdruck diskutiert. Diese Frauen – mit ihrer bewundernswerten und gleichzeitig schrecklichen Anpassungsfähigkeit – nahmen in Kauf, daß sie in den Schatten ihrer mehr oder weniger öffentlichen Männer gerieten. Einer äußerlich klaren Zuweisung als »Frau von Herrn Doktor oder Pfarrer X.« und Mutter seiner Kinder hatten sie je länger desto weniger persönliche Identität entgegenzusetzen. »Ich wurde gebraucht, mir wurde zugemutet. Und ich habe mich brauchen lassen und mir zumuten lassen, in der Hoffnung, auf diese Weise geliebt zu werden. Aber die Rechnung ist nicht aufgegangen. Ich funktionierte. Aber als Individuum und als Frau hatte ich mich gänzlich verloren. Oftmals stand ich am Rand meines Lebenswillens, wie hätte ich da noch körperliche Nähe zu meinem Mann ertragen«, schreibt eine sogenannte Arztfrau in dieser Gruppe.

## Wie es zu dieser »verrückten« weiblichen Anpassungsbereitschaft kommt

### *Die Notgemeinschaft der Frauen über die Generationen*

Auffallend ist, daß die meisten Frauen in dieser Gruppe von zwiespältigen Gefühlen von Liebe, Enttäuschung und Haß gegenüber ihren Müttern erzählen. »Sie war eigentlich eine kraftvolle Frau. Aber sie hat ihre ganze Energie darauf verwendet, sich an eine spießige Bürgerlichkeit anzupassen. Was ihr an Lebenslust blieb, hat sie den Söhnen zukommen lassen – wir Töchter gingen leer aus«, schreibt eine junge Frau.

Es ergibt sich daraus häufig eine vertrackte Erfahrung der Ambivalenz zwischen Mutter und Tochter. Sie ist abhängig von ihrer Position in der Geschwisterreihe und besonders davon, in welche Situation sie als Mädchen hineingeboren wurde. Einige Frauen haben mir erzählt, wie ihnen »schon immer klar war«, daß sie zum Beispiel als zweite Tochter für ihre Mutter »unter ferner liefen« eingereiht wurden. Bei der Geburt des ersten Kindes sei es wohl noch angegangen, daß ein Mädchen kam (»Hauptsache, ich kann überhaupt Kinder bekommen«), aber daß das zweite wieder kein Junge war, machte die Sache schwieriger. Nicht daß sich solche Töchter direkt abgelehnt fühlten. Sie standen einfach im Schatten der Schwester und manchmal eines später geborenen Bruders. Ein solches Leben als Mädchen im Schatten kann – verglichen mit den Geschwistern, denen die besonderen Aufträge zufallen – natürlich auch Vorteile haben, Raum zum Persönlichen, zum Rückzug vermitteln. Aber die Erfahrung, »daß mir nichts geschenkt wird«, führte bei den meisten der erzählenden Frauen dazu, daß sie sich besonders an die Bedürfnisse ihrer Eltern anpaßten und auf diese Weise »ganz liebe Töchter« wurden. Für die Mutter, die sie als dem Vater untergeordnet und einsam erlebten, wurden sie so nicht selten zu *kleinen Müttern*. Früh lernten sie, für sie als »die Schwächere« einzustehen, erwachsener zu sein als diese selber. »Bereite wenigstens du mir nie Kummer, das würde ich nicht ertragen«, war einer der wichtigsten mütterlichen Aufträge an solche Töchter. Ihre ewigen Schuldgefühle durch die Erfahrung, trotz aller Anstrengung Mutter nicht erlösen zu können, entwikkelten sich bei ihnen manchmal früher, manchmal später zu einem äußerst explosiven Gemisch von Liebe und Haß.

*Töchter als »Mutter-Mütter«*

Als »Mutter ihrer Mutter« erlernte die Tochter eine Form von Weiblichkeit, die als Ich-Ferne beschrieben werden kann. Ich meine damit jene intuitive Fähigkeit, die Fühler weit auszufahren und zu merken, wie die Dinge laufen, um ständig zu registrieren, wie es andern geht. Das bedeutet, sozusagen das Gras wachsen zu hören, aber nie ganz bei sich selber zu sein. »Stets gerne zu Ihren Diensten«, wie es in altmodischen Geschäftsbriefen heißt und wie Ingeborg Weber-Kellermann[5] es mit dem Begriff des »Geheimdienst-Modells« ausdrückt. Die Autorin meint damit, daß Frauen in dieser Familienform im geheimen dienen, aber – wie in jedem Geheimdienst – im geheimen auch versuchen, die Fäden in der Hand zu halten mit den »Listen der Ohnmacht«.[6] Frauen, die mit dem Modell des Geheimdienstes aufgewachsen sind, haben gelernt, sich in andere einzuleben, in ihre Haut zu schlüpfen und sie von innen her zu erspüren. Sie können dies am besten mit Menschen, die als Abhängige Hilfe brauchen und dafür Anhänglichkeit versprechen. Liebe wird dann zu jenem Gemisch von Macht und von Ohnmacht, das entsteht, wenn Selbstausbeutung in Form steter Opferbereitschaft verstrickt ist mit der unbewußten Tendenz, dafür andere subtil zu »benützen«. Die Erfahrung von (scheinbarer) mütterlicher Macht durch ihre Besetzung mit einer Art von Liebe, die immer schon weiß, was gut ist für andere, beschrieben fast alle Frauen dieser Gruppe.

Wenn die Symbiose der Tochter mit der Mutter gleichzeitig verbunden ist mit einer Geschichte, welche von der Mutter heimlich als Geschichte der Schwäche erlebt wird, ist das besonders verwirrend für die Tochter. Auf der einen Seite erfährt sie die angebliche Selbstsicherheit, mit welcher die Mutter weiß, was gut ist für sie, und auf der anderen die Ahnung von der Einsamkeit und Ungeborgenheit dieser Frau. Je verzweifelter die Mutter versucht, ihre tiefsten persönlichen Enttäuschungen vor der Tochter zu verbergen, um eine perfekte Mutter zu sein, desto eher wird die Ahnung davon zur Quelle von permanenter Verunsicherung für die Tochter.[7] Selbst wenn Mütter in der Wahrnehmung ihrer Töchter äußerst tüchtig waren und tatkräftig funktionierten, spürten diese die Schattenseiten ihres Lebensentwurfs: zum Beispiel Mutters unaussprechbare Ängste vor materieller Abhängigkeit und persönlichem Ungenügen sowie ihre Körperferne und Angst vor Sexualität. Das Wissen um das Unglück ihrer Mütter läßt diese Töchter darum früh zu ihrer hilflosen Verbündeten werden, eine Rolle, die den Prozeß weiblicher Individuation unendlich erschweren kann.

Mich beeindruckt bei diesen »Mutter-Müttern« unter den Befragten, wie sie (offenbar aus Angst vor dem Abgrund ihrer eigenen Ich-Ferne) sich selber zu Perfektionismus und angestrengter Hilfsbereitschaft verleiten ließen, sobald sie eine eigene Familie hatten. Als junge Frauen schienen sie die bei der Mutter erlebte Ohnmacht dadurch zu bekämpfen, daß sie sowohl als Hausfrauen wie als Mütter und dienstbereite Freundinnen noch perfekter wurden als diese. Claudia: »Es gab Zeiten in den ersten zehn Jahren meiner Ehe, als ich für jede Abendveranstaltung in unserem Quartierverein den Blumenschmuck übernahm, Kaffee kochte und selbstgebackene Kuchen bereitstellte. Wann immer jemand in der Nachbarschaft ein Problem hatte, machte ich es zu meinem eigenen. Für jeden Kindergeburtstag lud ich die ganze Verwandtschaft und Nachbarschaft ein. Nie hätte ich mir da von jemandem helfen lassen. Ich hatte damals sogar Freude daran! Wenn bei solchen Anlässen meine Mutter und Scharen von Nachbarinnen und Verwandten mitfeierten und mich bewunderten, konnte ich nicht verstehen, daß einige meiner Freundinnen ob meiner Anstrengung den Kopf schüttelten.«

Traurig scheint mir bei solchen Geschichten besonders, daß etwas so Schönes wie Gastfreundlichkeit und Hilfsbereitschaft aus der Erfahrung weiblicher Ohnmacht gespeist wird und daß damit

Bedienen und Dienen zur wichtigsten, wenn auch wenig anerkannten Ressource solcher Frauen wird.

*Vater-Töchter auf Distanz*

Für manchen Vater war eine solche Tochter, wie eine von ihnen schreibt, »das brave, herzige Prinzeßlein oder das schüchterne kleine Entlein, das behütet werden mußte«, ohne daß er ihr je klar sagte, wovor. »Von der Mutter lernte ich, Mutter zu sein, und vom Vater, Tochter zu sein: charmant und vorzeigbar – aber immer auf Distanz. Von Zeit zu Zeit mußte ich von Vater beruhigt oder gezügelt werden, das war die einzige Brücke zu ihm. Aber ich habe immer gehofft, daß er mir eines Tages das geben würde, was ich von meiner Mutter in ihrer unsicheren Position nie bekommen konnte: Anerkennung und damit das Gefühl, auch als Mädchen in Ordnung zu sein. Manchmal fühlte ich mich richtig überschwemmt vom Wunsch, Vater zu erreichen. Erst später habe ich gemerkt, daß ich diese Sehnsucht schließlich nahtlos auf meinen Mann übertragen habe«, schreibt eine von ihnen.

Viele der befragten Frauen schildern Erfahrungen von Sehnsucht nach dem emotional nicht mehr erreichbaren Vater. Als kleine Kinder waren sie ihm oft sehr nahe und verliebt in ihn, wie das zur sogenannten ödipalen Entwicklungsphase gehört. Die Lebendigkeit des kleinen Mädchens gefiel dem Vater über alle Maßen. Er unterstützte seine Kühnheit – im Erklettern von Bäumen zum Beispiel oder im Fragen unkonventioneller Fragen – und war sein Komplize gegen rosarote Niedlichkeit. Er war für sie der König, sie seine Prinzessin. Aber irgendwann, so berichten Frauen, habe ihr Vater sich von ihnen als heranwachsende Mädchen zurückgezogen. Er habe aufgehört, mit ihnen zu spielen und mit ihnen lustig, weich und zärtlich zu sein. Ob er das aus Angst vor zu großer Nähe, aus einem puritanischen Respekt vor dem Inzest-Tabu oder ihm gefährlich werdender sexueller Attraktion tat, ist im nachhinein schwer auszumachen. Aber fast alle Frauen, die über solche Erfahrungen mit ihren Vätern erzählen, sehnen sich nach der frühen Nähe und fühlen sich als Aschenputtel, das noch immer darauf wartet, vom Prinzen (oder König) erlöst zu werden. Das idealisierte Männerbild vieler Frauen, dem kein Mann aus der eigenen Generation je genügen kann, scheint wesentlich mit solchen frühen Beziehungsabbrüchen des Vaters gegenüber der Tochter zu tun zu haben.

Manchmal, so berichten einige Frauen, sei der Bruch mit dem Vater erfolgt, weil sie als dritte im Ehebündnis der Eltern spürten, daß sie sich entscheiden mußten zwischen Vater und Mutter. Entweder blieben sie Vaters geliebtes kleines Mädchen und enttäuschten ihre Mutter, die vielleicht ohnehin Enttäuschte, oder sie blieben mit ihr verbunden und zogen sich vom Vater zurück. Sein Bild als König behielten sie aber als Sehnsucht in ihrem Inneren, auch als sie später lernten, ihn wie die Mutter als »Sohn« mütterlich zu versorgen, und sich trennen mußten vom früheren Spiel und der erlebten Abenteuerlust mit ihm.

Wenn ein Vater in dieser Situation seine Tochter emotional gebunden hält durch das heimliche Angebot von Liebe für ihre zärtlichen Gefühle oder für ihre Anpassungsleistung, fällt es dieser besonders schwer, sich als Heranwachsende mit ihm kräftig auseinanderzusetzen, um schließlich eine erwachsene Form von Nähe zu ihm zu erreichen.

### *Erfahrungen mit Geschwistern*

Interessant ist, wie wichtig in den Biographien der befragten Frauen und Männer die Geschwister sind, wenn sie mit ihnen zusammen aufwuchsen. An ihnen konnten sie offenbar vieles »abarbeiten«, was bei den Eltern nicht möglich war. »Mit meinem älteren Bruder habe ich zum Glück streiten gelernt, daß die Fetzen flogen – auch wenn wir dafür zurechtgewiesen wurden. Diese Erfahrung nützt mir noch heute. Vater duldete hingegen keine Widerrede, ihm gegenüber konnte ich meine Kraft nie ausprobieren«, erzählt eine ältere Frau. »Auf meine Schwester konnte ich eifersüchtig und wütend sein und dann wieder innig vereint mit ihr gegen Bruder oder Eltern«, fügt sie bei und berichtet, wieviel leichter ihr auch heute noch die Auseinandersetzung mit ihr falle als mit ihrer Mutter. Männer erzählen vor allem von Rivalitäten mit älteren Geschwistern, Brüdern und Schwestern, von deren ewigem Perfektionismus und von der Tendenz, sie zurechtzuweisen. Jüngere Brüder bekämpfen nicht selten ein Leben lang in jeder »älteren Schwester« das, was sie mit ihren Müttern nie ausgetragen haben: ihre zwiespältigen Gefühle gegenüber ihrer Kompetenz und ihrer Überverantwortlichkeit, die sie gleichzeitig als Hilfe und als Eindringen erlebten. Mit jüngeren Geschwistern scheinen ältere Brüder eher freundschaftlich beschützende Beziehungen zu verbinden, eine Möglichkeit, früh »väterlich« zu sein, die später manchmal zu ihrem Bedauern verlorenging, wenn die jüngeren sich ablösten. Einige Männer erwähnen, wieviel mehr die Geschwisterbeziehungen an Versuch und Irrtum und an Erfahrungen in der Auseinandersetzung mit dem eigenen und dem anderen Geschlecht ermöglichten als jene mit Vater und Mutter.

Um so schmerzlicher ist der von vielen in dieser Gruppe beschriebene Abbruch von Geschwisterbeziehungen als Erwachsene. Die Gründe dafür sind vielfältig und haben fast immer mit alten, nie ausgesprochenen Rivalitäten zu tun. Dazu eine der Befragten: »Ich erinnere mich, wie ich schon als kleines Mädchen auf meinen älteren Bruder eifersüchtig war, der noch auf Mamas Schoß saß, als er bereits in die Schule ging. Meine jüngere Schwester und ich machten dann jeweils irgendeinen Blödsinn, um ihre Aufmerksamkeit zu bekommen. Schon meine Großmutter hat ihren Sohn nicht losgelassen und mit meiner Mutter rivalisiert. Heute denke ich, daß ich die Liebe, die sie mir dennoch geben wollte, nicht annehmen konnte, und ich bin traurig darüber.«

Im Zusammenhang mit Krisen, erzählen einige der Befragten, seien sie Geschwistern wieder nähergekommen – indem sie sie sogar manchmal idealisierten, als Konkurrenz zur Partnerin/zum Partner zum Beispiel – meistens aber als Möglichkeit, die eigene Lebendigkeit wiederzufinden, besonders im Kontakt mit den »Rebellen« in der Familie.

## Neuschreiben von Lebensentwürfen

In Übergangszeiten werden bei jedem Menschen innere Bilder – sogenannte Landkarten – über sich selber und die Welt aktiviert, die oft in einer früheren Lebensphase Sinn machten. Meine Erfahrung zeigt, daß Menschen sich in Krisenzeiten vorerst anklammern an alte Bilder und darin Sicherheit finden. Irgendwann merken sie aber, daß diese nicht mehr taugen als Landkarten für die neuen Landschaften, und lernen Schritt um Schritt, sie in Frage zu stellen und zu verändern.

Im nächsten Teil wird es darum gehen, wie Frauen und Männer im Aufbruch aus der Lebensform der Familienehe ihre Kindheitsbilder revidieren und gleichzeitig die damit verbundenen hergebrachten Rollenmuster verändern. Durch Krisen »wird also eine radikale Neuinterpretation des Sinns vergangener Ereignisse oder Personen für die eigene Biographie nötig.«[8]

Die unreflektierte Entscheidung darüber, wer zu Hause bleibt und wer die Ernährerrolle übernimmt, führt bei der Lebensform der Familienehe fast immer zur *Reproduktion von Kindheitsmustern* beider Partner. »Diese Eheform wird zur Bühne für regressive Entwicklungen von Frau und Mann, welche die beiden voneinander entfremdet und sie in getrennten Welten festhält, in welchen viele von ihnen schließlich sich selber fremd werden« 7, (op. cit.). Die Entfremdung von Paaren am Ende der ersten Familienehe-Phase rührt also nicht etwa von zuwenig, sondern von zuviel Nähe, die treffender als gemeinsames »Verschwimmen« bezeichnet wird. Frau und Mann verschwimmen in ihren Kindern, in ihrer Häuslichkeit und in den nie mehr überprüften Annahmen von sich und dem anderen. Die Trennung ihrer Arbeitsbereiche und die damit verbundene Distanz ist ihnen oft deutlicher als ihre persönliche Entfremdung. Meistens kommt ein Paar in dieser Phase mit dem ausdrücklichen Wunsch in Therapie, sie möchten »mehr Nähe«. Allerdings bedeutet Nähe Unterschiedliches für Frau und Mann: Für ihn ist es meistens die Sehnsucht, wieder regelmäßig mit ihr schlafen und sich bei ihr erholen zu können wie in der Anfangszeit, sie versteht unter Nähe lange, gute Gespräche als Möglichkeit, aber nicht zwingenden Auftakt zu körperlicher Verschmelzung.

Wenn Paare mir den Auftrag geben, ihnen die Nähe ihrer ersten Zeit wiederfinden zu helfen, muß ich meistens zur Spielverderberin werden. Ich weiß nicht, wie Menschen zweimal in denselben Fluß steigen können, aber ich weiß aus Erfahrung, daß in dieser Phase der Paarentwicklung die ersehnte Nähe erst möglich wird, wenn beide sich voneinander entflechten. Bevor sie sich auf einer gemeinsamen »Paar-Insel« ohne Angst vor der früheren Stickigkeit der Familienehe treffen können, brauchen sie »eigene Inseln«. Von ihnen und nicht von der Paar-Insel also wird hier die Rede sein, von der Weiterentwicklung des Ichs als Voraussetzung für ein Wir mit klaren Konturen.

Meine persönliche Meinung ist, daß der Entflechtungsprozeß in dieser Lebensphase auch dann sinnvoll ist, wenn Frau und Mann sich entscheiden auseinanderzugehen, aber erst recht, wenn sie zusammenbleiben wollen. Es kann kein Zufall sein, daß so viele Paare genau zu dieser Zeit in die Krise geraten und das ursprüngliche Ideal der Verschmelzung in Frage steht. Mir scheint, daß der Prozeß ihrer Individuation als Form einer zweiten Ablösung eine Vorbereitung ist darauf, daß Alleinsein später im Leben ohnehin gefragt ist, wenn Frau und Mann durch Krankheit oder Tod getrennt werden. Als »Trockenübung«, solange sie noch spannkräftig sind und eigene Freiräume finden, können solche internen Trennungen persönliche Sicherheit vermitteln, wie sie in der Phase des Verschwimmens nicht möglich war.

Es scheint also, daß Paarkrisen immer auch mit »unerledigten Geschichten« aus den eigenen Lebensläufen zweier Menschen zu tun haben und ihnen die Chance geben, sich damit auseinanderzusetzen und ihnen neue Kapitel anzufügen. Mir fällt auf, daß mehrere Frauen und Männer in dieser Beziehungskonstellation den Ausbruch ihrer Paarkrise in Zusammenhang bringen mit dem *Tod eines Elternteils*. Bei Frauen ist es ausgesprochen oft, wie bei Claudia in Kapitel 6, der Tod des geliebten, aber distanzierten Vaters und die damit verbundene Wiederbelebung der Notgemeinschaft zwischen Mutter und Tochter. Auch Männer nennen eher den Tod des Vaters als jenen der Mutter als Krisenauslöser, wobei es bei dieser Altersgruppe wahrscheinlich ist, daß die Mütter noch am Leben sind.

## Frauen und die Chance ihrer zweiten Ablösung als Basis eines neuen Lebensentwurfs

Es scheint, daß es für eine junge Frau zwei Wege gibt aus dem Dilemma zwischen traditionellen Rollenzuweisungen aus der Herkunftsfamilie und neuen Frauenbildern: Entweder sie erkennt, daß sie sich lösen muß aus der wechselseitigen Verstrikkung mit Vater und Mutter, um zu sich selber zu kommen, oder sie wiederholt fraglos den Lebensentwurf ihrer Mutter und wird noch dienstbereiter als diese.

Ob sie den einen oder anderen Weg geht, scheint weitgehend davon abzuhängen, wieviel Selbstwert sie aus anderen Quellen bezieht, vorab aus der Beziehung zu erwachsenen Frauen und Männern *außerhalb ihrer Familie*. Sofern es ihr gelingt, solche Quellen zu finden, wird sie mit der Zeit gestärkt auf Mutter und Vater zugehen können. Wenn sie sich dann zum Beispiel auch Vaters und Mutters bisherigen Aufforderungen widersetzt, zwischen ihnen die Rolle als Bindeglied zu spielen, und sich ihren möglichen Angeboten von materieller und emotionaler Belohnung dafür entziehen kann, wird sie schließlich eine erwachsene Beziehung zu ihnen finden.

Manchmal ist jedoch eine schmerzhafte Phase der Trennung nötig, bevor die Tochter nochmals den Schritt ins Elternhaus zurück macht. Der Prozeß aus solcher Verstrickung heraus ist immer konfliktreich, aber er ermöglicht in den meisten Fällen, daß sie beiden Eltern mit der Zeit als Erwachsene, mit geradem Rücken und klarem Selbst, eine neue Beziehung anbieten kann. Wenn schließlich ihre Erfahrung von »männlicher« Kühnheit aus der frühen Kindheit verbunden werden kann mit der erworbenen »weiblichen« Einfühlungsgabe, liegt in der Verbindung des Mütterlichen mit dem Väterlichen für sie eine wunderbare Entwicklungschance.

Oft aber braucht es leider für diesen Prozeß der Ablösung einer Frau vom Elternhaus vorerst die Wiederholung im Leben als Mutter-Mutter und Vater-Tochter in der Beziehung zu einem Partner (oder einer Partnerin) in einer Liebesgemeinschaft. Die aus der Reproduktion alter Muster entstehenden Krisen ermöglichen dann im besten Fall eine zweite Ablösung vom Elternhaus und von den Ich-fernen Abziehbildern von Weiblichkeit im Kopf. Frauen in dieser Gruppe erzählen, was ihnen geholfen hat, nach Jahren der Anpassung ohne Alternativen endlich aufzutauchen und zu sich selber zu finden. Ich fasse ihre Erfahrungen zusammen:

### *1. Die verschlüsselten Botschaften der Seele und des Körpers entziffern lernen*

Eine Frau um 40 erzählt: »Es begann bei mir mit Schlaflosigkeit, etwas mir bis dahin völlig Fremdes. Ich fühlte mich täglich verzweifelter und erschöpfter. Dann ließ ich mir vom Arzt Schlaftabletten verschreiben und kam damit tiefer in die Krise hinein.

Schließlich merkte ich, mit Hilfe meiner Therapeutin, daß meine Seele und mein Körper mir Zeichen gaben, die überlebenswichtig waren. Wenn ich nachts wach lag, lernte ich »hinschauen«, und je länger ich in die Dunkelheit schaute, desto heller wurde es. Und plötzlich begann ich meine Wut zu spüren. Ich redete mit meinem Mann über meine Wahnidee, es immer allen recht machen zu müssen, und wie wütend ich auf mich selber und auf ihn als Nutznießer dieses weiblichen Programms war. Das war der Beginn eines langen Prozesses des Aufwachens und Aufwachsens, der uns beide erschütterte. Denn ich wurde dabei eine andere, und das bedeutete auch Veränderungen für ihn.«

*2. Übersetzung auf die Alltagspraxis: Raum für sich selber nehmen*
Der Prozeß des Aufwachens und der »zweiten Ablösung« kann sich aber nur weiterentwickeln, wenn auch auf der ganz praktischen Ebene des alltäglichen Zusammenlebens Veränderungen folgen. Es gibt dafür viele Möglichkeiten, und sie haben alle irgendwie mit »Raum und Zeit für sich selber beanspruchen« zu tun, erzählen die befragten Frauen. Eine macht zum erstenmal eine Reise allein. Sie kocht nicht vor und schreibt keine Anweisungen, wie die Familie ohne sie zurechtkommen soll – sie fährt einfach zum vereinbarten Datum los. Eine Zeitlang ist sie noch von tausend schrecklichen Bildern besetzt, was zu Hause ohne sie passieren könnte, dann entspannt sie sich wie schon lange nicht mehr...

Der Raum für sich selber besteht oft auch aus Veränderungen in der Wohnung. Ich frage zum Beispiel in der ersten Stunde einer Paartherapie: »Wenn Sie etwas Persönliches, Eigenes ganz für sich haben möchten, gibt es dafür einen Ort in der Wohnung? Eine abschließbare Schublade zum Beispiel oder eine Ecke, zu der die anderen keinen Zugang haben?« Männer haben wenigstens ihren Schreibtisch oder ihre Werkbank in der Arbeit! (Zu Hause fehlt ihnen allerdings die eigene Nische manchmal auch.)

Ganz wichtig ist die Frage nach eigenem Geld. Gibt es einen eigenen »Topf«, über den jeder ohne Rücksprache mit dem anderen verfügen kann? Und wie steht es mit allfällig eingebrachtem Frauengut – verwaltet sie das selber, oder ist sie auch hier Tochter? Weiß sie, wieviel Geld ihr Mann verdient und besitzt, oder beharrt er auf patriarchalen Vorrechten, das geheimzuhalten? Ich bin immer wieder erschüttert zu hören, wie oft in dieser Paarkonstellation das Vater-Tochter-Verhältnis über den Umgang mit Geld zementiert wird – daran ändern übrigens auch die schönsten Trainings in offener Kommunikation wenig. Ganz besonders dort, wo sich der Mann in seiner Versorgerrolle »zu große Schuhe anzieht«, indem er sich zum Beispiel in Geschäfte einläßt, die viel versprechen und wenig bringen, wird er dazu tendieren, seine Frau mit Information zu »verschonen«. Sie fühlt sich dadurch erst recht beunruhigt, abgewertet und in Versuchung, heimlich die Verantwortung für ihn zu übernehmen, was bei ihm »mehr desselben« bewirkt.

*3. Rückzüge ins Frauenzimmer*

Für Männer ist dieser Schritt ihrer Frauen meistens der schwierigste. Daß sie, die doch materiell von ihnen abhängig sind, es wagen, über ihre Situation zu reflektieren, sie mit anderen Frauen zusammen in Frage zu stellen und sich nicht mehr bedingungslos dem Mythos von der glücklichen Mutter und Hausfrau anzupassen, erschüttert ihre Welt. Es kann eine geplante Frauengruppe sein, es können aber auch – oft zum erstenmal – Gespräche mit Freundinnen oder Schwestern sein, welche solch ein Frauenzimmer ermöglichen, wie eine der Befragten es nennt. Sie bezeichnet damit das Einnehmen einer Außenposition, aus der mit Frauen zusammen über die eigene Situation nachgedacht und nach Lösungen gesucht wird. Mit »Frauenzimmer« bezeichne ich auch den vorübergehenden Rückzug in die eigene Geschichte als Teil der allgemeinen Frauengeschichte, eine notwendige Voraussetzung, zu sich selber zu kommen.

»Mit der Einsicht, daß ich mir meinen Raum nehmen muß und daß niemand ihn mir einfach geben wird, entwickelte ich im Gespräch mit meinen Freundinnen erste Schritte, aus meiner inneren Lähmung herauszukommen. Ich schuf mir mit Kursen, Ausgang und Ferien allein und mit Freundinnen sowie mit regelmäßiger Massage und einem neuen Freundeskreis aus dem Sportclub, dem ich beitrat, meine eigenen Inseln. Mein Mann hat das zuerst ignoriert und dann sehr aggressiv darauf reagiert. Aber ich habe gelernt, daß Wut und Trauer auch bei ihm ihren Raum haben dürfen«, schreibt eine Frau Mitte 40 dazu. Und weiter: »Das wichtigste Erlebnis im Frauenzimmer ist mir, daß wir uns nicht einfach als Opfer bemitleiden, sondern überlegen, wie es kommt, daß wir so lange mitgespielt und die patriarchalen Verhältnisse zementiert haben, und wie wir daraus herauskommen. Wahrscheinlich müßten wir unseren Männern noch deutlicher sagen, daß wir uns zu uns selber, nicht gegen sie zusammenfinden.«

Der Rückzug ins Frauenzimmer, die Auseinandersetzung mit der eigenen Geschichte und der Geschichte von Frauen bedeutet immer auch, sich ganz konkret um einen eigenen Lebensentwurf zu kümmern. Liebgewordene Sicherheiten in der »Tochter«-Rolle müssen aufgegeben werden. Die Verantwortung für den eigenen Lebensentwurf übernehmen heißt, das Risiko einzugehen, seine Anliegen dem Partner und den Kindern gegenüber zu äußern und vielleicht von ihnen dafür als »Emanze« ausgelacht zu werden. Dieser neue Lebensentwurf führt oft, aber nicht zwangsweise dazu, daß eine Frau ihre Ausbildung abschließt, wie Claudia es getan hat, oder sich ernsthaft um Möglichkeiten des beruflichen Wiedereinstiegs kümmert und dafür private und öffentliche Unterstützung, z. B. in Form einer Laufbahnberatung, beansprucht. Es kann aber auch sein, daß sie ganz bewußt die mit einem solchen beruflichen Wiedereinstieg verbundenen Bedingungen zurückweist und ihre persönliche Entwicklung in freiwilliger sozialer oder politischer Tätigkeit gestaltet. Hauptsache, sie trifft eine bewußte Entscheidung und läßt nicht weiter »mit sich geschehen«.

Natürlich ist der Rückzug ins Frauenzimmer mit Gefahren verbunden. Denn es liegt in der Tradition männlicher Bewältigungsweisen, auf Rückzug einer Frau mit Trotz und Weglaufen (zu einer anderen, die noch »lieb« und anpassungsbereit ist) oder mit eisigem Schweigen oder stummer Verzweiflung zu reagieren. Die Folge ist, daß der versuchte Aufbruch der Frau damit zum Bruch der Paarbeziehung werden kann.

*4. Sich als Einzelperson verstehen lernen*

Es lohnt sich, wie ich von den Befragten erfahren habe, sich in einer solchen Krise des Übergangs mit den inneren Bildern aus der eigenen Familiengeschichte auseinanderzusetzen. Selbstverständlich müssen neue Lösungen auch im Alltag, im Hier und Jetzt, verhandelt werden. Aber wenn es sich ausschließlich um Verhaltensänderungen handelt, besteht die Gefahr, daß ein Paar beim nächsten Problem wieder in den alten, leidbringenden Tanz einsteigt – solange nämlich die »Melodien« aus den jeweiligen Lebensgeschichten, welche die Autonomie beider Partner behindern, nicht erkannt und verändert werden.

Eine Frau, die als Mutter-Mutter und Vater-Tochter erzogen wurde, wird zur Findung ihres eigenen Bodens nicht darum herumkommen, Abschied zu nehmen von alten Aufträgen, die ihre Entwicklung so lange blockiert haben. Nur wenn sie zum Beispiel aufhört, fraglos andere zu bemuttern oder sich ihnen als charmante Tochter anzupassen, wird sie herausfinden, was sie selber will und nicht will. Ob dieser Prozeß, wie bei Claudia, mit den noch lebenden Eltern oder – und auch das ist möglich – nach deren Tod durch die Auseinandersetzung mit ihren Zuschreibungen und Aufträgen an die Tochter geschieht: beides kann dazu dienen, sich neu zu definieren.

In meiner Erfahrung kann eine solche Auseinandersetzung mit der eigenen Geschichte aber nicht einfach mit gutem Willen »programmiert« werden. Wenn manchmal Menschen zu mir kommen mit der populärpsychologischen Idee, sie müßten zuerst ihren Vater oder ihre Mutter »verarbeiten«, bevor sie sich mit dem Partner auseinandersetzen können, wird mir immer ganz mulmig zumute. Meine Erfahrung ist, daß das mutige Hineinschauen in den Familienkeller, wo neben den Skeletten ja auch das Eingemachte lagert, hilfreicher ist als die erzwungene und meist schuldbeladene »Arbeit« an der Mutter oder am Vater. Claudia ist ein gutes Beispiel dafür, daß ein solcher Prozeß engagierte Aufmerksamkeit und viel Zeit braucht. Ihr behutsames Fragen nach der mütterlichen und der väterlichen Geschichte, mit ihren gelebten und ungelebten Seiten, hat ihr geholfen, eigene Ängste und Unsicherheiten besser zu verstehen und sich *und* ihnen für erfahrene Schwächen zu verzeihen.

## Männer und die Chance ihrer zweiten Ablösung als Basis eines neuen Lebensentwurfs

Die Männer in dieser Gruppe erzählen, was ihnen geholfen hat, in der Auseinandersetzung mit den ihnen zugewiesenen Rollen ihren eigenen Weg zu finden. Sie wählten einen Weg, ohne dabei sich oder andere zu zerstören, wie es ihrem anerzogenen »Kampfprogramm« durchaus entsprechen kann.

*1. Hinschauen statt davonlaufen*

»Nachdem sich die Erkenntnis in einem langwierigen und schmerzlichen Prozeß eingestellt hatte, daß ich durch die Krise in unserer Paarbeziehung viele eigene, verpaßte Evolutionsschritte nachholen konnte, gelang es mir, meinem Impuls, einfach wegzurennen und eine ›Neue‹ zu suchen, zu widerstehen. Ich habe zwar das Gefühl, daß wir noch nicht wissen, was die Entwicklungen bei jedem von uns bringen. Vielleicht merken wir einmal, daß wir aus dem Bisherigen herausgewachsen sind und gar nichts Neues miteinander finden. Aber das wäre dann«, schreibt ein Mann Mitte 40 in dieser Gruppe, »das Ende eines gemeinsamen Suchprozesses, kein Davonlaufen.«

Aus meiner Erfahrung bin ich überzeugt, daß dieses Hinschauen statt Davonlaufen der wichtigste Schritt ist, den traditionelle Männer wie Robert machen können, die sich zutiefst abhängig fühlen von ihrer Frau und gleichzeitig voller Ressentiments darüber sind. Natürlich ist die Versuchung in dieser Lebenslage groß, wie als kleiner Junge trotzig zu schweigen oder wegzurennen, wenn »sie« plötzlich Forderungen stellt, die er nicht versteht, oder wenn sie sich vorübergehend zurückzieht ins Frauenzimmer und ihn draußen stehenläßt. Es gibt genug Frauen, die darauf warten, die alte Rolle zu übernehmen, welche seine Frau nun zurückweist, und ihn von hinter den Kulissen zu versorgen. Eigene »Evolutionsschritte«, die bisher verpaßt wurden, werden damit meistens einmal mehr verpaßt.

Für den eben erwähnten Mann bedeuten diese Schritte: »Ich lerne täglich neu, mich auf mein Gespür zu verlassen, statt eine zugewiesene Rolle zu spielen, die nicht zu mir paßt. Das eröffnet mir völlig neue Perspektiven, von denen ich noch nicht weiß, wohin sie führen. Etwas merke ich bereits: Ich bin daran, erwachsen zu werden, weniger abhängig von versorgenden Frauen, offener für Männer und vor allem offen für mich selber.«

*2. Wiederfinden der eigenen Wurzeln*

Ein Mann in ähnlicher Situation wie Robert berichtet: »Ich habe, als ich auf Ihren Wunsch Fotos von mir als kleinem Jungen in die Therapiesitzung brachte und dazu meine Geschichte erzählte, den ersten Schritt zu meiner verlorenen Welt gemacht. Am wichtigsten war vielleicht, daß ich nochmals Kontakt aufnahm zum Bild meines Vaters, den ich als kalten Geschäftsmenschen in Erinnerung habe. Trotz seines Bemühens empfand ich seit der Pubertät Distanz, manchmal Haß ihm gegenüber. Sein Hang zum Weltschmerz wirkte zuweilen aggressiv. Und genau diesen Zug habe ich in der Erinnerung an ihn an mir selber entdeckt. Durch die Auseinandersetzung mit Vaters Geschichte ist mir aufgegangen, wieso meine Mutter sich derart an mich geklammert hat und wie das seinen Ausschluß aus der Familie verstärkte. Ich bin voller Mitleid mit ihm und voller Sehnsucht nach ihm. Und seit ich ihn endlich zu kennen glaube, achte ich ihn und damit mich selber in einer Weise, wie das bisher nicht möglich war, und kann auch meine Mutter besser verstehen.«

Ein 35jähriger Psychologe unter den Befragten schreibt zum Thema »Eigene Wurzeln finden«: »Kürzlich habe ich in einer Männer-Zeitschrift einen Artikel mit dem Thema ›Mutter, was hast du mir angetan?‹ gelesen. Es war das übliche Gezeter, so ungefähr, daß jeder Mann Mamis Liebling bleibe und von der Mutter für immer kastriert sei. Ich habe diese Art von Psychologie mit ihren einfachen Reduktionen inzwischen satt, sie hat mir gar nichts gebracht. Wenn nämlich beim sogenannten Ödipuskomplex die abwesenden Väter nicht mitgedacht werden, bleibt uns Männern ja bloß Frauenhaß. Damit ändert sich aber in meinem Leben gar nichts, außer daß meine gelegentliche ohnmächtige Wut auf Mutter und Frau (und mich selber) legitimiert wird. Mir hat zu meiner Entwicklung geholfen, daß ich mich nicht mehr bloß als Opfer, sondern als Mittäter sehe, wenn zum Beispiel meine Frau sich zu sehr unseren Kindern zuwendet. Ich will nicht wiederholen, was mein Vater mir vorgelebt hat: die Diktate des Fleißes, der Ordnung und der abgeschnittenen Gefühle. Das heißt für mich, daß ich mich viel bewußter auf meinen eigenen Boden stelle und so lebe, wie es mir entspricht, ohne mich für mein Mannsein zu entschuldigen. Es bedeutet, daß ich mit meiner Frau immer wieder neu verhandeln will, wie wir die Balance finden zwischen Ehe, Familie und Beruf. So, daß ich auch einen Platz ›drinnen‹ habe und sie einen ›draußen‹.«

Wenn beide, Frauen und Männer, erkennen, daß ihre Entwicklungsmöglichkeiten zwar begrenzt sind durch gesellschaftliche Strukturen, daß sie aber nicht nur Opfer, sondern auch aktive Mitspieler sind, werden sie aus dem destruktiven Muster der Mutter-, Vater- oder Selbstbeschuldigung aussteigen müssen. Dort wo ihre Väter und Mütter noch lebten, nahmen einige Männer in dieser Gruppe, ähnlich wie Robert, zu ihnen direkt Kontakt auf und befragten sie über die Zeit, als sie kleine Jungen waren. Das mag banal klingen, aber wenn ich bedenke, in wie vielen Ehen es zu den nie ausgesprochenen Vereinbarungen gehört, daß die *Frauen alle Beziehungen zur Familie des Mannes übernehmen*, liegen in einem solchen Schritt neue Möglichkeiten, abgeschnittene Wurzeln zu finden und alte Aufträge neu zu verhandeln. »Ich habe ganz neuen Halt gefunden in meiner frühen Kindheit, und manchmal empfinde ich diesen als tiefes Glück«, schreibt mir Robert über seine Reise zurück zu seiner Herkunft. »Am wichtigsten war, daß ich, als ich meinen Geburtsort besuchte, meinem toten Vater innerlich den geheimen Auftrag zurückgegeben habe, es besser zu machen als er. Diese Erfahrung wird nun auch meinen Sohn davon entlasten, sich ständig eine zu hohe Leistungslatte zu setzen.«

*3. Nie mehr eine halbseitige Maske tragen*

Es wird viel geschrieben, und ich habe es auch getan, über die invalidisierenden Wirkungen der Aufteilung des ganzen Lebens in zwei halbe: Frauenleben und Männerleben, innen und außen, unten und oben. Daß bei diesem Arrangement nicht nur Frauen, sondern auch Männer ihren Preis zahlen, wird von ihnen selber leicht übersehen. Ihre »stille Verzweiflung« darüber, daß sie, genauso wie ihre Frauen, eine halbseitige Maske tragen und ihre Farbigkeit und Sensibilität dem Druck opfern, sich durchzusetzen, paßt meistens nicht zum erlernten männlichen Selbstkonzept. Diese Gefühlslage wurde denn wohl auch typischerweise von einer Frau[9] beschrieben. Ich könnte selber keine wirksame Paartherapie anbieten, wenn ich diese Kehrseite der männlichen Sozialisation nicht mitdenken und Männer bei der Suche nach der verlorenen Welt ihrer frühen Jahre nicht begleiten würde. Mir liegt daran, daß Männer wie Frauen ihr halbes Leben zugunsten eines ganzen verändern.

Wenn Frauen auf Gedeih und Verderb von ihren Männern abhängig sind, dann ist der Schritt zum »diplomatischen Umgang« mit ihnen ein naheliegender. Wie seinerzeit als kleine Jungen werden sie von ihren Frauen am Band der Liebe geführt und vor direkten Forderungen geschützt. Aber gleichzeitig erfahren sie indirekt, daß Liebe ein »Austauschgeschäft« ist, welches von ihrer Leistung und ihrem Erfolg in der Welt draußen lebt. »Als meine Frau von mir eine Pelzjacke wünschte, nachdem ich ihr vorübergehend mit meiner Sekretärin untreu geworden war, merkte ich plötzlich, in welchen Handel wir da miteinander geraten waren«, erzählt ein Geschäftsmann, der den ersten Schritt gemacht hat, um dieses Spiel zu verändern.

Die Befreiung aus traditionellen Rollen, welche für Frauen noch immer voller Widersprüche ist, ist es ganz besonders für Männer. Durch die Befragung ist mir sehr deutlich geworden: Wenn die Krisen traditioneller Paarbeziehungen, wie ich sie hier beschrieben habe, Sinn haben sollen, dann haben sie ihn auch für die Männer. Alle, die mir geantwortet haben, sehen zum Beispiel heute ihr Engagement im Beruf mit neuen Augen. Einige, noch gefangen in der Sohnrolle zu einem Vater-Chef, versuchten innerhalb ihres bisherigen Arbeitsplatzes Veränderungen herbeizuführen. Andere entschlossen sich zu einem Stellenwechsel oder dazu, als selbständig Erwerbende ihr persönliches Arbeitsengagement zu reduzieren – vor allem dessen süchtigmachenden Teil, die Überzeit und die Überverantwortlichkeit für alles und jedes.

*4. Der männliche Weg der Selbstverwirklichung*

Es mag seltsam klingen, diesen Begriff, der für viele negativ mit weiblicher Entwicklung belastet ist, in bezug auf Männer zu verwenden. Ich tue es dennoch, auch wenn mir eine Innenperspektive weniger leicht fällt, als wenn ich als Frau von weiblicher Selbstverwirklichung schreibe.

Mein Eindruck aus der Befragung ist, daß die Krise der Familienehe offiziell wesentlich häufiger durch den *Aufbruch der Frauen* als jenen der Männer ausgelöst wird. Sie haben auf den ersten Blick ja auch mehr zu gewinnen. Bei näherem Hinsehen fällt mir allerdings auf, daß das nicht die ganze Wahrheit ist. Frauen signalisieren einfach, was als latente Depressivität, chronische Verstimmtheit oder Aggressionsbereitschaft auch bei ihren Männern schon über Jahre fühlbar gewesen war. Typischerweise beziehen die Frauen eher Stellung zu diesem Elend als ihre Männer. Ich denke, daß dies mit einer wichtigen Erfahrung aus der männlichen Erlebniswelt zu tun hat, wonach sie gar nicht das

Recht haben, Beziehungen in Frage zu stellen oder über persönliches Unglücklichsein nachzudenken. Erschwerend dazu kommt für viele von ihnen die Erfahrung der letzten zwei Jahrzehnte, daß nämlich Männlichkeit als soziales Konstrukt von Frauen (und einigen Männern) vorwiegend negativ bewertet wird.

Die Krisen, welche bei diesem Ehemodell so oft gegen die Lebensmitte auftreten, sind für viele der befragten Männer offenbar eine Chance gewesen, zum erstenmal in ihrem erwachsenen Leben nachzudenken über ihre Situation in Familie und Arbeitswelt. Eine Möglichkeit auch, das ihnen anerzogene Schweigen zu brechen und aus ihrer bisher abwehrenden, distanzierten Haltung ihren Frauen gegenüber herauszukommen, um endlich in ihrer eigenen Sprache über ihre Erfahrung von »männlichen Zwangsjakken« zu reden, wie einer von ihnen schreibt.

Eine weitere Chance solcher Krisen besteht für Männer darin, ihre selbstverständliche Annahme, voll für die Ernährerrolle verantwortlich zu sein, in Frage zu stellen. Daß sie überhaupt darüber reden können, daß ihnen diese Verantwortung eine Last ist, scheint an sich schon erleichternd zu wirken. Und wenn sie ganz direkt ihre »aufbrechenden« Frauen herausfordern, ihren Teil zur finanziellen Unterstützung beizutragen (und dafür bereit sind, einen Teil des häuslichen »Innenministeriums« zu übernehmen), liegt darin zumindest die Möglichkeit einer Wahl. Die chronische Behinderung einiger Männer durch das Anziehen von »zu großen Schuhen« im Beruf kann durch die Paarkrise dazu führen, diese endlich mit einer passenderen Größe zu vertauschen. Aber auch das klare Ja-Sagen zur Leistung in der Arbeit anstelle dauernder Schuldgefühle über sein berufliches Engagement kann einem Mann in dieser Lage neue Perspektiven eröffnen. Frauen lernen so, daß sie ihre Männer nicht mehr beschützen müssen, sondern selber mit gutem Gewissen einen eigenen Weg suchen können.

Meine Erfahrung mit den antwortenden Männern verweist darauf, daß ihre wichtigste Möglichkeit, sich als Person neu zu definieren, darin besteht, daß sie ihre regressiven Seiten wieder entdecken und leben. Ich meine dies nicht im verächtlichen Sinn des »Kindes im Mann«, sondern positiv und kräftig. Wenn nämlich Frauen ihre Rolle als alleinige Quelle für Gefühle, Zärtlichkeit und Beziehungsgestaltung mit Männern zu teilen bereit sind, weil sie nicht mehr ausschließlich davon leben, andere zu versorgen, bedeutet das keine grundsätzliche Absage an die Liebe. Im Gegenteil! Es gibt bei meiner Befragung unzählige Hinweise darauf, daß der männliche Weg der Selbstverwirklichung in besonderer Weise über die Pflege von Menschen und das Zusammensein mit Menschen möglich ist. Der Umgang mit Kindern, seien es die eigenen oder fremde, scheint dazu beizutragen.

Wichtig ist allen Männern dieser Studie, daß sie – ähnlich wie die Frauen – die verlorenen lebendigen Seiten des eigenen Lebensentwurfs wieder entdeckten. Das heißt, daß sie erkannten, in welcher Weise die in ihrer Welt geforderte »Normalität« und die Anpassungsleistung als graue Mäuse ihre einstmals vorhandene Farbigkeit und Individualität unterdrückt hat. ». . . Und wenn man den gesunden, normalen, gesetzestreuen Erwachsenen individualisieren will, so befragt man ihn immer danach, was er noch vom Kind in sich hat, welcher geheime Irrsinn in ihm steckt, welches tiefe Verbrechen er eigentlich begehen wollte.«[10]

# Kapitel 8

# Die Fülle nach der Lebensmitte: »Nur wer sich lange begleitet, ist sich begegnet« (Botho Strauß)

Die spannende Frage, wie es kommt, daß die einen Paare zusammenbleiben trotz der Krisen, die sie seinerzeit in die Beratung führten, und warum andere in ähnlicher Lage auseinandergehen, ist nicht einfach zu beantworten. Wir befinden uns jedoch in der glücklichen Lage, daß mehrere Frauen und Männer rückblickend ihre gemeinsame Entwicklungsgeschichte erzählt haben, nachdem sie vor zehn oder noch mehr Jahren bei mir in Therapie waren. Von ihnen zu hören, wie sie ihr Leben seither gemeistert haben und wie es ihnen heute geht, hat mich ermutigt, Paare auch weiterhin unterstützend, herausfordernd und mit Geduld durch ihre Krisen zu begleiten.

## Theres und Paul

Dieses Paar war 1978 zum erstenmal für eine Serie von zwölf Gesprächen bei mir. Anfänglich drehten sich diese um ihre damals 15jährige Tochter Maja sowie deren 17jährige Schwester Verena, welche ausziehen und in der Stadt ein eigenes Zimmer mieten wollte, was ihre Eltern zu früh fanden. Neben der ältesten Tochter Verena und der zweitältesten Maja gibt es zwei jüngere Söhne, Stefan, damals 12, und Markus, 8. Ich sehe besonders Maja noch vor mir: zart und schön, mitten im Sommer in einen dicken Mantel gehüllt (sie zeigte Anzeichen einer beginnenden Magersucht) und unglaublich bockig. Später, als es Maja besser ging, kamen ihre Eltern in Paartherapie. Sie hatten mit meiner Unterstützung erkannt, daß auch ihre Beziehung in einer Übergangskrise war. Ich habe das Paar seither zu verschiedenen Zeiten immer wieder einmal zu Gesprächen gesehen – oft, wenn ein weiterer unsanfter Übergang im gemeinsamen Leben fällig war.

Zum letztenmal wünschte sich Theres von Paul ein Gespräch bei mir zum 30. Hochzeitstag. Einige ihrer Anliegen waren die alten, noch ungelösten: zum Beispiel seine völlig andere Art als ihre, mit Konflikten umzugehen. Vor allem war für beide die unterschiedliche Art der Kommunikation zwischen Frau und Mann ein nach wie vor ungelöstes Problem. Allerdings haben sie damit inzwischen besser leben gelernt. Unser letztes Gespräch war herzlich, aber es fehlte die vorher übliche Spannung. Ich werte das als gutes Zeichen dafür, daß wir aus dem Therapievertrag aus- und in eine eher freundschaftliche Art der Beziehung eingetreten sind. Vielleicht trug diese dazu bei, daß mir Theres und Paul so ausführlich geantwortet haben? Ich freue mich jedenfalls darüber und danke ihnen auch an dieser Stelle herzlich.

## Ihre Paar- und Familiengeschichte

Theres und Paul haben sich 1956 kennengelernt, als Theres 19 und Paul 23 Jahre alt war. Sie hatte eben eine Lehre als Damenschneiderin beendet und wohnte noch zu Hause bei ihren Eltern. Paul hatte nach seiner Lehre eine berufsbegleitende Weiterbildung an einer höheren technischen Lehranstalt begonnen.

Die Eltern von Theres sind beide 1900 geboren, die Mutter in Deutschland, der Vater in der Schweiz. Er war von Beruf Werkzeugmacher und Volkskünstler (wie die Eintragung im Telefonbuch lautete). Ihre Mutter hatte als Köchin in verschiedenen Herrschaftshäusern gearbeitet. Sie hatte aus erster Ehe in Deutschland zwei Töchter, geboren 1921 und 1923. Bei der Scheidung wurden diese dem Vater zugesprochen. Nach dem damaligen deutschen Scheidungsrecht hatte sich Theres' Mutter schuldig gemacht, weil sie ihren Mann mit den beiden Kindern aus Angst vor seiner Brutalität verlassen hatte. Er sei ein sadistischer Tyrann gewesen, erzählt Theres.

Über ihre Herkunft schreibt Theres: »Eltern und Geschwister waren für mich wichtig. Ich merke aber, daß sich die Gefühle für sie im Laufe der Zeit verschiedene Male veränderten. Deshalb habe ich Mühe, diese in Stichworten zu beschreiben. Ich versuche es dennoch: Für meinen Vater empfand ich im kindlichen Alter Verehrung, manchmal auch Furcht. Er war eine starke Persönlichkeit, hatte aber auch schlimme Jähzornausbrüche. Im Stadium der Pubertät überwogen Freude und Stolz auf ihn. Ich bewunderte seine unbändige Vitalität und Vielseitigkeit. Er war Erfinder, Maler, Geiger und Philosoph, er war passionierter Imker und baute Teleskope. Er las Dante, Nietzsche, Tolstoi und die Bibel, und er wurde nie müde, Briefe an Politiker, Kleriker (und an mich) zu schreiben. Er war obendrein ein sehr tüchtiger Handwerker und ein Arbeiter mit ausgeprägtem Bewußtsein. Auch war er ein großartiger Vater, der seine helle Freude an mir und überhaupt an uns Kindern hatte. Er nahm uns – für die damalige Zeit – erstaunlich ernst.

Später, im Stadium meiner feministischen Entwicklungsschübe, verfärbten Verachtung und manchmal gar Haß diese Beziehung. Langsam bekam ich Augen für sein Demokratieverständnis, das offenbar nur gegen außen und unter Männern propagiert, jedoch nicht der eigenen Frau und den Kindern gegenüber *gelebt* wurde. Ich sah die *Ohnmacht meiner Mutter* und sah, wie sie aufging im praktischen Arbeiten und dabei irgendwie verkümmerte. Gott sei Dank hat sie ihr einfaches, trocken-humorvolles »Bayerngemüt« nie ganz verloren. Als Tochter fühlte ich mich von ihr oft allein gelassen. Sie litt sehr unter der Ablehnung deutscher Staatsangehöriger durch die Schweizer als Reaktion auf den 2. Weltkrieg. Bei mir löste das Gefühle von »nicht ganz in Ordnung sein« aus, so in dem Sinn, keine richtige Mutter zu haben. In der Pubertät führten diese Gefühle bei mir zu Enttäuschung und offener Ablehnung ihr gegenüber. In der Folge löste ich mich innerlich sehr schnell und, wie mir schien, schmerzlos von ihr. Schon bald verkehrte sich aber mein Verhältnis zu meiner Mutter: Ich wuchs über sie hinaus, ich half ihr, beriet sie, pflegte sie – sie war wie mein Kind. Erst heute verstehe ich die stille Tragödie meiner Mutter, erst jetzt, wo ich selber die Wechseljahre erlebe. Erstmals in meinem Leben fühle ich mich ihr verwandt und kann ihr nachfühlen, wie sie gelitten hat, und kann ihre Resignation verstehen.«

Paul zu seiner Herkunft:
»Ich war ein ›Spätgeborener‹ aus einer verarmten Bürgerfamilie. Meine Mutter, geboren 1893, war 40, als ich zur Welt kam, mein Vater, geboren 1884, bereits 49. Meine einzige Schwester ist zehn Jahre älter als ich. Meine Eltern habe ich geliebt, sie waren rechtschaffene Menschen. Sie taten mir aber immer leid in ihren Nöten und Zwängen. Sie waren für mich sehr alt, und eine engere gei-

stige Beziehung zu ihnen bestand nicht. Beide sind im selben Jahr, 1964, gestorben, als wir fünf Jahre verheiratet waren und die ersten zwei Kinder schon hatten. Ich bedaure oft, daß ich die Güte meiner Eltern nicht besser honoriert habe.«

## Partnerwahl

Theres hatte gute Gründe, sich so rasch wie möglich von einem Elternhaus abzusetzen, das sie als fordernd und oft beklemmend empfand. Das war damals in den fünfziger Jahren und mit ihrem typischen Frauenberuf als Damenschneiderin mit schlechten Arbeits- und Lohnbedingungen gar nicht einfach. Sie liebte Paul, seine verantwortungsbewußte, im besten Sinne des Wortes »eigensinnige« Art, und einer frühen Heirat stand nichts im Wege, obwohl sie sehr sparsam leben mußten. Paul lebte allein und freute sich darauf, mit Theres einen eigenen Hausstand zu gründen. Er liebte ihre spontane, herzliche Art und teilte mit ihr die Freude an Kunst und Natur. Als Paul 26 und Theres 22 waren, im Jahr 1959, heirateten sie.

Als Spezialist in der Projektierung von thermischen Kraftwerken in einem internationalen Ingenieur-Unternehmen, das eine Reputation als Planer von Atomkraftwerken hat, war Paul oft wochenlang unterwegs. Er hatte vor allem im Fernen Osten zu tun. Theres zog den Familienkarren daheim weitgehend allein mit vier heranwachsenden Kindern, Haus und Garten. Sie stand ihren alternden Eltern bei und engagierte sich in gemeinschaftlichen Projekten mit anderen Menschen. Die Übergänge bei der jeweiligen Rückkehr von Paul in die Familie wurden, je älter die Kinder waren, desto schmerzhafter. Er sehnte sich nach Wärme und Entspannung und ärgerte sich über ihr Chaos. Sie hatten sich das Leben ohne ihn mit der Mutter allein eingerichtet und behandelten ihn als Eindringling, wenn er nach Hause kam. Vor allem die beiden Ältesten hatten mit ihrer Mutter zusammen begonnen, sich für alternative Formen des Zusammenlebens und für einen ökologischen Umgang mit der Natur zu interessieren und zu engagieren. Bei der ersten Familiensitzung trugen sie demonstrativ große gelbe Knöpfe mit der Inschrift *»Atomkraft nein danke«* ... Ich erinnere mich, wie Paul sich einmal erbittert darüber beschwerte, daß die »alternativen« Freunde von Frau und Kindern, die er nach einer ermüdenden Reise bei sich zu Hause traf, ohne schlechtes Gewissen seinen Wein tranken. Diesen habe er doch nur dank seiner engagierten Arbeit in dem von ihnen abgelehnten Ingenieur-Unternehmen in den Familienkeller stellen können, schimpfte er – selbst wenn dieses Unternehmen Atomkraftwerke baute... Pauls Ausspruch, daß er zu Hause als »reaktionär«, in der Firma jedoch als »zu progressiv« bezeichnet werde, machte sein damaliges Dilemma deutlich.

Hier also, in ihren Worten, die Antworten von Paul und Theres auf meine Fragen, wie sie rückblickend die Probleme einschätzen, derentwegen sie damals in Therapie kamen, und wie sie als Paar und als Individuen sich seither entwickelt haben und was sie dabei unterstützt oder behindert hat.

Wie würden Sie, aus der heutigen Sicht, die Probleme beschreiben, mit denen Sie ursprünglich zu mir kamen?

Theres

Unsere Tochter Maja geriet so um 16 in eine Krise: Schulverweigerung. Sie war gesundheitlich in einer labilen Phase, war viel krank (Eß-Störungen), fehlte in der Schule, war rebellisch (vor allem gegenüber ihrem Vater), drogenneugierig, hatte auch problematische Freundinnen und Freunde und war in einer Klasse, die aufgelöst werden sollte. Es fehlte ihr jede Motivation zu einer Leistung, weil auch die Resultate der Berufsberatungs-Tests im Skurrilen steckenblieben. Wie sollte das mit Maja weitergehen? Eine Beratung drängte sich auf.

Sie, Frau WE, haben uns die breiteren Zusammenhänge von Majas Krise aufgezeigt, was mir eher einleuchtete als meinem Mann, der all seine Kräfte in die Berufsarbeit einfließen ließ und Psychologie als reine Zeitverschwendung sah. Ich hingegen fühlte mich ausgepumpt, allein gelassen, unverstanden und innerlich auch schon ganz »schön« in Auflehnung. Mein Umbruch, mein Graben nach mir selbst war bereits in vollem Gang. Ich konnte Hilfe brauchen, war froh darum.

Wir kamen zu Ihnen wegen Majas Problem. Da aber in Ihrer ganzheitlichen Familienberatung die Partnerbeziehung mit dazugehört, geriet nun auch unsere Paarbeziehung unter die Lupe.

Paul

Der Anlaß für die Paarberatung war eigentlich ein Familienproblem. Unsere beiden ältesten Töchter waren gegen uns Eltern (und speziell gegen mich) renitent und terrorisierten die Familie. Ich fühlte mich in dieser Situation von meiner Frau zu wenig unterstützt. Natürlich war da auch ein Eheproblem, aber in stärkerem Maße für meine Frau als für mich. Sie war wohl mit der Rollenverteilung nicht zufrieden – mir war dieses Problem gar nicht bewußt. Dazu litt Theres unter unserem Kommunikationsproblem und wollte es mit einer Familientherapie lösen, was nur teilweise gelang.

Die Töchter sind übrigens heute O. K. Starke, selbständige Frauen und Mütter! Auch die Söhne machen es gut im Leben.

Was waren die Auslöser der damaligen Krise?

Wie erwähnt: Majas Schulverweigerung.

Unterschiedliches Rollenverständnis in der Ehe und Familie (Töchter!). Kommunikationsprobleme der Ehepartner. Meine vielen und langen Auslandaufenthalte.

Wie haben Sie die Krise erlebt: als »Blitz aus heiterem Himmel« oder als lange anstehende Entwicklungsprobleme (bei sich, Partner/in, in der Beziehung)?

Maja reagierte schon als Kleinkind auf Schwankungen sehr sensibel, z. B. mit massiven Schlafstörungen nach einer Ferienabwesenheit von uns Eltern, ging auf keine fremden Toiletten und hatte lange Mühe, z. B. bei ihrer Patin alleine zu übernachten. Sie lutschte auch extrem lange Daumen. Die willensstarke Verena machte ihr Eindruck, Maja fühlte sich wohl immer als die Schwächere. Verena zeigte keine Probleme in der Pubertät; Maja hingegen schien geradezu überrissen uns vordemonstrieren zu wollen, was es heißt, kein Kind mehr zu sein, Rechte und Freiräume zu beanspruchen, die Welt mit neuen Augen anzusehen, alles auf den Kopf zu stellen. Sie explodierte förmlich. Der Durchbruch eines neuen, stärkeren Ichs, den ich eigentlich schon bei Verena erwartete, der aber ausblieb oder sich zumindest in Grenzen hielt, den fand ich vorerst für Maja ganz gut. Ein bißchen rechnete ich bei Maja mit Schwierigkeiten, weil sie immer schon etwas schwierig war. Aber ihr Verhalten war dann so massiv abwegig, daß ich ratlos war, wie es weitergehen sollte.

Die Probleme haben sich entwikkelt, verschlimmert, verbessert. Dabei fühlte ich mich aber immer weniger frustriert als meine Frau, was sie vielleicht nur um so mehr enttäuschte. Ich sah nicht, wie sehr sie darunter litt, und wir konnten nicht darüber reden.

Paul war für einen harten Kurs, ich eher für Toleranz (aber nicht grenzenlos). Die dadurch entstandenen Meinungsverschiedenheiten nervten ihn als bestimmendes Familienoberhaupt sehr. Ich konnte ihn nicht mehr unterstützen, um so mehr, als er viel Zeit im Ausland verbrachte und über die Anliegen der Jungen gar nicht mehr recht im Bilde war. Die Kinder spürten das und fühlten sich oft ungerecht behandelt; ich konnte das verstehen. Die Krise hat sich also über längere Zeit aufgebaut.

Jede Krise ist auch eine Möglichkeit, sich mit ungelösten Problemen in der persönlichen Lebensgeschichte auseinanderzusetzen, z. B. mit den Seiten an sich selber, die der Beziehung »geopfert« wurden oder sonst unterentwickelt waren.
Gab es solche bei Ihnen und welche?

Ich denke, für mich war es höchst fällig, mich von alten Rollenmustern loszulösen. Für mich war ein Schritt aus dieser Unselbständigkeit heraus nötig. Ich entwickelte in der Folge eigene Interessen, familienunabhängige Projekte und neue Freundschaften.

Ja, sie lösten bei mir eine Ablösung aus der bürgerlichen Gesellschaft aus. Was ich heute als große Befreiung empfinde. Ich wurde vom moderaten Rechten zu einem moderaten Linken. Ich gab auch eine berufliche »Karriere« bewußt auf.

Wie sind Sie damit umgegangen?

Vielleicht richtig, vielleicht auch ungeschickt, ich weiß es nicht. Mein Weg, mein Verhalten verunsicherte jedenfalls Paul und schmerzte ihn wohl auch. Er reagierte verstimmt, kritisierend und eifersüchtig. Ich berichtete immer weniger von meinen Unternehmungen und baute im stillen an meiner Welt.

Es war nicht schwierig, nachdem mir einmal klargeworden war, daß ich so nicht weiterleben wollte.

Für mich wurde immer klarer, daß wir beide je allein einen Prozeß durchmachen müssen.

Wie hat sich Ihre Paarbeziehung und Ihr eigenes Leben dadurch verändert?

Mein Leben hat sich dahin verändert, daß ich eigenständiger geworden bin, Paul nannte es »rücksichtslos«. In unserer Paarbeziehung litten wir damals wohl beide an »kalten Füßen«, und keines wußte vom andern, ob und wo sie aufgewärmt wurden.

Die Paarbeziehung und die Familienbeziehung haben durch die Krise und unsere Entwicklung profitiert. Im Freundes- und Bekanntenkreis fand ich oft wenig Verständnis. Ich fühlte mich oft allein. Dafür gab es neue Freunde. Weniger, aber interessantere.

Krisen können auch Zeichen dafür sein, daß es in der Geschichte eines Paares »unerledigte Geschäfte«, zum Beispiel verletzte Loyalität, Kränkungen, Enttäuschungen, gibt.
Gab es solche bei Ihnen und welche?

Da zähle ich die Empfängnisverhütung dazu, um die sich Paul in irreparabler Weise gedrückt hat. Wir konnten überhaupt nicht reden darüber. Er hatte den Horror, so etwas zu besprechen. Irgendwie steckte, glaube ich, eine Angst vor Frauen dahinter. Schade, wir haben diese Nähe nicht zustande gebracht, das ließ in mir Enttäuschung aufkommen.

Für mich eigentlich nicht. Wahrscheinlich aber für meine Partnerin.

Wie sind sie damit umgegangen?

Nach Jahren der Spannung, des bangen Wartens jeweils auf die Mens, der Sorge, was zu tun wäre, wenn ... habe ich mich sterilisieren lassen. Es war ein wichtiger Schritt zu mir selbst. Leider damals auch ein weiterer, großer Schritt von Paul weg.

Wie hat sich Ihre Paarbeziehung
und Ihr eigenes Leben dadurch verändert?

Diese Frage nagelt mich an die Verhütungsgeschichte fest. So vieles hat außerdem noch beigetragen, unsere Beziehung und mein Leben zu verändern: Kurse, Bücher, Reisen, Feste, Begegnungen, Arbeiten, Unfälle, Geburt von Enkeln und Tod im Freundes- und Familienkreis.

Gelingt es Ihnen heute, so mit Kränkungen umzugehen
miteinander, daß Versöhnung möglich ist?

Das ist ja das Erstaunliche bei uns, daß wir trotz aller Strampeleien und Zerwürfnisse phänomenalen Kitt haben. Wir haben streiten gelernt und können auch mal über uns lachen!

Ich glaube, das gelang mir schon immer, deshalb ist davon keine »sitzengeblieben«.

Jede Krise kann als »Vorbote« notwendiger Veränderungen/
Entwicklungen verstanden werden.
Aus der Rückschau: Für welche Entwicklungsschritte war die
damalige Krise gut (bei Ihnen selber, bei Partnerin bzw. Partner,
für Ihr Zusammenleben)?

Mir wurden eigene Lebensprozesse deutlicher bewußt. Paul hat über die Paarberatung viel gewonnen, hat sie annehmen können; neue Einsichten wurden eingeleitet. Im Zusammenleben spürte ich mehr Toleranz den Jungen und mir gegenüber. Wir nahmen die Probleme entspannter, wir konnten dazu stehen. Partnerschaftliches Denken ist bei ihm ansatzweise aufgetaucht und hat sich bis heute erfreulich entwickelt.

Für mich bedeutete die Krise die Befreiung aus bürgerlicher Denkweise in Richtung »mehr Sein als Schein« (oder Show). Für Theres den Beginn einer starken Selbstverwirklichung. Für die Beziehung ein entspannteres, entkrampftes Zusammenleben.

Falls Sie inzwischen getrennt oder geschieden sind (vom damaligen Partner / von der Partnerin), welche Entwicklungen haben Sie persönlich / Sie als (ehemaliges) Paar gemacht?

– – –

Wie geht es zur Zeit Ihnen persönlich?

Seit ich die Ehe nicht mehr so ganz als das Gelbe vom Ei betrachte und sich neben der Ehe ein Fächer von Möglichkeiten aufgetan hat, geht's mir viel besser!

Welch schwierige Frage! Ich glaube mehrheitlich ganz gut, manchmal etwas weniger. Das Leben finde ich aber fast immer schön oder zumindest interessant!

Manchmal berichten Frauen oder Männer, sie hätten schon sehr früh gemerkt, daß etwas nicht stimme, jedoch nicht den Mut gehabt, darüber zu reden.
Gab es solche Situationen bei Ihnen und welche?

Extreme Eifersuchtsausbrüche von Paul hätten mich aufmerksam machen müssen, daß etwas nicht mehr gut war, aber ich war damals noch nicht so weit. Erst später, zu spät eigentlich, tauchte es mir ins Bewußtsein auf: Ich hätte mehr Freiraum gebraucht, Paul hätte mir dabei helfen sollen. Statt dessen verzichtete er auf *seinen* Freiraum, blieb zu Hause. Das ergab eine Isolation zu zweit! Hätten wir früher darüber sprechen können, wären wir uns nicht so fremd geworden.

Es gab sie. Aber rückblickend stelle ich fest, daß sie auch mit Reden nicht zu lösen waren. Vielleicht sogar im Gegenteil – das Reden verfestigte sie, weil wir uns immer in denselben Rillen bewegten und steckenblieben dabei. Ohne einen Katalysator wären wir vielleicht ganz steckengeblieben.

Wie gingen Sie damit um, wie Ihr Partner / Ihre Partnerin?

Eben, wir konnten mit schwierigen Situationen schlecht umgehen. Ich hatte immer das Bedürfnis zu reden, er blockte ab und versteckte sich hinter der archaischen Formel »Liebe braucht keine Worte, sie funktioniert einfach oder funktioniert eben nicht«.

Wie würden Sie heute mit solchen »Zeichen an der Wand« umgehen?

Heute ist mir vieles klarer, aber was nützt es hinterher? Wir sind inzwischen alt geworden. Aber es waren doch Schritte, wenn auch spät. Sie geben mir das gute Gefühl voranzukommen, mich zu erneuern. Jetzt erfahre ich mich wieder als lebendigen Menschen. Jahrelang fühlte ich mich als Mumie!

Zur Partnerwahl:
Wo/wie haben Sie sich kennengelernt – und wie lange kannten Sie sich vor der Heirat (vor dem Zusammenziehen)?

Der Bruder meiner langjährigen Schulfreundin war mit Paul befreundet, so ergaben sich erste Begegnungen. Es war so ein allmähliches Näherrücken während etwa vier Jahren, wovon Paul ein Jahr in Italien verbrachte, und ein Jahr davon waren wir heimlich verlobt, bis wir heirateten.

Wir haben uns eigentlich während meiner auswärtigen Studienzeit am Technikum kennengelernt. »Fest« war unsere Beziehung vielleicht 3 Jahre, bevor wir einen Hausstand gründeten.

In welche Eigenschaften Ihrer Frau/Ihres Mannes haben Sie sich damals verliebt? Was bedeuten Ihnen diese heute?

Er war besonnen und hatte trotzdem eine ungeheure Antenne für Komik und Geschichten. Er strahlte etwas Gesetztes aus, das sich mit rührend Unbeholfenem mischte. Seine Stimme mochte ich, manchmal hörte ich gar nicht, was er sagte. Ich höre seine Stimme immer noch gerne, besonders, wenn er fort war und vom Flugplatz aus anruft, dann ganz deutlich!

In ihre äußere und vor allem innere Sauberkeit oder Lauterkeit. Dies hat sich bis heute so erhalten.

Welche Eigenschaften Ihrer Frau/Ihres Mannes machten Ihnen damals Mühe? Und heute?

Das Geordnete bei ihm hat mich fasziniert, weil ich mich chaotisch fühlte. Ein bißchen fürchtete ich mich auch vor diesem bürgerlich-konservativen Boden, wo er seine Wurzeln drin hatte. Aber er selber übte sehr viel Kritik am Kleinkarierten, wollte nicht Militärkarriere machen und scheute auch Kirchenrituale. Ich war zuversichtlich, daß wir miteinander Lösungen finden könnten. So war es dann auch, aber das ging nicht gratis. Die großen »Haltungs-Aufhänger« Militär und Kirche waren bei meinem Mann zwar klar fortschrittlich-liberal definiert, aber seine Haltung im tagtäglichen Kram den Kindern und mir gegenüber war von Tradition verklebt! Er war wohl unsicher in diesem Spannungsfeld und hätte sich zusammen mit mir viel mehr Zeit nehmen müssen, auch im praktischen Detail klarzuwerden.

Damals vielleicht ihre starke Abhängigkeit vom Elternhaus.

Wie hofften Sie, sich gegenseitig zu ergänzen oder zu verändern?

Ich verstehe nicht, was mit dieser Frage gemeint ist. Irgendwie klemmt's plötzlich. Ich versuch's mit der nächsten.

Ich fand und finde es nach wie vor nicht notwendig, sich immer zu verändern und anzupassen. Wir sind schließlich zwei unabhängige, selbständige Individuen.

Wie schätzen Sie rückblickend Ihre Partnerwahl ein?

Wir hatten Glück. Wäre vielleicht eine einzige Komponente hinzugekommen oder hätte gefehlt, wir wären zerbrochen. Daß wir noch

Als Glücksfall sondergleichen! Für mich jedenfalls.

zusammen sind, ist nur zum kleinsten Teil unsere Leistung, es war Glück, Zufall...

Bei allen Gegensätzen erkennen Liebende auch oft das Gemeinsame, das »Ähnliche im Unähnlichen« ihrer Biographie oder ihrer Sehnsüchte.
Gab es solche »Ähnlichkeiten im Unähnlichen«, die Sie vielleicht erst heute erkennen (z. B. ähnliche Kindheitserfahrungen, Lebensaufträge, Träume, Utopien)?

War vielleicht das Ausbrechen aus etwas Drückendem, vom Alten Distanz nehmen, etwas Eigenes, Neues anzufangen, gemeinsam? Paul war ein ausgesprochen Spätgeborener aus einer verarmten Bürgersfamilie. Er machte mit den letzten Geldresten seiner Eltern ein Studium, das so viel abwerfen sollte, daß er damit jederzeit auch noch seine Eltern durchbringen konnte. (Sie bekamen damals von der jungen Altersversicherung bloß ein paar Franken.) Ich wurde von meiner Mutter sehr jung in einen Beruf hineinmanövriert (Damenschneiderin), von dem ich kaum leben konnte. Ein Beruf (typischer Frauenberuf), der mich laufend demütigte und rundherum Verzicht und Anpassung an Menschen erforderte, die sich »Haute Couture« leisten konnten, sich Freiheiten nahmen in Hülle und Fülle. Für uns beide, Paul und mich, denke ich, versprach ein *gemeinsamer Weg* mehr Möglichkeiten einer sinnvollen und kreativen Lebensgestaltung.

Ich kann diese Frage nicht beantworten, vielleicht, weil ich sie in ihrer Bedeutung nicht ganz verstehe. Vielleicht erscheinen mir diese Ähnlichkeiten auch nicht so wichtig.

In welcher Weise erleben Sie sich gegensätzlich zu Ihrer Partnerin/Ihrem Partner? (Als Ergänzung oder eher als Belastung?)

Ich glaube, beides trifft zu. Ich empfinde Paul sehr als Ergänzung, weil er Qualitäten bringt, die mir fehlen, im Rationalen z.B. Aber genau diese Qualitäten empfinde ich manchmal als Belastung und Einschränkung.

Ich fühle mich sachlicher, freier von Illusionen als Theres in der Beurteilung von Sachfragen, von politischen Fragen. Das empfinde ich als für meine Frau wichtige Ergänzung. In der Beurteilung von Menschen sind wir jetzt sehr oft gleicher Meinung. Das war früher nicht so.

Unsere Zeit ist geprägt von einer Vielfalt an Beziehungsvorstellungen für Paare und Familien. Trotzdem wirken traditionelle Bilder eines »richtigen« Mannes und einer »richtigen« Frau nach. Sie werden unterstützt durch gesellschaftliche Bedingungen (Arbeitswelt, Machtverhältnisse und Rollenverteilung Frauen/Männer). Was für Rollenvorstellungen hatten Sie ursprünglich?

Die Idee von der Überlegenheit des Mannes saß auch in mir. Aber sehr bald und auch ganz selbstverständlich haben wir bei uns viele Dinge partnerschaftlich geregelt, gleiche Taschengelder z.B. Ich war aber nie gewillt, dieselbe untergeordnete Rolle zu übernehmen wie meine Mutter. Paul fand das auch richtig, soweit er sich überhaupt Gedanken darüber machte. Von seiner Mutter wurden wir deswegen stark kritisiert!

Ziemlich traditionelle. Die Frage stellte sich damals kaum. Und die Vorstellung von der Frau im Haus und dem Mann in der Welt draußen kam ja uns Männern entgegen!

Wie haben sich diese gewandelt (z.B. nach dem ersten Kind)?

Nicht vom äußeren Rahmen her, weil ich immer die Hausfrau war und Paul immer der, der das Geld brachte. Es waren eher Haltungsveränderungen, die sehr, sehr langsam spürbar wurden!

Noch gar nicht. Stolzer Vater, vielleicht sogar liebevoller – aber keine Frage, was die Situation für Theres bedeutete!

## Was würden Sie heute anders tun punkto Rollenverteilung?

Wenn ich heute eine junge Frau wäre, würde ich wohl meine eigene Entwicklung besser im Auge behalten. Ich würde gegenseitige Abhängigkeiten beizeiten abbauen und viel früher mein Eigenes entwickeln.

Vieles. Aber vielleicht nur theoretisch? Gelegenheit zur praktischen Bewährung in der Familie habe ich nicht mehr. Ich verfolge aber auch die Anstrengungen und (Miß-)Erfolge bei den Töchtern und Söhnen mit Anteilnahme.

## Was sind Ihre Perspektiven für die Zukunft bezogen auf Familien- und Arbeitsengagement?

Ich möchte ein »gesellschaftsintegriertes« Alter verwirklichen, d. h. eine vielfältige Lebensgemeinschaft aufbauen. Im Nebenamt die Enkel genießen! Wo und wie Paul mitmacht, wird sich zeigen – ich sehe das noch nicht so genau.

Es gibt ein utopisches Modell von Capra (»Wendezeit«), das lautet: 50% Lohnarbeit, 50% ertragsfreie Arbeit und mitmenschliche Hilfe. Dieses Modell imponiert mir. Das läßt sich aber erst im nachkapitalistischen Zeitalter realisieren. Das würde auch gleichzeitig viele Beziehungs- und Familienprobleme lösen.

## In welcher Weise beeinflussen Ihre Kinder/Ihr Kind die Paarbeziehung?

Immer wieder geben die Kinder Anlaß, bestimmte Themen zu erörtern, und unmerklich oder auch ganz offenkundig wird am Standpunkt geschliffen. Wir bekommen von den Kindern quasi »en Schupf« (einen Anstoß). Aber die Kinder dienen auch als Thema, man spricht von den Kindern, dann muß man nicht von sich sprechen. Ein Ausweichen, ein Schutzschild vor den Paar-Themen, ein Versteckspielen, auch das gab es bei uns.

Bei einem Engagement für 4 Kinder kommt wahrscheinlich die Paarbeziehung immer zu kurz, mindestens bis nach ihrer Pubertät.

Zu welchen Zeiten fühlten Sie sich besonders glücklich (dankbar) oder bereichert durch das Kind / die Kinder?

Immer, wenn es gelungen ist, mit einem der Kinder einen guten Weg oder eine beidseitig zufriedenstellende Lösung auszuhandeln. Ganz schön sind Lösungen, die allen Kindern und uns zusagen, noch heute.

Eigentlich zu allen Zeiten. Selbst in der Zeit der Familien- und Ehekrise habe ich sie nicht als Belastung empfunden, eher als Herausforderung.

Zu welchen Zeiten fühlten Sie sich persönlich oder als Paar besonders belastet durch die Kinder?

Da war zuvorderst einmal die Verhütungssorge, die mich belastete und insofern auch unsere Paarbeziehung und unsere Sexualität beeinträchtigte. Persönlich fühlte ich mich durch die Kinder extrem belastet, weil Paul sehr viel im Ausland weilte und alles an mir hing.

Wenn Sie sich nochmals entscheiden könnten: Möchten Sie wieder Kinder haben? Gleich viele, weniger oder mehr?

Das ist eine sehr theoretische Frage, das Leben lebt man nur einmal, und so wie's war, so war es. Wenn ich heute eine junge Frau wäre, das heißt, ein Kind dieser Zeit, dann wäre so vieles anders, das sehe ich nun bei Markus, der in diesen Wochen 20 wird. Er hat schon eine ganz andere Prägung als seine fast zehn Jahre ältere Schwester Verena. Heute wachsen die Kinder auf mit einer erfüllten Sexualität, ohne Tabus, aber auch mit Aids, Drogen, Wohnungsnot und Ozonlöchern. Aber trotz allem... auch sie haben Träume, doch ganz ähnliche wie wir damals. Auch sie haben wieder Kinder und

Eine sehr theoretische Frage. Mit der heutigen Erfahrung und bei besserer Verteilung der Belastung ohne weiteres gleich viele. Aus ökologischen Überlegungen eher weniger.

stürzen ab mit ihnen auf den harten Boden der Realität. Die tatsächlichen Fortschritte sind winzig klein, aber sie sind doch da. Doch, ich glaube, ich hätte wieder Kinder, ich lernte sooo viel mit und von ihnen! Wie viele Kinder? Da lasse ich mich in meinem nächsten Leben überraschen! Im Moment ist für mich ganz klar, daß unsere vier Kinder zur Welt kommen mußten, jedes war willkommen, wir freuten uns. Aber ein fünftes Kind wollte ich unter gar keinen Umständen haben.

Wenn Sie an Ihre Krise und Ihre Entwicklung seither zurückdenken:
Welche damaligen Probleme sind gelöst oder haben zu Entwicklungsschritten geführt?

Maja konnte die Schule gut abschließen, lernte einen Beruf, der sie sehr befriedigt. Unsere Beziehungen zu den Kindern sind erfreulich lebendig, wir arbeiten vielfältig miteinander. Unsere Ehe ist ein lebendiges Provisorium geworden!

Wie schon am Anfang erwähnt, lagen die negativen Auswirkungen unseres Beziehungsarrangements vornehmlich auf meiner Frau. Das Familienproblem ist gelöst, unsere Ehe lebt. Ich persönlich habe mich von geschäftlichen und gesellschaftlichen Zwängen gelöst – eine bedeutsame Entwicklung, wenn ich an meine Prägung denke.

Was hat Ihnen im Umgang mit Krisen bisher am meisten geholfen (persönlich und als Paar)?

Ich habe für die Bedeutung von Krisen eine subtile Wahrnehmung entwickelt; das kommt vielleicht daher, weil wir gelernt haben – vor allem – ehrlicher und offener mit Konflikten umzugehen. Ich lernte auch, mich besser abzugrenzen. Diese Klarheit kam auch unserer Paarbeziehung zugute.

Positiv fand ich immer die durch Krisen bewirkte gemeinsame Auseinandersetzung und das Überdenken der eigenen Lebenslage.

Was hat Sie am meisten behindert dabei (persönlich und als Paar)?

Die Hemmung von Paul, über Schwierigkeiten zu sprechen, machte eine verbale Kommunikation sehr schwierig. Ich suchte immer andere Möglichkeiten, Ausdrucksmöglichkeiten, die mithalfen, einigermaßen in gegenseitiger Nähe zu bleiben und auf diesem Weg indirekt noch nicht deklarierte Schwierigkeiten abzubauen.

Meine Kommunikations-Schwäche, die Angst, daß ich verlieren könnte, wenn ich mich öffne.

Wenn Sie einem Paar (oder einer Frau/einem Mann) in ähnlicher Krise raten würden, was würden Sie sagen?

Es ist schon fast ein abgedroschener Slogan zu sagen, »geht doch zum Psychotherapeuten oder zur -therapeutin«, damit »man« mit den Problemen anderer nicht behelligt werde. Aber uns z. B. hat die Beratung tatsächlich weitergeholfen, hat etwas in Gang gebracht. Sicher kann in einer Krise Rat auch von anderer Seite kommen. Ich würde vielleicht einen passenden Buchtitel erwähnen, einen Vortrag zum Thema, ein Bildungswochenende etc. Ich meine, Ratsuchende können auf diese Weise plötzlich eine Antwort finden, eine Einsicht gewinnen und einen guten Weg finden. Wichtig ist ja, sich auf diesen zu begeben und Suchende darin auch zu unterstützen.

Ich würde tatsächlich eine außenstehende Beratung oder Supervision anraten. Denn es ist wohl unmöglich, Beziehungsprobleme objektiv selbst zu erkennen und zu lösen. Aber das ist ja alles so individuell. Während ich mich in Anwesenheit eines Moderators besser äußern kann, ist das bei anderen Menschen wohl wieder anders. Sie lassen den Rolladen herunter. Und dann gibt es schließlich Probleme, die man stehenlassen muß und mit denen man zu leben lernen muß.

Wenn es zutrifft, daß zu jeder lange dauernden Beziehung Probleme gehören und nicht lösbar sind: Gibt es solche bei Ihnen (welche)?

Ja. Wir werden immer zwei Individuen bleiben und somit grundsätzlich abweichende Meinungen haben können. Wenn sie übereinstimmend sind, haben wir Glück gehabt, wenn nicht, können wir das heute viel besser ertragen.

Ja, das Kommunikationsproblem. Aber nicht im Sinn, daß wir zu wenig sprechen miteinander. Wir (ich) können nur nicht gut über uns selbst sprechen. Und, in geringerem Maße, ein sexuelles Problem, das aber in zunehmendem Maß an Bedeutung verliert. Ich würde es als das Fehlen von Leidenschaft zugunsten von Zärtlichkeit bezeichnen.

Wenn Sie gut mit den unveränderbaren Problemen leben, wie wird Ihre persönliche und Ihre Situation als Paar sein?

Es wäre vermessen, uns als Paar oder mir selbst eine Prognose stellen zu wollen.

Ich hoffe, daß wir uns weiter zueinander entwickeln (geistig).

Können Sie sich ein gemeinsames Alter mit Ihrer Partnerin/Ihrem Partner vorstellen (wie)?

Ja, doch, sehr gut. Ich wünschte mir ein etwas vielfältigeres Beziehungsnetz, als es viele alte Menschen haben. Ich hoffe, der »Isolation zu zweit« entgehen zu können.

Doch, doch, ich freue mich sogar darauf. Aber das ist wieder ein Riesenthema mit noch vielen offenen Aspekten.

Kommentar zu den vorliegenden Fragen: Wie war die Beantwortung der Fragen für Sie?

Es hat mich sehr viel Zeit gekostet, das Nachdenken. Aber es hat gutgetan, es war eine Herausforderung.

Eine große Arbeit. Aber ganz gesund.

Haben Sie mit Ihrer Partnerin/Ihrem Partner darüber geredet? (Wie war's?)

Ich habe all die Fragen Paul vorgelesen, weil er Sehprobleme hat. Sofort signalisierte er Widerstände, da mitzumachen, das sei so schwierig. Ich verhielt mich neutral. Inhaltlich haben wir nicht darüber geredet.

Noch nicht. Ich möchte aber noch. Es wäre aber wohl nicht im Interesse der Sache, zum Beispiel die Blätter auszutauschen. Sozusagen »for review«?

Sind Sie einverstanden, wenn ich Ihre Antworten in meinem Buch zitiere, ohne Ihre Identität preiszugeben?

Ja. Ich denke an das Buch »Wenn Ehen älter werden«; das habe ich so gerne gelesen. Das tägliche Leben kommt mir unglaublich reich vor. Wir können voneinander so viel lernen!

Why not.

Hätten Sie Lust, mir mündlich einmal weitere Erfahrungen zu berichten. Allein oder mit Partner/in?

Im Moment bin ich froh, diese Aufgabe hinter mir zu haben und mache ganz gerne einen Punkt.

## Kommentar zu den Antworten von Theres und Paul

Wenn ich die beiden mit den meisten anderen Paaren aus der Lebensform »Familienehe in der Lebensmitte« vergleiche, die zusammengeblieben sind, scheint mir ihr Verständnis und ihre Bewertung der einzelnen Themen recht typisch zu sein. Auffällig sind dabei vor allem die Unterschiede zwischen Frau und Mann; von ihr kommen Geschichten, von ihm knappe, präzise Fakten. Auch damit sind Theres und Paul repräsentativ für diese Paargruppe.

Eindrücklich ist zum Beispiel, um wieviel dringlicher Theres rückblickend die Probleme um Nähe und Distanz in der Paarbeziehung, um emotionale Intimität als Voraussetzung für sexuelle Nähe, einschätzt als Paul. Auch ihr damaliges Anliegen, »mehr Raum für sich selber« zu haben, war ihr persönliches, von Paul nicht geteiltes. Er hatte ja Räume für sich allein – manchmal mehr, als ihm lieb war, wenn er zum Beispiel wochenlang in einem normierten Hotelzimmer irgendwo im Fernen Osten leben mußte. Am auffälligsten – aber für die Lebensform, in welche dieses Paar gerutscht war, wohl symptomatisch – scheint mir die Diskrepanz von Frau und Mann in der Bewertung des damaligen Kinderproblems. Während dieses für Theres auch rückblickend den höchstmöglichen Stellenwert einnimmt – Maja diente ja bezeichnenderweise als »Eintrittskarte« für die spätere Paartherapie –, tendiert Paul dazu, das Thema »nicht zu übertreiben«. In den Worten von Theres bedeutet das allerdings, daß ihr Mann damals ihre Ängste um die Entwicklung ihrer Töchter nicht besonders ernst nahm. Sie fühlte sich damit weitgehend allein gelassen, bis Maja mit ihren Symptomen deutliche Alarmzeichen gab, die auch den Vater mobilisierten. Er nahm es dann allerdings auf sich, den ersten Termin für ein Familiengespräch bei mir zu vereinbaren.

Typisch scheint mir auch, daß Theres die Arbeitszufriedenheit ihres Mannes schon bei unseren ersten Gesprächen als wesentlich negativer einschätzte als er selber und auch seine Überbeanspruchung durch den Beruf und seine häufige Abwesenheit als größeres Problem einstufte als er. Später sollte sich zeigen, daß sowohl ihre Einschätzung als auch der damalige Protest seiner Kinder gegen Inhalt und Form seines beruflichen Engagements bei ihm auf vorbereiteten Boden gefallen waren. Paul ist inzwischen aus dem internationalen Ingenieur-Unternehmen ausgestiegen. Seit mehreren Jahren ist er privat als Energieberater tätig.

*Schlußkommentar*

Ich habe mich gefragt, woher Theres und Paul sowohl ihre Lebendigkeit als auch die Beständigkeit hernehmen, mit welcher sie in einer Zeit großer sozialer Umwälzungen eine traditionell geschlossene Ehe mit vier Kindern seit 33 Jahren »über die Runden brachten« und heute nach intensiven Krisen noch zusammen und – wage ich es zu schreiben? – oft sogar glücklich sind.

Ich habe viele Ideen zu dieser Frage, die alle auf irgendeine

Weise bereits angedeutet sind im Originaltext des Paares. Darum fasse ich sie nur kurz zusammen:

Beide, Theres und Paul, haben das, was ich als »Wurzeln« bezeichne, verknüpft mit ihren individuellen Lebensentwürfen und ihrer Geschichte als Paar- und als Familienmenschen. Eindrücklich übrigens die lebendige Schilderung der Kulturen, denen sie beide entstammen: Paul aus einer »verarmten bürgerlichen Familie«, die lange im Ausland gelebt hat, und Theres aus einer Arbeiterfamilie mit einer besonders kräftigen eigenen Kultur. Auch wenn vieles im Leben ihrer Herkunftsfamilien schwierig war, identifizieren sich beide positiv mit ihnen. Ich denke, das hat damit zu tun, daß sie den Zugang zu den »Skeletten« (die alten Verletzungen), besonders aber zu den »Schätzen« im Familienkeller gesucht und in Geschichten aufgehoben haben. Damit gewannen sie eine Identität, die ihnen über die Wechselfälle des sozialen Wandels hinaus Beständigkeit vermittelte.

In elterlichen Geschichten sind immer auch *Szenarien für Wandel* angelegt, die Theres und Paul und später ihre Kinder nutzen konnten. Sie stellen Menschen dar, die nicht einfach bequem auf demselben Fleck sitzengeblieben sind, sondern mit dem Leben experimentiert haben. Das »langlebige Provisorium von Liebe und Ehe«, von dem Theres und Paul erzählen, scheint darin seinen Anfang genommen zu haben.

Typisch für jene Paare, die – über alle Krisen ihrer unterschiedlichen Entwicklungsprozesse hinaus – sich lange begleitet haben und sich dabei begegnet sind, finde ich die respektvolle, wenn auch mit Fragen verbundene Beziehung von Paul und Theres zu den Kulturen ihrer unterschiedlichen Herkunft. Eindrücklich und kennzeichnend für die Loyalität zu ihrer Geschichte scheint mir die Tatsache, daß sowohl Theres als auch Paul für ihre Eltern sorgten, als diese alt und krank wurden. Paul unterstützte seine Eltern finanziell, und Theres begleitete ihre Mutter und später ihren Vater mit großer Anteilnahme durch Krankheit und Sterben. Dabei setzte sie sich nochmals auseinander mit dem, was sie von ihnen bekommen und was sie an ihnen vermißt hatte, und kam sich dadurch selbst ein Stück näher. Vielleicht ist diese Art von Versöhnlichkeit den eigenen Eltern gegenüber das, was einfließt in die großzügige Toleranz zueinander, wie ich sie bei diesem Paar, aber auch bei anderen wahrnehme, welche ihre Beziehung mit solcher Loyalität über Jahrzehnte entwickelt haben? Von Bedeutung ist dabei wohl auch der Satz im Text von Theres, sie wisse nun, daß die Paarbeziehung »nicht mehr das Gelbe vom Ei sei« und sie Paul dennoch herzlich liebe. Der unkonventionelle berufliche Aufbruch der beiden um die Lebensmitte sowie das gegenseitige Sich-Loslassen in Verbundenheit scheint auch ihren Kindern eine Möglichkeit geworden zu sein, mit Liebe, Arbeit und eigenen Kindern zu experimentieren und dabei den eigenen Boden unter den Füßen zu bewahren.

Daß übrigens auch bei Theres und Paul wie bei vielen anderen Paaren gelegentliche Verliebtheit in andere Menschen zur gemeinsamen Geschichte gehörte und kein Anlaß für Tragödien war, sondern für Entwicklungen, paßt gut zu ihren Lebensentwürfen von Vitalität *und* Beständigkeit.

Zum Schluß ein Zitat von Theres, mit dem sie mir ihre Fragebogen schickte.

»Solche Rückblicke haben etwas von Glatteis an sich. Ich schicke Ihnen meine Antworten zusammen mit dem Bild einer Schlittschuhläuferin. Sie erinnert mich an meine Mutter, die als Köchin in L. arbeitete und beim Schlittschuhlaufen meinen Vater kennenlernte. Das Balancieren hat ihr ganzes Leben durchzogen. Auch ich spüre, bei aller wiedergewonnenen Stabilität als Paar, zuzeiten das Krachen im Eis, auf dem wir ›tanzen‹. Nur – sollte es wirklich einmal zum großen Tauwetter kommen (um bei dieser Symbolik zu bleiben), dann heißt es eben schwimmen, für uns beide!«

»Wir hatten wunderbare Visionen, aber der Alltag zerstörte sie.«

# Kapitel 9

# Mutterschaft und Beruf in Phasen: »Lieber den Spatz in der Hand...« *Katy* und *Markus*

In diesem Kapitel geht es um die Frage, in welcher Art sich die großen Hoffnungen an progressive Modelle zur Vereinbarung von Familie und Beruf im Einzelfall erfüllen lassen. Anhand einer »typischen« Paargeschichte zeige ich auf, was die damit verbundenen Krisen sowie mögliche Lösungen sein können.

Die Balance zwischen Liebe, Elternschaft und Arbeit immer wieder neu zu finden, setzt bei dieser Lebensform besondere Flexibilität und die Bereitschaft voraus, tradierte Vorstellungen durch eigene Lebens- und Familien-Entwürfe zu ersetzen. Dabei zeigt sich, daß nach wie vor viele Männer festgehalten werden von hergebrachten Konventionen und den Erwartungen der Arbeitswelt. Als Söhne von emotional oder real abwesenden Vätern, besonders aber als Erben von Berufs- und Familientraditionen, ist ihnen der Blick auf alternative Arbeits- und Familienformen häufig verstellt.

Auch Frauen vermissen meistens Modelle in der eigenen Biographie für die erträumte flexible Rollenverteilung. Wenn die fast unveränderten Bedingungen in Schule und Arbeitswelt mitbedacht werden, wird verständlich, warum Frauen vorwiegend mit der Familienarbeit identifiziert bleiben, selbst wenn sie berufstätig sind, und Männer ihre Identität auch bei progressiven Lebensformen wesentlich von ihrer Berufsarbeit ableiten.

Während sich seit den 60er Jahren durch verbesserte Frauenbildung ein Wandel in den Wertvorstellungen zugunsten der Berufstätigkeit von Müttern (auch ohne ökonomische Notwendigkeit) vollzogen hat, bedeuten die nach wie vor an der traditionellen

»Familienehe« orientierten gesellschaftlichen Institutionen, daß die gewünschte flexible Rollenverteilung eines Paares behindert ist, sobald Kinder kommen. Krisen in solchen Beziehungen sind, wie das folgende Paarporträt zeigt, durch gebrochene Vereinbarungen und das Auseinanderklaffen von Wunsch und Wirklichkeit programmiert. Sie können aber auch Anlaß zur Entwicklung neuer Szenarien sein und zum Gelingen der von Frauen und Männern gewünschten flexiblen Arbeitsteilung in einer lebendigen Paarbeziehung beitragen.

## Das Leitbild »Dreiphasen-Modell«

Bei dieser Lebensform plant ein Paar bewußt Elternschaft und Berufstätigkeit so, daß zuerst beide berufstätig sind. Nach der Geburt des ersten Kindes bricht die Frau ihre Berufstätigkeit vorübergehend ab, um sie später wieder aufzunehmen (mit allmählich steigendem Pensum), wenn die Kinder größer werden. In der dritten Phase ist sie wieder voll berufstätig. Im besten Fall behält sie auch während der Phase als Familienfrau einen Fuß in der Berufswelt, zum Beispiel durch laufende Weiterbildung. Je mehr sich die Frau in der Arbeitswelt später wieder integriert, desto mehr nimmt der Mann teil an der Familienarbeit – so jedenfalls lautet das Ideal, welches von einer größeren Anzahl junger Paare angestrebt wird. In meiner Untersuchung gehört ein Drittel der Befragten, d. h. 11 Paare, zu dieser Gruppe.

»In der Generation der heute etwa Dreißigjährigen gibt es doppelt so viele Dreiphasenfrauen wie in der Generation der über Fünfzigjährigen. In Großstädten und Agglomerationsgemeinden begünstigt die Mentalität die Wiederaufnahme der Erwerbsarbeit. Zudem stehen die geeigneten Arbeitsplätze (Teilzeitstellen) eher zur Verfügung als in ländlichen Gebieten.«[1]

Antworten auf die Frage, ob dieser Trend tatsächlich zugunsten der Frauen verläuft, wie ursprünglich angenommen wurde, beziehungsweise was für Bedingungen in und außerhalb der Paarbeziehung diese Konstellation ermöglichen oder behindern, will ich anhand des folgenden Porträts skizzieren.

## Die frühen Jahre der Paarbeziehung

Sie lernten sich auf der Fähre zwischen England und Frankreich kennen, als Katy 21 und Markus 22 Jahre alt waren. Katy hatte – nach ihrer Lehre als Verwaltungsangestellte – ein halbes Jahr als Au-pair-Mädchen in England gearbeitet, und Markus kam von Tramper-Ferien in die Heimatstadt zurück, um nach einer Lehre als Typograph eine Zweitausbildung an der Kunstakademie zu beginnen. Es war keineswegs Liebe auf den ersten Blick, wie die beiden rückblickend erzählen, sondern ein Gefühl von Vertrautheit und gleichzeitiger Lust am Aufbruch, das sie zueinander zog. Ein Jahr lang lebten sie dann, eher zufällig, in derselben Stadt. Sie sahen sich zwar ab und zu, aber ihre berufliche Entwicklung und ihre bestehenden Freundeskreise blieben vorläufig wichtiger als eine mögliche eigene Beziehung. Markus war als Kunststudent und Teilzeit-Angestellter in der Druckerei seiner Familie angeregt und ausgefüllt. Katy arbeitete wie vor ihrem Englandaufenthalt in der Verwaltung einer Universitätsklinik und lebte im Personalhaus, bis sie sich entschloß, sich noch zur Ernährungsberaterin auszubilden und in eine andere Stadt zu ziehen. »Genau zu dieser Zeit, als uns die Trennung drohte, verliebten wir uns so richtig ineinander«, erzählt Markus. »Katy zog zwar tatsächlich weg, aber ihre Rarität machte mir deutlich, daß ich ohne sie nicht mehr leben wollte. Auch sie zeigte mir ihre Liebe.«

Nach einem Jahr des Hin- und Herreisens zwischen zwei Städten konnten die beiden in einer Kleinstadt dazwischen ein Häuschen mieten. Als sie es zum erstenmal sahen, blühte im Vorgarten ein riesiger alter Fliederbaum. Die Zeit im »Fliederhäuschen« wurde seither für sie zum Inbegriff einer glücklichen Lebensphase, nach der sich beide noch heute sehnen. Die Balance zwischen »Wir« und »Ich« gelang; es gab gute Zeiten von Intimität, aber auch viel Zeit für Eigenes. Katy entwarf mit Kolleginnen zusammen Konzepte, um die Ernährungsberatung »neu zu erfinden«, wie sie erzählt. In einer Teilzeitstelle in einer ländlichen Klinik wurde sie zwar ins kalte Wasser geworfen ohne Unterstützung und Anleitung, aber dafür erhielt sie von ihren Vorgesetzten viel Freiraum. Sie war voll von Schaffensdrang und kreativen Ideen, konnte trotz ihrer Jugend auch mit älteren Menschen gut umgehen und fühlte sich ihrer selbst sicher.

Auch Markus erlebte eine spannende Zeit in der Graphik-Klasse der Kunstakademie und genoß es, im eigenen Atelier des Fliederhäuschens zu arbeiten. Seinen Lebensunterhalt verdiente er durch Mitarbeit in der Druckerei und Verlagsanstalt, welche von seinem Vater als Familien-Aktiengesellschaft geführt wurde. Als ältester und einziger Sohn einer Familie mit vier Kindern – er hat drei jüngere Schwestern – war er zuerst fraglos der väterlichen Tradition gefolgt, um später einmal den 120jährigen Betrieb zu übernehmen. Jetzt war sich Markus dessen nicht mehr sicher. Seine Beziehung zu beiden Eltern war seit der Pubertät distanziert und kühl: Bei seiner Mutter stellte er »einen protestantischen Puritanismus und eine Enge des Herzens« fest, welche ihn bedrückten. Seinen Vater empfand er als »Gefangenen gewerblich-bürgerlicher Tradition«, welcher dieser seine künstlerischen Seiten, seine Freude an Malerei und Fotografie geopfert hatte.

Katy stammt ebenfalls aus einer Familie mit vier Kindern – zwei Töchter und zwei Söhne – und ist ebenfalls eine Älteste. Ihre Eltern, beide aus dem Arbeitermilieu, hatten spät geheiratet. Der Vater, gelernter Mechaniker, übernahm bald nach der Heirat eine mechanische Werkstätte, wo ihm seine Frau – sie war Krankenschwester gewesen – das Büro besorgte. Katy schreibt dazu: »Mein Vater war sicher enttäuscht, keinen Stammhalter zu bekommen, als ich geboren wurde. Trotzdem liebte er seine beiden Töchter abgöttisch und nahm uns in Schutz vor der Mutter, die uns wohl immer etwas als Konkurrenz sah. Sie war eigentlich eine musische Frau, aber ihre enge katholische Erziehung, die Arbeit mit vier Kindern sowie die notwendige Mithilfe im Geschäft ließen ihre eigenen Interessen verkümmern. Es blieb bei ihr vieles Bruchstück, ein richtig zersplittertes Leben, auch als Vater eine Buchhalterin angestellt hatte für das Geschäft und Mutter sich ins Haus zurückzog. Mit der Zeit spielte sie auch nicht mehr auf dem Klavier, das sie in die Ehe gebracht hatte. Ihre eigenen Saiten wollten immer weniger klingen. Mein jüngster Bruder hat diesen Teil für sie übernommen. Er ist leider als brotloser Musiker gestrandet und zu Hause hängengeblieben. Als mein Vater unerwartet früh starb – ich war damals gerade mit Markus zusammengezogen –, übernahm der ältere Bruder das Geschäft und überließ die Mutter und ihren Musikersohn ihrem Schicksal. Auch ich habe mich damals distanziert von ihnen, weil ich diese schreckliche Bindung der beiden aneinander nicht ertrug.«

## Wendepunkte

Nach vierjährigem freiem Zusammenleben von Markus und Katy im Fliederhäuschen wurde es ihnen gekündigt. Eine Entscheidung wurde fällig. Katy beantragte einen Weiterbildungsurlaub und reiste für drei Monate in die USA. Markus fand eine interessante Arbeit in einer internationalen Werbefirma und lebte eine Zeitlang allein. Sobald Katy zurückkam, beschlossen die beiden zu heiraten. Im nachhinein schätzen beide diesen Entschluß als die erste Zäsur ihres Lebensentwurfs ein, deren Tragweite sie damals viel zuwenig beachteten. Markus erzählt: »Rückblickend muß ich sagen, daß die Heirat und die damit aktivierten gesellschaftlichen Normen und Erwartungen uns seelisch viel tiefer beeinflußten, als wir angenommen hatten. Bei mir kamen plötzlich Existenzängste hoch: Sollte ich freiberuflich tätig werden oder mich doch ins gemachte weiche Nest legen? Das Erbe erwerben, um es zu besitzen und an eine nächste Generation weiterzugeben? Wie würde Katy einen solchen Verrat am Traum, daß wir alles neu machen würden, verkraften? Lieber nicht fragen, war damals meine Devise.«

Katy litt unter dem Verlust ihres Namens, des Vater-Namens, auf den sie stolz gewesen war. »Mit der neuen Identität tat ich mich schwer«, schreibt sie. »Durch die Heirat wurde ich Teil einer Familie, die so ganz andere Werte verkörpert als meine. Ich merkte damals, daß Markus tief in seinem Innern halt doch einem konventionellen Familienbild verhaftet geblieben war. Er war in einer Tradition aufgewachsen, wo die Frauen selbstverständlich die Männer auf die Bühne treten lassen und sie von hinten versorgen und lenken. Durch unsere Heirat kam er zu meinem Entsetzen diesen hergebrachten Männer- und Frauenbildern wieder sehr viel näher. Seine Mutter hatte durch das Zusammenleben mit ihrer unverheirateten Schwester immer Hilfe im Haushalt gehabt und zahlreiche kirchliche und soziale Tätigkeiten gepflegt, was zu ihrem großbürgerlichen Lebensstil paßte. Dafür bewunderte Markus sie, trotz aller Distanz. So etwas konnte ich mir gar nicht vorstellen. Aber uns beiden fehlten Modelle, wie Frau und Mann Berufsarbeit und Familie sinnvoll verbinden können. Das zeigte sich dramatisch bei der Kinderfrage.«

Im Rückblick reflektierten beide die Motive, welche sie ursprünglich zusammenführten und sie eine progressive Lebensform wählen ließen, deren Versprechungen innerhalb der bestehenden Strukturen aber dann nur schwer einlösbar waren.

## Partnerwahl und Paarmythos: »Wir sind als Paar das lebendige Gegenteil unserer Eltern«

Sowohl Markus als auch Katy haben bei ihren Eltern erlebt, was es bedeutet, als »Gefangene des vorgegebenen Lebenslaufs« in festen Gehäusen zu leben. Es gab die Enge der alteingesessenen städtischen Geschäftsfamilie bei Markus. Da war ein Vater, der fraglos den Familienbetrieb weiterführte und seine musischen Seiten der puritanisch-protestantischen Ethik seines Milieus opferte, welche auch von seiner Frau aufrechterhalten wurde. Die entsprechende Familienatmosphäre von Fleiß, Anstand und Pflichterfüllung, welche Konformität mit Ansehen und Reichtum belohnt, aber alles davon Abweichende hart bestraft, illustriert Markus mit folgender Episode: Als er sich mit 18 die Haare schulterlang wachsen ließ, wurde er dafür im Geschäft von seinem Vater geohrfeigt und auch mit Worten gedemütigt. Er gelobte sich damals, diesem Milieu für immer den Rücken zu kehren.

Katys Temperament und unkonventionelle Art, ihre Lebensfreude und Lebenslust haben früh schon das Korsett ihrer traditionellen Erziehung als Mädchen in einer streng katholischen Familie gesprengt. In der Klosterschule, in welche sie gesteckt wurde, nachdem sie die Freiheitsgrade des öffentlichen Gymnasiums mit ihrer Opposition überschätzt hatte, empfand sie ohnmächtige Wut gegenüber dem vorherrschenden Frauenbild. Obwohl ihre Familie einen gewissen Aufstieg geschafft hatte, fühlte sich Katy durch die soziale Unsicherheit ihrer Eltern eingeschränkt. Mut, auch ohne Abitur einen eigenen Weg zu gehen, gab ihr vor allem ihre Großmutter, eine ehemals aktive Gewerkschafterin, die sie sehr liebte. Ihr heiteres und witziges Naturell schlägt bei Katy durch, sobald es ihr gutgeht. »Für mich war dieses Naturell wie eine sprudelnde Quelle, in die ich mich verliebt habe«, erzählt Markus dazu. »Katys Großmutter habe ich noch erlebt. Katy ist ihr wirklich ähnlich, zum Glück.«

Immer wieder fällt mir bei den Berichten der Frauen und Männer, die in den konservativen 40er und 50er Jahren geboren wurden, auf, wieviel vitaler sie ihre *Großeltern* erlebt haben als ihre eigenen Eltern. Es scheint, daß die bei vielen Müttern dieser Generation beobachtete Einengung ihres Erfahrungshorizontes, ihr exklusiver Familienbezug und ihr Leben als »grüne Witwen« für die Töchter wenig positive Identifikationsmöglichkeiten ergaben. Nach dem Zweiten Weltkrieg wurden Frauen einerseits von heimkehrenden Männern aus der Arbeitswelt verdrängt, andererseits akzeptierten viele dieser Frauen das Leben in der »heilen« Familie als Alternative zu der vorher erlebten Überlastung. Der durch den wirtschaftlichen Aufbau beschleunigte Individualisierungsprozeß führte zum Phänomen der einsamen Familienfrau. Das in den 40er und 50er Jahren dieses Jahrhunderts dominierende Familienbild hat bei vielen Frauen, die heute in der Lebensmitte sind, deutliche Spuren hinterlassen. Diesem Leitbild können allerdings auch bereichernde Geschichten aus großmütterlichen Lebensläufen entgegentreten, wie das bei Katy der Fall war.

Auch Männer dieser Generation berichten, daß sie oft eine viel nähere, »lustigere« Beziehung hatten zu eigenwilligen Großvätern, welche zum Beispiel als Gesellen in den 20er Jahren durch die Welt gezogen waren, als zu ihren in der Arbeit eingebundenen und gefühlsmäßig abgekapselten Vätern. Diese widmeten meist ihre ganze Energie dem sozialen Aufstieg, wie es der wirtschaftlichen Aufbauzeit nach dem Krieg entsprach.

Deutlich wird bei Katy und Markus der Gegensatz ihrer religiösen Traditionen: calvinistischer Protestantismus bei Markus, ländlicher Katholizismus bei Katy, Fleiß und Ordentlichkeit bei ihm und eine durch die Großmutter vermittelte lebensfrohe Sinnlichkeit bei ihr: »Ich pilgerte als Kind mit meiner Großmutter manchmal nach Maria Einsiedeln und konnte dort stundenlang die Heiligen auf ihren dicken weißen Wolken bewundern, das Herz von Pfeilen durchbohrt, umrahmt vom Lichterkranz. Da mein zweiter Name Maria ist, ließ ich mich als Kind auch eine Zeitlang so nennen. In der Klosterschule ist mir die Lust dazu dann vergangen.«

Diese Gegensätze ihrer Biographien mit ihren möglichen gegenseitigen Ergänzungen – seine Lust auf ihre chaotische Lebendigkeit, ihre Freude an seiner Nachdenklichkeit und Ordentlichkeit – sowie die gemeinsame Energie, »etwas Neues« aus ihrem Leben zu machen, sind lebendig geblieben, trotz aller Brüche im Alltag. Im Fliederhäuschen haben die Gegensätze einmal geblüht, und die Erinnerung daran ist nicht verloren, trotz aller uneingelösten Versprechungen, trotz Enttäuschungen.

## Die erste Krise

Inzwischen waren Katy 34 und Markus 35 geworden, ihre »biologische Uhr« tickte lauter, wie Katy erzählt. Noch bevor sie sich bewußt für ein Kind entschieden hatten, wurde sie schwanger. Beide diskutierten verschiedene Modelle, wie sie Beruf und Familie vereinbaren könnten, und stimmten überein, daß »beide beides wollten«. Das Dreiphasen-Modell schien dafür die beste Lösung: Katy würde vorerst ein Jahr zu Hause bleiben, aber weiterhin einen kleinen Lehrauftrag an einer Schule für Krankenpflege behalten, während Markus wöchentlich einen halben Tag weniger arbeitete. Nach einem Jahr dann wollte er sein Familienengagement auf einen Tag ausdehnen, damit Katy wieder teilzeitlich in ihre Beratungstätigkeit einsteigen könnte. In einigen Jahren würde man einen Tages-Kindergarten suchen.

Kurz vor der Geburt des Kindes starb Markus' Vater an einem Herzinfarkt. Markus ließ sich beurlauben und sprang vorübergehend in die Lücke, die der Vater im Familienbetrieb hinterließ. Unversehens aber wurde er mit Haut und Haar von der Arbeit aufgefressen. Es war die Zeit gewaltiger Umstellungen im Druckereigewerbe. Arbeitsplätze treuer Mitarbeiterinnen und Mitarbeiter der Firma standen auf dem Spiel, und da Katy aufgehört hatte zu arbeiten, schien dieser vorübergehende Einsatz auch finanziell für die junge Familie sinnvoll. Schließlich kündigte Markus seine Stelle und trat als Geschäftsleiter und Mit-Aktionär in den Familienbetrieb ein. »Wir entschieden uns eigentlich gar nicht, es geschah einfach«, erzählen beide im Rückblick.

In dieser Zeit kam ihre Tochter zur Welt. Katy beschreibt sie als stark und eigenwillig wie sie selber, ein Kind, das ihr Wesentliches im Leben beigebracht habe – Geduld zum Beispiel –, aber sie durch seine Vitalität und das monatelange nächtliche Brüllen auch zur Verzweiflung gebracht habe. Katy erzählt rückblickend: »Das Schlimmste war, daß Markus plötzlich wie vom Erdboden verschwunden war. Schon kurz nach der Geburt versank er bis über die Ohren im Geschäft und überließ mich meinem Schicksal.«

Sie hatten sich alles so einfach vorgestellt. Ein Kleinkind schläft ja sowieso den ganzen Tag, dann könnten beide wie bis anhin noch eigene Interessen pflegen, und auch Katy würde einen Fuß im Beruf behalten. Aber plötzlich saß sie da mit einem kleinen Kind, völlig unvorbereitet, ohne positive Leitbilder für diese Situation. Sie fühlte sich der Isolation und den neuen Anforderungen überhaupt nicht gewachsen. Ihr psychologisches Wissen über die sogenannte entscheidende Bedeutung des ersten Lebensjahres setzte sie unter grausamen Leistungsdruck. Abschätzige Bemerkungen aus der Familie wie »Du hast aber eine eigensinnige Tochter, die wird mal eine Emanze werden wie ihre Mutter« trafen sie wie Giftpfeile. »Ich war so gänzlich ohne Haut, ohne Selbstbewußtsein, so ausgeliefert wie noch nie im Leben. Der Bruch zwischen vor und nach der Geburt war unerträglich, unbeschreibbar! Irgendwie habe ich Markus noch immer nicht verziehen, daß er mich damals so total im Stich ließ«, erzählt Katy viele Jahre später in der Therapie.

Der jungen Frau wurde in dieser Zeit schmerzlich bewußt, wie viel Selbstvertrauen sie aus dem Beruf bezogen hatte und wie wenig aus ihrer Rolle als Ehefrau und Mutter davon übrig blieb. Ihre winzige Teilzeitarbeitsstelle war ihr mehr Last als Freude. Als sie realisierte, daß sie nur aus Zukunftsangst daran festhielt, kündigte sie. Katys plötzlicher Mut, sich auf Neues und Unbekanntes einzulassen und einen langfristigen Lebensplan zu entwickeln, gab ihr Energie. Ganz bewußt plante sie nun mit Markus zusammen ein zweites Kind. Sie wollte sich vorerst in ihrer Mutterrolle festigen, um dann drei Jahre später einen ausgedehnten Lehrauftrag zu übernehmen. Das sei eine sehr gute Zeit gewesen, meint Katy im nachhinein, vor allem, weil sie klare Zukunftspläne hatten.

## Die zweite Krise

Sie bahnte sich ohne dramatische Vorboten an, dafür mit kleinen, alltäglichen Erfahrungen der Nichteinlösbarkeit des ursprünglichen Planes von einer flexiblen Rollenverteilung. Es gab viele Nadelstiche der Enttäuschung, oft tagelange Kälte zwischen Markus und Katy und nur noch sporadisch Zärtlichkeit und sexuelle Kontakte.

Die junge Familie war inzwischen in das geräumige elterliche Haus des Mannes gezogen, seine Mutter hatte eine Wohnung gefunden. Zaghaft versuchte Katy einen Wiedereinstieg in den Beruf. Sie arbeitete stundenweise an der Klinik und versuchte, sich mit eigenen Kursangeboten selbständig zu machen. Aber sowohl ihr inneres als auch das äußere Gleichgewicht waren brüchig geworden. »Mit den Füßen in zwei Welten stehen, dieses ständige Balancieren auf dem Hohen Seil... Und täglich neu einen Weg finden, wie in einem Dschungel. Kinder und Haushalt hingen gänzlich an mir, selbst wenn Markus ab und zu einen Tag zu Hause blieb und den Garten und die handwerklichen Arbeiten besorgte. Jeweils einen Tag lang übernahm er eine klare, sichtbare Aufgabe. Was für ein Gegensatz zu meinem täglichen Kleinkampf um die unsichtbaren Details... Mir kam immer wieder das Bild von der zu kleinen Bettdecke hoch: Ständig zupfst du an einer Ecke, und doch schaut immer etwas hervor, man verkühlt sich... Dazu drückten mich die ewigen Schuldgefühle gegenüber Markus und den Kindern, wenn ich arbeitete, und gegenüber meiner Arbeit, wenn ich an zu Hause dachte und unkonzentriert war. Manchmal raubten mir diese Schuldgefühle alle Energie«, schreibt Katy im Rückblick.

Als ihre Mutter an Krebs erkrankte, pendelte Katy als die verantwortungsbewußte Älteste zwischen drei Welten: bei ihrer Mutter auf der Krebsstation, in der eigenen Familie und im Beruf. Sie bewegte sich wie in Trance und spürte ihre Überforderung zuerst kaum. Erst als die Mutter gestorben war – nachdem Katy ihr noch einmal nahe gekommen war wie nie zuvor –, brach sie zusammen. »Es war, als ob eine zähe Rinde Risse bekommen würde, zuerst bei meiner Mutter, dann bei mir. Ihre aufbrechenden weichen und zärtlichen Seiten hatten auch bei mir Sehnsüchte nach Weichheit und Abhängigkeit geweckt. Aber Markus war in weite Ferne gerückt; gradlinig und 150prozentig verfolgte er seine Karriere. Nicht böse, einfach emotional wie mit Teflon überzogen erschien er mir. Meine Sehnsüchte prallten an ihm ab, und an seiner Schutzschicht zu kratzen, wagte ich selten.«

In dieser Situation kamen die beiden zu mir in Paartherapie, angeregt von Katys Hausärztin, welche bei ihr eine »latente Depression« vermutete. Markus erschien zuerst eher abweisend und verschlossen, offensichtlich in der Erwartung, als Verursacher von

Katys Elend angeklagt zu werden, während seine Frau aufgeregt und ständig den Tränen nahe, mit steifem Rücken infolge eines Hexenschusses, von ihrer Enttäuschung und ihrer Verzweiflung erzählte. Anhand eines kürzlich erlebten Zwischenfalls machte sie mir die gegenwärtige Lage deutlich. Katy leitete drei Tage lang einen Kurs auswärts, und Markus versprach ihr, in dieser Zeit zu Hause nach dem Rechten zu schauen. Das bedeutete, daß die beiden Kinder, in der Zwischenzeit 7 und 9, nach der Schule bei einer Nachbarin blieben, wo er sie am späten Nachmittag abholte und versorgte. Bevor Katy zurückkam, ließ Markus durch die Haushaltshilfe das Haus von oben bis unten blank putzen und legte selber Hand an, »um meiner Frau eine Freude zu machen«, wie er sagte. Im Haus wurde vieles verrückt, einige von Katys Pflanzen hatte Markus bei der Räumung weggeworfen. Die Kinder waren kreuzfidel, wenn auch übermüdet. Markus hatte mit ihnen oft im Restaurant gegessen, was diese genossen. Aber dafür vergaß er ihre Musikstunden und ihre Hausaufgaben und saß jeden Abend lange mit ihnen beim Fernsehen.

*Katy über Markus:* »Das war das schlimmste für mich: Erst hielt er sich während Jahren in keiner Weise an unsere Vereinbarung und baute sich eine Karriere auf ohne Rücksicht auf mich und die Kinder. Sobald ich einmal ein bißchen für mich arbeitete, kam er und spielte den großen Chef und Organisator und zeigte mir, wie leicht sich die Arbeit zu Hause tun ließe, wenn ich bloß so tüchtig wäre wie er. Natürlich fand er genug Frauen, die ihm die Kinder abnahmen, so einem armen überlasteten Mann! Er spielte dann jeweils den großzügigen Papa, während ich als pingeling-beschützende Mutter galt. Emotional hatte er die Zugbrücke zu mir längst hochgezogen. Dafür war er nun draußen der joviale Unternehmer und kriegte alle Anerkennung. Der tägliche Mist blieb aber an mir hängen. Das saubere Haus gab uns die Liebe nicht zurück.«

*Markus über Katy:* »Sie hätte wissen müssen, daß ich ihr helfen wollte, mit dem Hausputz zum Beispiel. Als sie aus dem Kurs nach Hause kam, habe ich ihr sogar Blumen hingestellt, um ihr eine Freude zu machen. Daß sie mir unterstellte, ich wollte ihr damit eine Lektion erteilen, machte mich sauer. Ich hatte ihr längst versprochen, daß ich im Geschäft zurückstecken würde, sobald ich mit der Reorganisation fertig war. Inzwischen aber räumte ich daheim ständig auf, weil ich Chaos nicht ertrage, nicht weil ich ihr eins auswischen wollte. Die Kinder habe ich übrigens nie vernachlässigt, bloß ließ ich ihnen aus Überzeugung mehr Freiheit als meine Frau.«

## Der Entwicklungsprozeß von Katy und Markus im Rückblick

Beide, Markus und Katy, hatten ursprünglich einen positiven gemeinsamen Lebensentwurf. Sie ersehnten sich Freiheit von den einengenden Konventionen ihrer Herkunftsfamilien, wollten einen gemeinsamen Weg gehen und sich auch als Individuen entwickeln. Beide hatten eine Vision der Gleichwertigkeit von Familien- und Berufsarbeit, nahmen sich viel Zeit für ihre Entscheidungen, machten sich nichts einfach. Ihre Voraussetzungen für eine neue Lebensform als Paar waren gut, sowohl persönlich als auch beruflich. Auch ihre Beziehung hatte sich in vielen Jahren bewährt, beide fühlten sich eigenständig und abgelöst von den Herkunftsfamilien. Aber die Tücken lagen in den unvorhersehbaren Entwicklungen, im plötzlichen Tod von Markus' Vater, in seiner unerwarteten Freude am Familienunternehmen. Sie lagen in der Überflutung von Katy durch die tausend Forderungen ihres Alltags als Tochter, Mutter, Ehe- und Hausfrau. Auch die plötzliche Brüchigkeit ihrer beruflichen Identität nach der Geburt der Kinder machte ihr zu schaffen. Zum Verhängnis wurde den beiden ihre Tendenz zu verschleiern, daß ihr Alltag längst von ihren Vereinbarungen abgewichen war, sowie ihr Anliegen, Harmonie um jeden Preis zu bewahren. Am schlimmsten aber war, wie sie rückblickend erzählen, daß ihre Versuche, die neuen Entwicklungen zu besprechen, jedesmal am folgenden Muster scheiterten: Wenn Katy die Paarbeziehung zum Thema machte, ließ Markus »emotional den Rolladen herunter«, wie sie es nennt, und ließ sie mit ihren Gefühlen von Verzweiflung und Wut draußen stehen. Und wenn er, ähnlich wie in der Arbeitswelt, mit raschen Lösungen zur Hand war – dem Hausputz zum Beispiel –, bekam er, statt der erwarteten Anerkennung, Katys Vorwürfe zu hören, für ihn völlig zu unrecht. Anfänglich schonte ihn seine Frau noch und behielt ihren Groll für sich, weil er ja »eine so große Aufgabe im Geschäft hatte«. In einer nächsten Phase reagierte sie jeweils schnell und heftig auf seinen Rückzug, attackierte ihn, forderte »ungenaue Dinge« von ihm, wie er es nennt, worauf er erst recht schwieg. Er duckte sich jeweils förmlich vor Selbstmitleid, und der Anblick seiner eingezogenen Schultern und seines verschlossenen Gesichtes brachte sie erst recht zur Verzweiflung.

Markus interpretierte seine Erfahrung mit Katy damals so, daß sie eifersüchtig sei auf seinen beruflichen Erfolg und ihm unfair heimzahle dafür, daß er am Morgen das Haus verlassen konnte, während sie mit Kindern und Kleinkram zurückblieb und ihre Berufstätigkeit versanden ließ. Ein ständiges Schuldgefühl, die gemeinsame Vision einer geteilten Familien- und Berufsarbeit an der Umsetzung in den Alltag verraten zu haben, nagte an ihm. Aber darüber redete er nie, sondern räumte das Haus auf und »besorgte das Grobe«, ohne Diskussion. Ab und zu blieb er auch bewußt länger im Geschäft und hoffte, Frau und Kinder würden schon schlafen, wenn er nach Hause käme, und das erwartete Gewitter bliebe aus. Immer häufiger saß Markus bis spät nachts am Fernseher und trank Whisky, bis er auf dem Sofa einschlief. Wenn er dann jeweils gegen Morgen ins Eheschlafzimmer kam und Katy darob erwachte, gab es vorerst lautstarke Auseinandersetzungen zwischen den beiden. Bald einmal reagierte Markus auf Katys Vorwürfe nur noch mit Schweigen. Katy schrieb ihm darauf einen Brief und bat ihn, einen Psychiater aufzusuchen, worauf Markus erst recht verstummte. Als Katy seinen gefühlsmäßigen Rückzug schließlich ebenfalls mit tagelangem Schweigen quittierte, sich mehr und mehr ihrem eigenen Kreis von Kolleginnen zuwandte und mit ihnen öfters abends ausging, obwohl sie stets erschöpft war, klingelte auch bei Markus die Alarmglocke. »Was wir am meisten befürchtet hatten und vermeiden wollten, war eingetreten: Unsere gegenseitige totale Abkapselung führte zu einem alltäglichen stummen Nahkampf um die richtige Position, eine totale Unfreiheit also«, erzählt er rückblickend. »Als ich merkte, daß der Whisky und das Fernsehen mehr und mehr zur Sucht wurden bei mir, fiel ich in schlimme Angstzustände. Irgendwie war ich sogar erleichtert, als Katys Ärztin eine Paartherapie vorschlug, auch wenn ich mich anfänglich dagegen sträubte.«

Die heilenden Aspekte der Entwicklung dieser Paargeschichte nach der Krise waren unspektakulär, wie so oft, wenn sich anfänglich eher die inneren als die äußeren Verhältnisse ändern. Als erstes lernten beide, wieder einmal mit offenen Ohren einander zuzuhören, ohne daß Markus sich sofort auf die Anklagebank setzte und als professioneller »armer Sünder« seine Frau leerlaufen ließ und ohne daß Katy zur alltäglichen Kassandra wurde, der Überbringerin unangenehmer Botschaften. Markus begann zurückzufragen und wollte wissen, welche Wünsche und Anliegen seine Frau denn genau an ihn hatte. Er zog nicht mehr sofort die Schultern ein, wenn sie diese äußerte. Katy ihrerseits begann ihrem Mann von ihren gleichzeitigen Sehnsüchten nach Abhängigkeit und Autonomie zu erzählen. Die Einsicht, daß sie eigentlich nie ein kleines Mädchen hatte sein dürfen, und wie sehr sie sich danach sehnte, beides zu sein, stark *und* schwach, war neu für Markus. Daß hinter ihrer Eigenständigkeit und dem frohen Naturell, in das er sich verliebt hatte, auch ein großes Bedürfnis nach Anlehnung steckte, das Katy ihm bisher nie zugemutet hatte, überraschte ihn.

Eine bedeutsame innere Veränderung zwischen Markus und Katy geschah, als sie sich auf die Träume im Fliederhäuschen zurückbesannen. Endlich konnte Markus seiner Frau erzählen, wie sehr er belastet sei von der Schuld, daß sie den geplanten beruflichen Wiedereinstieg seinetwegen nur halbherzig hatte schaffen können und wie unsicher ihn seine eigene berufliche Überbelastung oft machte. Katy wiederum erzählte ihm von ihren Ängsten, beruflich draußen vor der Tür zu bleiben, und bekam schließlich von ihrem Mann zu hören, daß das Arrangement, in das sie da gerutscht waren, auch in seiner Sicht mehr zu ihren Lasten gehe als zu seinen. Obwohl noch keine unmittelbare Veränderung in seiner Arbeit bevorstand, löste Markus' Bestätigung ihrer Erfahrung bei Katy wieder Hoffnung und Zuneigung aus. In dieser neuen Atmosphäre von Offenheit und Versöhnung griff das Paar auf die alten Ressourcen aus der Zeit im Fliederhäuschen zurück: das Entwerfen von Visionen und ihre Verankerung im Alltag, diesmal aber unter Einbeziehung der nun bekannten Anforderungen von Kindern, Haushalt und Beruf. Die wichtigste Veränderung für

Katy war, daß Markus die »großen Würfe«, wie sie seine Arbeit im Garten und den jährlichen Hausputz nannte, nun in eigener Regie an bezahlte Hilfskräfte delegierte und sich dafür regelmäßig am Kleinkram der alltäglichen Kinder- und Hausarbeit beteiligte. Bis sie ihm diese Arbeit überlassen konnte und ihm zugestand, sie nach eigenen Vorstellungen zu tun, brauchte sie allerdings einige Zeit.

Noch immer hängt, ein paar Jahre später, dieser Kleinkram zu zwei Dritteln an Katy, aber ihre Entlastung von einem Drittel, sowie die zunehmende Selbständigkeit der Kinder, ermöglichen ihr inzwischen eine intensivere Berufstätigkeit. Sie hat mit zwei Nachbarinnen eine Vereinbarung getroffen, daß die Kinder nach der Schule jeweils gegen Bezahlung einige Stunden bei ihnen verbringen, wenn sie auswärts arbeitet. Vier Jahre nach der großen Krise hat sie ihre Anstellung bei einer lokalen Klinik ausgebaut und ist nun einige Male im Jahr während mehrerer Tage abwesend, um freiberuflich Ernährungskurse zu geben. Aber ihre Hauptaufgabe wird noch für ein paar Jahre in der Familie liegen, bevor sie wieder voll berufstätig sein will. Katys Zufriedenheit mit sich selber und ihrer Ehe hat sich seither wesentlich verbessert.

Auch Markus ist zufrieden. Er schreibt: »Unsere Beziehung ist entspannter, wir haben mehr bewußte »Inseln« als Paar, Zeit für uns allein und für unser Zusammensein. Unsere Sexualität ist wieder schön, und wir reden nun offener über Persönliches miteinander. Ich habe weniger Angst vor Katys Groll, kann ihn manchmal sogar verstehen. Denn noch immer gibt es für sie zuviel Streß durch den dauernden Trapezakt Kinder/Beruf. Die wichtigste Änderung für mich ist, daß ich nicht mehr schweigend auf das Sofa flüchte zu TV und Alkohol. Wir können nun besser darüber reden, was uns gegenseitig Mühe oder Angst macht. Aber vor allem sagen wir uns auch wieder, was wir aneinander mögen. Und manchmal, wenn wir zu zweit ausgehen, kommen die alten Gefühle von Verliebtheit wieder auf zwischen uns. Dafür lohnt sich der viele Kleinkram dazwischen!«

Das Dreiphasen-Modell wie auch das laufende Pendeln von Frauen zwischen Familie und Beruf hat neben Vorteilen seine Probleme, wie wir gesehen haben.

Die Vorteile dieses Modells werden in den Visionen aus Katys und Markus' Fliederhäuschen-Zeit sichtbar: Zwei eigenständige Menschen bleiben beide in Berufen, die ihnen Sinn und Befriedigung vermitteln. Beide sind auch gewillt, Kinder liebevoll und verantwortungsbewußt aufzuziehen und dafür auch fremde Hilfe zu beanspruchen. Beide teilen das Verständnis, daß die bisher übliche Spaltung des ganzen Lebens in eine Innen- und eine Außenwelt sowohl zu Lasten der Frauen wie auch der Männer geht. Sie suchen darum eine flexible Rollenverteilung als Alternative zu der bürgerlich-traditionellen Lebensform, welche sie bei ihren Eltern oft als einengend und emotional behindernd erfahren haben.

Katy und Markus wählten einen »modernen«, aber nicht radikalen Typus des Zusammenlebens: In der ersten Phase nach den beiden Geburten war damit die seit dem letzten Jahrhundert übliche Arbeitsteilung der Geschlechter verbunden. Aber der wichtige Unterschied war, daß beide sich ursprünglich gleich stark an der *Planung einer flexiblen Balancierung zwischen Familien- und Berufsarbeit* beteiligt hatten und später in der Krise auf diese Erfahrung zurückgreifen konnten.

Die Vorteile des Dreiphasen-Modells liegen auf der Hand: In der ersten Phase nach der Geburt bleibt die Frau zu Hause, dann balancieren Frau und Mann so lange, bis schließlich beide in beiden Welten Fuß gefaßt haben, sie etwas mehr als üblich im Beruf, er etwas mehr als üblich in der Familie... Soweit die Vision. Wo und weshalb aber wird die Vision so oft brüchig? Was hat zum Beispiel Katy und Markus gehindert, nach dem Tod von Markus' Vater ihre Situation neu zu besprechen und eigene, ihren Vorstellungen entsprechende Pläne zu machen? Offenbar war es für beide einfacher, vorerst in einer traditionellen Form hängenzubleiben: Markus erfüllte damit seinen Familienauftrag als Stammhalter, und Katy lebte nach der ihr selbst kaum bewußten Devise, eigentlich sei die Arbeit des Mannes doch wichtiger als die eigene. So geht es, wie ich beobachte, vielen Frauen in der Situation mit kleinen Kindern. Ihre Abhängigkeit und verstehbare Sehnsucht nach Sicherheit in dieser Lebensphase verführen sie leicht dazu, ihre eigenen beruflichen Ziele zurückzustecken – bis auf weiteres, meinen sie. Die Gefahr, daß diese erste Phase dann zum eigentlichen Lebensmodell wird, erhöht sich allerdings, wenn ihr Mann rasch aufsteigt und sich in der Berufswelt etabliert.

Im Alltag, in den typischen Tagesabläufen, zeigt sich, was Ideologie und was Wirklichkeit ist. Arlie Hochschild und Anne Machung[2] haben in einer großen amerikanischen Untersuchung die verschiedenen »Geschlechterstrategien« untersucht, mit denen Frauen und Männer das Spannungsfeld zwischen Vision und Alltag zu verschleiern suchen, also zum Beispiel die Tatsache, daß Männer sich kaum je in gleicher Weise wie Frauen an der Kinderbetreuung und Hausarbeit beteiligen, auch wenn beide berufstätig sind. Frauen leiden natürlich intensiver als Männer unter diesem Spannungsfeld, das fast gänzlich zu ihren Lasten geht, wenn sie in der Arbeitswelt bleiben. Die Autorinnen fanden, daß Frauen pro Jahr einen zusätzlichen Arbeitsmonat leisten, wenn sie Familie und Beruf als »Dreiphasenfrauen« oder als »Wechslerinnen« zu verbinden suchen. Bei vielen von ihnen stellen sie eine Tendenz zur *Selbstbestrafung* fest, indem sie sich vormachen, es läge an ihnen selber, daß sie den Balanceakt nicht besser bewältigen. In Wirklichkeit sind es aber vor allem die alten Rollenbilder und die Bedingungen der Arbeitswelt, welche immer noch voraussetzen, daß die Männer von ihren Frauen zu Hause versorgt werden. Wenn Frauen berufstätig bleiben, fehlt ihnen nicht nur eine »versorgende Frau« zu Hause, sie sind oft auch in der Arbeitswelt benachteiligt. »Frauen, die in diese traditionellen Strukturen eindringen und zusätzlich Haushalt und Kinder zu versorgen haben, können nach männlichen Maßstäben nicht konkurrieren. Sie müssen feststellen, daß in dem Alter, in dem Frauen vorwiegend Kinder bekommen – also von Mitte zwanzig bis Mitte dreißig –, die höchsten Anforderungen an sie gestellt werden.« (op. cit.)

Wenn schließlich teilzeittätige Frauen (und natürlich auch die wenigen Männer, die tageweise zu Hause bleiben mit den Kindern) nach der »Familienphase« wieder voll in den Beruf einsteigen wollen, erleben sie oft eine erhebliche Zurückstufung. Sie erfahren zum Beispiel, daß sie weniger wahrgenommen werden als während ihrer Vollzeitbeschäftigung, und fühlen sich schnell einmal als zweitklassige Angestellte behandelt. Katy hat diese Erfahrung dramatisch geschildert. Auch zwei Männer in meiner Untersuchung, welche eine Zeitlang die Berufsarbeit zugunsten der Familienarbeit zurücksteckten, erzählen von ähnlichen Erfahrungen. »Sowohl auf dem Kinderspielplatz als an der Arbeit war ich der Exot«, schreibt einer von ihnen. »An keinem Ort fühlte ich mich richtig ernst genommen – ich kann mir nun besser erklären, warum bloß wenige Männer mit dieser Lebensform experimentieren.« Ein Mann, der engagiert ist im Beruf und dennoch einen Teil der Familien- und Hausarbeit trägt, steht also möglicherweise vor noch größeren Problemen als seine Frau in ähnlicher Situation, solange sein Beitrag an die »Frauenarbeit« sozial derart abgewertet wird.

Kein Wunder, daß das Dreiphasen-Modell oder jenes der »beruflichen Wechslerinnen« mit so viel Streß verbunden ist, daß die seelische und körperliche Gesundheit jener Frauen, die es versuchen, gefährdet sein kann. Eine amerikanische Untersuchung, welche diese progressive Lebensform mit depressiven Erkrankungen bei Frauen verbindet, verweist darauf, daß beim Modell der »unfertigen sozialen Revolution« psychosomatische und depressive Störungen gehäuft vorkommen.[3] Daß sich dieser permanente Streß häufig als Paarproblem manifestiert, oft in Form von gestörter Kommunikation und Intimität wie bei Katy und Markus, gehört zu meiner Alltagserfahrung als Therapeutin.

## Individuelle Lösungsmöglichkeiten

Welche Aspekte der persönlichen und gemeinsamen Bewältigungsprozesse machen das Phasenmodell trotz allem wünschenswert, wie ausnahmslos alle Befragten in dieser Gruppe berichten? Folgende Bedingungen scheinen positiv zur Bewältigung der voraussehbaren Krisen in dieser Lebensform beizutragen:

### *Rollenarrangements diskutieren*

Damit meine ich, daß sich ein Paar schon früh, möglichst bevor es in eine verbindliche Beziehung zueinander tritt, aber bestimmt vor der Geburt des ersten Kindes, explizit mit der Frage der Balance zwischen Haus-, Familien- und Berufsarbeit auseinandersetzt. Das bedeutet: einander von Visionen und Träumen erzählen, aber auch ganz konkrete, alltägliche Szenarien entwerfen mit der Frage: »Wenn ... dann«, »wer ... was«.

Ein Blick auf meine persönliche Erfahrung:

Im eigenen Leben als junges Paar wußten wir damals, Anfang der 60er Jahre, nicht genau, wie wir leben wollten. Die allgemeine Tendenz ging noch immer in die Richtung konventioneller Rollenverteilung. Alternativen dazu kannten wir in unserer Umgebung kaum. Aber es gab für uns deutliche Negativ-Szenarien, wie zum Beispiel: uns nicht niederzulassen, bevor wir die Welt gesehen hatten, keine vorgespurten Pfade bezüglich Rollenverteilung zu gehen, nicht allzufrüh Kinder zu haben, uns nicht mit finanziellen Verpflichtungen abhängig zu machen. Und vor allem: keinesfalls auf persönliche Weiterbildung für beide zu verzichten. Aus dem gemeinsamen Austausch darüber, was wir *nicht* wollten, ergaben sich dann bei Wegkreuzungen immer wieder Entscheidungen zur Vielfalt und Erweiterung unserer Möglichkeiten. Natürlich gehörten dazu Anstrengungen und Krisen, aber sie waren für meinen Mann und mich wohl immer mit weniger Streß verbunden als das Leben in ausgetretenen Bahnen.

Wenn Frauen und Männer sich über die Bedingungen in der Arbeitswelt und der Gesellschaft klar werden, welche progressive Modelle von Familie und Arbeit selten unterstützen, bedeutet es, daß sie sich früh darüber orientieren, in welchen Situationen sie Handlungsfreiräume finden und wo diese fehlen. Wenn zum Beispiel beide Medizin studieren und Jahre als Assistentin und Assistent vor sich haben, nicht begütert sind und dennoch nicht zu spät Kinder haben wollen, werden sie nicht darum herum kommen, Jahre im voraus Pläne zu entwerfen und mit Klinikchefs zu verhandeln, wer wann ein Klinikjahr absolviert oder zu Hause bleibt. »Wir müssen verrückt sein vor Hoffnung«, zitierte ein Kollege Wolf Biermann, als seine Frau und er in ähnlicher Situation die Geburt eines weiteren Kindes ankündeten.

Was ich von Paaren in dieser Konstellation wie auch im eigenen Leben gelernt habe, ist, daß verknorzte Sparsamkeit in der Aufbauzeit einer Familie mit zwei beruflichen Laufbahnen fehl am Platz ist. Einige Paare in dieser Gruppe erzählen, daß es ihre Angst vor Schulden und Abhängigkeit war, welche sie während dieser Phase elendiglich rackern ließ, statt daß sie eine größere Wohnung suchten oder sich bezahlte Hilfe leisteten. Der Groll beider Partner, daß sie vor lauter »Schuften und Für-die-Kinder-da-Sein« sich selber und einander verloren haben, ist später bedeutend schwerer auszugleichen als ein Schuldenkonto auf der Bank!

### *Leitbilder finden, die zum Experiment und zur Flexibilität ermutigen*

Wie Katy sich rückblickend von der Lebensweise und den Leitbildern ihrer Großmutter unterstützt fühlte, unkonventionelle Wege zu gehen, hat sich Markus im Zusammenhang mit der Paarkrise intensiv mit Männerbildern auseinandergesetzt, welche ihn zu Flexibilität im Umgang mit dem chaotischen Alltag zwischen Familie und Arbeit ermutigten. Besonders die Erkenntnis, wie viel Lebendigkeit sein eigener Vater einer vorprogrammierten Laufbahn geopfert hatte und wie er selber nun dabei war, dessen Schicksal zu wiederholen, ermutigte Markus bei der Suche nach neuen Lösungen. Im Freundeskreis fand er einen Mann, der gewillt war, seine persönlichen Erfahrungen mit einer progressiven Lebensform als Ehemann und Vater mit ihm zu teilen.

Spannend ist für mich übrigens die Beobachtung, wieviel leichter jene Frauen solche progressiven Lebensformen wählen, die von ihren *Vätern* in ihrer Eigenständigkeit und Durchsetzungsbereitschaft unterstützt wurden. Als »Vater-Tochter« aufzuwachsen, vielleicht mit einer gewissen Rivalität von seiten ihrer Mutter, ohne jedoch von dieser abgelehnt zu werden – Katys Erfahrung –, scheint eine wichtige Voraussetzung zu sein, mit neuen und schwierigen Lebensformen zu experimentieren und vor allem: nicht klein beizugeben. Männer, welche den Mut aufbringen, sich aus konventionellen Laufbahnen zu lösen, brauchen dafür Provokation und Unterstützung ihrer Partnerin und ihrer Kinder. Aber am meisten brauchen sie das Gespräch mit anderen Männern über persönliche Anliegen – etwas, das in der Welt der Männerbünde bisher weitgehend fehlte.

### *Sich nichts mehr vormachen: Einander Konflikte und offene Gespräche zumuten*

Wie aus der Geschichte von Markus und Katy hervorgeht, sind es eher die alltäglichen Brüche ursprünglicher Vereinbarungen und das schleichende Geschehenlassen als irgendwelche tragischen Ereignisse, welche Paaren in dieser Konstellation zum Verhängnis werden. Der Begriff der verschleiernden »Geschlechterstrategie« paßt zu dieser Alltagserfahrung: Indem Katy sich zuerst selber und später ihren Mann beschuldigt, daß der Balanceakt nicht gelingt, und indem Markus jedesmal den Rolladen herunterläßt und seine Schuldgefühle herunterwürgt, wenn sie mit ihm reden will, vermeiden beide zwar immer wieder einen handfesten Krach. Aber die schwelenden Spannungen zehren an ihrer Substanz und an ihrer Lebens- und Liebeslust, und Katys gelegentlich vulkanartige Ausbrüche und Markus' Fluchttendenzen in Schweigen oder Sucht ändern nichts daran.

Ich erlebe bei vielen Paaren, daß sie den Streß dieses Arrangements manchmal jahrelang verschleiern, nach innen, aber besonders nach außen, wo sie sich scharf beobachtet fühlen von Familie und Freunden, meistens nicht aus Bosheit, sondern weil sie wissen wollen, wie »man« so etwas schafft. Die Illusion von der »Supermutter und tüchtigen Berufsfrau« und vom »steilen Aufsteiger und gleichzeitig zugewandten Vater« täuscht das Paar oft selber, aber besonders seine Beobachter. Auf diese Weise wird die allgemeine Vorstellung immer wieder reproduziert, es gäbe halt einige besonders Tüchtige, welchen solche progressiven Lebensmodelle einfach gelingen, während die meisten anderen sich daran aufreiben. Das Politische wird auf diese Weise individualisiert, und der Streß der Abhängigkeit der Familie von der Arbeitswelt, oft auch vom Paar selbst, verleugnet oder pathologisiert. Ich bin der Meinung, daß es beides braucht: das Erkennen von Zusammenhängen zwischen individuellen und gesellschaftlichen Strukturen, womit die eigene Situation in einen größeren Rahmen gestellt wird, aber auch den konkreten Umgang damit in alltäglichem Reden und Tun sowie die Nutzung von positiven Bildern aus der eigenen Geschichte. Als Katy und Markus offen über ihre Konflikte, ihre Wut und ihre Trauer über die uneingelösten Versprechungen zu reden begannen, erhöhte sich ihre eheliche Spannung zwar gewaltig. Einige Gesprächstermine lang bestand damals meine therapeutische Arbeit darin, Katy zu unterstützen, ihre Wünsche rücksichtslos deutlich zu formulieren sowie Markus zu ermutigen, dazu ebenso deutlich Stellung zu nehmen und sich auf seine eigenen zu besinnen. Dabei wurden beider Stimmen oft sehr laut, und es gab Tränen der Wut und der Trauer bei Frau und Mann. Wichtig war für Katy und Markus dann, regelmäßig solche Konfliktsitzungen in den Alltag einzuplanen (mit Eintragung im Kalender!) und daneben auch Inseln zum Auftanken zu finden, wo sie zusammen und einzeln ihre »Fliederhäuschenzeit« wiederbeleben konnten – ohne Kinder und Arbeit.

*Nur wer improvisiert, überlebt in dieser Paar-Konstellation*

Die Erfahrung, welche Markus und Katy als Auslöser für die Paarberatung schildern, scheint mir eine typische: Wenn der Mann in Haushalt und Familie einspringt, tut er das in eigener Regie als großen Wurf und einmalige, sichtbare »Aufführung«, für die er Anerkennung möchte. Der dramatische Hausputz, das Kochen, wenn Gäste kommen, die Wartung des Autos oder das Flicken des Garagentors sind zwar wichtige Beiträge von Männern. Aber sie gehören zur verschleiernden Geschlechtsstrategie wie das »Supermutter-Syndrom«, welches berufstätige Frauen die alltägliche Arbeit mit Kindern und Haushalt quasi nebenbei, aber besonders liebevoll und kreativ, erledigen läßt, um sich »ja nichts zuschuldenkommen zu lassen«. Die alten Leitbilder leben dank dieser Strategie unverändert weiter: Er tut der Familie ab und zu etwas zuliebe mit seinen Beiträgen, sie versorgt diese selbstverständlich mit den tausend täglichen Einzelheiten. Er gradlinig und flott organisierend, sie im Zickzack-Kurs auf die kleinen Dinge achtend. Für ihn das Leben am Stück, für sie das Leben in Stücken. Wenn zu solchen konventionellen Beziehungsmustern von Frauen und Männern noch persönliche Motive kommen, welche ihren gemeinsamen »Mythos« ausmachen, können die Mißverständnisse besonders penetrant werden. Bei Katy und Markus wurde das problematische Muster aufrechterhalten von ihrer Vorstellung, daß er als Junge derart gedemütigt worden war von seinem Vater, daß sie jetzt alles tun müsse, sein hungriges Ego zu nähren, damit er über diesen hinauswachsen und sie seine Stärke genießen könne. Markus' Vorstellung von Katy als naturwüchsiger Mutter und tüchtiger Frau mit unendlicher Energie ließ ihn umgekehrt erst erkennen, wie verwundbar und abhängig sie *auch* war, als sie verzweifelt schrie und krank wurde.

Wenn ich hier dem *alltäglichen Improvisieren* einen so hohen Stellenwert beimesse, meine ich damit explizit Frau und Mann. Daß eine berufstätige Frau ihre Identität nicht mehr aus dem Supermutter-Bild bezieht, setzt voraus, daß sie erst einmal für sich selber erkennt, daß das bisher so war. Je nach Situation wird sie dann die alltägliche Mitarbeit ihres Mannes bei der Hausarbeit und mit den Kindern fordern oder, wenn sie allein lebt, fremde Hilfe beanspruchen und sich trauen, von öffentlichen Institutionen finanzielle Unterstützung zu fordern, um beispielsweise eine Tagesmutter entlöhnen zu können. Der Mann in der progressiven Beziehungskonstellation wird nicht darum herumkommen, seine Vorstellungen eines perfekten Heims, in dem er sich regenerieren und das er seinen Gästen vorzeigen kann, zu überholen. Das ist allerdings leichter gesagt als getan, wenn er aus der Arbeitswelt Repräsentationspflichten fraglos nach Hause bringt. Ein Bruch mit öffentlichen Erwartungen zugunsten der Improvisation im Privaten bedeutet zum Beispiel, daß Frau und Mann grundsätzlich diskutieren, welches ihre Prioritäten sind: daß zum Beispiel *vor* irgendwelchen anderen Verpflichtungen die Kinder täglich Zuwendung und Zeit von beiden Eltern bekommen. Oder daß Toilette und Bad oder Küchenherd abwechslungsweise von Mann und Frau (und bei älteren Kindern auch von ihnen) geputzt werden. Aber auch, daß der Küchenboden ungeputzt und die Betten ungemacht bleiben dürfen... Prioritäten setzen kann auch bedeuten, daß die Rituale der Familien-, Freundes- und Geschäftseinladungen neu vereinbart werden. Ich kenne viele Paare, bei denen solche schönen Bräuche nicht etwa aufgegeben, sondern zum einfachen Buffet umgewandelt wurden, das von den Gästen mitbestückt wird.

Bewußt zu neuen Lebensformen ja zu sagen, aber über ihre Grenzen unmißverständlich und laufend zu reden und sich nicht mehr durch alte Konventionen den Atem abschnüren zu lassen, gehört ganz offensichtlich zur alltäglichen Streßverminderung dieser Paarkonstellation. Am wichtigsten aber wären Veränderungen in der Arbeitswelt.

Lösungen zeichnen sich erst langsam ab. Einige Firmen, denen an gutausgebildeten Mitarbeiterinnen liegt, deren Kräfte nicht vergeudet werden sollen, bieten heute die Möglichkeit neuer Arbeitszeitmodelle an. Frauen werden während ihrer Familienphase ermutigt, den Kontakt zu ihrer Firma durch Fortbildungen, Vertretungen und Kurzarbeit aufrechtzuerhalten. Damit haben diese nicht nur eine Arbeitsplatzgarantie, sondern sind motiviert, am Geschehen der Firma weiterhin in kleinem Rahmen und später in größerem teilzunehmen. In den Anmerkungen (5) verweise ich auf zwei solcher Projekte.

# Kapitel 10

# Paare mit Kind und Doppelkarriere: »Warum eigentlich nicht alles aufs Mal!« *Anne* und *Bernd*

Diese Lebensform erscheint als die progressivste unter allen, die ich bisher dargestellt habe. Sie geht davon aus, daß Frau und Mann ihren Anspruch an Gleichwertigkeit verwirklichen, indem beide eine eigene berufliche Laufbahn aufbauen und gleichzeitig Kinder haben. Es handelt sich bei meiner Untersuchung um insgesamt vier Paare, bei denen beide Partner nach der Geburt der Kinder voll berufstätig blieben. Bei allen vier sind Frau und Mann mit einem Beruf identifiziert, der ihnen Sinn und Anerkennung vermittelt.

Meine Hauptfragen an diese Lebensform sind folgende: Wie balancieren Frau und Mann die Verantwortung für Kinder und Haushalt mit ihren beruflichen Zielen in fast unveränderten Strukturen; wessen Berufsarbeit gilt mehr? Was für besondere Lebensumstände unterstützen oder behindern ihre Alltagsbewältigung? Welche Rollenmodelle stehen zur Verfügung? Wie gehen Frau und Mann mit der dieser Lebensform zugrundeliegenden symmetrischen (gleichwertigen) anstelle der traditionell asymmetrischen Beziehungsdefinition um; wie regeln sie die ehelichen Machtverhältnisse? Gibt es noch Liebe und Leidenschaft, wenn die hergebrachten Vorstellungen von Ehe und Familie, Weiblichkeit und Männlichkeit, überholt werden? Und in welcher Weise wirken sich alte Leitbilder und moderner Narzißmus als Kontrastprogramm auf progressive Lebensformen aus?

## Die Paargeschichte

Sie sind beide in einer mittelgroßen süddeutschen Stadt aufgewachsen und lernten sich auf einem Fest des Gymnasiums kennen, als Anne 18 und Bernd 19 war. Bernd rückblickend: »Ich habe mich verliebt in ihre Schönheit – blond, blauäugig, geschmackvoll angezogen – und in ihre unheimlich nette Art, mir zuzuhören. Ich war damals sehr unsicher, was aus mir werden sollte. Ich schwankte zwischen einem Wirtschafts- und einem Medizinstudium, und ich hatte noch nie eine Freundin gehabt. Anne schien mir viel erfahrener, wissender als ich, viel weiter entwickelt, obwohl sie jünger war.«

Anne rückblickend: »Bernd war ganz anders als meine bisherigen Freunde, von denen es bereits mehrere gab. Ernsthaft, besonnen, auch auf eine gute Art schüchtern – ein richtiger Pfadfinder, bei denen er ja damals mitmachte. Ich verliebte mich wohl eher in sein Potential als in den Jungen, der er damals noch war. Als Potential sah ich seine Intelligenz und seine unglaublich vielseitigen Interessen. Daß er mich ernst nahm als geistig gleichwertige Partnerin und nicht bloß flirtete wie alle anderen, hat mir imponiert. Aber genau diese Ernsthaftigkeit hat mir auch Angst gemacht. Ich hatte eigene Pläne, wollte mich nicht binden. Nach einem halben Jahr Bekanntschaft erzählte ich ihm darum ganz offen, daß ich mich auch mit anderen jungen Männern treffe. Bernd reagierte mit Verständnis und ohne Bitterkeit. Erst später habe ich erfahren, daß er seine große Kränkung damals heruntergewürgt hat: Pfadfinder-Tapferkeit! Er hatte gerade sein Medizinstudium begonnen, und ich machte mein Abitur und bereitete mich auf ein Biologiestudium vor. Also waren wie beide ausgefüllt mit Arbeit und vielen neuen Begegnungen. Auch lebten wir beide noch in unseren Familien. Daß unsere Beziehung sich lockerte, war für mich eine Erleichterung, für meine Eltern aber eine Enttäuschung.« Lose blieben beide miteinander verbunden dadurch, daß ihre Familien zum gleichen Milieu gehörten.

## Die Herkunftsfamilien

Bernd über seine Familie: »Wenn ich an meine Familiengeschichte denke, fällt mir immer wieder das gleiche Bild ein: der Gartenweg hinauf zum Elternhaus. Breit, mit altem Kopfstein gepflastert, links und rechts eine Ligusterhecke, immer sorgfältig getrimmt durch den Gartenbauer, der vor Jahrzehnten vermutlich einen Auftrag dafür bekommen hatte. Nichts mußte mehr entschieden werden, alles lief in vorhersehbaren, geordneten Bahnen, stellte sich bescheiden aber kunstvoll gepflegt dar. So war es auch im Haus drin: Unsere Mutter, Tochter einer respektierten Bauernfamilie, die keinen Beruf erlernt hatte, pflegte es wunderbar. Zu meiner Kindheit gehörte der Duft von getrockneten Kräutern, von Bodenwichse und frischgewaschener Wäsche.

Wir drei Kinder – eine ältere und eine jüngere Schwester und ich – hatten große eigene Zimmer, aber im Repräsentierteil des Hauses waren wir nicht willkommen. Dorthin brachte Vater »seine Herren«, Geschäftskollegen und Parteifreunde, und manchmal auch deren Damen zum Essen mit, selbstverständlich ohne Kinder. Vater hatte von seiner Familie zwei Hotels und eine Konditorei in der Stadt übernommen. Schon als Bub wußte ich, wir sind eine Institution, keine gewöhnliche Familie. Als ich mich für Medizin und gegen ein Wirtschaftsstudium entschloß, war ich erstaunt und dankbar, daß mein Vater sich nicht dagegenstellte. Von Mutter wußte ich, daß sie stolz war auf mich, ihren Vorzeigesohn. Ich habe mir damals vorgenommen: Ich werde der Familie auch als Mediziner Ehre machen. Meine ältere Schwester hat später beide Hotels übernommen. Sie ist unverheiratet geblieben und schuftet Tag und Nacht, während die jüngere in einer engen, traurigen, bürgerlichen Ehe gefangen ist. Der gerade, gepflasterte Weg, der mir Halt gegeben hat, ist für beide Schwestern zur Einöde geworden.«

Anne über ihre Familie: »Als Kind schon habe ich Bernds Familie aus der Ferne wahrgenommen, weil über sie manchmal bei uns am Tisch geredet wurde, respektvoll, aber auch mit Neid auf ihren Status. Als ich Bernds Freundin wurde, merkte ich, was für einen großen Gefallen ich meinen Eltern damit erwies. Die Frau als Anhängsel des erfolgreichen Mannes ...

Mein Vater, Oberstudienrat, war ein Aufsteiger aus ländlicher Armut. Er hatte sich seine Stellung in der städtischen Gesellschaft durch besonderes Engagement für kulturelle Belange erworben. Nach dem Krieg war er in Gefangenschaft, und er sei verändert und unglücklich zurückgekommen, weiß ich von meiner Mutter. Er selber redete nie über diese Erfahrung, und ich traute mich nie, ihn danach zu fragen. Ich habe Vaters Verbitterung und Lebensangst hinter seiner Fassade von Arroganz schon als Kind gespürt und auch die große Distanz zwischen ihm und meiner Mutter, auf die er immer etwas herunterschaute. Sie war Primarlehrerin, kam aus demselben Dorf wie Vater, aus einer kleinbürgerlichen Beamtenfamilie. Mutter hat wieder zu arbeiten begonnen, als die Konflikte zwischen ihr und Vater offen ausbrachen. Er hatte damals eine Geliebte, eine viel jüngere Kollegin, hat wohl auch übermäßig getrunken und ist schließlich herzkrank geworden. Meine Eltern blieben zwar zusammen, den Kindern zuliebe, wie sie sagten, aber es war ein trauriges Arrangement. Meine Mutter hat früh ihre eigene und später auch Vaters Mutter bei uns zu Hause gepflegt, aber dafür nie Anerkennung bekommen. Nach ihrer vorzeitigen Pensionierung pflegt sie heute auch meinen Vater. Die Fassade der intakten Familie wurde immer gewahrt durch Mutters Aufopferung.

Mein jüngerer Bruder hat sich inzwischen nach Australien abgesetzt und dort ein Geschäft gegründet. Die jüngste Schwester hat Literatur studiert und ist der Liebling des Vaters. Sie lebt mit einem Freund zusammen, hat noch ständigen Kontakt zu den Eltern, aber kaum zu mir. Meine Kindheit war geprägt von Mitleid mit meiner Mutter und Zorn auf meinen hypochondrischen, unerreichbaren Vater. Durch unsere Paarkrise hat sich in meinen Beziehungen zur Familie vieles verändert, ich sehe vieles klarer und bin versöhnlicher geworden.«

## Wiederbegegnung, Heirat und frühe Jahre

Nach der Trennung fand Bernd eine Stelle als Assistent in der inneren Medizin an einer renommierten amerikanischen Universität. Anne schloß ihr Biologiestudium mit dem Diplom ab und arbeitete in der Forschung an der heimischen Universität. Beide sind darauf länger dauernde Beziehungen mit anderen Menschen eingegangen. Als Anne 26 war, trennte sie sich von ihrem damaligen Freund und nahm ebenfalls eine Stelle in den USA an. Von Bernds Familie bekam sie seine Adresse, schrieb ihm und traf ihn einige Monate später in New York. Beide lebten inzwischen allein. »Die alten Gefühle füreinander haben wohl unter der Oberfläche weitergelebt«, schreibt Anne im Rückblick, »auch nachdem wir uns aus den Augen verloren hatten. Als wir uns trafen, war es, als ob eine frische Brise in die Glut fuhr – es gab ein kräftiges Feuer, das uns beide herrlich erregte und wärmte. Wir heirateten in den USA, ohne Familien-Clan und ohne Fest. Es war 1974, wir fühlten uns zum alternativen Milieu gehörig und wollten uns möglichst abnabeln von der Tradition und den familiären Verstrickungen. Meine Mutter reagierte mit der erwarteten depressiven Verstimmung auf unsere Mitteilung, mein Vater mit langfädigen, moralisierenden Briefen über den Verlust von guten Sitten. Bernds Eltern machten kein Hehl aus ihrer Empörung, daß der einzige Sohn ihnen keine standesgemäße Hochzeit bescherte. Auch wenn sie es nie direkt schrieben, war mir klar, daß sie mich als Urheberin dieser Entscheidung sahen. Damals kümmerte mich das wenig.«

Weil Annes Stelle in der Industrie ihren Idealen widersprach, zog sie schon vor der Heirat in die Universitätsstadt im Westen der USA, wo Bernd seit zwei Jahren lebte. Sie mieteten eine Studentenwohnung in der Nähe der Universitätsklinik, und Anne fand eine Stelle als Biologielehrerin am lokalen College. Bernd war begeistert von seinem Beruf, arbeitete gleichzeitig als Arzt und als Forscher und hatte schon einige Publikationen vorgelegt. Ein Jahr nach der Heirat kam ihre Tochter zur Welt. Anne konnte ihr Pensum reduzieren und fand mühelos eine Tagesmutter in der Nachbarschaft. Sie erlebte eine gute Balance zwischen Kinderzeit und Arbeitszeit, und auch Bernd war relativ flexibel in seiner Arbeit und nahm sich viel Zeit für das Baby. Unter dem Druck des damaligen Zeitgeistes, welcher die Vorstellung von der »älteren«, über 30jährigen Mutter ablehnte, entschieden sich Anne und Bernd, bald ein zweites Kind zu haben. Nachher wollte Anne in die Forschung zurückkehren und ihr Doktorat schreiben. Die Geburt ihres Sohnes verlief allerdings mit Komplikationen: Er kam vorzeitig zur Welt und beanspruchte seine Mutter viel intensiver als das erste Kind. Ein Jahr lang blieb Anne ganz zu Hause, dann fand sie die Stelle, die sie gesucht hatte und nahm die Arbeit an ihrem bisherigen Forschungsschwerpunkt und ihrer Dissertation wieder auf. Ein junges Au-pair Mädchen, die Tochter von Verwandten, kam aus Deutschland. Als Älteste einer kinderreichen Familie machte sie es wunderbar mit den beiden Kindern, spielte mit ihnen und war voller Wärme. »Das war das wichtigste, daß es den Kindern gut ging. Aber die ganze übrige Arbeit blieb an mir hängen, ich war ständig erschöpft«, schreibt Anne im Rückblick. Bernd war inzwischen Abteilungsarzt geworden und arbeitete jede Woche seine 60 bis 70 Stunden. Trotz der großen zeitlichen Belastung durch beider Berufsarbeit und Annes doppelte Schicht als Familienfrau schildern sie die ersten Jahre mit den Kindern als glücklich. Sie lebten in einer Umgebung, welche dieses Familienmodell als normal, ja sogar als wünschbarer einschätzte als die traditionelle Rollenverteilung. Und sie fühlten sich unterstützt von den Nachbarinnen und Nachbarn, Kolleginnen und Kollegen, die alle im gleichen Boot saßen, sowie durch die vorhandenen Einrichtungen eines Vorkindergartens und einer Tageskrippe an der Universität. »Wir lebten wie eine große, ausgedehnte Familie. Es war ein stetes Kommen und Gehen in unserer Siedlung. Wir waren eingebettet in ein selbstverständliches Beziehungsnetz, das wir seither nie mehr in dieser Form erlebt haben«, erzählt Bernd im Rückblick. »Unsere kritische Zeit begann erst, als wir in die alten Strukturen in Europa zurückkehrten. Der eingewachsene Weg meiner Kindheit, die vorgefaßten Anschauungen und Lebensweisen beider Familien und der ganzen Kultur, bedrückten uns beide. Meine Frau litt darunter noch mehr als ich. In meinem Beruf erntete ich so viele Früchte und war so angespannt, daß ich kaum zum Nachdenken kam.«

## Der Paarmythos

Wenn ich als ihre ehemalige Therapeutin an Anne und Bernd denke, fällt mir zu beiden der Begriff *Musterkinder* ein. Bernd war schon während seiner Kindheit als einziger Sohn und Stammhalter der Augapfel seiner Mutter. An Stelle der Mutter mühte er sich, den kühl distanzierten Vater emotional zu erreichen. Er tat es durch gute Schulleistung und angepaßtes Verhalten. Als unkompliziertem Jungen, der früh über alles und jedes las und dennoch kein Stubenhocker war, gelang ihm das sogar ab und zu. Dann durfte er Vater jeweils auf den Gängen in seine Hotels und die Konditorei begleiten und manchmal sogar in der Backstube helfen, wo er mit seinen geschickten Händen willkommen war. »Liebling der Götter« nannte man ihn in der Verwandtschaft, und »dem Bernd gelingt alles, was er in die Hände nimmt«, hieß es zu Hause. Daß mit diesen hohen Erwartungen an ihn auch eine Kehrseite verbunden war, ging ihm erst spät auf. Liebe und Leistung waren stets miteinander verkoppelt in seinem Leben, und wenn er sich ängstlich oder unsicher fühlte, fraß er diese Gefühle in sich hinein. Sie paßten nicht zum Bild des Musterschülers, »allzeit zum

Helfen bereit«, wie er das bei den Pfadfindern gelernt hatte. Von Anne erhoffte er sich beides: eine eigenständige Partnerin, die ohne seine Hilfe auskam, aber auch eine mütterlich versorgende Frau, die ihm ein warmes Nest bereitete, in dem er sich erholen könnte. Er war stolz auf ihre Intelligenz, aber Anerkennung gab er ihr leichter für ihre Schönheit und Mütterlichkeit als für ihren wachen Geist und ihre berufliche Eigenständigkeit.

Anne sei zwar mit einer klaren Vorstellung über ihre Zukunft aufgewachsen, erzählt sie im Rückblick: »Nur ja nicht so werden wie meine Mutter, so verbissen und aufopfernd, sondern etwas aus mir machen.« Aber sie wagte nie offen nein zu sagen, nie zu rebellieren, weder gegen Mutter noch gegen Vater, der sich selber mit allen Mitteln ins Zentrum zu schieben wußte, zuerst mit seinem »Bildungs- und Kulturfimmel«, dann mit seiner Freundin, später mit Alkohol und Krankheit. Annes Mitleid, ihre Loyalität und Verantwortlichkeit beiden Eltern gegenüber waren immer stärker als ihr Interesse am Eigenen. Unbewußt schrieb sie sich damit selber eine Zwei auf den Rücken, obwohl sie bewußt nach dem Image der Frau, die alles kann, leben wollte.

Die Illusion von der Wunderfrau, die intelligent und autonom »funktioniert« und stets lächelt, verstärkte sich für Anne in den USA, wo sie bewundert wurde, weil sie nicht nur in der Familie und im Beruf tüchtig, sondern auch hübsch und gut gekleidet war. Wieder zu Hause in Süddeutschland wurden ihr diese vielfältigen Fähigkeiten jedoch zum Makel. Sie sollte nun unauffällig, nett und pflegeleicht die Frau hinter dem erfolgreichen Mann markieren, erfuhr sie von ihrer Umgebung subtil oder weniger subtil. »Und ich habe mich immer an all diese Erwartungen angepaßt, wie ein Chamäleon!«, erzählt sie rückblickend. »Bin in alle Rollen geschlüpft und habe in Bernd einen gefunden, der ebenso an äußeren Erwartungen orientiert war wie ich. Ein ebenso hilfsbereiter Sohn wie ich eine hilfsbereite Tochter, aber immer nur gegenüber den Leuten draußen, nicht gegenüber dem Nächsten. Zu Hause war für ihn der Ort seiner Erholung, nicht für Hilfeleistungen. Die hatte er ja in der Klinik reichlich absolviert!«

Ursprünglich hatte Anne sich in Bernds Hilfsbereitschaft, seine Ruhe und Selbstsicherheit verliebt, in der Hoffnung, von ihm als Partnerin auch geistig anerkannt zu werden. Aber das war nur ein Teil der Geschichte. Lange hatte sie nicht bemerkt, daß er in ihrer privaten Beziehung noch immer die Rolle des braven Sohnes spielte, eigentlich nur äußerlich anwesend war und immer auf der Hut vor gefühlsmäßiger Beanspruchung. Nur bei den Kindern konnte er sich fallen lassen – oft schlief er beim Gutenachtsagen auf dem Stuhl neben dem Bett seiner Tochter oder seines Sohnes ein. Die Vorstellung, bei einer möglichen Trennung von Anne ohne die Kinder leben zu müssen, machte ihn »schier wahnsinnig«, erzählt er.

Anne und Bernd hatten früher beide als Leinwände für ihre Eltern gedient, auf welche diese ihre Sehnsüchte projizierten und später ihre Enttäuschungen, als sie ihnen nicht mehr entsprachen. Im Lauf ihrer Paargeschichte wurden sie unbemerkt zu Leinwänden füreinander. Anne übernahm die Seelenarbeit für Bernd sowie die volle Familienarbeit neben ihrer Berufsarbeit. Bernd wurde unbemerkt zum sozialen Aushängeschild für Anne; seine Karriere wurde ihr wichtiger als die eigene. Anne, im Rückblick: »Subtil ließ mich Bernd immer deutlicher spüren, daß ich zur Familien- und Seelenarbeit ohnehin besser geeignet sei als zu einer beruflichen Laufbahn, da wissenschaftlich weniger begabt als er. Halt eine typische Frau! Aufgrund meiner eigenen Geschichte glaubte ich das mit der Zeit selber.«

Bernd: »Durch die Krise merkte ich, daß Annes Unabhängigkeit im Denken viel weniger anziehend für mich gewesen war als ihre Wärme und ihre Schönheit. Ich suchte eine Frau, keine Rivalin!«

## Wendepunkte und Entwicklungen

Als Bernd für eine Paartherapie anrief, war Anne zur Erholung in einer Höhenklinik. Sie leide an Erschöpfung und »agitiert-depressiven« Zuständen und sei manchmal unheimlich aggressiv gegen ihn, berichtet er zu Beginn unseres gemeinsamen Gesprächs. Anne erzählt, daß sie in den Jahren seit ihrer Rückkehr aus den USA in einem ständigen Kampf mit Arbeit, Zeit und schlechtem Gewissen gegenüber den Kindern lebe. Inzwischen sei sie 38, die Kinder 8 und 10 Jahre alt, und noch immer renne sie atemlos durchs Leben. Den Grund für ihre Depression sieht sie in einer Schreibhemmung, die nun schon zwei Jahre dauere. Sie könne und könne nicht an ihrer Dissertation schreiben, auch wenn die Forschungsarbeit dafür abgeschlossen sei. Zwar arbeite sie nach wie vor ganztags und versehe auch einen Lehrauftrag, aber alle Lust am Beruf sei ihr gründlich vergangen. Am einfachsten wäre wohl, sie würde alles hinschmeißen...

Den Kindern gehe es gut, erzählen Anne und Bernd auf meine Frage, sie seien überraschend selbständig. Die Tochter rebelliere allerdings ab und zu mit besonders pingeligem Eßverhalten auf die Spannung zwischen ihnen, und der Sohn bringe es fertig, daß Anne tagelang zu Hause bleibe, wenn er Bauchweh oder ein halbes Grad Fieber vorweise... Annes Angst, die Kinder müßten für ihren sogenannten Ehrgeiz bezahlen, lasse sie ganz besonders intensiv auf deren Bedürfnisse und Launen eingehen. Aber dieses Thema steht für sie vorläufig nicht zur Diskussion.

Bernd erzählt, daß seit der Rückkehr nach Deutschland zwischen ihnen nichts mehr so sei, wie es einmal war. Er sei daran, sich zu habilitieren, was ihm viel Spaß mache, und leite außerdem eine Spezialabteilung an einer Klinik, sei also leider fast 200prozentig von der Arbeit absorbiert. Allerdings könnten sie sich nun auch eine Kinderfrau leisten, und in kritischen Zeiten würden die beiden Großmütter noch so gern einspringen, was Anne aber lieber nicht wollte. Auch habe er seiner Frau versprochen, sich nach seiner Habilitation wieder mehr um die Familie zu kümmern, weshalb er ihre ständige Verstimmung, aber noch mehr ihre unheimlichen Wutausbrüche ihm gegenüber »doch nicht so ganz akzeptieren könne«. Kürzlich hätte sie ihm sein bestes Paar Schuhe zum Fenster hinaus in den Schnee geworfen, als er sich gerade für einen wichtigen Vortrag anzog!

In einem Punkt sind Anne und Bernd sich einig: Ihre Probleme zeigen sich am schmerzlichsten in ihrer mangelnden Kommunikation und dem Fehlen von emotionaler wie auch sexueller Intimität. Selbst wenn sie ab und zu ein Wochenende allein hätten, wenn die Kinder bei den Großeltern seien, »passiere« gar nichts mehr zwischen ihnen, wofür sie doch etwas zu jung seien, finden beide.

## Wie sie im Rückblick, vier Jahre später, ihre Krise verstehen

Anne: »Ich hatte Bernd lange bewundert für seinen Ideenreichtum, seine Hilfsbereitschaft und seinen Einsatz im Beruf – solange, als ich das Gefühl hatte, er unterstütze auch mein geistiges Fortkommen. Früher hatte ich neidlose Freude an seinen Erfolgen. Ich zeigte ihm meine Bewunderung und tat alles für ihn. Aber mehr und mehr fühlte ich mich von ihm ausgenutzt und benutzt. Sein Nichterfassen meiner Situation, die so anders war als die seine, fand ich unglaublich. Da ist er beschenkt mit so vielen Gaben, kann auf andere eingehen, hat einen guten Verstand und weiß in der Arbeit auch menschliche Beziehungen zu durchschauen. Das mache ihn zu einem vorzüglichen Arzt, sagen die Leute. Aber daheim schaltete er mich mit seiner rhetorisch überlegenen, schnellen Gangart einfach aus und walzte förmlich über mich hinweg. Er dozierte auch in der Familie über alles und hatte auf jede Frage eine Antwort. Aber ob ich ihm etwas bedeutete, wußte ich seit Jahren nicht mehr. Ursprünglich habe ich mir mit unserem ausgiebig diskutierten Arrangement ein ausgeglichenes gegenseitiges Geben und Nehmen erhofft. Während der Jahre in den USA war das auch so. Aber seit unserer Rückkehr in die alten Verhältnisse wirkte Bernd wie der letzte Patriarch. Sein Wohlwollen verströmte er bloß dort, wo ihm Ruhm und Anerkennung sicher waren.«

Bernd: »Ich verstand zwar, daß Anne mit mir unzufrieden war. Ich habe meine Karriere vorwiegend dank ihrer Unterstützung aufgebaut – aber diese Unterstützung gab sie mir nicht ohne hohe Ansprüche an meine Leistung. Wie oft hat sie mich wissen lassen, daß sie damit rechne, die Frau eines berühmten Mannes zu sein! Wie oft auch, daß sie sich in ihrem eigenen Beruf nichts zutraut. Meine Unterstützung und Herausforderungen an sie, etwas aus ihren Talenten zu machen, waren in den Wind geredet. Anne entwertete sich selber viel zu sehr. Mit der Zeit gab ich auf – aus Hilflosigkeit, nicht aus Bosheit. Irgendwie erinnerte mich Anne immer mehr an meinen fordernden, nie ganz zufriedenzustellenden Vater und meine zwar liebevolle, aber gleichzeitig unheimlich anspruchsvolle Mutter. Erst langsam merkte ich, daß ich eigentlich so deprimiert war wie Anne, vor allem über unsere abhanden gekommene Leidenschaft.«

In einer kurzen Außenbeziehung zu einer jungen Kinderschwester lebten Bernds frühe Gefühle der lustvollen Unbekümmertheit auf. Er konnte leidenschaftlich sein, sich fallenlassen. Und er merkte dabei, daß er Angst hatte vor sogenannt starken Frauen, besonders vor Anne. Er wünschte sich, nicht ständig aktiv, kompetent und überlegen sein zu müssen. Seine Außenbeziehung ließ ihn nachholen, was er bisher nur sehr kontrolliert gelebt hatte: Genußfähigkeit und Ekstase. Er lernte, auf seine eigenen Bedürfnisse zu achten, und wollte seiner Freundin, Anne und sich selber beweisen, wie liebesfähig er sei. Aber langsam merkte er, daß sporadische Leidenschaft anstelle einer verbindlichen Alltagsbeziehung keine Antwort war auf die vielen Fragen, welche diese Krise an ihn stellte. Irgendwann erwachte er wie aus einer Trance. »Ich wollte Durchblick und Perspektiven, und ich wollte Anne nicht verlieren. Das war, als ich um Paartherapie bat. Anne hatte diese schon lange vorgeschlagen, aber ich habe immer ein gesundes Mißtrauen gegen Psychologie dagegen vorgebracht.«

Im nachhinein verstehen beide ihre Entwicklung so, daß sie sich anfänglich wie zwei Kinder aneinander geklammert hatten – nach außen strahlend, nach innen leer und gierig auf Liebe und Bestätigung. Richtig zusammengeschmust hätten sie sich in den ersten Jahren, zwei Gute gegen die überfordernde Welt, erzählen sie. Als Bernd sich dann in dieser Welt etabliert hatte und seine frühere Leere sich mit Ruhm und persönlicher Anerkennung zu füllen begann, wurde Anne fordernd und unbequem. Mit ihrer Zwei auf dem Rücken sehnte sie sich intensiv nach seiner Bestätigung für alles, was sie selber war und zum gemeinsamen Leben beitrug. Aber Bernd hörte in ihren Wünschen bloß noch, daß sie sich als sein Opfer sah. Da lief er ihr innerlich und äußerlich davon. Zu sehr erinnerte ihn ihre Haltung an seine Mutter, die Unterlegene des fordernden Vaters, an seine alte Hilflosigkeit und die Schuldgefühle ihr gegenüber.

Die Anfangszeit dieser Therapie war mühsam. Bernd forderte mich genau so wie seine Frau heraus, Position zu beziehen, ihn nicht länger mit seiner Ungewißheit, ob sich Anne ihm je wieder zuwenden würde, allein zu lassen. »Unsere Krise wurde durch Sie als Therapeutin zuerst sogar gepflegt«, schreibt er im Rückblick. »Vielleicht haben Sie gespürt, daß eine Schonzeit nötig war und daß unserer Atemlosigkeit nicht durch Rezepte oder die Herausforderung, uns endlich zu entscheiden, beizukommen war. Aber für mich schien das anfänglich verlorene Zeit. Ich wollte eine klare Stellungnahme, auch von Ihnen. Ich wollte wissen, woran ich war, und ich habe mich über Sie geärgert, daß ich mein Anliegen nicht durchsetzen konnte. Erst nachträglich merke ich, daß Ihr langer Atem uns zu einem eigenen Weg verholfen hat. Damals haßte ich diese Langsamkeit.«

Anne: »Ich wollte mich rächen an Bernd und nicht einfach klein beigeben. Als Therapeutin empfand ich Sie manchmal zu wenig auf meiner Seite. So wütete ich noch eine Zeitlang, auch gegen Sie, bis ich merkte, was meine Wut bedeutete. Es war Wut auf meinen Mann, aber auch auf meine Eltern, die mir alle Arbeit für ihre Beziehung zugeschoben hatten und mich glauben ließen, ich sei zwar lieb und hübsch, aber eigentlich nicht intelligent. Vor allem galt meine Wut mir selber, daß ich nämlich wie eine Marionette den alten Tanz der Geschlechter mitgetanzt habe, so »modern« ich nach außen auch auftrat. In meiner tiefsten Depression begann ich, Philosophie zu studieren. Da merkte ich, daß ich wirklich eigenständig denken kann. Ich bin noch heute am Lesen von Philosophen und besonders von feministischen Philosophinnen und fülle mein Leben mit neuen Inhalten.«

Anne hat inzwischen ihre Dissertation abgeschlossen und ist von der Universität weggegangen. Sie hat ein Teilzeit-Deputat an einem Gymnasium übernommen und arbeitet daneben als Mitarbeiterin in einer Umweltorganisation, insgesamt ein volles Pensum. Ihre Arbeit erlebt sie nun als anregend und sinnvoll. Auch die Balance zwischen Familie und Arbeit gelingt besser als zuvor, da die zwei Löhne der beiden Partner ihnen erlauben, jeden Tag eine ältere Frau als »bezahlte Großmutter« anzustellen. Die Kinder mögen diese sehr.

Bernd hat nach ausgiebigen Diskussionen mit Anne und den Kindern ein Angebot für eine Professur in den USA ausgeschlagen. Die ganze Familie fühlt sich inzwischen in Deutschland wieder so verwurzelt, daß ihm diese Entscheidung nicht schwer gefallen ist. Allerdings gab es zwischen Anne und ihm nochmals eine heftige Auseinandersetzung, als sie ihn aufforderte, nun endlich vorwärtszumachen und sich im eigenen Land nach einem Lehrstuhl umzusehen. Der alte Traum, daß sie durch ihn zu sozialem Ansehen komme, war lebendig geblieben, selbst als es ihr beruflich besser ging.

Anne hatte während der Paarkrise ebenfalls eine kurze Außenbeziehung: »Balsam für mein angeschlagenes Selbstwertgefühl, aber keine Alternative zu Bernd«, nennt sie die Erfahrung im nachhinein. Die damit verbundenen Konflikte intensivierten den gemeinsamen Dialog. Schmerzhaft erlebten sie ihre beidseitige riesengroße Verletzlichkeit auf mögliche Liebesverluste. Bernd konnte zum ersten Mal über seine eigenen Ängste reden, für Anne emotional und sexuell nicht »gut genug« zu sein. Auch Konkurrenzängste kamen bei beiden hoch: Wer muß mehr geben, wer bekommt mehr? Wer gilt mehr, wer stellt sich in den Schatten? Anne und Bernd kamen auf ihre frühere romantische Vorstellung von der wundersamen gegenseitigen Ergänzung zu reden: Zwei halbe Menschen werden zu einem vollkommenen Ganzen und schmusen sich gegen Gott und die Welt zusammen mit dem Risiko, daß immer einer sich aufbläht und der andere einschrumpft, um die Harmonie des Ganzen zu bewahren. Lange war Anne es gewesen, die einschrumpfte, um Bernd die Bühne für das Aufblähen zu überlassen. Erst durch ihre Schreibhemmung und die depressive Erkrankung konnte sie ihre eigenen Entwertungstendenzen erkennen und die Verantwortung dafür übernehmen. Sie hörte auf, ihren Mann zu beruflichem Erfolg anzutreiben, um sich darin zu sonnen.

*Anne über ihre Entwicklung:* »Erstaunlich, wie bei uns trotz unserer modernen Lebensform die alten Ideen unter der Oberfläche weiterlebten: dem Mann die Vernunft und der Erfolg, der Frau die Familie und im Beruf den zweiten Rang. Inzwischen habe ich ein Selbstwertgefühl gefunden, das mich innerlich unabhängiger macht von Bernd. Das ist manchmal traurig, für ihn wohl mehr als für mich. Vielleicht sucht er sich doch einmal eine altmodische Frau, die von ihm materiell abhängig ist und ihn seelisch versorgt? Das wäre nun nicht mehr mein Ende, obwohl ich eigentlich gern mit ihm zusammen alt werden möchte. Ich lerne jetzt täglich, auf mich zu hören, mir Zeit zu nehmen für mich selber. Das Allerwichtigste, was ich gelernt habe, ist ein neues Gefühl für die Zeit: Sie auskosten und bewußt erfahren, nichts mehr erzwingen oder überstürzen, das bedeutet Leben für mich. Am meisten profitieren davon unsere Kinder, die meinen neuen Rhythmus genießen. Ich erlebe übrigens in einer politischen Arbeitsgruppe zum ersten Mal nahe Beziehungen zu Frauen, mit denen ich sogar streiten kann, ohne daß sie mich ablehnen. Inzwischen habe ich eine Einzeltherapie begonnen, weil ich mich mit den nun anstehenden Entflechtungen dort befassen will, wo sie hingehören: bei meinen Eltern. Zum ersten Mal in meinem Leben rede ich über ganz Persönliches mit meinem Vater und meiner Mutter. Das ist eine sehr bewegende Erfahrung.«

*Bernd über seine Entwicklung:* »Ich habe gelernt, wie unterschiedlich wir sind, trotz unserer scheinbar ähnlichen Geschichten. Das Fremde an Anne, besonders ihre geistige Unabhängigkeit, zieht mich viel mehr an als das, was ich früher an Vertrautem bei ihr fand. Manchmal erleben wir gerade wegen dieser Fremdheit Höhepunkte wie nie zuvor. Aber es macht mir auch Angst, daß ich jetzt so wenig von Anne erfahre. Ich möchte gern, daß sie mich noch mehr informiert über sich selber und mich gefühlsmäßig herausfordert. Trotzdem bin ich vorläufig bereit, Anne den eigenen Weg zu lassen, für den sie offenbar andere Menschen braucht. Wie lange ich Geduld habe, weiß ich allerdings nicht.

Dadurch, daß ich mich in der Paartherapie intensiv mit den Aufträgen aus meiner Biographie auseinandergesetzt und viele von ihnen zurückgewiesen habe, bin ich ruhiger geworden und muß nicht mehr atemlos auf immer neue Ziele zusteuern. Ich habe beschlossen, mich nicht um einen Lehrstuhl zu bewerben, sondern leitender Arzt mit Lehrauftrag zu bleiben auf das Risiko hin, meine Eltern zu betrüben. Anne steht in dieser Entscheidung nun hinter mir, und die Erleichterung darüber spüre ich täglich. Nur darum halte ich dieses Warten auf sie überhaupt aus. Entscheidend verändert hat sich inzwischen meine Beziehung zu den Kindern. Sie blühen beide richtig auf, ganz besonders unser sogenannt schwieriger Sohn. Mit dem Risiko, daß Anne vielleicht doch noch eine Trennung wählt, kann ich auch darum besser leben.«

## Kommentar zum Doppelkarrieren-Modell und zu Anne und Bernds Geschichte

Die Konstellation von Doppelkarriere und Familie ist wohl die reichste, aber auch die widersprüchlichste von allen bisher beschriebenen. Auf der einen Seite existiert dafür die moderne Vorstellung einer »symmetrischen«, gleichwertigen Beziehung, auf der anderen bleiben die alten Bilder der Komplementarität von Frau und Mann unter dem Firnis des Neuen lebendig.

Solche Leitbilder existieren nach wie vor als »Landkarten« in unseren Köpfen, anhand derer wir unsere Alltagswelt einschätzen, und sie werden mehr oder weniger deutlich bestätigt von den Erfahrungen in dieser Welt. Erst wenn das Leben darin unerträglich wird und mehr desselben Verhaltens zu mehr Problemen führt, raffen wir uns auf, unsere Landkarten zu überholen und neue Ansichten zuzulassen. In meiner Befragung sind es deutlich mehr Frauen als Männer, welche diesen Schritt machen – ganz besonders um die Lebensmitte, wie bei Anne. Die neuen An- und Durchsichten sind jeweils nicht nur befreiend, sondern auch schmerzlich, weil sie neben Handlungsmöglichkeiten auch Grenzen deutlich machen. Und sie rufen nach Entscheidungen zum Wandel – mit oder ohne Partner oder Partnerin.

Hier ein paar dieser alten Leitbilder, die ich unter dem Firnis progressiver Ideen von Doppelkarriere-Familien gefunden habe:

### *»Nur Mütter sind Eltern«*

Diese Idee wird nicht nur von Großeltern, Lehrern und Nachbarinnen vertreten, sie lebt auch in den Köpfen der Mütter selber. Die Vorstellung, daß andere Menschen ihre Kinder versorgen, ist für viele berufstätige Mütter nach wie vor schwierig. Diese Schwierigkeit wird genährt durch die ständige Beobachtung durch ihr Umfeld sowie die eigenen hohen Erwartungen: »Gerade weil ich eine eigene Karriere will, darf es meinen Kindern an gar nichts fehlen.« Kinder reagieren mit ihren wunderbaren Antennen passend und präzis auf ein solches Klima der ständigen psychischen Überanstrengung. Sie karikieren nicht selten die Ängste ihrer Mutter: ein 8jähriger ißt zum Beispiel, wenn die Großmutter ins Haus kommt (welche zwiespältig auf die Laufbahn ihrer Tochter reagiert), nichts anderes als Butterbrot – da kann Großmutter kochen, was sie will. Oder eine 10jährige, ein selbstsicheres, temperamentvolles Kind, ruft ihre Mutter oft mitten aus einer Geschäftssitzung mit der dramatischen Nachricht, sie habe schreckliche Angst vor dem Alleinsein – obwohl ihre langjährige geliebte Kinderfrau und ihre ältere Schwester bei ihr sind. Wenn dann ihre Mutter heimgerast kommt, weiß die Tochter meistens selber nicht mehr, warum sie telefonierte...

Auch wenn Väter ihren Teil an der Familienarbeit übernehmen, bleiben Mütter häufig die wichtigsten Ansprechpartnerinnen der Kinder und ihrer Bezugspersonen in der Welt draußen: Die Musiklehrerin beklagt sich bei der Mutter, nicht beim Vater des Kindes, wenn es nicht geübt hat, und Lehrer oder Lehrerin schickt selbstverständlich Müttern den Auftrag zum Kuchenbacken für den Elternabend.

### *»Seine Profession ist wichtiger als ihre Arbeit«*

Professionalität hat definitionsgemäß mit einer guten beruflichen Ausbildung auf einem Gebiet zu tun, das der Sinnfindung und Selbstentfaltung von Frauen und Männern dient. Ihre berufliche Identität wird ihnen nicht geschenkt, sie setzt Jahre des Verzichts auf Einkommen und Anerkennung voraus. Wenn ein Mann und eine Frau mit ähnlichem Ausbildungsstand eine dauerhafte Beziehung eingehen und schließlich Kinder wollen, verkommt aber die Profession der Frau häufig zu einem Job. Die erhofften Früchte erntet sie selten. Es sind dabei, wie bei Anne und Bernd, nicht bloß egoistische Interessen des Mannes, sondern die Bedingungen von Arbeitswelt und Familienleben, welche diese Enttäuschung bewirken.

Ganz besonders in den »alten Professionen« des Arztes, des Pfarrers und des Richters scheint es programmatisch, daß die Frauen auch bei gleicher Ausbildung beruflich zurückstecken und einen Job ausfüllen, während ihre Männer dem gesellschaftlichen

Professionalisierungsanspruch genügen. Besonders bei Ehen zwischen einem Arzt und einer Ärztin oder einer Akademikerin aus einem anderen Gebiet fällt mir auf, als wieviel »schützenswerter« die Arbeit des Mannes eingestuft wird, auch von Frauen. Das entspricht nicht immer dem Wunsch des Mannes, wie meine Untersuchung zeigt. Ein Arzt, dessen Frau als Zahnärztin mit einem Kind einen Tag pro Woche arbeitet, schreibt: »Ich fände es wunderbar, wenn meine Frau Gleichberechtigung auch bezüglich unserer Finanzen möchte. Ich strebe nicht den 1 zu 1 Unterhaltsfall an, aber ich möchte schon gerne, daß sich die Emanzipation meiner Frau auch auf diesem Gebiet zeigt. Entweder könnte sie sagen ›Danke, Mann, daß du uns so toll versorgst‹ oder ›Ich bin bereit, mich mit dir in die Ernährer- und Führerrolle der Familie zu teilen‹.« Beides würde er mit Handkuß akzeptieren, schreibt er.

Natürlich kann die Arbeit des Mannes als die sogenannt sinnvollere und ertragreichere von ihm jederzeit auch als Argument gegen sein Familienengagement vorgeschoben werden, vor allem dort, wo sie mit einer »Berufung« verbunden ist. Es ist wohl kein Zufall, daß die Krisen bei dieser Konstellation so oft Arzt- oder Pfarrerehen betreffen!

### *»Alte Erwartungen im Gewand progressiver Rollenverteilung«*

Viele Frauen und Männer mit höherer Ausbildung heiraten spät und haben auch erst spät Kinder. Während die Frauen nach meiner Erfahrung meistens eine Alternative zur Ehe ihrer Eltern entwerfen, rutschen ihre Männer oft unbemerkt auf die Schiene der Imitation der elterlichen Ehe. Die Frau möchte Symmetrie und Gleichwertigkeit von Privilegien und Pflichten, der Mann möchte die alte Komplementarität, bei der er die materielle Versorgung leistet und dafür von seiner Frau emotional genährt wird.

Wenn sich zu diesen allgemeinen Unterschieden in den Rollenvorstellungen die Unsicherheit einer Frau in einer für sie neuen Situation gesellt wie bei Anne, ist ihre Zuflucht zu alten, mit »Weiblichkeit« gekoppelten Verhaltensweisen fast unvermeidbar. Auf der einen Seite kann professionellen Frauen ihre Fremdheit in Männerdomänen zum Verhängnis werden, weil sie deren Regeln und Rituale nicht verstehen – beispielsweise, was Rivalität betrifft. Auf der anderen Seite behindert darin – gerade wenn eine

Frau sich fremd fühlt – ihre erlernte Tendenz, durch die sogenannte »Beziehungsarbeit« Zuwendung zu gewinnen, ihre berufliche Durchsetzungsfähigkeit. Wenn eine Berufsfrau eine familienähnliche Bindung an ihren Arbeitskontext eingeht, geschieht es leicht, daß ihre eigenen Anliegen und Projekte darin verschwimmen. Das ist natürlich bequem für andere, ganz besonders für paternalistische Vorgesetzte, die eine kompetente Mitarbeiterin schätzen, solange sie keinen eigenen Platz an der Sonne beansprucht. Aber auch die übrige Welt trägt zu dieser Verwirrung des weiblichen Selbstverständnisses bei. Wenn zum Beispiel Frau Doktor X, also Anne in diesem Porträt, am Telefon hartnäckig als Vorzimmerdame des Chefs behandelt wird, wird es ihr schwerfallen, sich durchzusetzen, ohne damit eine andere Frau zu diskriminieren.

Frauen mit eigenen Karriereanliegen werden in der Arbeitswelt zwar kaum mehr offen zurückgewiesen, aber sie werden auch nicht fraglos akzeptiert, weshalb bei diesem Dilemma ihr Rückgriff auf vertraute, familienähnliche Interaktionsformen verständlich, aber für sie wenig hilfreich ist.

### *»Alles gleichzeitig leben wollen« verstößt gegen die puritanische Ethik*

Ich habe mich gefragt, wie es kommt, daß so viele Angehörige progressiver Lebensformen, so viele kreative, erfolgreiche Menschen wie Anne und Bernd, die Früchte aus den Samen nicht genießen, die sie säten und pflegten. Wie kommt es, daß eine *lustfeindliche Ethik* sich ausgerechnet bei ihnen so unheilvoll mit den positiven Möglichkeiten des modernen Individualismus verknüpft, welcher sie ursprünglich aus konventionellen Bahnen austreten ließ?

Mit leisem Schaudern höre ich immer wieder, zum Beispiel von Politikern, aber auch von Berufskolleginnen und -kollegen, daß Menschen wie Anne und Bernd, welche »alles gleichzeitig leben wollen«, Familie und Beruf, selber schuld seien, wenn sie damit Probleme hätten. Aus eigener Erfahrung mit dieser Lebensform weiß ich nur zu gut, wie solche Vorstellungen zu sich selbst erfüllenden negativen Prophezeiungen werden können. Erfolgreich sein ist zwar in unserer Welt wichtig, aber doch nicht, wenn ein

Mann (und besonders eine Frau) sich nicht an die konventionellen Vorstellungen von Askese hält, die damit verbunden sind! Das heißt, wenn Frau und Mann sowohl ihre Familie als auch ihre Arbeit lieben und trotz aller Plackerei beides gleichzeitig pflegen wollen. – Ist es vielleicht so, daß politisch oder psychotherapeutisch Tätige gerade dieser Lebensform so kritisch gegenüberstehen, weil sie so nahe an eigene, zwiespältige Erfahrungen mit dem »alles wollen« herankommt?

Ich kenne zwei Erklärungsmodelle für das menschliche Dilemma, welches als Lust am Beeinflussen der Welt und am *»alles wollen«* einerseits und als *Angst vor Strafe* dafür anderseits beschreibbar ist. Das erste ist ein psychoanalytisches, das zweite ein soziologisches Modell. Im Falle der Psychoanalyse wird das beschriebene Dilemma als »narzißtische Störung«[1] bezeichnet. Dieser Begriff bezieht sich auf Menschen, welche in einer zwanghaften Bindung an die Vorstellungen anderer leben, die sie jedoch nie ganz erfüllen können, weil sie sich selber als nie ganz in Ordnung bewerten. Ihre Erwartungen an sich selber sind so hoch, daß sie ihnen niemals ganz entsprechen können – jedoch was sie eigentlich selber wünschen und begehren, wissen sie nicht. Die Realität der Arbeit und der Familie dient ihnen als Bühne der Selbstthematisierung und Selbstdarstellung, als Basis für Identitätsfindung in der Hoffnung, irgendwann würden durch »richtiges Handeln« alle ihre Sehnsüchte nach bedingungsloser Liebe erfüllt.

Normalität bedeutet gemäß der narzißtischen Theorie also »Nicht-Individuation« durch Nicht-Ablösung von den Vorstellungen anderer. Die Frage: »Was erwarten andere von mir?« oder »Was fühle ich wirklich?« steht an Stelle der Frage: »Was tue ich, und wie tue ich es?« Wird die unmenschlich hoch angesetzte Leistungslatte nicht erreicht, was zu dieser Vorstellung gehört, muß die Erklärung dafür in den Mängeln der eigenen Person gesucht werden. Die entsprechende Distanzlosigkeit zum Selbst wird mit dem Mythos von Narziß beschrieben:

»Der Mythos von Narziß hat eine doppelte Bedeutung: Die Versenkung ins eigene Selbst hindert Narziß daran zu erfahren, was er ist und was er nicht ist; und die Versenkung ins eigene Selbst zerstört den, der sich auf sie einläßt. Narziß sieht sein Spiegelbild auf der Wasseroberfläche, vergißt, daß das Wasser etwas außer ihm Existierendes ist und wird blind gegenüber dessen Gefahren.«[2]

In der populären psychoanalytischen Literatur zum Narzißmus-Thema hat Alice Miller[3] auf diese Problematik verwiesen. Die sogenannte narzißtische Charakterstörung wird von der Autorin vorwiegend mit den Erfahrungen der Kindheit begründet. »Begabte«, in besonderer Weise für die Bedürfnisse ihrer Eltern sensible Kinder entziffern gemäß dieser Theorie auch die subtilsten Erwartungen ihrer »unbegabten Mütter (oder Väter)«, also ihrer übermäßig bindenden oder ausbeutenden Eltern, und verlieren sich selbst und ihre Lebendigkeit, indem sie sich diesen total anpassen. Zwei typische Gefühlszustände resultieren gemäß dieser Theorie aus solchen frühen Erfahrungen: zum einen die Furcht, nie zu genügen, verbunden mit der Angst davor, etwas zum Abschluß zu bringen; zum anderen ein Zustand der ständigen Selbstentwertung und der inneren Leere. Solche Gefühle können bewirken, wie Anne und Bernd es von sich beschreiben, daß ihre Fähigkeit zum Genuß und zum spielerischen Umgang mit ihren vielen Talenten einem atemlosen Leistungsstreben geopfert wird in der Hoffnung, daß sie als Erwachsene endlich die bedingungslose Anerkennung finden, welche sie als Kinder fast nur als Musterschülerin und Musterschüler erfuhren. Anders gesagt, solche Menschen können sich nur über Arbeit als reale Personen definieren – sie sind ihre Arbeit! Die Härte gegenüber sich selber sowie ihr Perfektionismus, das »Superman- und Superwoman-Syndrom«, mit dem Anne und Bernd sich selber beschreiben, paßt zur Theorie des Narzißmus. Die individualistische Form dieser Theorie engt meines Erachtens jedoch zu sehr ein auf das Geschehen in der Herkunftsfamilie und erzeugt dadurch das, wovon sie zu befreien vorgibt: die Psychologisierung der Kindheit mit der Gefahr, daß »Familie« einmal mehr als der Hort von Unterdrückung bzw. als einziger Nährboden für eine gesunde emotionale Entwicklung definiert wird.

Das zweite Erklärungsmodell, das soziologische, kommt ohne Beschuldigung der Familie und der Eltern aus, indem das Phänomen narzißtischen Verhaltens mit dem historischen und gesellschaftlichen Prozeß verbunden wird. Es lohnt sich, anhand des Werkes von Richard Sennett[4], einem amerikanischen Soziologen, einen Blick auf den Modernisierungsprozeß zu werfen, welcher die Entstehung einer narzißtischen Gesellschaft in einen umfassenden Rahmen stellt. Der Autor stellt mit seiner Theorie den allgemeinen Mythos in Frage, menschliches Unglück resultiere aus der »Entfremdung und Kälte der Gesellschaft«. Seine These ist im Gegenteil, daß die emotionale Verschmelzung von »Selbst und Welt«, das heißt die Privatisierung der öffentlichen Räume von Arbeit, Politik und Kultur, genau diese Entfremdung von der Gesellschaft bewirke. Die Folge ist eine übermäßige Anheizung von menschlichen Beziehungen, draußen in der Welt und drinnen in der Familie. Sennett nennt diesen Prozeß die »Tyrannei der Intimität«.

Auf der einen Seite läßt sich in der »Moderne« die Aufhebung der alten Orientierungsmerkmale beobachten, welche Menschen mittels Herkunft und Schichtzugehörigkeit eine lebenslängliche soziale Identität zuwiesen, die kaum zu verändern war. Dadurch sind Frauen und Männer heute freigesetzt von traditionellen Bindungen und Einengungen. Es eröffnen sich ihnen Möglichkeiten, Identität und Individualität mittels persönlicher Leistung selbst zu entfalten. Bildungsbereitschaft, Fleiß und Anpassungskraft werden von den gesellschaftlichen Normen und Bedingungen belohnt. »Jeder als seines Glückes Schmied, jede als ihres Glückes Schmiedin« heißt das Motto dafür. Wenn jedoch Glück durch Bildung, Leistung und Anpassungsbereitschaft nicht erreicht wird, muß gemäß dieser Vorstellung die Ursache dafür in persönlichen Mängeln, also im individuellen Charakter stecken. Mehr Anstrengung und noch mehr Bereitschaft, den Genuß hinauszuzögern, gilt als Zeichen von Charakter und als Voraussetzung für Erfolg. Ständige Selbstprüfung, ja Selbstversenkung, um die Mängel der eigenen Person zu beheben, wie Anne das in den Tiefen ihrer depressiven Krise durch ihre Schreibhemmung signalisierte, sowie die laufende Verbesserung der eigenen »Anlagen« und Talente, sollten nach dieser modernen Vorstellung zur persönlichen Identität und zur Intimität mit anderen führen. Erfolg und sozialer Aufstieg werden in der soziologischen Beschreibung von narzißtischen Menschen als wichtigstes Lebensziel definiert. Ihr Handeln wird jedoch nicht daran gemessen, wie dieser oder jener seine Arbeit leistet, sondern wie er oder sie sich dabei fühlt und wie andere sich ihm gegenüber fühlen. Bei allem, was ein narzißtisch geprägter Mensch tut, muß er in erster Linie *sich selbst* spüren.

Wer, wie Anne und Bernd, die Konventionen ihrer Herkunft

verlassen hat und im privaten und beruflichen Leben in nicht vorgezeichneten Bahnen geht, gehört zur breiten »Klasse von Neuankömmlingen«[5]. Sie alle bewegen sich in Räumen, welche vor ihnen noch keiner aus der Familie betreten hat. Anne zum Beispiel ist die erste Frau ihrer Familiengeschichte und Bernd der erste Mann in der seinen mit einem Universitätsabschluß. Weil aber Sinn und Bedeutung in dieser neuen Welt nicht vorgegeben sind, existieren sie vorwiegend dort, wo das Selbst sich spiegeln kann, um sich zu finden, in der ständigen Reflexion und Bewertung der eigenen Befindlichkeit.*

Soweit die einengenden Zwänge individualistischer und narzißtischer Tendenzen unserer Zeit, wie ich sie in Kapitel 2 bereits skizziert habe. Auf der anderen Seite vermittelt aber gerade dieser Individualisierungsprozeß Frauen und Männern eine *Chance zur Selbstentfaltung*, wie ihre Eltern sie nicht zu träumen gewagt hätten. Bernd braucht nicht das Geschäft seines Vaters zu übernehmen, und Anne kann als erste Frau ihrer Familiengeschichte ein Studium machen. Traurig finde ich, daß die lustfeindliche calvinistische Ethik sich so unheilvoll mit den positiven Möglichkeiten der Moderne verbindet, welche diese Paare mutig aus vorgespurten Bahnen ausbrechen ließ und sie statt dessen in die »Frage der Angemessenheit des Selbst verstrickt«[6]. Das bedeutet in meiner Erfahrung, daß Paare wie Anne und Bernd als Neuankömmlinge in einer für sie unbekannten Welt vorerst gar nicht anders können, als sich »narzißtisch« zu verhalten. »Erwachsene, die heute im Einklang mit den gesellschaftlichen Normen handeln wollen, müssen sich narzißtisch verhalten«.[7] Wenn zu den allgemeinen Bedingungen modernen Lebens, welche die Versenkung ins Selbst und die gleichzeitige Geringschätzung von sich selber fördern, eine persönliche Biographie als gebundene, mehr für andere als für sich selber verantwortliche Musterkinder kommt, läßt sich ihr Perfektionismus und ihre Tendenz zu »alles oder nichts« noch besser verstehen.

* Natürlich betrifft diese Erfahrung auch Menschen in anderen Lebensformen – sie ist also kein ausschließliches Merkmal von Paaren mit Kindern und zwei Berufslaufbahnen!

## Nehmen lernen statt bloß Gefühle bearbeiten und ziellos wünschen

Was hat Anne und Bernd geholfen, mit ihrer Lebensform »Doppelkarriere und Elternschaft«, aus dem Gefängnis als ewige Musterkinder auszubrechen? Und wie gelingt es anderen Paaren in ähnlicher Situation, die zeitgemäße Einladung, Superwoman und Superman zu spielen, zurückzuweisen?

Ich habe in den Erzählungen von Paaren in dieser progressiven Lebensform noch und noch das Wort von der alltäglichen »Abnützungsschlacht« in Beruf und Familie gefunden, auch dort, wo beide ihre Laufbahn in Teilzeitarbeit gestaltet haben. Dazu kam die Beschreibung des ewigen Gefühls, zu kurz zu kommen bei Frau und Mann: zu wenig Zeit zu haben für sich selber, für entspannte Sinnlichkeit, wie auch für die Familie, für Kultur und für Freunde. Sie hätten zwar fleißig geplant und berechnet, erzählen einige, aber statt sich daran zu freuen, daß eigentlich so vieles gut läuft im Alltag, beschreibt ein Mann, Bautechniker und 42 Jahre alt, rückblickend einen »gemeinsamen ehelichen Trott wie von zwei chronisch ausgeleierten, müden Hausfrauen. Ich kontrollierte das Konsumverhalten meiner Frau, sie die Minuten, welche ich mit den Kindern verbrachte. Unsere Arbeits- und Familienwelt wurde von uns aufgebläht zuungunsten von Freundschaften, Außenwelt und Kultur. Bis wir merkten, daß wir beide, unabgesprochen, alle interessanten Projekte außerhalb der Routine ablehnten – aus dem Gefühl heraus, wir müßten ›sparsam‹ umgehen mit unserem Leben. Eben auf keinen Fall zuviel wollen, sonst würde sich das Schicksal an uns rächen.«

Beeindruckend ist für mich zu erleben, wie unermüdlich von den meisten Paaren, die diese Lebensform gewählt haben, im Beratungsprozeß »gearbeitet« wird. Das Wort von der »Arbeit an der Beziehung« ist zwar nicht von ihnen selber, sondern von uns Beraterinnen und Beratern in die Welt gesetzt worden, genau so wie andere puritanische Wörter, die sich auf Krisen und Entwicklungen im Lebenslauf beziehen, zum Beispiel »Trauerarbeit«. Aber gerade bei den vielen ehemaligen Musterkindern, die wie Anne und Bernd als Paar in eine Krise geraten, hüte ich mich davor, sie zum Arbeiten anzuleiten. Lieber ermutige ich sie zum spielerischen Experimentieren mit Versuch und Irrtum anstelle des unendlichen Reflektierens, das sie besser beherrschen als ich selber. Auf diese Weise erspare ich ihnen (und mir) mehr von der beschriebenen Abnützungsschlacht und lade sie zum Genuß ihrer vielen Fähigkeiten ein, an denen ich mich mehr freue als an ihrer fleißigen »Beziehungsarbeit«.

Ein wichtiger Teil der Therapie solcher Paare ist für mich auch, daraus keine unendliche Geschichte zu machen, sondern sie gelegentlich wieder auf ihren eigenen Weg zu schicken mit der Anregung zum Experiment und zum Spiel statt zur Versenkung im Selbst. Die Erkenntnis, daß uns niemand einen Rosengarten versprochen hat und daß Leiden zum Leben gehört, ohne daß es als »Pathologie« ausgezeichnet wird, ist für sie manchmal ärgerlich, weil sie ihnen den Anspruch auf das Besondere vergällt. Aber sie kann auch befreien zu neuer Lebenslust, wie die Frauen und Männer in der Gruppe der »Progressiven« erzählen.

Anstelle von angestrengter Persönlichkeitsentfaltung und Beziehungsarbeit also Chaos und Lebenslust. Anstelle der »sanften Führung durch meine Frau als Voraussetzung für mein beziehungsmäßiges Funktionieren«, wie Bernd sie sich ursprünglich von Anne wünschte, also eigenes Handeln mit Versuch und Irrtum, gerade auch was den Umgang mit anderen betrifft. Und anstelle von Annes »alles allen recht machen und sich dabei selber verlieren« das tun, was eigene Projekte vorantreibt, dabei gut zu sich selber schauen und individuelle Räume beanspruchen. Anstelle der angestrengten Ablehnung von Konventionen, für welche Anne und Bernd früher unendlich viel Energie brauchten, ein spielerisches Umgehen mit den Normen ihres Milieus. Und anstelle von Domestizierung der Leidenschaft durch verbissenen Fleiß ein »aufgeklärtes Eigeninteresse« leben, wie Sennett[9] es nennt:

»Die beste Definition eines ›funktionierenden‹ Ichs ist die folgende: Es hat gelernt zu nehmen und nicht bloß zu wünschen. Das klingt besitz- und herrschaftsorientiert; in Wirklichkeit jedoch sind Leute, die gelernt haben zu nehmen, bescheidener als die, die im Narzißmus eines ziellosen Wünschens steckengeblieben sind.«

Es ist also nicht die progressive Lebensform von »Zweikarrieren-Paaren« an sich, sondern ihre unheilvolle Verquickung mit puritanischen Vorstellungen, die ihnen zum Verhängnis werden kann. Wenn ich die Geschichten der Befragten in dieser Gruppe aufmerksam lese, ist die beschriebene Abnützungsschlacht nicht zwingend mit dieser Lebensform verbunden. Sie entspricht vielmehr der Meinung, welche solche Paare haben, wenn sie »alles« wollen: dem ewig schlechten Gewissen ehemaliger Musterkinder. Wenn sie zwar bei Woody-Allen-Filmen, welche diese Lage wunderbar karikieren, herzhaft lachen können, im eigenen Leben aber ihre »Gefühle bearbeiten« müssen, statt herzhaft zu lachen oder zu schimpfen und sich das zu nehmen, was sie brauchen, geben sie den Auftrag zur penetranten Selbst- und Beziehungsreflexion und das ewig schlechte Gewissen auch an ihre Kinder weiter. Besonders ihretwegen lohnt es sich, daß Vater und Mutter »nehmen lernen« statt bloß zu wünschen!

Es dürfte der Leserin und dem Leser deutlich geworden sein, daß ich ganz besonders in diesem Kapitel die eigene Geschichte in einer »progressiven« Lebensform mitlaufen ließ. Mein Interesse gilt dabei nicht nur der persönlichen Selbstentfaltung von Frau, Mann und Kind, wie sie in dieser Konstellation in besonderer Weise möglich ist, sofern Leben improvisiert statt perfektioniert wird. Mein Interesse gilt ganz besonders der Frage, wie in Familienformen, bei denen Menschen leidenschaftlich ihren Interessen und Projekten nachgehen und dadurch auch Anteil nehmen an nicht-persönlichem Leben, der so oft beklagte Ehe- und Familienmief überwunden wird durch eine Vielfalt von Engagements und Erfahrungen. Sennett nennt diesen Prozeß weg von der Intimisierung des Lebens die »Wiederentdeckung der Grundlagen politischen Verhaltens«[10]. Das bedeutet, und darin liegt der besondere Vorteil dieses Lebensmodells, daß auch Frauen und Kindern eine Tradition eröffnet wird, *sich selbstverständlich mit Dingen zu befassen, die nicht unmittelbar sie selber betreffen*, sondern über den engen Rahmen der Kleinfamilie hinausreichen. Das »Haus« des Paares und der Familie wird auf diese Weise zu einem gut gelüfteten Haus. Und das Leben draußen ist dann nicht ein kaltes, angstmachendes, wenn Familien als Gastgeber das Fremde einladen, ohne es domestizieren zu wollen.

# Teil III Die Hauptanliegen und Empfehlungen der Befragten

# Kapitel 11

# Von Paaren, Leidenschaft und langer Weile: Kommunikation, Intimität und Sexualität in weiblichen und männlichen Vorstellungen

Ein Mann schreibt:
Wenn eine Liebe, die sich unabhängig von der Ehe entfaltet hat, in die Ehe überführt wird, dann ist dies nicht so sehr ein Vorgang physiologischer Art, der die Leidenschaft mit kaltem Wasser übergießt und der Langeweile die Türen öffnet, sondern es ist ein Vorgang, in dem eine bewegliche, aus sich selbst gesteuerte Beziehungsstruktur mit einer festen, vorgegebenen Einrichtung kollidiert.[1]
Eine Frau schreibt:
Nach meiner Erfahrung ist es nicht »naturgegeben«, daß eine auf Dauer angelegte Paarbeziehung erkalten muß. Wenn eine solche Beziehung entwickelt wird, indem die Partner miteinander reden, streiten, übereinstimmen, sich lieben, dann wieder auseinanderfädeln, sich nicht mehr ausstehen können und sich wieder finden – wenn auf diese Weise eine lange Vertrautheit entsteht, finde ich das sexy, nicht langweilig! Intimität, das heißt erkannt zu werden und zu erkennen, ist ein menschliches Wunder.[2]

Diese gegensätzlichen Aussagen eines Mannes und einer Frau Ende der achtziger Jahre treffen den Kern der Fragen, denen ich in diesem Kapitel nachgehen will: Warum wird die Leidenschaft eines Paares so leicht der langen Weile von Verbindlichkeit geopfert? Sind die beiden Grundanliegen jeder Liebesbeziehung, nämlich Erregung auf der einen Seite, Sicherheit und Bindung auf der anderen, überhaupt vereinbar? Wie kommt es, daß Frauen und Männer auch im Zeitalter der sexuellen Befreiung und der vielfältigen Möglichkeiten von Lebensformen solch große Mühe haben mit dem Balanceakt von Leidenschaft und Geborgenheit? Was für Erklärungsmöglichkeiten aus der Evolutionsgeschichte, den unterschiedlichen weiblichen und männlichen Sozialisationserfahrungen sowie der jeweiligen Paardynamik und -struktur gibt es für die beobachteten Unterschiede in den Intimitätsvorstellungen der Geschlechter? Und wie gehen Frauen und Männer mit dem offenbar verbreiteten Widerspruch ihrer Erwartungen bezüglich Sexualität um?

## Die Ergebnisse meiner Befragung

Bei aller Unterschiedlichkeit der einzelnen Geschichten gibt es bei den über 30 Paaren, welche mir zur Frage nach der Bedeutung von Kommunikation, Intimität und Leidenschaft Auskunft gaben, ein paar gemeinsame Nenner, die mich in ihrer Einheitlichkeit überrascht haben. Die deutlichste Gemeinsamkeit aller antwortenden Frauen und Männer liegt in ihrer Sehnsucht nach *befriedigender Kommunikation*. Man könnte auch sagen: nach einer gemeinsamen intimen Welt, in welcher sowohl die Geborgenheit im Wir als auch die Leidenschaft, »die nur sich selber kennt und keine Gründe außerhalb von sich selber gelten läßt«[3], ihren Platz haben. Auf welche Weise allerdings ihre Sehnsüchte erfüllt werden könnten, darüber gehen die Ansichten der befragten Frauen und Männer in erstaunlichem Maß auseinander. *Deutlich ist jedoch, wie schwer es allen fällt, sexuelle Leidenschaft mit einer verbindlichen Dauerbeziehung zusammenzubringen.*

Im folgenden geht es darum, die *verschiedenartigen »Landkarten« von Frauen und Männern bezüglich Intimität und Sexualität* genauer zu betrachten. Ich will ihre Auswirkungen auf das Erleben individueller Paare beschreiben und dem Einmaligen ihrer Erfahrung die Folie des Allgemeinen unterlegen. Ich denke da an mögliche unterschiedliche weibliche und männliche Entwicklungen, welche zum Beispiel stammes- und vor allem lebensgeschichtlich begründbar sind, und ganz besonders an die historisch und gesellschaftlich bedingten inneren Bilder von Weiblichkeit und Männlichkeit. Mich interessiert, wie neben der Dimension von Geschichte und individueller Biographie auch jene der Kommunikations- und Entscheidungsmuster eines Paares seinen Umgang mit diesem Spannungsfeld beeinflußt. Oder anders: Wessen Landkarte von Intimität und Sexualität im konkreten Fall entscheidet, und welche Muster gelten, ihre oder seine. Allgemeine Ideen für Lösungen taugen bei diesem persönlichsten und verwirrendsten aller beschriebenen Paarthemen wenig. Ein Blick in die Schatzkammer individueller und gemeinsamer Geschichten der befragten Paare vermittelt aber trotz der offensichtlichen Widersprüche tröstliche Perspektiven. Dank ihrer Entwicklung zu mehr Gleichwertigkeit und Gelassenheit wurden Intimität, bezogene Kommunikation und Leidenschaft zwischen vielen Paaren durch

Krisen wieder möglich, wenn auch nicht in selbstverständlicher Übereinstimmung und Harmonie. Am Ende dieses Kapitels will ich auf ihre Lösungen verweisen.

## Seine Intimität ist nicht ihre Intimität

Er will zuerst begehren und sexuelle Erfüllung haben und erst nachher zärtlich mit ihr reden. Sie will zuerst seine und ihre Gefühle erforschen und Intimität im gemeinsamen Gespräch erleben, dann erst mag sie ihn sexuell begehren und von ihm begehrt werden. Gibt es also einen eingebauten Konflikt, nicht nur bei Paaren, die in Therapie kommen: dem Mann die Sexualität, der Frau die Liebe? Wachgerüttelt durch die Antworten auf meine Befragung habe ich im letzten Jahr bei zahlreichen Veranstaltungen zum Thema »Moderne Partnerschaft und Familie« die folgende Passage aus einem Erstgespräch vorgelesen und immer wieder mit Faszination erlebt, wie ein Saal voller Männer und Frauen in Bewegung geriet:

Ein Paar, beide sind um die 40, hat 2 Kinder in den oberen Schuljahren. Er ist Maschinenmonteur, sie hat ein Schneideratelier in der Wohnung. Sie kommen mit dem gemeinsam definierten Problem *»erloschene Intimität und Sexualität«* in die Beratung.

Er: Wenn ich nur wüßte, was sie eigentlich will von mir. Ständig nörgelt sie an mir herum, nichts kann ich ihr recht machen. Immer will sie etwas von mir, was sie, glaube ich, selber nicht weiß. Ich fühle mich echt an die Wand gedrückt von ihren ständigen Forderungen nach Liebe. Liebe! Ist denn das, was ich täglich für sie und die Familie tue, keine Liebe?

Sie: Genau das ist es. Liebe ist Arbeit und Pflicht bei dir, den Sex nimmst du dir. Bei allem guten Willen: so nicht mehr, nicht mit mir. (Zur Therapeutin:) Nie redet er persönlich mit mir. Nie über seine Gefühle. Er will sich bloß an mich kuscheln und mit mir schlafen, ohne je ein persönliches Wort. Wie soll ich denn wissen: »Ich bin gemeint, nicht bloß mein Körper«? Wenn er mal etwas Persönliches sagt, dann ist es fast immer kritisierend. Zum Beispiel: »Warum bist du eigentlich so dick geworden?« Was in seinem Inneren vorgeht, muß ich erraten, weil er mir selber nie etwas von sich selber erzählt. Ich habe keine Ahnung, ob ich ihm noch etwas bedeute als Mensch oder ob er bei mir einfach seine Batterien wieder auflädt.

Er: Aber du solltest doch wissen, daß ich dich gern habe, so wie du bist. Warum brauchst du denn ständig dieses Süßholzgeraspel? (Zur Therapeutin:) Wissen Sie, ich habe überhaupt keine Lust, mich hier von ihr bloßlegen zu lassen. Das kann ich zu Hause haben. Dieses Zerreden von allem, was simpel und gut sein könnte, habe ich satt! Ständig dringt sie in mich ein. *Ständig soll ich bei ihr den Sex mit Reden verdienen. Ich will aber geliebt und begehrt werden von ihr, nicht beredet!* Nachher dann, wenn wir es gut gehabt haben sexuell, dann mag ich vielleicht reden, aber sicher nicht als Vorleistung!

Sie: Ja, genau so geht es. Und wenn ich nachfrage über seine Gefühle, sagt er, *ich dringe in ihn ein*, wie seine Mutter. Dann »mauert« er tagelang. Und jedesmal stirbt bei mir ein Stück Vertrauen. Wie soll ich mit ihm schlafen, wenn er mich gefühlsmäßig draußen vor der Tür stehen läßt? Da werde ich eiskalt innerlich, da geht gar nichts mehr.

Wenn ich beim Rezitieren dieses Dialoges Frauen und Männer einander lachend oder verlegen zunicken sehe und wenn sie schließlich davon erzählen, daß es bei ihnen zu Hause genauso sei, scheint mir etwas an der Sache zu liegen, das über den Einzelfall hinaus Gültigkeit hat. Sind es also vorwiegend Paare in »altmodischen« Strukturen, welche das Muster aufrechterhalten? Dutzende von Paaren in »progressiven« Beziehungskonstellationen sagen jedoch, daß sie dieselbe Erfahrung machen. Sie erzählen, daß das Muster für sie nach wie vor genau in der beschriebenen Art schwierig sei: Frauen wünschen sich, daß ihre Männer sich öffnen und daß sie von ihnen mit Worten, nicht mit Gesten begehrt werden. Mit Worten, die so persönlich sind, daß sie spüren, als Person gemeint zu sein und nicht als »Objekt«. »Ich möchte mir zuerst die Seele und erst dann die Haut streicheln lassen«, schreibt Anne im Paarporträt zur Lebensform der »Doppelkarriere«. Männer, wie ihr Partner Bernd, sehen es genau umgekehrt: »Wenn ich mit ihr schlafen will, habe ich einfach keine Lust, mich zuerst verbal zu entwickeln. Ich will angefaßt, gerochen, geleckt und begehrt werden von ihr, nicht psychotherapiert.«

In unserer Umgangssprache wird Intimität meistens gleichgesetzt mit Sexualität. »Die beiden sind intim miteinander« heißt, daß sie miteinander schlafen. Aber offenbar bedeutet *Intimität* etwas anderes für Männer und Frauen: *Voraussetzung zu sexueller Lust für die Frauen, Ergebnis sexueller Leidenschaft für die Männer. Sie sagt:* Intimität heißt für mich Bestätigung, daß ich nicht bloß dein Teddybär oder irgendein attraktives Ding bin, sondern mich als einmaliger Mensch mit Seele, Geist und Körper, gemeint fühle. Nicht anhänglich-schlapp oder fordernd-aggressiv, sondern zugewandt und persönlich will ich von dir begehrt werden. Für mich beginnt Intimität am Morgen beim Frühstück, wenn wir noch »zu« sind, nicht erst abends im Bett als Vorspiel zum Sex. *Er sagt:* Intimität ist für mich das Zeichen dafür, daß ich als Mann und als Mensch fraglos und ohne emotionale Entblößung von dir angenommen bin. Daß du meine Art zu lieben allen anderen vorziehst, aber mich nicht dominierst mit deinem Besitzanspruch und deiner verschlingenden Gefühligkeit! *Ich will nicht auch noch in der Liebe zuerst Leistungen erbringen, bevor ich etwas bekomme.*

Das alte Muster weiblichen Begehrens lebt auch in neuen Beziehungsformen:

»Immer noch, obwohl sich, vor allem im letzten Jahrzehnt, viele Frauen künstlerisch auf dem Gebiet der Erotik versucht haben, ist dieses alte Muster erkennbar. Zwar wird das begehrende weibliche Ich selbstbewußter; es bricht Tabus und wagt sich abenteuernd in bisher fremde Bereiche vor... Aber auch diese Heldinnen sehnen sich noch immer danach, daß etwas mit ihnen gemacht wird; sie begehren danach, begehrt zu werden.«[4]

Wo liegen die Wurzeln für dieses Muster? Was macht die intime Begegnung von Frau und Mann bei aller gemeinsamen Sehnsucht nach sexueller Erregung wie auch nach Geborgenheit und gefühlsmäßiger Nähe so schwierig? Ich habe darauf keine eindeutige, dafür vielfältige Erklärungsmöglichkeiten gefunden. Stammesgeschichtliche, sozialgeschichtliche und biographische Aspekte der Entwicklung von »Männlichkeit« und »Weiblichkeit« sowie psychologische und strukturelle zur Frage des Umgangs mit ihren Ressourcen beleben den Intimitäts-Diskurs. In den letzten Jahren wird dieser noch zögerlich, dafür unter verschiedensten Aspekten geführt, ganz besonders von Frauen in der Paar- und Familientherapie.

## Die Theorie der »Geschlechterpolarität« als evolutionsgeschichtliches Erbe

Hier wird davon ausgegangen, daß das beschriebene Muster Wurzeln in der evolutionsgeschichtlichen Grundausstattung von Mann und Frau habe. Das Hauptargument der stammesgeschichtlichen Erklärung des charakteristischen Musters »er wirbt, sie will umworben werden« liegt gemäß dieser Theorie in den Konsequenzen der inneren Befruchtung,

»die erfunden wurde, um die zuvor unvermeidliche Vergeudung von Keimmaterial einzuschränken. (Sie)... erforderte die Entwicklung dimorpher Geschlechtsorgane. Dabei mußte eine der beiden gegebenen Morphen der Schauplatz der inneren Befruchtung werden. Und da die Samenzellen schon auf Beweglichkeit vorselektiert waren, kam nur der Produzent der Eizellen für Empfängnis und Schwangerschaft in Frage«.[5]

Die Unterschiedlichkeit im Selektivitätsverhalten der Geschlechter wird so begründet, daß als Folge des beschriebenen Differenzierungsprozesses der weibliche Organismus sich im Vergleich zum männlichen viel länger mit dem entstehenden neuen Lebewesen beschäftigen muß. Aus diesem anatomisch bedingten Ungleichgewicht wird abgeleitet, daß die Partnerin deutlich selektiver sein müsse als der Partner und auch eher dazu tendiere als dieser, »eine exklusive eheliche Bindung einzugehen«. Wenn das Weibchen die Auswahl trifft, wird es ausführlich damit beschäftigt sein müssen, »sein Herz zu befragen«, während die Selektivität auf seiten des Männchens, das zur Sicherung der Art die Initiative zu ergreifen hat, »für gewöhnlich viel weniger anspruchsvoll« sei. In diesem Wettkampf um Fortpflanzungsgelegenheiten muß also das männliche Geschlecht alle erreichbaren Chancen nutzen, während das weibliche Geschlecht ein Interesse an einem »höheren Qualitätsanspruch« haben muß, begründet durch seine längere Beschäftigung mit dem entstehenden neuen Lebewesen.

*Kommt ihm also der impulsiv fordernde, ihr der anspruchsvoll wählerische Teil im stammesgeschichtlich begründeten Tanz der Geschlechter um sexuelle Vereinigung zu?* Und was bringt uns eine solche Begründung? Sollen Frau und Mann sich angesichts ihrer alltäglichen Konflikte überhaupt mit solchen Hypothesen herumschlagen? Bedeuten diese nicht einfach, daß das, was uns unglücklich macht, »biologisch bedingt« und darum unveränderbar sei? Aus welcher Interessenlage wird eine solche Theorie vertreten? Dient sie einfach der Erhaltung des geschichtlich und gesellschaftlich bedingten Status quo: Der Mann muß naturbedingt nehmen, was er sexuell kriegt, und die Frau muß dazu schauen, daß sie wählerisch mit ihrer Sexualität umgeht... Ich bin, wohlgemerkt auf Umwegen, zu einer anderen Meinung gekommen. Für mich ist es tröstlich, nicht ärgerlich anzunehmen, daß unsere menschliche Art des Empfindens und unsere Kultur so etwas wie eine biologische Tiefenstruktur hat, die allerdings nicht mit individuellen Motiven, Bedürfnissen oder Interessen verwechselt werden darf. Ich verstehe es so, daß sich, wenn wir Annahmen darüber machen, wie etwas geworden ist, unsere Freiheit erhöht, etwas daraus zu machen. Nicht »alles neu zu machen«, aber Wesentliches zu verändern! Wenn wir das Motivationsspektrum der menschlichen Natur ahnend verstehen, fühlen wir uns dieser »Natur« weniger hilflos ausgeliefert und können leichter aufbrechen zu neuen Horizonten. Das Wissen, daß »Natur« nicht einfach Schicksal ist, so wenig wie Biographie oder Gesellschaft, und daß uns innerhalb der gegebenen Grenzen *Handlungsspielräume* zur Verfügung stehen, verstehe ich als Aufforderung, diese zu gestalten, und nicht als Begründung für die Festigung des Status quo. Die Theorie von der stammesgeschichtlichen Verschiedenheit begründet nämlich keineswegs, warum z. B. Lehrstühle und Direktionsposten immer noch bloß zu etwa 2 bis 3 % von Frauen besetzt sind!

»Der Mensch ist biologisch bestimmt, eine Welt zu konstruieren und sie mit anderen zu bewohnen. Diese Welt wird ihm zur dominierenden und definitiven Wirklichkeit. Ihre Grenzen sind von der Natur gesetzt. Hat er sie jedoch erst einmal konstruiert, so wirkt sie zurück auf die Natur. In der Dialektik zwischen Natur und gesellschaftlich konstruierter Welt wird noch der menschliche Organismus umgemodelt. In dieser Dialektik produziert der Mensch Wirklichkeit – und sich selbst.«[6]

In Kapitel 2, Seite 43, habe ich darauf verwiesen, daß Biologie und Sozialisation zwei Aspekte derselben Wirklichkeit sind und nicht gegeneinander ausgespielt werden dürfen. Dennoch bin ich der Meinung, daß die Frage, was Menschen sich aus den angelegten Bedingungen machen, für die Alltagsbewältigung die wichtigste ist.

## Geschlecht als »gesellschaftliche Konstruktion von Wirklichkeit«: Unterschiedliche Entwicklungsgeschichten von Frauen und Männern

Dies beobachtet: Vorweihnachtszeit in der Kleinstadt. Felix und Regula, die 6jährigen Zwillinge, warten vor dem Supermarkt auf ihre Mutter, die drinnen einkauft. Felix steht in der Türecke, drückt seinen Plüschhund an sich und schaut verträumt und ein bißchen ängstlich den vielen Menschen zu, die hektisch ein- und ausgehen. Etwas später zieht er schlotternd die Schultern ein und schaut angespannt auf die Ladentür, wo noch immer keine Mutter erscheint. Schließlich rinnen ihm Tränen übers Gesicht, er kuschelt sich an seinen Hund und schaut wie ein Häufchen Elend in die Welt... Regula klettert auf dem eisbedeckten Gestänge über der Eingangstreppe herum, rutscht, fängt sich auf und klettert energisch weiter. Als ein alter Mann sie beim Vorübergehen vor der Gefahr des Absturzes warnt, zieht sie eine Grimasse und turnt noch höher. Dann bemerkt sie ihren heulenden Bruder, läßt sich auf den Boden neben ihn fallen und weist ihn zurecht: »So tu doch nicht so blöd. Mama kommt gewiß wieder«, putzt ihm die Nase und legt ihm den Arm um die Schultern, kräftig und tröstend.

Und das gedacht: Wann und wie geschieht die zu erwartende Rollenumkehr bei den beiden? Wann und wie lernt Felix, daß es sich für einen Mann nicht gehört, sich an ein Plüschtier zu klammern und vor Angst zu weinen? Wie wird aus dem verträumten und abhängigen kleinen Buben ein vernünftiger, vorwärtsstrebender Mann, der seine Gefühlsantennen einzieht und gradlinig auf ein Ziel – wessen Ziel – zuläuft?

»Wir setzen unsere Leute permanent unter Druck, und wir verlangen Unmögliches, um das Mögliche zu erreichen«, erzählt zum Neujahr 1992 der schweizerische Konzernleiter eines multinationalen Unternehmens stolz seinem Interviewpartner.[7]

»Unsere Leute«, damit sind hier selbstverständlich Männer gemeint. Und mit denen, die ihnen als warme »Kuscheltiere« Erholung vom Druck in der Arbeitswelt und als leidenschaftliche Gefährtinnen Entspannung vermitteln, sind vermutlich ebenso selbstverständlich Frauen gemeint. Wann und wie lernt also später die wilde Regula, daß es nicht in Ordnung ist, auf Geländer zu klettern, Grimassen zu ziehen und ihre Eigenständigkeit zu behaupten? Sondern daß sie, will sie Liebe bekommen, vorwiegend den zweiten Teil der Geschichte zu leben hat: die emotionalen Antennen ausfahren, gut auf Männer aufpassen, sie schützen vor dem übermäßigen Druck in der Arbeitswelt und dafür das eigene Spiel abbrechen. Wie kommt es umgekehrt, daß nach wie vor so viele Männer mit eingezogenen Gefühlsantennen durch die Welt laufen und sich ihre Sensibilität und ihre Angst abtrainieren lassen? Und daß so viele Frauen in Familie, in Schule und Arbeitswelt Männer vor ihrer eigenen Empfindsamkeit schützen und sie als Helden auf der Weltbühne auftreten lassen, indem sie sie von hinter den Kulissen aus versorgen und ihnen aus dem Zuschauerraum applaudieren? Warum vergessen Männer, daß sie einmal eine zärtlich-verletzbare, aber auch eine lustvoll-bezogene Seite gelebt haben? Und warum Frauen, daß sie mit Freude an ihrer eigenen Kraft auf Bäume und Treppengeländer kletterten, ohne sich um die warnenden Unkenrufe zu kümmern? Was hat es mit unserem Thema vom Widerspruch zwischen Intimität und Leidenschaft bei Paaren zu tun, daß so viele Frauen und Männer wichtige Teile ihrer selbst abspalten mußten, als sie ins Korsett stereotyper Weiblichkeit und Männlichkeit gesteckt wurden: er seine verträumte, weiche Seite, sie ihre wilde, lustvolle Körperlichkeit?

## Das Erbe der überpräsenten Mutterfigur und der unterpräsenten Vaterfigur

Die völlig unterschiedlichen Leitmelodien von Frauen und Männern, zu denen sie ihren Tanz von Intimität und Leidenschaft tanzen, sitzen offenbar tief drin in den Hinterköpfen. Er versteht ihre Melodie kaum, und sie auch nicht die seine. Denn bei allen äußeren Ähnlichkeiten in den Geschichten einer bestimmten Generation und eines bestimmten Milieus trennt ein Fluß voll unterschiedlicher Vorstellungen von Intimität die Geschlechter. Er wird gespeist aus den Unterschieden ihrer Erfahrungen in Herkunftsfamilien, Kultur und Gesellschaft.

In meinem Alltag bewegt mich die Frage, wie Frauen und Männer über diese Verschiedenheit hinaus die Handlungsfreiräume nutzen könnten, welche ihre »Natur« ihnen offenläßt. Oder anders, unter welchen gesellschaftlichen Bedingungen solche Freiräume sichtbar werden. Ich will darum fragen, wie Jungen und Mädchen ihre Rolle lernen, wie sie durch Erziehung, aber auch durch ihre Beobachtung von Vorbildern in die Normen der Gesellschaft eingegliedert werden. Und wie sie später lernen können, sich Rollen nicht einfach wie Uniformen anziehen zu lassen, sondern sie mitzugestalten. Wenn wir wissen wollen, warum es Frauen und Männern so schwerfällt, ausgerechnet im Kern ihres

Zusammenseins, in der Intimität und der Sexualität, eine gemeinsame Sprache zu finden, müssen wir fragen, wie die dominierenden Vorstellungen sich in den Unterschieden von Geschlecht als sozialer Konstruktion niederschlagen und, besonders, wie Wandel möglich wird.

Sozialwissenschaftlerinnen sind in den letzten zehn Jahren der Frage nachgegangen, wie es kommt, daß Frauen und Männer in westlichen Gesellschaften zu »intimen Fremdlingen« erzogen werden. Sie untersuchten, warum es so schwierig ist, das herzustellen, was jedem von uns in gewisser Weise mangelt und was wir so innig ersehnen in einer Paarbeziehung: sowohl verbindliche Geborgenheit, als auch erregende Leidenschaft. Sie bringen die skizzierten Schwierigkeiten in Zusammenhang mit jenen Seiten, welche im Laufe unserer weiblichen oder männlichen Sozialisation so oft unterdrückt werden: die selbstsichere Lust am Eigenen bei Frauen und die sensible Bezogenheit auf andere Menschen bei Männern. Bei allen guten Möglichkeiten, unsere eingefrorenen Bilder von Weiblichkeit und Männlichkeit aufzutauen, wie sie mit den am Anfang dieses Buches beschriebenen gesellschaftlichen Umbrüchen verbunden sind, weisen die erwähnten Untersuchungen nach, daß es auch heute noch einen gewaltigen Unterschied ausmacht, ob ein Mensch als Junge oder als Mädchen erzogen wird. Seine Welt ist nicht ihre Welt! Die Kluft in den Intimitätsvorstellungen der Geschlechter wird entwicklungstheoretisch damit begründet, daß in unserer Kultur sowohl Buben wie Mädchen während vieler Jahre Frauen als primäre Bezugspersonen haben – in der Kleinfamilie, aber auch in Kindertagesstätten, Kindergarten und Schule –, daß jedoch später ein Bruch in ihrer geschlechtlichen Orientierung erfolgt, dessen Folgen sie lebenslänglich begleiten. Die Tatsache, daß Frauen das erste intime Gegenüber der meisten Kinder sind, bedeutet, daß sowohl Jungen wie Mädchen sich vorerst mit »weiblichen« Moral- und Beziehungsvorstellungen identifizieren. Verkürzt ausgedrückt kann angenommen werden, weibliche Moral bedeute Bezogenheit zu anderen Menschen, emotionale Nähe und Verantwortlichkeit für ihr Wohlergehen. So wurde in einer Studie[8] beobachtet, daß Mädchen um der Beziehungsharmonie willen eher entscheiden, ein begonnenes Spiel abzubrechen, wenn sich Konflikte anbahnen, als diese auszutragen. Regula in unserer Eingangsgeschichte läßt grüßen! Jungen neigen in ähnlicher Situation dazu, zu verhandeln oder zu kämpfen und dann ihr Spiel fortzusetzen. »Männliche« Moral bedeutet gemäß dieser Studie also, daß ihnen Autonomie um jeden Preis, »das Unmögliche zu verlangen um das Mögliche zu erreichen«, wie es im Interview mit dem Schweizer Manager hieß, wichtiger sein muß als persönliche Bezogenheit.

Wie kommt dieser Bruch in ihrer Orientierung zustande, nachdem ursprünglich sowohl Buben als auch Mädchen sich mit derselben »weiblichen Welt« identifiziert haben? Und wie wirken sich seine Folgen später auf ihre Vorstellungen von Intimität aus? Für das Mädchen kann die erste Orientierung an einer weiblichen Bezugsperson während der ganzen Kindheit aufrechterhalten bleiben. Selbst wenn seine Eltern sich scheiden lassen, wird es sich nicht nur mit der Mutter, sondern mit zahlreichen betreuenden und erziehenden Frauen identifizieren können. Um Frau zu werden, kann die Tochter vorerst mit ihrem Vorbild verschmelzen (ich bin wie Mama) und sich später von ihm abgrenzen oder mit ihm rivalisieren (ich bin schöner beziehungsweise mutiger als Mama) – immer steht ihr ein gleichgeschlechtliches Vorbild zur Verfügung. Daß sich bei dieser Nähe von Mutter und Tochter allerdings – besonders wenn der Vater psychisch oder physisch abwesend ist – eine verstrickte, zwiespältige »Notgemeinschaft« bilden kann, habe ich im Kapitel »Familienehe« beschrieben. Diese Notgemeinschaft ist geprägt von der Idealisierung des unerreichbaren Vaters durch die Tochter und ihren gleichzeitigen, unterdrückten Gefühlen von Wut und Mißtrauen ihm gegenüber. Mitleid mit der Mutter und Ärger über ihre Ohnmacht prägen diese Notgemeinschaft. Sie kann, wie wir das bei zahlreichen Paarporträts gesehen haben, den Ablöseprozeß der Tochter von der Mutter und ihre spätere *Intimität und Sexualität* mit einem Mann dramatisch behindern.

Um in unserer Gesellschaft zum Mann zu werden, muß sich der Junge – im Gegensatz zu seiner Schwester – im Laufe seiner Entwicklung energisch von der weiblichen Welt abgrenzen. Nachdem er seine erste Erfahrung von Sinnlichkeit und Geborgenheit mit der Mutter oder einer anderen Frau machte, kann dieser Prozeß nicht ohne Schmerzen und intensive Ambivalenz geschehen. Er erfolgt fast immer abrupt und auf Kosten dessen, was er an »weiblichen« Erlebensweisen und Bildern erworben hatte. Zwischen trotzigem »Kein Kuß für Mutter!« und ängstlicher Anklammerung oder hilfloser Verzweiflung darüber, daß sie ihn wegschickte, hinaus in die Welt der Männer, erlebt er Brüche, die ihn manchmal »für immer sehnsüchtig und gleichzeitig mißtrauisch machen Frauen gegenüber«, wie Robert in Kapitel 6 erzählte. Wenn einem solchen Jungen ein kräftiges väterliches Gegenüber fehlt (wie viele Männer berichtet haben), einer also, der ihn liebevoll in die Männerwelt begleitet, wird er darin entweder Fremdling bleiben oder kraft seines Fleißes und seines Verstandes in den Hierarchien der Männerbünde um einen Platz kämpfen. Natürlich gibt es viele Varianten zwischen diesen Polen von Flucht und Kampf. Daß der Kampf oft mit Angst vor dem Fallen verbunden ist, haben mehrere vaterlose oder vaterfremde soziale »Aufsteiger« berichtet – ausgesprochen häufig jene, die in einer traditionellen Familienehe leben und allein für ihre materielle Versorgung zuständig sind.

Wenn außerdem eine Mutter ihren Sohn durch Krankheit, emotionalen Rückzug, Trennung oder Tod in den frühen Jahren verlassen hat, kann es geschehen, daß ein solcher Mann fortan in jeder Frau die »verlorene Mutter« sucht und gleichzeitig mit seiner mißtrauischen Erwartung, sie werde ihn irgendwann sowieso verlassen, dauerhafte Intimität verhindert. Lieber verläßt er sie bei den ersten Anzeichen von Konflikt, als daß ihm das Schlimmste geschieht und er von ihr verlassen wird. Von ähnlichen Erfahrungen und Ängsten berichten einige Männer bei meiner Befragung, am eindrücklichsten einer, dessen Mutter durch Suizid aus dem Leben schied, nachdem sein Vater sich eine Freundin genommen hatte. Erst im Alter von über 40 Jahren konnte dieser Mann seine lang aufgestaute Wut auf seinen noch lebenden Vater, aber auch auf seine Mutter, die ihn im Stich gelassen hatte, für immer hinter sich lassen. Zuerst kam es zu einem Zusammenbruch, der ihn aus seiner alltäglichen Überanpassung in einem Unternehmen hinausriß und sich heilsam auf seine Entwicklung auswirkte. Später ließ er sich auf ein Abschiedsritual von dieser unerledigten Geschichte ein und machte einen beruflichen Neuanfang.

Das Dilemma der heimlichen männlichen Sehnsucht nach emotionaler Abhängigkeit und der weiblichen nach Autonomie hat also offensichtlich tiefe Wurzeln in unserer Erziehung als Jungen und als Mädchen. Wenn Frauen aus Angst vor Liebesverlust ihre

Unabhängigkeit dem Dienen und Pflegen opfern und wenn Männer aus Angst vor Statusverlust ihre abhängigen Seiten unterdrükken oder Frauen zur Pflege überlassen, hat das wesentlich mit gesellschaftlichen Entwicklungen zu tun. Durch die Rollentrennung zwischen Frau und Mann, Mutter und Vater in der Lebensform der Kleinfamilie, die bis weit über die fünfziger Jahre hinaus wegweisend war, haben die meisten Frauen und Männer, die ich befragte, emotional »über-präsente«, aber unglückliche Mütter und »unter-präsente«, emotional unerreichbare Väter erlebt. Zwar hat die neoromantische Bewegung der 68er Jahre das bürgerliche Ideal der Versorgungsehe radikal in Frage gestellt, aber die alten Bilder von Weiblichkeit und Männlichkeit sind unter dem Firnis des Neuen in der Form ihrer Mystifizierung erst recht wiederbelebt worden. Unsere Tendenz, diese »romantischen« Bilder trotz aller Aufweichung in den traditionellen Vorstellungen von Liebe, Ehe und Intimität alltäglich zu reproduzieren, ist darum naheliegend. Denn die Bilder leben nicht nur in unseren Köpfen weiter, sie sind aufgehoben in weiblichen und männlichen *Sprachformen*, welche auf subtile, oft kaum durchschaubare Weise soziale Wirklichkeit erzeugen. Und sie können täglich neu belebt werden durch unsere Erfahrung von Belohnung für Anpassung an Bestehendes sowie Strafe für Widerstand gegen die vorherrschenden Verhältnisse.

Die beschriebenen widersprüchlichen Vorstellungen von Frauen und Männern zu Intimität erscheinen also trotz aller kulturellen Veränderungen durch die sexuelle Revolution der sechziger und siebziger Jahre wie auch durch den Wandel des weiblichen Selbstverständnisses weitgehend unverändert. Ich habe auf Grund meiner Befragung zwei Vermutungen, warum das so sein könnte. Zum einen gehe ich davon aus, daß, trotz sozialen Wandels und der veränderten Bilder von uns selber, wir Frauen noch immer vorwiegend an den Normen der Männerwelt und der patriarchalen Tradition orientiert sind. Ich bin überzeugt, daß wir unsere Vorstellungen von Liebe und Sexualität vielmehr nach ihnen richten, als uns selbst und den Männern bewußt ist. Zwar ist die moderne, sexuell attraktive Frau gefragt, aber zu selbstsicher und vor allem zu direkt und sexuell fordernd soll sie auf keinen Fall sein. Das Gespenst der »Kastrations-Angst« der Männer vor starken Frauen sitzt uns bedrohlich im Genick. Sicherer ist darum, daß wir uns am alten Bild von passivem Geschehen-lassen orientieren, statt als Ich-nahe begehrende Frau einem Mann gegenüberzutreten. Zur Illustration dieser Idee zitiere ich Reaktionen von modernen Frauen auf erotische Vorlagen:

»Frauen teilen also offenbar beim Anschauen erotischer Vorlagen den männlichen Blick auf sich selbst. Sie identifizieren sich mit dem Objekt männlicher Begierde – aber das ist nur eine Seite der Angelegenheit. Eigentlich sind sie Objekt und Subjekt dieses Blickes zugleich; sie schauen sich selbst an und präsentieren sich zugleich dem fremden Blick, der sie begehrt... Der Mann begehrt, die Frau will begehrt werden. Wer begehrt, macht die Bilder. Die Frau... orientiert sich an ihnen, auch wenn sie mit ihnen spielt.« (4 op. cit)

Zum zweiten meine ich, daß die Anheizung der Intimsphäre in der Moderne – Ehe und Familie als Hafen in einer unsicheren Welt – Frauen gute Gründe dafür liefert, als traditionelle Gefühlsspezialistinnen ihre »weichen« Machtquellen von Intimitätsgestaltung in privaten Beziehungen so weit als möglich auszubauen. Solange den meisten Frauen in der öffentlichen Welt Ressourcen für »harte« Macht (zum Beispiel in Form von politischer und beruflicher Einflußnahme, Status und Geld) weit weniger zur Verfügung stehen als den Männern, ist die traditionelle weibliche Moral »Mach dich rar, wirf dich nicht weg« und die damit legitimierbare sexuelle Verweigerung zwar ich- und lustfeindlich, aber immerhin eine Machtquelle. Da sie jedoch an den engen Rahmen einer Paarbeziehung gebunden bleibt, handelt es sich eher um die Macht der Ohnmacht!

Unsere kollektive Sehnsucht nach Selbstfindung und Wärme in privaten Beziehungen, wie sie sich als »Tyrannei der Intimität«[9] aus dem Zerfall der öffentlichen Kultur entwickelt hat, scheint bisher noch kaum zu liebes- und menschenfreundlichen Beziehungsmustern zwischen den Geschlechtern geführt zu haben. Solange wir jedoch an einem geschichtslosen, individualistischen Bild von Liebe und Ehe festhalten, werden wir die prägenden Einflüsse der vorangegangenen Generationen und der sozialen Strukturen auf unsere Vorstellungen von Weiblichkeit und Männlichkeit kaum erkennen können. Das bedeutet, daß wir diese Vorstellungen weder grundsätzlich in Frage stellen noch sie verändern oder uns von ihnen verabschieden können. In der Auseinandersetzung mit historisch und biographisch gewachsenen inneren

Bildern und äußeren Strukturen, die sich gegenseitig reproduzieren, anstelle von simplen »Reparaturmodellen« für Beziehungskonflikte, liegen meines Erachtens vielfältige Chancen für die Intimitätsgestaltung von Frau und Mann, welche über den modernen Zweierkisten-Katzenjammer hinausführen. Es geht dabei nicht einfach um Liebe als Gefühl – zum Beispiel um »Frauen, die zu sehr lieben« oder um »Männer, die lieben lassen« –, sondern um die Einbettung des Intimitäts-Diskurses in den alltäglichen Rahmen sozialer und ehelicher Sprach- und Machtverhältnisse. Diesen will ich mich im folgenden Teil zuwenden.

## Kommunikation, Intimität und Machtverhältnisse

Gespräche stiften subjektive Wirklichkeiten in der Form von »Welten«, von Paarwelt, Familienwelt, Arbeitswelt. Auch wenn die Gespräche eines lange zusammenlebenden Paares beiläufig und alltäglich werden, haben sie Wirklichkeits-wahrenden und Wirklichkeits-ordnenden Wert, weil eine gewisse Objektivierung von Erfahrung vorgegeben wird durch die Sprache, besonders die einmalige private Sprache eines Paares.

»Im weitesten Sinne sind alle, die dieselbe Sprache sprechen, füreinander wirklichkeitswahrende andere.« (6 op. cit.)

Damit Frau und Mann füreinander den Charakter des »jeweils wirklichkeitswahrenden anderen« bekommen, wodurch ihre alltägliche Rückkehr in die gemeinsame Welt ermöglicht wird, muß ihre sogenannte »Konversationsmaschine« (6 op. cit.) gut geölt und verläßlich sein. Das Reißen der Gesprächsfäden, der Abbruch ihrer sprachlichen Kontakte ist eine Gefahr für die persönliche Identität in einem Milieu, das eine solche in hohem Maße stiftet. Wie wird *die Konversationskultur* eines Paares entwickelt und erhalten? Und warum ist es so schwer, sie auf befriedigende Art zu pflegen? Ich denke, wir verstehen das besser, wenn wir einen Blick auf das Thema »Kommunikation« im Rahmen des in Kapitel 2 beschriebenen Modernisierungsprozesses werfen. In meiner Befragung wurde deutlich: Befriedigende Kommunikation ist der höchste Wert auf der Skala ehelicher Zufriedenheit für Frauen und Männer. Offene Kommunikation, konstruktive Kommunikation, persönliche Kommunikation sind gefragt in unserer Welt. Landauf und landab gibt es Kommunikationstrainings für Liebespaare, Eltern, Angehörige von helfenden Berufen, Angestellte und Kadermitglieder aus Wirtschaft und Politik, und sie werden mit hoher Motivation besucht und oft teuer bezahlt. Daß »offenes, persönliches Reden miteinander« Voraussetzung zum Verstehen und Verstandenwerden, Erkennen und Erkannt-werden ist, was der Definition von Intimität entspricht, gehört mittlerweile zu unserem Alltagswissen. Kommunikation und Intimität sind nicht nur im Mikrokosmos von Paar und Familie gefragt, sondern ebenso in der öffentlichen Welt. Wie kommt es nur, daß bei so viel Wertschätzung, so viel Anstrengung für dieses Anliegen dennoch so viel alltägliches Elend damit verbunden bleibt? Es gibt für mich zwei mögliche Erklärungen. Die erste hat mit dem modernen Kult von Selbstdarstellung und Selbstthematisierung zu tun, welche uns oft blind und taub macht für die *politischen Aspekte* unseres Lebens. Die zweite ist eng damit verknüpft: »Kommunikation« als Ritual kann zum unverbindlichen *Austausch von Sprechblasen* werden, wenn sie nicht verankert ist in der Alltagswelt, beziehungsweise wenn ignoriert wird, in welcher Weise Sprache Wirklichkeiten schafft und Machtverhältnisse festschreibt oder verflüssigt.

Die Darstellung der »wirklich wahren Gefühle« wie auch des »wirklich wahren Selbst«, welche in einer Gesellschaft ohne Götter und ohne verbindliche Institutionen gefordert wird, hat zu einer Rückzugsideologie ins Private geführt, die *mit vorgestanzten Erscheinungsbildern von Intimität und Liebe* als gleichmäßig fließenden Quellen von Wärme und Zuneigung verbunden ist. Die allgemeine Psychologisierung des Alltags von Familie, Schule und Arbeitswelt gebietet eine ständige Beschäftigung mit dem Ich, dem Zusammenleben und unseren persönlichen Gefühlen dazu. »Wenn die Beziehungen dieser Belastung nicht mehr standhalten, bringen wir das nicht mit unseren unausgesprochenen Erwartungen in Zusammenhang, sondern mit der Beziehung selbst« (9 op. cit.). Wir Modernen müssen also offen reden lernen über unsere intimsten Empfindungen. Aber die Art, wie unser sprachliches Handeln Wirklichkeiten schafft, ist selten das Thema von Beziehungsgesprächen. Schwierig finde ich, daß von dieser allgemeinen Forderung nach der freundlichen, anheimelnden Art der »offenen« Kommunikation und der Persönlichkeitsentfaltung im Rahmen von privaten Beziehungen wie auch von Institutionen die »harten« Aspekte, also die Verteilung der Ressourcen im menschlichen Zusammenleben, so leicht zugedeckt werden. Daß Aspekte ungleicher Machtverhältnisse ohne Artikulationsmöglichkeit besonders schmerzlich erlebt werden, erfahre ich täglich in der Beratung von Organisationen wie von Familien. Beim jungen Elternpaar aus dem Porträt »Das frohe Ereignis als kritisches Ereignis« zum Beispiel, wo die Frau jede Nacht mehrmals aufsteht und der Mann durchschlafen kann, um fit zu bleiben für seine Aufgabe als Ernährer, und wo umgekehrt die Frau den alleinigen Zugang zum Kind beansprucht und der Mann draußen bleibt, hat der Groll der beiden über ihr unverhandeltes Arrangement langfristig zum Erlöschen von Intimität und Leidenschaft geführt. Die Erfahrung, daß ein Mann seiner Frau keine Auskunft gibt über seine beruflichen und finanziellen Verhältnisse und sie sich umgekehrt emotionell und sexuell von ihm zurückzieht, ist in der Paarberatung alltäglich. »Offene Kommunikation« als Austausch von Gefühlen erzeugt da kaum Wandel, wenn nicht die verletzten Gefühle der Frau und des Mannes mit der schiefen Balance ihres Umgangs mit den geschlechtsabhängigen Ressourcen in Zusammenhang gebracht werden.

Dort, wo *strukturelle und politische Kategorien in psychologische von Wärme und Intimität verwandelt werden*, mag das zwar vorübergehend der Stabilisierung einer Beziehung dienen. Aber weil Männer und Frauen nicht bloß Träger und Trägerinnen von Informationen über Gefühlszustände sind, sondern auch von Machtquellen, scheint es mir wenig menschenfreundlich, ihnen den Mund mit Gefühlswörtern aus der alltäglichen Psychologisierung vollzustopfen und die Augen vor den ungleichen Verhältnissen in Familie oder Arbeitswelt zuzubinden. Auch die erwähnten Erklärungsmodelle von der evolutionsgeschichtlichen oder der entwicklungsmäßigen Unterschiedlichkeit von Frau und Mann können unseren Blick auf ihr *alltägliches Zusammenleben in der Gegenwart* verstellen! Ich meine, daß sowohl die »horizontalen« Bedingungen, das heißt die gegenwärtigen Austauschmuster eines Paares, als auch die »vertikalen«, das heißt seine geschichtlich entwickelten Motive, seinen Umgang mit Intimität prägen. Wenn wir nur die Erklärungen von biologisch oder sozial bedingten Motiven benützen, laufen wir Gefahr, festzuschreiben, warum Männer und Frauen so geworden sind, ohne daß wir fragen, wessen Weltbild in der Gegenwart die Normen dominiert und was für Spielräume jedem einzelnen offenstehen.

Als Reaktion auf das gängige Argument, daß die meisten Männer aus Angst vor dem Verschlungenwerden durch Frauen kämpfend oder schweigend ihre Autonomie verteidigen müssen, gibt es für die Frau zwei typische Möglichkeiten: einerseits die Zementierung der »Sohn«-Rolle im offiziellen Patriarchat durch das heimliche Matriarchat in der Form des »Geheimdienstmodells«[10]. Die Frau dient im geheimen und zieht ebenso geheim die Fäden, an denen der Mann zappelt, indem sie vorgibt, wie er zu fühlen und Gefühle auszudrücken habe. Andererseits die Möglichkeit, daß Frauen sich durch sexuelle Lustlosigkeit abwenden von den sich um sie schlingenden »unerwachsenen Söhnen«, die draußen die Starken sein müssen, und damit deren schlimmste Versagensängste bestätigen. Wenn behauptet wird, daß Frauen »sowieso nicht autonom sein wollen« und dafür das Argument von der »natürlichen« weiblichen Abhängigkeit beziehungsweise von ihrer »natürlichen« Unfähigkeit zu Ich-bezogenem sexuellem Begehren gebraucht wird, übersehen wir, in was für Lebensformen diese Beobachtungen gemacht werden: am häufigsten in solchen, welche die materielle Abhängigkeit einer Frau voraussetzen. Wo hingegen starke Frauen Einflußmöglichkeiten begehren und sich um eine eigene Position statt um Intimitätsgestaltung kümmern, werden sie durch den Vergleich mit sogenannt natürlicher Weiblichkeit rasch einmal als unweiblich beziehungsweise »männlich-phallisch« abgestempelt.

## Zur Statusabhängigkeit von Sprache

Unsere Beziehungswelt wird produziert und reproduziert durch Sprache. Sie ist das Medium, das unsere persönliche Wahrnehmung organisiert, sie prägt unsere Interaktion mit anderen Menschen.

»Sprache drückt der Welt, an die sie gerichtet ist, ihren Stempel auf. Sie bezieht sich dabei immer auf die Anwendung eines Bildes des Menschen und des menschlichen Geistes.«[11]

Die Art, wie wir unsere Welt in Sprache erzeugen und wie dieser Vorgang legitimiert wird, ist entscheidend für die Verteilung der Ressourcen in einem menschlichen System. »Sprache ist nie unschuldig und schon gar nicht neutral«[12]. Im Lauf der menschlichen Geschichte haben sich immer die jeweils dominierenden Gruppen mittels ihres Umgangs mit Sprache durchgesetzt. Das Ideal der Gleichwertigkeit von Frau und Mann zum Beispiel zerbricht sowohl in der Öffentlichkeit als auch in der Intimsphäre eines Paares oft an der Art ihrer Sprachregulierung. Linguistinnen ist dafür zu danken, daß sie durch Mikroanalysen sprachlichen Handelns von Frauen und Männern auf solche Erfahrungen aufmerksam machen. Natürlich wird die Sprachregulierung der dominierenden öffentlichen Gruppe durch *Bilder* zusätzlich unterstützt, zum Beispiel durch das in einer gewissen Werbung präsentierte Frauenbild (»etwas beschränkt, aber schön«).

Bei aller Gemeinsamkeit der Sehnsüchte nach Intimität und lustvoller Leidenschaft von Frau und Mann und trotz meiner Überzeugung, daß grundsätzlich beide Geschlechter zu solchem Erleben fähig sind, komme ich also nicht darum herum zu fragen, wessen Vorstellung jeweils die Situation dieses oder jenes Paares prägt, ihre oder seine. Wenn zum Beispiel eine der Befragten sagt: »In meiner Erfahrung ist die Vorstellung des durchschnittlichen Mannes von Intimität die Vorstellung der durchschnittlichen Frau von einem beiläufigen Gespräch...«, interessiert mich, wessen Vorstellung bei ihr zu Hause maßgebend ist, ihre oder seine, und wie die beiden über Nähe und Distanz reden und entscheiden.

## Frauensprache, Männersprache – Die Unzufriedenheit der Frauen mit dem gemeinsamen Dialog

Jede Botschaft hat zwei Ebenen: eine inhaltliche, welche der Informationsvermittlung dient, und eine markierende, welche die Beziehung zwischen Redenden und Zuhörenden definiert. Ich will nun fragen, in welcher Weise Frauen und Männer im Dialog mit diesen beiden Ebenen umgehen. Eine Kontext-bezogene Unterscheidung von Sprachschemata scheint mir dafür nützlich: Sie betrifft die Art, wie in einem bestimmten sozialen Rahmen durch

Sprache auf das Gegenüber Einfluß genommen wird. Douglas[13] verwendet dafür die beiden Kategorien von *positionaler* und *personaler* Einflußnahme. Ich werde noch erläutern, was damit gemeint ist. In sozio-linguistischen Untersuchungen wurde nachgewiesen, daß die *männliche* Art des Redens dem Austausch von Information sowie der Festlegung sozialer Positionen dient. Die *weibliche* Art des Redens dient vor allem der Beziehungsaufnahme und -pflege und erst in zweiter Linie der inhaltlichen Einflußnahme. Eine holländische Studie[14] über unterschiedliches Verhalten in weiblichen und männlichen Arbeitsgruppen stützt diese Beschreibung. Während die beobachteten *Männer* beim ersten Kontakt miteinander sofort eine Hierarchie mit führenden beziehungsweise zur Anpassung bereiten Mitgliedern bilden, organisieren sich *Frauen* in Arbeitsgruppen, indem sie einen Kreis bilden, damit alle auf derselben sozialen Ebene bleiben. Mit dem Begriff des »Krabbenkorb-Syndroms« beschreibt der Autor, wie in männlichen Arbeitsgruppen Rivalität als notwendig und sogar konstruktiv, in Frauengruppen jedoch vorwiegend als destruktiv bewertet wird. Frauen tendieren dazu, sich mit ihrem Harmonieanspruch gegenseitig am Hochkommen zu hindern, ähnlich wie Krabben, welche, einmal im Korb, vom Fischer nicht zugedeckt werden müssen, weil sie dafür sorgen, daß jede, die hochklettern will, heruntergeholt wird. Wer sich als Frau in einer weiblichen Arbeitsgruppe zum Beispiel mit Wissen und Erfahrung profiliert, kennt das Schimpfwort von der »weiblichen Rivalität« oder »mangelnden Solidarität« als besonders wirksames Anpassungsritual.

Interessant ist, daß sich im Gespräch von Frau und Mann ein bedeutender *Unterschied zwischen privatem und öffentlichem Reden* feststellen läßt. In der Öffentlichkeit, also der Arbeitswelt, der Schule und der Politik, setzen die ranghöchsten Männer die Redeordnung und die Themen sowie die Art, wie darüber geredet wird, fest. Sie beanspruchen das Artikulations- und das Deutungsmonopol. Frauen melden sich, selbst wenn sie ranggleich sind mit den dominierenden Männern, öffentlich oft zögernd und nervös zu Wort. Aus der Erfahrung, daß ihnen weniger Rederaum zur Verfügung steht als ihren männlichen Gesprächspartnern, reden sie häufig schnell und atemlos. Wenn sie sich ihren Rederaum trotzdem nehmen, werden sie nicht selten vom Gesprächsleiter unterbrochen. In der Privatsphäre eines traditionellen Paares wird häufig dieselbe unausgesprochene Regel wirksam, sobald Dritte dabei sind: Kinder, Gäste, Freundinnen und Freunde. Frauen rollen ihrem Mann den roten Teppich aus, damit er sich profilieren kann, indem sie ihm mit Stichworten oder Fragen die Bühne für seine Selbstdarstellung bereiten. Natürlich überlassen sie es ihm dabei auch, sich zu exponieren, zum Beispiel mit unpopulären Meinungen, während sie selber sich vorsichtig bedeckt halten. In der Lebensform der »Familien- oder Versorgungsehe«, der in meiner Untersuchung am meisten vertretenen, berichten Paare häufig über solche für beide »selbstverständliche«, aber besonders für Frauen zunehmend unbefriedigende Erfahrungen.

Ganz anders ist die Situation, wenn Frau und Mann allein sind. Hier erzählen fast alle befragten Paare, daß Männer über den alltäglichen Informationsaustausch hinaus schweigen, vor allem was das »Persönliche« betrifft, Frauen jedoch auch über ganz gewöhnliche Begebenheiten und persönliche Stimmungen erzählen möchten. Männer berichten irritiert von dem ständigen »Geräuschpegel« über die täglichen Kleinigkeiten, den umgekehrt eine Frau als ihr wichtigstes »Beziehungspolster« beschrieben hat. Einige Frauen erzählten mir verbittert davon, wie ihr Mann sie mit seinem arroganten Schweigen oder seiner Ironie »in die Wüste laufen lasse«, wenn sie durch ihr Erzählen Kontakt zu ihm suchen. Ihre (indirekte) Botschaft an den Mann, wenn sie ihm von sich erzählt, lautet zum Beispiel:

> »Mach du, daß ich mich spüren kann, daß ich weiß, ich gefalle dir, ich bin die beste und einzige für dich. Auch wenn ich draußen meine Frau stelle, brauche ich deine Bestätigung mehr, als du ahnst. Du könntest den Himmel auf Erden haben, wenn du das tätest!«

Ist es möglich, daß dieses weibliche Verlangen nach Halt und Nähe für Männer gerade bei jenen Frauen schwer zu verstehen ist, die in mancher Hinsicht aus der Tradition ausgebrochen sind und zum Beispiel im Beruf auf eigenem Boden stehen? Mich wundert das eigentlich nicht. Angesichts der Widersprüche, die in hohem Maß in diese Übergangsphase weiblicher Identitätsfindung eingebaut sind, erleben sich viele von uns auf rutschigem Treibsand stehend und hoffen sehnlichst, daß ein Mann das verstehen kann –

ohne uns dafür kleinzumachen oder sich in hilfloses Schweigen zurückzuziehen. Der angesprochene Mann im Beispiel könnte jetzt also Macht ausüben, indem er dem Erzählfluß seiner Frau entweder mit überlegenem oder aber mit leer schluckendem Schweigen begegnet, bis sie ihn, außer sich vor Verzweiflung, anschreit oder resigniert wegläuft. Er könnte aber auch Stellung beziehen als ihr ebenbürtiges Gegenüber, weder als schweigender Besserwisser noch als hilfloser kleiner Junge – selbst wenn er eine radikal andere Meinung vertritt als sie –, und damit den Dialog offenhalten. Wenn er schweigt, lautet seine versteckt-trotzige Botschaft an sie häufig, wie Männer mir erzählten:

»Ich hasse dein Eindringen, ich fühle mich dir ausgeliefert, weil du mir im Erzählen von Geschichten und in der Gefühlssprache überlegen bist. Ich fürchte, daß du mich damit ausnützt und ich meine Überlegenheit verliere. Wer wäre ich denn ohne diese – ein Niemand!«

Falls er auf ihre Aufforderung hin jedoch Auskunft gibt, knapp und sachlich, wie er es in der technisierten Arbeitswelt gelernt hat, sie hingegen an Einzelheiten interessiert ist, die ihm als »Füllmaterial« erscheinen – wird sie dann seine andere Sprache verstehen oder zumindest nachfragen? Und wird er ihre Fragen als Interesse an ihm verstehen, statt sie als Kontrollversuch zu bekämpfen? Oder wenn er zum Beispiel ihre Erzählung in einer Gruppe unterbricht und das gewohnte Deutungsmonopol beansprucht, indem er väterlich »Nur langsam!« sagt zu ihrer Geschichte, um in der entstehenden Pause seine eigene zu präsentieren, wagt seine Frau ihn darauf hinzuweisen und sich ihren Rederaum zu nehmen? Oder läßt sie ihn ins Leere laufen und rächt sich später an ihm durch emotionale Kälte und sexuellen Rückzug?

## Positionale und personale Formen der Einflußnahme durch Sprache

Ich habe es schon angedeutet: Der Umgang mit Sprache als Mittel von Beziehungsdefinitionen ist verankert in der öffentlichen Welt von Arbeit und Politik. Douglas (13 op. cit.) beschreibt zum Beispiel als »positionale« Form der Einflußnahme die Sprache in den qualifizierten Mittelschichtberufen. Dort diene sie der Erhaltung der vorgeschriebenen Rollenmuster und des Expertenwissens durch die Beseitigung von Mehrdeutigkeit: »So ist es und nicht anders« oder »Wer A sagt, muß auch B sagen.« Diese positionale Sprache ist Voraussetzung für Berufe, welche Kontrolle über Menschen und Dinge fördern: Juristen, Verwalter, aber auch konservativ-orientierte Ingenieure und Naturwissenschaftler gehören dazu. Sie haben, wie die Autorin schreibt,

> »mit abstrakten Verhältnissen zwischen materiellen Objekten zu tun, eine Tätigkeit, welche die Verwendung des elaborierten Codes zur kritischen Reflexion über die Natur sozialer Beziehungen nicht eben nahelegt«.

Die Struktur triumphiert bei der positionalen Sprachform über das Individuum, die Rollenfestigung eines Berufsstandes ist wichtiger als ihre Infragestellung. Kritischer Überprüfung von vorgefaßten Denkkategorien gegenüber sind die Angehörigen dieser Berufe nicht eben offen. Was das Geschlecht betrifft, gehören vorwiegend, aber nicht ausschließlich Männer dazu. Mit ihrem Sprachcode versuchen sie zum Beispiel, mögliche Konflikte durch die entsprechende Rhetorik: »Sie müssen doch einsehen, daß« oder durch schnelle Kompromisse zu vermeiden. Was tun aber Frauen, wenn sie zu dieser positionalen Gruppe stoßen? Soweit ich sehe, passen viele von ihnen sich an, sowohl privat als auch in der Öffentlichkeit. Das kann besonders bei Politikerinnen zu großer Enttäuschung ihrer Wählerinnen und Wähler führen, welche von einer Frau in einer Führungsposition erwarten, daß wenigstens *sie* soziale Beziehungen kritisch reflektiert.

»Personale« Sprachformen der Vieldeutigkeit von Wissen passen hingegen zu jenen, die sich ein berufliches Infragestellen gängiger Erfahrungsmuster leisten können als Angehörige der Geistes- und Sozialwissenschaften oder von helfenden Berufen. Besonders paßt diese Sprachform natürlich zu Frauen, in deren Leben menschliche Beziehungen eine Hauptrolle spielen – zum Beispiel in Form von organisierter Mütterlichkeit, als Therapeutinnen oder Krankenschwestern. Der personale Sprachcode schließt »das Vokabular des Gefühls auf, tötet aber andererseits den Sinn für die Formen und Strukturen des sozialen Lebens ab«, schreibt dazu die zitierte Autorin.

Spannend und spannungsvoll wird die Sache, wenn die beiden Sprachschemata zusammentreffen, das positionale und das personale, sowohl in öffentlichen als in privaten Beziehungen. Wenn zum Beispiel ein Mann als Psychotherapeut gewohnt ist, beruflich in personalen Sprach-Codes von Vieldeutigkeit zu reden und zu schreiben, jedoch zu Hause als »Familienoberhaupt« ein positionales Schema von Eindeutigkeit vertritt – welcher Code gilt dann für wen? Oder wenn ein Naturwissenschaftler in einem traditionell-positionalen Arbeitskontext privat mit einer Frau lebt, welche als Kindergärtnerin und Mutter vorwiegend einen personalen Sprache-Code pflegt, kann der Konflikt sich folgendermaßen darstellen:

Sie: Mir geht es heute nicht so gut. Irgendwie bedrückt mich das Weltgeschehen und die Wohlstandsverwahrlosung der Kinder an solchen Nebeltagen mehr als sonst.
Er: Du mußt das schon präziser definieren. Ich verstehe überhaupt nicht, was du meinst, wenn du so vage daherredest.
Sie (schluchzend): Du Idiot, das war doch eindeutig genug! Aber wenn ich ein bißchen Trost brauche, stößt du mich weg!

Mir scheint, daß eine gute Möglichkeit darin bestünde, daß Frau und Mann sich nicht weiter polarisieren, indem *sie* immer den personalen und *er* den positionalen Sprach-Code vertritt, sie also in Fremdsprachen reden miteinander. Das würde voraussetzen, daß beide erst einmal verstehen, daß seine Welt nicht ihre Welt ist und daß die Sprache, die für ihn in der Arbeitswelt vielleicht Überleben bedeutet, Gift sein kann für das persönliche Gespräch. *Wo Frau und Mann sowohl die Sprache des Gefühls als auch die Sprache der Strukturen zur Verfügung stehen* – als Voraussetzung für gleichberechtigten Zugang zu den Ressourcen von Wissen und Positionen –, ist das die beste Basis für Intimität! Das kann heißen, daß ein Mann offen fragen und zuhören lernt, ohne Angst vor Prestigeverlust, und eine Frau eindeutig Position beziehen lernt, ohne daß ihre emotionale Bezogenheit darunter leidet. Die Antwort auf die Frage eines konstruktiven Umgangs mit den Unterschieden von Männersprache und Frauensprache liegt also in der Erkundung der Vorstellungen ihrer jeweiligen Welt. Sie liegt auch im Erkennen der Mythen und Aufträge der allgemeinen sowie ihrer individuellen Geschichte und darin, daß die Strukturen der männlichen positionalen Welt nach wie vor auf der Ergänzung durch personale Beziehungsarbeit der Frauen beruhen.

## Lösungsmöglichkeiten

Mich interessierte bei der Analyse der Paarporträts die Frage, wie intime Beziehungen sich entfalten, wenn Frauen so viel an eigenem Raum in sich selber und in der Welt draußen gewonnen haben, daß sie Sexualität nicht mehr vorwiegend über den Umweg dienender Intimitätsgestaltung leben. Wenn sie also nicht mehr die ständige Bestätigungsleistung durch den Mann fordern, sondern ohne diesen pflegerischen Teil, selbstbezogen und kräftig, auf ihn zugehen. Wie kann eine Paarbeziehung sich entwickeln, wenn die Frau sich nicht in erster Linie mit dem männlichen Bild von Weiblichkeit identifiziert, sondern sich ihre eigenen Bilder schafft von Begehren und Begehrtwerden – spielerisch und aggressiv, nicht destruktiv. Und wie geht es dann dem entsprechenden Mann – genießt er diese neuen Möglichkeiten von Intimität und Leidenschaft, oder machen sie ihm mehr Angst als Lust? Ich habe Entwicklungen zu eigenem Begehren bei vielen der befragten Frauen festgestellt, ganz besonders nach dem Aufbruch der Lebensmitte. Und ich habe eine umgekehrte und zu den Frauen »passende« Entwicklung auch bei Männern in meiner Untersuchung beobachtet. Nicht bei allzu vielen Männern, aber bei bemerkenswert vielen dennoch! Männlicher Wandel bezieht sich dabei häufig auf einen neuen, spielerischen Umgang mit Intimitätsgestaltung – besonders mittels persönlicher Sprache und Zärtlichkeit als Teil ihres sexuellen Begehrens. Männer wagen dann mehr lustvolles Experimentieren als bisher, wie auch entspanntes Geschehen-lassen. Viele erzählten über ihre neue Entlastung vom Druck, Frauen mittels einseitiger Initiativen als der vielgepriesene »Eisenhans« zu imponieren. Die größte Veränderung bei den Männern sah ich darin, daß sie ihre Partnerin offen fragen lernten, statt zu monologisieren oder bockig zu schweigen.

Zum Schluß skizziere ich zwei der in meiner Untersuchung am häufigsten vorkommenden *Paar-Szenarien* des Umgangs mit Intimität und Sexualität:

1. »Bei uns läuft es wunderbar im Bett, aber außerhalb ist es wüst und leer«: *Die patriarchale Romanze.*
2. »Unser gemeinsamer Alltag ist schon in Ordnung, aber im Bett läuft nichts mehr«: *Familienliebe ohne Leidenschaft.*

## 1. »Die patriarchale Romanze«

Diese Konstellation habe ich sowohl bei der Lebensform der »offenen Zweierbeziehung« als auch bei bestimmten Formen der »Familienehe« besonders häufig getroffen. Sie scheint bei sexuellen Außenbeziehungen die Regel zu sein, meistens als Alternative zum bisherigen Szenario »Familienliebe ohne Leidenschaft«. Merkmal der patriarchalen Romanze ist, daß das Paar den Alltag entweder nicht miteinander teilt (das heißt dann in der postmodernen Sprache: »living apart together«) oder aber nach Aufgaben und Rollen geteilt unter demselben Dach in zwei verschiedenen Welten lebt, vereint durch das gemeinsame Schlafzimmer. Sexualität spielt die Hauptrolle der gegenseitigen Verbindung: Das erotisch-sexuelle Zusammenkommen muß dann jedesmal wieder ein großes Ereignis sein, weil der lästige, aber wirklichkeitsstiftende Alltag weitgehend ausgeklammert wird.

Das patriarchal-romantische »Spiel« eines solchen Paares ist jenes von Dornröschen und dem Prinzen: Sie wartet auf Erlösung durch ihn, und er bezieht seine Lust aus seiner männlichen Potenz und ihrem Warten. Er ist oben in der sozialen Hierarchie, nicht selten weil er älter ist als sie oder einen Beruf hat, der ihm Prestige und Status verleiht. Sie befindet sich in der Paarkonstellation unten, vielleicht als seine Studentin oder Mitarbeiterin, aber selbst wenn sie einen eigenen Status hat in der Welt draußen, läßt sie sich scheinbar von ihm führen. Er beschützt und kontrolliert sie, sie dient ihm und führt ihn gleichzeitig am Gängelband ihrer Bewunderung mit dem Wissen, daß sie allein bestimmt, wann und wie sie zu nehmen beziehungsweise zu »erlösen« ist. Seine Vorstellung von Sexualität ist: »Ich muß sie nehmen, von sich aus wäre sie nicht aktiv«, und die ihre: »Ich muß seine Macht dämpfen mit meiner Hingabe, sonst wird er mir gefährlich.«

Wenn ich mit einem Paar aus dieser Konstellation zusammensitze, welches in Konflikt geraten ist, nehme ich fast jedesmal ein kräftiges erotisches Knistern in der Luft wahr. Ob die spürbare Erregung zwischen Frau und Mann sich wandelt zu freundschaftlicher Nähe oder – weit häufiger – umschlägt in eine Form von Feindseligkeit, die zu Hause manchmal sogar zu Gewalt führt, scheint unter anderem abhängig davon, ob es mir gelingt, neutral zu bleiben, oder ob die erotisierte Feindseligkeit der beiden mich in ihren Bann zieht. Der Grund für eine Paartherapie liegt bei dieser Konstellation häufig darin, daß Dornröschen endlich versucht, aus eigener Kraft und ohne den Prinzen den Weg aus dem Schloß in die Welt eines erwachsenen Selbstverständnisses zu finden. Manchmal mit einem neuen Prinzen, was für sie lebensgefährlich sein kann, im besseren Fall durch die Freundschaft mit Frauen, die ihr zu Eigenständigkeit verhelfen. Seltener, aber auch das kommt vor, hat der »Prinz« die Nase voll von diesem Spiel und drängt seine Frau oder Freundin, »endlich erwachsen zu werden«. Eine gute Chance haben beide, wenn sie neugierig sind darauf, wie sie die Stunden oder Tage *zwischen* ihren sexuellen Begegnungen füllen könnten, das heißt, wenn sie herausfinden wollen, was sie außer Sex noch miteinander verbindet – vielleicht die lange Weile vertrauter Gespräche und alltäglicher Unternehmungen?

Die sexuelle Bindung von Frau und Mann wird bei dieser Konstellation nicht selten zu einer Art von »Bondage«, zur Zwangsjacke für beide durch die Erotisierung patriarchaler Klischees: Er bindet sie, sie läßt sich binden, leider auch mit Gewalt. Als erotisches Spiel kann diese Beziehungsform phantastisch und lustvoll sein. Sado-masochistische Phantasien sind, wie ich beobachte, auch in modernen Paarbeziehungen lebendig, trotz aller Wünsche nach gleichberechtigter Partnerschaft. Es gibt vielerlei Erläuterungen dafür, warum das so ist. Am plausibelsten scheint mir die, daß auch emanzipierte Frauen sich danach sehnen, »einmal alles mit sich geschehen zu lassen«. Und daß andererseits auch emanzipierte Männer gerne »kräftig nehmen mögen«, wozu sie Lust haben, ohne den Anspruch, alles richtig zu machen, den sie häufig mit den Intimitätsvorstellungen von Frauen verbinden. Solange beide, Frau und Mann, sich über den Spielcharakter dieser Form des sexuellen Zusammenseins einig sind und damit so umgehen, daß ihre Rollen auch umkehrbar sind – sie die aktiv Nehmende, er der passiv Gewährende – ist das wunderbar!

Die erotisierte Feindseligkeit, welche ich anfangs erwähnt habe, zeigt sich hingegen in den Situationen, in denen »Oben-Unten«-Verhältnisse auch außerhalb des Bettes die Beziehung dominieren. Das ist eher die Regel, weist doch die Biographie beider Partner meistens subtile oder weniger subtile Formen von Gewalt auf.[15] Bei der Frau sind es manchmal Erfahrungen in der »gewöhnlichen« Familie ihrer Herkunft, die mit ihrem Gewächshausklima von Bindung und Verwöhnung ein besonders wirksames Unterdrückungsmanöver darstellt. Nicht selten hat sie jedoch auch sexuelle Übergriffe in der Kindheit erlebt. Männer in dieser Konstellation haben in ihrer Herkunftsfamilie häufig emotionale oder aggressive Gewalt erlitten von ihren Vätern, aber manchmal auch von den Müttern. Ihr überwältigendes Bedürfnis nach besitzergreifender Nähe, gekoppelt mit Verlustangst, läßt sie leicht zu Verfolgern werden, wenn die »Prinzessin« nicht mehr gefügig ist.

Wenn zu den biographischen die gesellschaftlichen Verhältnisse mitbedacht werden, ist leicht zu verstehen, daß eine solche Konstellation als Teil der allgemeinen sozialen Ordnung dem Paar oft als die natürlichste vorkommt: er der Meister, sie die Gefährtin. Er idealisiert sie, indem er sie auf Händen trägt, sie läßt sich tragen und bewundert seine Fähigkeit zur Selbstdarstellung. Er ist paternalistisch, aber nicht väterlich, sie ist kindlich-anhänglich, aber unbeständig. Wenn die Konstellation kippt und beide sich nicht mehr von ihren Ängsten vor der Alltäglichkeit einer verbindlichen Partnerschaft verstecken, welche sie gleichzeitig ersehnen, gibt es nach meiner Erfahrung zwei Lösungsmöglichkeiten: Das Paar versucht eine Entflechtung, indem beide ihr Zusammenkommen nicht mehr von aggressiv-erotischen Stimmungen abhängig machen, sondern »trocken« von Mal zu Mal miteinander vereinbaren – einmal in ihrer Verantwortung, einmal in seiner. Jene Frauen und Männer, die mit der patriarchalen Romanze unter demselben Dach leben, *entflechten sich*, oft mühsam, indem sie sich zum Beispiel vom gemeinsamen Schlafzimmer trennen und lernen, für ihre Anliegen selber Verantwortung zu tragen und sich dafür stark zu machen. Die Erfüllung ihrer romantischen Vorstellungen von Leidenschaft wird dann nicht mehr dem anderen zugeschoben, sondern von jedem selbst in Wirklichkeit übersetzt, kräftig und eigenständig. Die zweite Lösung liegt darin, daß beide Partner sich vermehrt in ihrer *eigenen Welt als Frau und als Mann »einnisten«* und darin Wurzeln entwickeln, oft zum erstenmal bewußt. Von dieser Welt aus können sie dann mit geradem Rücken, ohne das bisherige Oben-Unten, einander neu kennenlernen und den Raum zwischen Bett und Bett mit Intimität füllen oder, wenn er trotzdem leer bleibt, auseinandergehen.

Es gibt Hinweise darauf, daß in den 90er Jahren die patriarchale Romanze wieder im Kommen ist. Anfang der 70er Jahre machten viele Frauen Inventur über ihre Beziehungen zu Männern und fanden nicht gut, was sie sahen. Das war der Grund, warum sie ihre eigene Sicht von Liebe, Arbeit und Familie zu kristallisieren und verbalisieren begannen und damit oft Ärger erregten bei Männern, aber auch in den Reihen der »angepaßten« Frauen. In der Zwischenzeit wird vieles, was die Bewegung der Frauen, die heute in der Lebensmitte und darüber sind, an Wandel in den Vorstellungen und zum Teil in den gesellschaftlichen Strukturen bewirkt hat, als selbstverständlich betrachtet. Außerdem gibt es wirtschaftliche und politische Unsicherheiten, welche bei Frauen und Männern Sehnsucht nach Rückzug in die patriarchale Romanze auslösen. Mir fällt auf, daß vor allem die vielen Zweitbeziehungen eines älteren Mannes mit einer jüngeren Frau vom sexuellen Modus der romantischen Verführung auch dort leben, wo die Frau ökonomisch unabhängig ist. Wenn solche Beziehungen dann auf Dauer angelegt werden, scheint die Form der »Familienliebe«, wie ich sie nun skizziere, vorprogrammiert, sobald das Paar Kinder bekommt.

## 2. »Familienliebe« ohne Leidenschaft

Ob wir es mögen oder nicht, sind die intimen Beziehungen von Erwachsenen in irgendeiner Weise den früher erlebten oder ersehnten Eltern-Kind-Mustern nachgebildet. In der Konstellation, die ich hier beschreibe, nennen Frau und Mann sich sogar manchmal »Mama« und »Papa«. Sie vergessen dabei nicht nur, wie anziehend sie zum Beispiel als Roland und Sonja einmal füreinander waren, sie vergessen sogar ihre Vornamen. Ich habe solche Paare besonders häufig in der Lebensform der traditionellen Familienehe und nach der Geburt des ersten Kindes gefunden, wenn Frau und Mann sich fast nur als Eltern und kaum noch als Liebende begegnen. Robert im Paarporträt (Kapitel 6) nennt diese Form des Zusammenlebens die »Kinderaufzucht, in der unsere Leidenschaft erstickte«. Die *Domestizierung des Exotischen*, des Fremdartigen, das die beiden früher zueinander gezogen hat, geschieht nun auf Kosten ihrer ursprünglichen Neugier aufeinander. Mit dieser Neu-Gier geht häufig auch ihr früheres Begehren verloren. Sie werden zu Vögeln im Käfig, die nur noch vom Fliegen träumen, mit gestutzten Flügeln.

Jellouschek[16] vergleicht die Frau in dieser Konstellation mit der mythologischen Hera, den Mann mit Zeus, dem Göttervater: zwei Menschen, die sich bei aller Unterschiedlichkeit ähnlich sind in ihrer heimlichen Überzeugung, daß sie eigentlich nicht das Recht hatte, ihren Vater zu verlassen, und er nicht das Recht, seine Mutter zu verlassen, so zwiespältig ihre Gefühle den Eltern gegenüber auch sind. Seine Liebe bleibt im mütterlichen Raum gefangen und ihre im väterlichen, in der kaum bewußten Hoffnung, daß beide voneinander für ihre Treue einmal die bedingungslose Liebe erringen, nach der sie sich sehnen. Wenn Kinder kommen, perfektionieren sie die Rolle ihrer idealisierten Eltern. Die Frau gestaltet mit Elan und Freude ihre Aufgabe als hingebungsvolle, zärtliche Mutter. Sie zieht sich in die Welt der Kinderstube zurück und versorgt von dort ihren Mann gleich mit. Er hat wohl Zutritt dazu, aber nur in der Rolle des Vaters, nicht als ihr Geliebter. Und weil er das Gewand des Verführers im Gehäuse der »Familienliebe« längstens eingemottet hat, macht er sich für diesen Part auch nicht stark. Wie es zu dieser Lebensform gehört, ist er jedoch ein vorbildlicher Versorger, nicht selten mit hohem Prestige für seinen besonderen Einsatz in der Welt draußen. Das offizielle Patriarchat, das der Mann nun immer selbstbezogener durchsetzt, wird begleitet vom heimlichen Matriarchat, »in dem es nur Frauen und Kinder gibt, unter ihnen einen Sohn-Geliebten, an den sich eine leise, vage Hoffnung nach Erlösung knüpft, wie damals an den jungen Zeus-Mann« (16 op. cit.).

Wenn ein solches Paar zu mir in die Beratung kommt, bin ich jedesmal beeindruckt davon, wie »gemütlich« die beiden auf den ersten Blick wirken und wie umgänglich und höflich sie miteinander umgehen. Sie leben in geordneten Verhältnissen, bewältigen ihre Alltagsangelegenheiten gut, haben nette Beziehungen zu Freunden und laden abwechslungsweise jeden Sonntag ihre oder seine Eltern zum Essen ein. Bloß: Lustvolle Leidenschaft gehört nicht mehr zu ihrem Leben, auch wenn sie erst vierzig sind. Als »Eintrittskarte« für die Beratung bietet sich, wie ich es beim Porträt von Claudia und Robert in Kapitel 6 beschrieben habe, manchmal eine Drittbeziehung an (heute eher als früher auch von seiten der Frau), aber noch öfters ist der Dritte der »Sohn-Geliebte«, der mit seinem aggressiv-destruktiven Verhalten beide Eltern alarmiert. Wenn es diesem gelingt, seinen Vater auf den Plan zu bringen, und wenn der sich schließlich einläßt mit dem Sohn, ihm ein Gegenüber wird und dadurch Halt gibt, leisten Frau und Mann sich oft zum erstenmal seit Jahren, sich miteinander zu befassen. Die bisherige Gemütlichkeit zeigt sich dann häufig als Firnis, unter dem ein erbitterter Machtkampf darüber tobt, wessen Träume von Liebe und Intimität wichtiger sind, seine oder ihre, und wie sie erfüllt werden sollen. Wenn zum Beispiel auf meine Frage, wann sie es als Frau und Mann zum letztenmal »so richtig schön gehabt haben miteinander«, die traurige Antwort kommt, daß sie seit Jahren nicht mehr miteinander intime Gespräche führen und nicht mehr miteinander schlafen, fällt es mir nicht schwer, den Machtkampf als Ausdruck dieser Sehnsucht zu verstehen.

Ein Beispiel von zwei 45jährigen:
Sie: Mein Mann macht es sich saumäßig bequem! Wenn ich nicht ständig Lärm mache, ist er so selbstzufrieden, daß ich mir wie ein Stück des häuslichen Inventars vorkomme. Nett, daß man es besitzt, aber nicht aufregend. Manchmal eine Streicheleinheit, der obligate Blumenstrauß am Samstag, wie man ein gutes Stück ein bißchen pflegt. Zur Gemütlichkeit des trauten Heims... Aber Nähe und Leidenschaft ist das nicht! Ganz im Gegenteil, erstickend langweilig!
Er: Es ist doch so, daß meine Arbeit mich einfach auffrißt. Sie hat das ja auch gewollt, daß ich Chef werde im Betrieb. Ich gehe ja auch mit ihr ins Theater, obwohl mich das nicht interessiert – aber zu Hause ist für mich der Ort der Erholung, nicht des Theaters, und Sex ist schließlich nicht alles.
Sie: Du bist schon lange nicht mehr an mir interessiert als Frau! Vornherum spielst du den braven Buben, wie gerade jetzt, und hintenherum hältst du dir die Ohren zu, wenn ich mit dir reden will. Innerlich hast du dich längst getrennt von mir als Frau. Dafür raspelst du Süßholz mit deinen Sekretärinnen.
Er: Du bist doch die Mutter unserer Kinder, also stehe ich zu dir durch dick und dünn...

## Voraussetzung für lustvolle Geborgenheit: Einander abwechslungsweise Kind und Eltern sein

Die traurigste Erfahrung für die eben beschriebene Frau ist die Art und Weise, wie ihr Mann sie, ihren eigenen Geist und ganz besonders ihre Sinnlichkeit so energielos »abschreibt« und sich dafür mit seiner Arbeit stimuliert. Warum läßt sie das geschehen, manchmal über Jahrzehnte, bevor sie sich wehrt? Aus ihrer Lebenserfahrung bringt eine solche Frau die fraglose Vorstellung mit sich, daß Pflege und emotionale Versorgung von anderen Menschen ihr endlich die Zuneigung verschaffen werde, die sie ersehnt. Also versorgt sie ihn in der Hoffnung, daß sie dafür »erkannt und anerkannt« werde von dem, den sie einmal aus Liebe gewählt hat. Aber Pflegen und Gepflegtwerden ist nicht gleichbedeutend mit Intimität und schon gar nicht mit Leidenschaft zwischen Frau und Mann! Im warmen Gewächshausklima, das sie für ihn und die Kinder schafft, erstickt leider oft alles, was mit Ichbezogener Lust vereinbar wäre. Und wenn die Frau nach der ersten Phase der »Familienehe« sich endlich auf sich selber besinnt und ihre Leidenschaft wieder entdeckt, merkt sie nicht selten, daß sie ihrem Mann damit Angst macht, und sie zieht sich, ihn schützend, wieder zurück.

Für den Mann in dieser Konstellation ist die größte Enttäuschung, daß die ständige körperliche Nähe im Treibhaus und das ersehnte Eintauchen in die mütterliche Welt ihn so lustlos gemacht hat. Als »Sohn« wird er zwar zu Hause versorgt, aber als Mann weiß er nur noch in der Rolle des »Göttervaters« draußen, wer er ist. Erwachsene Sexualität erlebt er manchmal zum erstenmal in einer Außenbeziehung. – Meine Beobachtung zeigt, daß gerade in den Konstellationen, in denen die beiderseitige Sehnsucht nach kindlicher Regression und Obhut besonders stark ist, der versteckte Kampf darum, wer die Eltern- und wer die Kindrolle einnimmt, zeitweilig unvermeidbar ist. Bloß: *Kindliche Regression behindert auf Dauer Leidenschaft und Intimität, denn zu gesunden Eltern–Kind-Beziehungen gehört sexuelle Intimität nicht.* In dieser Konstellation wird dann verstehbar, daß die Partner sich nur noch Mama und Papa nennen. Wenn Frau und Mann in einer Eltern–Kind-Beziehung leben, einmal sie als Mutter und er als Sohn, dann wieder er als Vater und sie als Tochter, hat diese

Konstellation zwar den Vorteil des Vertrauten, Beständigen im gemeinsamen Gehäuse der Familienliebe. Die Pflege dieses »Gehäuses« ist dann ein zentrales, verbindendes Motiv für beide, manchmal mit verteilten Rollen, manchmal auch im Wettbewerb darum, wer sorgfältiger oder perfekter damit umgeht. Um aus dem Versinken in der stickig-warmen »Familienliebe« herauszufinden, ist der wichtigste Schritt die Ermutigung beider, endlich eigene Inseln zu beanspruchen, auf die sie sich straflos zurückziehen können. Nach meiner Erfahrung tendiert man als Therapeutin mit dem naheliegenden Vorschlag zur Pflege von *gemeinsamen* Paar-Inseln dahin, mehr desselben anzubieten: stickige Verklammerung. Ich meine, daß die spannungsvolle Fremdheit von Mann und Frau, welche im Treibhausklima erstickte, nur mit ihrer Entflechtung – als Voraussetzung von »Neu-Gier!« aufeinander – wiederentdeckt werden kann. Daß zu solchen individuellen Reisen ins Unbekannte auch Einbrüche und Ängste gehören, ist nicht zu vermeiden, und daß dabei eine Begleitung durch Dritte hilfreich sein kann, beispielsweise in einer Einzeltherapie, gehört zu meiner Erfahrung. Beim Wieder-Zusammenkommen des Paares als zwei Erwachsene entstehen neue Möglichkeiten, die einengenden Eltern – Kind-Muster zu überwinden.

*Sexuelle Leidenschaft als Teil von Intimität ist auf Dauer nur bei Ich-nahen, ebenbürtigen Partnern* möglich, davon bin ich überzeugt. Das heißt: Nur wer gut allein leben kann, ist auch fähig, ohne Angst vor dem Ausgenützt- oder Aufgefressenwerden einen gemeinsamen Raum von Verbindlichkeit zu pflegen und sich immer wieder lustvoll fallenzulassen in die sexuelle Verschmelzung. Das bedeutet jedoch nicht, daß erwachsene Intimität und Leidenschaft unvereinbar sind mit der gelegentlichen Übernahme der Eltern- oder Kindrolle! Solange ein solches Spiel von einander Kind und Eltern Sein flexibel ist und aus der Verwurzelung in der beidseitigen erwachsenen Welt gestaltet wird, ist es die beste Voraussetzung für eine leidenschaftliche *und* dauerhafte Beziehung. Ich bin der Meinung, daß jede Paarkrise eine Chance ist, daß Frau und Mann eine Balance zwischen einander Eltern und Kind Sein neu finden. Meine eigene Erfahrung hat mir gezeigt, wie gut die Entwicklungsmöglichkeiten für beide sind, wenn sie zulassen, daß diese Balance immer wieder in Bewegung gerät.

Zur Illustration möchte ich eine persönliche Erfahrung erzählen, die für unsere gemeinsame Beziehung zu einem Wendepunkt geworden ist.
Als ich, »Älteste« in meiner Herkunftsfamilie und früh getrimmt auf die Rolle der mütterlichen Gefährtin, in einer frühen Phase unserer Ehe in die Situation geriet, daß mir die Wellen über dem Kopf zusammenschlugen, bat ich meinen Mann (der eben an einem Spitalprojekt arbeitete), mir doch bitte ein Rezept für ein Beruhigungsmittel zu besorgen. Gelernt ist gelernt – wie so viele meiner Klientinnen es mit ihren Männern halten, wollte ich ihn mit meinem Elend verschonen. Darauf schrieb er mir in einem Brief, den er mir aufs Bett legte, den unvergeßlichen Satz: »Laß mich Dein Valium sein!« Ich konnte mich bei ihm fallenlassen wie noch kaum je in meinem Leben und mich von ihm »bevatern« lassen ohne Angst, dafür kleingemacht zu werden. Das Wissen: »Hier darf ich schwach sein, wenn ich es nötig habe, ohne dafür meine Stärke preiszugeben«, hat mich seither begleitet.

Wenn zwei Menschen durch Krisen ihre eigenen Träume wieder beanspruchen lernen, der Mann seine lustvoll-bezogene Seite zuläßt und die Frau ihren Körper und ihren Geist lieben lernt, ist das die beste Voraussetzung für ihre gemeinsame Entwicklung als Paar. Auf diese Weise kann es ihnen sogar gelingen, das Leben mit dem Widerspruch von *Leidenschaft* und *langer Weile* als »menschliches Wunder« zu erfahren, wie es im Eingangszitat heißt.

# Kapitel 12

# Untreue als Treue zu sich selbst: Es muß nicht unbedingt eine Tragödie sein …

»Es handelt sich um ein simples und ungeheures Lebensproblem, das der Treue. An dem Verlorenen festhalten, ewig beharren, bis an den Tod – oder aber leben, weitergehen, hinwegkommen, sich verwandeln, und dennoch nicht zum gedächtnislosen Tier hinabsinken.«
(Hugo von Hofmannsthal)

»In Liebesbeziehungen gibt es zwei Grundtendenzen und Prinzipien: Das eine ist das dem Kinderbereich zugehörige Gebot der Treue, des Zusammenhalts in guten und in schlechten Tagen. All das verlangt sehr viel Kultivierung, Erziehung des Herzens und der Gefühle, Toleranz und Einfühlung und all das. Das Gegenprinzip ist die Leidenschaft, die nur sich selber kennt und keine Gründe außerhalb von sich selber gelten läßt und natürlich auch so etwas wie moralische Gebote wie Treue und »man muß auch an andere denken« und Kinder usw. lächerlich findet und sich darüber hinwegsetzt, alle Normen verletzt, wenn es sein muß … Du kannst das nicht vereinbaren. Die Ehe ist insofern furchtbar, als sie tut, als ginge das zusammen.«
(Barbara Sichtermann) [1]

In diesem Kapitel geht es um die Widersprüche, die in den Zitaten zum Ausdruck kommen: Sind Leidenschaft *und* Treue möglich? Kann Untreue eine Art von Treue zu sich selber sein, die als Auslöser für eine Neuschreibung des Paarentwurfes dient, oder ist sie immer der Anfang vom Ende? Anhand von Berichten aus meiner Untersuchung und der Literatur [2] will ich das Thema Treue und Untreue in den kulturgeschichtlichen Rahmen verschiedener Ehebilder stellen und die Geschichten und Meinungen der Befragten dazu erzählen. Ich werde aus meiner Erfahrung dafür plädieren, daß es bei diesem Thema nicht so sehr die Tragödie des Herausfallens aus der ersehnten Verschmelzung ist, welche Abgründe von Angst, Wut und Gewalt eröffnet, sondern liebloses Verhalten und Kränkungen durch Verschleierung und Belogenwerden. Ich will zeigen, wie das Problem außerehelicher Beziehungen, wenn es eingegrenzt wird auf Moral oder Psychopathologie, zu Lösungen führt, die oft als unendliche Geschichten von Schuld und Unschuld zum eigentlichen Problem werden. Mit den Männern und Frauen, die hier erzählen und die »hinweggekommen sind und sich verwandelt« haben, bin ich der Ansicht, daß nicht Melodrama, sondern eine Paarkultur der Auseinandersetzung über die Bedeutung von Treue und Untreue sowie Erziehung des Herzens zur Annahme der Unvollkommenheit der Liebe angezeigt ist.

## Ein stickiges Thema der Paartherapie

Das Thema von Treue und Untreue in Zweierbeziehungen ist kein Lieblingsthema von Paartherapeutinnen und -therapeuten, das zeigt die relativ spärliche Literatur. Obwohl keine und keiner von uns um das Thema herumkommt, weder im beruflichen Leben noch im privaten, ist es ein facettenreiches Ding, mit dem wir es da zu tun haben, und eines, das sich nicht ordentlich in psychologische Kategorien verpacken läßt. Den mit Treue und Untreue verbundenen Aspekten von Moral und Ethik können wir weniger gut mit dem therapeutischen Neutralitätsbegriff begegnen als anderen Themen im Alltag der Paarberatung. Das Problem geht unter die Haut, auch unter die unsere! Eigene Ängste vor den Abgründen, die sich für jeden Menschen auftun, wenn seine tiefe Sehnsucht nach Verschmelzung bedroht wird durch die Schritte des anderen in Richtung Eigenständigkeit, lassen sich nicht beiseite schieben.

Die schrecklich-vertraute Dreieckserfahrung, welche viele von uns den seltsamen Beruf als Paarberaterinnen und -berater ergreifen ließ, da wir das Metier als ehemals vermittelnde Dritte zwischen Vater und Mutter von Kindsbeinen an kannten, wird durch die ehelichen Außenbeziehungen unserer Klienten mächtig belebt. Beide zerren an uns, auf der einen Seite das sogenannte Opfer, auf der anderen der Täter oder die Täterin, und vor lauter Anstrengung, gleichzeitig bei beiden zu sein, schmerzt nach einer solchen Stunde das Genick. Aus böser Erfahrung mag ich mich jeweils weder ausschließlich mit dem »Ungetreuen« identifizieren, noch bin ich verführbar zum ausschließlichen Mitschwingen mit dem, der verlassen wurde. Wenn er oder sie als Opfer des »Liebesverrats« außerdem darauf beharrt, das Ereignis als Tragödie, und nur als Tragödie, zu sehen, nicht mehr essen und nicht mehr schlafen will und im schlimmsten Fall auch nicht mehr leben, fällt es mir schwer, mich in das Drama zu verlieben. Aber auch selbstgerechte Verteidigungsreden (»Du hast es Dir selbst zuzuschreiben«) des oder der Ungetreuen animieren mich wenig zu Komplizenschaft. Bei keinem anderen Thema im Alltag von Paartherapie ist wohl das teilnehmende »Draußenbleiben-Können« wichtiger als bei diesem. Sich einmal in seine und einmal in ihre Haut versetzen und eine Ahnung davon bekommen, wie es sich darin fühlt, ja! Aber durch meine eigene Empörung über den Treuebrüchigen oder mein Mitleid mit dem Opfer zu einer weiteren »stabilisierenden Dritten« zu werden (von denen es im Alltag des Paares nach meiner Erfahrung sowieso wimmelt), wäre eine verpaßte Gelegenheit. Die Frage der Freiwilligkeit, welche sich bei jedem solchen Ausbruch aus der Treuenorm als Chance auftut: »Bleiben wir zusammen, weil wir wollen oder weil wir müssen?«, wäre mit meiner Komplizenschaft mit einem gegen den anderen vertan. Nicht, daß die beiden meine Neutralität in solchen Augenblicken schätzten! Ich sage ihnen darum schon in der ersten Stunde, daß ich sie mit langem Atem begleiten und damit jedem die Möglichkeit zubilligen möchte, soviel Information über die *Bedeutung der Krise als Vorbote von Wandel* zu gewinnen, bis sie selbst entscheiden können, ob sie miteinander einen Neuanfang riskieren oder auseinandergehen wollen.

»Untreue als Treue zu sich selbst«, »lieber lebendig als treu« oder »Eifersucht ist kindisch«, diese Sätze sagen sich so leicht und laufen doch all unseren Sehnsüchten zuwider: nach Zusammenhalt in guten und schlechten Tagen, nach unbegrenzter Geborgenheit und nach Heimat in der Liebe eines anderen Menschen auch dann, wenn die Leidenschaft nicht mehr glüht. Ich will im folgenden von den Krisen der befragten Frauen und Männer berichten und besonders von den Entwicklungen, die sie nach dem Zusammenbruch ihres Liebesideals machten, und was ihnen geholfen hat, »weiterzugehen, hinwegzukommen und sich zu verwandeln«, wie es im Anfangszitat heißt. Ich will auch dieses Problem in den weiteren Rahmen gesellschaftlichen Wandels stellen, so individuell die Auseinandersetzung damit in der einzelnen Situation jeweils gestaltet werden muß.

Von den 33 Paaren, die mir geantwortet haben, leben inzwischen 6 getrennt oder als Geschiedene, zum Teil mit einer Partnerin oder einem Partner, mit welchem sie schon während der Ehe eine Außenbeziehung hatten, die offenbar wesentlich zum Bruch beigetragen hatte. Von den 27 Paaren, die nach der Therapie zusammengeblieben sind, haben 9 im Rückblick auf ihre damalige Krise »keine Probleme mit Außenbeziehungen« genannt. Diese leben in den Formen der »Familienehe« und des »progressiven Phasenmodells«. Bei allen anderen, das heißt *bei 18 der noch zusammenlebenden 27 Paare,* spielten Außenbeziehungen zur Zeit der Krise eine Rolle!

Von den 11 Paaren, bei denen eine Außenbeziehung nur durch eine/n von beiden gelebt wurde, sind es 6 Männer und 5 Frauen – eine wesentliche Abweichung von dem, was aus der patriarchalen Tradition bekannt ist. Offenbar kommen, wie die Paarporträts im mittleren Teil dieses Buches gezeigt haben, in erster Linie Menschen in Therapie, welche mit einiger Bewußtheit in inneren und äußeren Übergängen leben – besonders, was ihr Verständnis von Liebe und Sexualität betrifft. Interessant und zu dieser Beschreibung passend ist, daß das Thema Außenbeziehung bei vier der befragten Paare während der Therapie nie als Problem genannt wurde, auch nicht auf entsprechende Fragen von mir. Ich erfuhr davon erst in meiner Befragung einige Jahre später. Alle vier Paare bewerten das Ereignis denn auch übereinstimmend im Rückblick als »nicht sehr problematisch«, als »ein Alarmzeichen unter anderen«, wie ein Mann schreibt.

Bevor ich mich der Frage nach der *Bedeutung* der mit Untreue verbundenen Probleme/Ereignisse im Einzelfall und ihren Lösungsmöglichkeiten zuwende, kurz ein Überblick über kulturgeschichtliche Vorstellungen dazu. Ich bin auf vier solcher Vorstellungen gestoßen, von welchen die Befragten in unterschiedlichem Maß berührt sind:

1. »Leidenschaft und Ehe schließen sich aus«
2. »Zerschlagt die Institution der Ehe«
3. »Die postmoderne Liebsten-Liebe auf Zeit«
4. »Die neue Moral«

### *1. Sexuelle Doppelmoral: Leidenschaft und Ehe schließen sich aus*

Die Spaltung von Liebe in den verbindlichen, aber leidenschaftslosen Teil innerhalb der Ehe und den aufregend leidenschaftlichen Teil außerhalb ist ein zentrales Thema der patriarchalen Kulturgeschichte. Die damit verbundene sexuelle Doppelmoral erwartet von Frauen, daß sie ihre Sexualität in den Dienst der Erhaltung der Sippe stellen, während umgekehrt vor- und nebeneheliche sexuelle Kontakte die Vitalität der Männer beweisen. Bei Frauen wird in dieser Kultur größter Wert auf voreheliche Keuschheit und eheliche Treue gelegt, Männern wird zugestanden, daß sie sexuell experimentieren, vor und neben der Ehe: »Ehefrauen für das Kinderkriegen, Hetären für die Geselligkeit und Sklavinnen für die Lust«[3]. Diese Dreiteilung des weiblichen Geschlechts in der Antike wird in der bürgerlichen Gesellschaft der letzten 200 Jahre von der Zweiteilung in »ehrbare Frauen« und »Huren« wiederbelebt. Mutterschaft und sexuelle Leidenschaft schließen einander in dieser Vorstellung aus.

Die sexuelle Doppelmoral lebt in unseren Köpfen und unserem Handeln auch nach den sozialen Aufbrüchen der letzten Jahrzehnte weiter – das zeigen die Erzählungen der befragten Frauen und Männer –, ganz besonders in der Auseinandersetzung mit dem Thema Ehebruch. Ob ein Mann oder eine Frau es tut, macht allemal einen Unterschied aus, auch bei den aufgeklärten, progressiven Paaren. Das Bild vom »gehörnten Ehemann«, der nicht so sehr die Untreue seiner Frau als seinen möglichen Statusverlust in den Männerbünden beklagt, ist noch lebendig. Besonders dramatisch habe ich es in einem Fall erfahren, wo die Ehefrau eine sexuelle Beziehung zu einer anderen Frau aufgenommen hatte und ihr Mann beiden Gewalt androhte, weil sie ihn massiv in seiner männlichen Ehre gekränkt hätten. Als Gegenstück zur Normalität sexueller Nebenbeziehungen bei Männern beobachte ich nach wie vor die Pathologisierung von Frauen, die eine solche leben – durch sie selber, ihre Umwelt und nicht selten ihre Therapeutinnen und Therapeuten. Der Ehebruch der Frau war über Jahrhunderte bis in die neueste Zeit ein Scheidungsgrund. Bei Effi Briest zum Beispiel – in Theodor Fontanes gleichnamigem Roman Ende des 19. Jahrhunderts – bedeutete er ihre Verstoßung, ihren sozialen Abstieg und schließlich ihren Tod; bei Männern blieb er ein Kavaliersdelikt.

Die Fakten sprechen hier eine deutliche Sprache, wie die Zahlen aus meiner Befragung und aus anderen Untersuchungen zeigen; die Meinungen, die wir von diesem Thema haben, jedoch eine andere. Zwar ist *voreheliche Geschlechtsverkehr* kein Tabu mehr; in vielen Familien ist es heute in Ordnung, daß Sohn oder Tochter ihre Liebsten ins Zimmer nach Hause nehmen – eine Situation, von der ihre Eltern noch vor 25 Jahren nicht zu träumen gewagt hätten. Aber die *sexuelle Doppelmoral* lebt weiter in den Vorstellungen über die Unterschiede ehelicher Untreue von Mann und Frau. Das ist kein Wunder. Die Weltliteratur wird seit Jahrtausenden vom »Liebesverrat« gespeist, wie ein Literaturwissenschaftler ihn im gleichnamigen Buch nachzeichnet.[4] Der Autor zeigt, wie in den großen Ehebruchsromanen des 19. Jahrhunderts die Ehe verstanden wird als die »falsche Form der Liebe, als institutionalisierte Liebesleere ... und daß alles unbedingte Glück nur außerhalb der Ehe, gegen die Ehe, im Bruch der Ehe auf Tod und Leben« gesehen werden kann. Solche Vorstellungen sind lebendig in Witzen und Karikaturen, auch heute. Der Ehebruch eines Mannes wird dabei als natürliche Reaktion auf das Ehegefängnis legitimiert, der Ehebruch der Frau als moralisches Versagen oder Psychopathologie beschrieben.

Der Liebesverrat der Frau gilt als Verrat an den Säulen des Patriarchats, denn: »Die Struktur der Ehe ist immer eine Miniaturgestalt des gesamtgesellschaftlichen Machtgefüges« (4 op. cit.). Formen von mehr oder weniger subtiler Gewalt, zu der zum Beispiel drei Männer in der Gruppe der Befragten griffen (zweimal mit Entzug von Geld und einmal mit Ohrfeigen), als sie sich durch die Beziehung ihrer Frau zu einem anderen Mann verraten fühlten, müssen auch unter dem Aspekt geschlechtlicher Machtverhältnisse gesehen werden.

Die Spaltung der Liebe in die langlebige, aber langweilige Gattenliebe und die kurzlebige, aber aufregende außereheliche Leidenschaft ist ein altes Thema der Psychoanalyse. Freud begründete sie mit dem sogenannten ungelösten ödipalen Dreieck, das heißt dem Inzestverbot zwischen Vater und Tochter, Mutter und Sohn. Ein Verbot, das unter den meisten familialen Bedingungen ins Erwachsenenleben mitgenommen werde und eine nahe, vertraute Beziehung zum gegengeschlechtlichen Partner unvereinbar mache mit lustvoller Sexualität. Barbara Sichtermann verweist im Eingangszitat auf diesen in dauerhafte Beziehungen angeblich eingebauten Widerspruch zwischen der kindlich-regressiven Zärtlichkeit und der Ich-bezogenen, erwachsenen Sexualität. Die interessante Aussage der befragten Paare ist, daß es so vielen von ihnen gelingt, diesen Widerspruch zu leben, statt endlos die von Freud beschriebene ödipale Situation zu wiederholen. Sie leben zwar spannungsvoll mit gelegentlichen Außenbeziehungen und heftigen Krisen, aber gerade deshalb immer wieder auch leidenschaftlich. Hat sich seit Freud vielleicht doch einiges gewandelt in bezug auf eine mögliche *Gleichzeitigkeit von Leidenschaft und verbindlicher »langer Weile«* in dauerhaften Beziehungen?

### *2. Zerschlagt die Institution der Ehe: Das neoromantische Ideal der offenen Zweierbeziehung*

Die romantische Beziehungsvorstellung, wie sie im 18. Jahrhundert als künstlerisches Ideal verbreitet, aber – soviel wir wissen – seither im Rahmen der Gattenehe nur von wenigen Paaren gelebt wurde, ist von der 68er-Generation wieder belebt worden. Sie entspricht der Gleichsetzung von Liebe mit Sexualität, die in ihrer Konsequenz den Zustand der »dauernden Verliebtheit« als einzig mögliche Begründung einer Paarbeziehung zuläßt.

In welcher Weise sich gerade beim Scheitern des neoromantischen Ideals durch die Hintertür wieder die bürgerliche Norm von der Unvereinbarkeit von Verbindlichkeit und Leidenschaft einschleicht – »da sieht man ja, daß es nicht geht, die beiden unter einen Hut zu bringen!« –, erzählen in meiner Untersuchung einige der jüngeren Frauen und Männer, die ich ohne negative Besetzung dieses Etiketts als »Alternative« oder »Progressive« bezeichnen möchte. Denn ich bin ihnen als den Lebendigen, wenn auch Anspruchsvollen in der Befragtengruppe, herzlich zugetan! In ihren Lebensformen von Partnerschaft auf Zeit und im Arrangement »living apart together« mit der Trennung von Alltag und Liebe versuchen sie, als Gegenentwurf zu den Katastrophenszenarien von der »Familienehe« sich ihre Liebe als dauerndes Ereignis von Verliebtheit zu erhalten. Sexuelle Außenbeziehungen gibt es theoretisch dabei keine, weil es ja eine verbindliche Innenbeziehung als Norm nicht geben darf. Das Leid über den praktischen Liebesverrat durch den einen oder die andere der beiden ist jedoch nach meiner Erfahrung in diesen Lebensformen genau so groß wie in den traditionellen – und oft schwerer zu fassen und auszudrücken, weil es belegt ist mit dem Ideal der Freiheit von bürgerlicher Spießigkeit. Die Erfahrung von Verwirrung und

Überforderung durch die neue Moral, in die sich die alte unbemerkt einschleicht, ist beeindruckend.

Auch bei der Gruppe der »Progressiven« ist nach meiner Beobachtung die Außenbeziehung des Mannes nicht dasselbe wie die der Frau. Verbrämt durch ihren gemeinsamen Glauben an die populäre Psychologie[5], welche Männern als den »Mutter-Geschädigten« ihre Flucht vor der emotionalen Nähe in einer festen Paarbeziehung in Form sexueller Außenkontakte eher verzeiht als Frauen, beleben solche Paare unbewußt das alte Drama des Liebesverrats. Unter dem Deckmantel des von ihnen vertretenen Anliegens »zerschlagt die bürgerliche Ehe« befolgen sie deren sexuelle Doppelmoral. Dieses Drama, bei welchem die *Verlassenen pathologisiert* werden, weil sie mit Panik und Eifersucht statt mit tolerantem Loslassen reagieren, wird genährt von den Schriften des sexuellen Aufbruchs.

### *3. Die postmoderne Liebsten-Liebe: Wenn es mit der Verliebtheit vorbei ist, geht man zur Nächsten oder zum Nächsten*

Unmittelbar aus dem romantischen 68er-Ideal wächst offenbar auch jenes der postmodernen »Liebsten-Liebe«, wie es von einem Soziologen[6] als Szenario moderner Kälte beschrieben wird:

»Die irdische Liebe ist eine *Liebsten-Liebe, keine Nächsten-Liebe*. Sogar die Liebsten-Liebe steht unter der Drohung ihres Gegenteils. Exliebste verlieren ihre Heimat, ihr Aufenthaltsrecht in der Liebe. Asyl nicht vorgesehen. Nichtliebe heißt, *erzwingt Verstoßenwerden*. Die Therapeuten – die Intensivstation für Scheidungsverletzte – können ein Lied davon singen.«

Wenn ich die Geschichten der befragten Männer und Frauen lese und mir unsere Gespräche bezüglich ihrer außerehelichen Erfahrungen vergegenwärtige, weiß ich nicht so recht, an wen der zitierte Sozialwissenschaftler dachte, als er diese lieblose, egozentrische Form der Liebsten-Liebe beschrieben hat. Jedenfalls bin ich bei meiner Befragung keinem Paar begegnet, dessen Auseinandersetzung mit dem schwierigen Thema der Grenzziehung nach innen und nach außen mit der beschriebenen Brutalität geschehen ist. Mit Stillosigkeit, sicher, und auf die will ich zurückkommen, aber nicht mit dem »erzwungenen Verstoßenwerden«, mit diesem

Verschleiß von Menschen und ihren gemeinsamen Geschichten, wie er hier so global dargestellt wird. Vielleicht hat meine Unkenntnis dieser Lage auch mit dem naiv-optimistischen Blick auf die Ressourcen jener Menschen zu tun, die zu mir kommen, sowie mit meiner Frage, was sie aus diesen machen.

Im Maßstab 1 : 1 der einzelnen Lebensgeschichte zeigt sich eben doch vieles, was sich nicht unter dem Aspekt allgemeiner Trends verstehen läßt. Mir sind die Theorien der postmodernen Trendsetter deshalb mühsam, weil sie so flächendeckend daherkommen mit ihren Vorstellungen davon, »wie die Welt heute ist«. In meinem Verständnis postmoderner Entwicklungen mit ihrer Vielfalt an Lebensformen ist es notwendig, daß wir Menschen in ihren unterschiedlichen Milieus und ihrer Generationenzugehörigkeit beschreiben. Gerade zum Thema Treue gibt es für diese Art von Spezifität einen Modellfall im ersten Buch der Reihe »Familienwelten«. Zwei Sozialwissenschaftler (1 op. cit.) beschreiben das Thema dort milieu- und paar-bezogen. Sie verweisen statt auf das Allgemeine auf das, was diese Milieus voneinander unterscheidet. Vielleicht übersteigt der Alltag von Frauen und Männern bestimmter Generationen und Welten einfach die wissenschaftliche Möglichkeit, sie aussagekräftig und repräsentativ für die Gesamtbevölkerung darzustellen? Ein Kollege schreibt zu solchen wissenschaftlichen Horror-Szenarien moderner Egozentrik:

»Über viele Jahre fühlte ich mich dadurch persönlich verunsichert. Ich stellte mir laufend die Frage, ob ich zufällig in meiner Praxis gehäuft auf jene Paare und Familien stoße, die ein relativ traditionelles Familienbild anstreben, auch wenn ihnen die Realisierung oftmals nicht gelingt. Ich stellte mir auch die Frage, ob Paartherapie immer mehr zu einem Ritual wird, welches schicklicherweise zu zelebrieren ist im Zyklus zwischen Heirat und Scheidung.«[7]

### *4. Die neue Moral und die »fatale Affäre«*

Die Erfahrungen haben es deutlich gemacht, auch jene meiner kleinen Untersuchung: Außereheliche Sexualität ist nicht mehr das Privileg der Männer und einer kleinen Gruppe von Frauen, wie das lange so war. Die Reaktion auf das wachsende Selbstbewußtsein von Frauen ist auch in dieser Hinsicht nicht ausgeblieben. Ein amerikanischer Film, *Fatal Attraction,* der 1988 die Kinos füllte, hat die Dinge wieder ins richtige Licht gerückt. Die Darstellung der treuen Ehefrau und der verführerischen, unersättlichen Berufsfrau in der Lebensmitte, welche den Ehemann mit ihrer Gier verfolgt, bis er sie »aus Notwehr« umbringt, war ein deutliches Signal der Wende – im Zeitalter von Aids und »nachfeministischer Ernüchterung« keine Überraschung. Das Bild von der guten Ehefrau im Film und der bösen Hure, die den Mann zum Opfer einer besitzergreifenden Frau macht, belebt die alten Mythen. Zur gleichen Zeit nahm sich ein amerikanischer Psychiater/Paartherapeut[8] des Themas und dessen moralischer und psychopathologischer Dimension an und wurde damit über Nacht zum Fernsehstar. Er klassifizierte außereheliche Beziehungen als »versteckte Psychosen« beziehungsweise als Ausdruck von »latenter Depression«, und er wies nach, daß in seiner Praxis sogenannte Affären fast immer zur Scheidung führten, also an sich schon ehezerstörerisch seien. Das heißt, zur Zeit wären etwa die Hälfte der verheirateten amerikanischen Frauen und Männer latent psychotisch. Die Kritik an diesen moralistischen beziehungsweise pathologisierenden Expertenideen ist nicht ausgeblieben. Paartherapeutinnen und -therapeuten, die der Meinung sind, Therapie sollte weder von moralistischen noch von pathologisierenden Ideen geleitet sein, stellten sich dem Feldzug ihres Kollegen entgegen. Durch seine Beschreibung alltäglicher »Abweichungen« als Krankheit sowie durch seine moralische Bewertung außerehelicher Liebe, argumentierten diese, würden Möglichkeiten von Wandel behindert und ein Entweder – Oder gefordert, welches individuelle Lösungen des jeweiligen Paares behindere.

Allerdings ist es nicht verwunderlich, daß in den begonnenen 90er Jahren mit ihrer wirtschaftlichen und politischen Unsicherheit und der Aids-Angst die heile Familie und die eheliche Treue wieder »in« sind, nicht nur in den USA. Wie das Thema jedoch in den USA abgehandelt wird, ist aus der eigenen Geschichte dieser Kultur zu verstehen, die anders ist als die europäische. Daß ein Fachmann, welcher die Fahne des puritanischen Ethos hochhält, mit dem Thema der fatalen Affäre in die Medien kommt, paßt dazu. Das öffentliche Geständnis ehebrecherischer Beziehungen als Sünde ist in den USA nicht nur für Führer von Glaubensfeldzügen und für Politiker wieder ein Muß geworden. Auch unbekannte Frauen und Männer bereuen öffentlich ihre »fatalen« Affären. Unter dem Titel »Die Affäre« hat eine Kollegin[9], bezeichnenderweise eine europäische Paartherapeutin, in die Kontroverse eingegriffen, das Thema auf den Boden des Alltäglichen gestellt und es vom Nimbus der Tragödie befreit. »Auch wenn Ihre Ehe perfekt war, was natürlich keine Ehe ist«, sagt sie zu einem Paar, bei dem der Mann eine außereheliche Beziehung hat, »bin ich überzeugt, daß Ihnen beiden so etwas hätte passieren können.«

Die Debatte zeigt übrigens, wie sehr auch die Therapiekultur eingebettet ist in das jeweilige Milieu und die jeweilige Kulturgeschichte. Auf der einen Seite die amerikanisch-puritanische Sehnsucht nach Vollkommenheit in der Übersetzung des Gebotes von der christlichen Nächstenliebe auf den Familienalltag, welche vom sogenannten »Aufbruch« der 68er nur oberflächlich bewegt wurde. In Zeiten der Unsicherheit ist dieses eindeutige Ethos mit seinem »Entweder – Oder« natürlich wieder gefragt. Auf der anderen Seite gibt es die Kultur von der Vielfalt menschlicher Entwicklung, wie sie aus den Zeilen von Hugo von Hofmannsthal spricht: »Weitergehen, hinwegkommen und sich verwandeln, und dennoch nicht zum gedächtnislosen Tier hinabsinken«. Sie stimmt mit der Haltung überein, die ich bei den meisten befragten Paaren gefunden habe und die – nicht überraschend – meiner persönlichen entspricht. Ihr Anliegen ist es, Treue und Untreue auf den Boden des Alltags zu stellen und vom Nimbus der Tragödie zu befreien, ohne damit die Frage von Schuld und Unschuld zu ignorieren.

## Untreue als Treue zu sich selbst: Von den Motiven der befragten Frauen und Männer

So viele unterschiedliche Motive es gibt für eheliche Untreue – und es soll von ihnen noch die Rede sein –, scheint es mir sinnvoll, sie im weitesten Sinne als »Treue zu sich selbst« zu verstehen. Als Versuch also, jene Seiten bei sich selber und der Paarbeziehung zu beleben, welche eingeschlafen sind in den Jahren, da man sich gewöhnt hat aneinander, zum Beispiel Lebenslust und Leidenschaft. Als Ausdruck des Gefühls vielleicht auch: »Es muß doch noch mehr geben im Leben als die tägliche Plackerei«.

Manchmal benutze ich im Gespräch mit einem Paar zu diesem Thema das Bild des Mondes, der »nur noch halb zu sehen« und doch »rund und schön« ist, wie es im Lied von Matthias Claudius heißt. Ich ermutige damit beide, sich dieser abgedunkelten Seite nun zuzuwenden und sie für sich zu beanspruchen, auch wenn sie nicht mehr von der Sonne einer neuen Liebe beschienen oder durch den Liebesverrat ans Licht gezerrt wird.

So schrecklich die Erfahrung der Untreue sein mag – die Enttäuschung, die Angst und der Zorn des verlassenen und die Schuldgefühle des verlassenden Menschen sind tatsächlich überwältigend in ihrer Intensität –, so birgt sie doch in sich die Möglichkeit von Neuem wie kaum ein anderes Ereignis im gemeinsamen Leben. Die Konfrontation mit dem eigenen Frau- und Mann-sein, mit den Sehnsüchten nach dem »Kind in sich selbst«, die vielleicht von beiden dem Gut- und Erwachsensein geopfert wurden, kann tatsächlich Anlaß für Wandlungen sein, die ohne diesen Einbruch kaum vorstellbar waren. Allerdings braucht es dafür die Auseinandersetzung beider mit alten Geschichten, die vom Leben überholt wurden, und die Erweiterung ihrer Problemsicht auf die Frage, wie diesen nun neue Kapitel beigefügt werden könnten.

Die Untreue des einen oder anderen kann also, wie ich es sehe, in einer auf Dauer angelegten Paarbeziehung als *Treue zum ursprünglichen Lebensentwurf* verstanden werden und damit Vorbote notwendiger gemeinsamer Entwicklungen sein. Voraussetzung dazu ist, daß es einem Paar trotz des Schocks, der Panik und der Schuldgefühle gelingt, das Bisherige offenzuhalten für Wandel, einander zu halten und gleichzeitig ein Stückweit zu lassen. Nur auf diese Weise können *beide* sich Entscheidungsmöglichkeiten zu neuen Geschichten oder zum Abschied von den bisherigen zugestehen und einander mit langem Atem Raum geben, den Weg dahin zu gehen. Von einer *Außenperspektive* aus sich selber und das Ganze neu zu sehen, setzt voraus, daß nicht nur der oder die »Ungetreue«, sondern auch der oder die »Verlassene« eine solche gewinnt. Das bedeutet für diese, sich mit der Frage zu beschäftigen: »Was will denn eigentlich *ich*, was ersehne ich mir, was für Veränderungen stehen für mich an?«, und einen bedeutsamen Schritt über die Frage hinauszugehen: »Warum wurde mir das angetan?«

Es ist allerdings für den Verlassenen nicht einfach und mitten im

Geschehen meistens unmöglich, die Untreue des Partners als Treue zu dessen eigenem Lebensentwurf und als Möglichkeit eines neuen *Paarentwurfs* zu verstehen, schon gar nicht in der ersten Zeit des Erkennens, daß da noch jemand anderer geliebt wird. Eine solche Haltung kann sich jedoch entwickeln – irgendwann, in einem langen Prozeß von Wut, Schmerz, Abschied und Entflechtung, Versöhnung und Neuschreiben der eigenen und der gemeinsamen Biographie. Etliche der befragten Frauen und Männer erzählten davon. Aber verlangen kann eine solche Haltung keiner vom anderen. Erst seit ich selber so weit gekommen bin, Erfahrungen mit Untreue über Zorn, Trauer und Schuldgefühle hinaus zu verstehen als Anstöße zur Individualisierung, die einigen Paaren vermutlich ohne sie nicht gelungen wäre, kann ich mit langem Atem und ohne Aufregung die Frauen und Männer begleiten, die als sogenannte Opfer oder Täter/innen zu mir kommen. Ich kann die Bedeutung einer Untreue als Vorbote von Entwicklungen für sie zwar nie im vornherein verstehen, auch nicht nach der ersten gemeinsamen Stunde. Aber ich nehme immer an, daß selbst ein solch tiefer Eingriff in das Bisherige als Anstoß von Wandlungen begriffen werden kann, die beim einzelnen und dem Paar nun anstehen. Und ich nehme an, daß beide, wenn sie mit der Zeit verstehen, was diese fälligen Entwicklungen sind, *Facetten von »ungelebtem Leben«, welche sie dem Paarmythos oder der Alltagsroutine untergeordnet haben, wieder für sich beanspruchen und entfalten können.* Ich gehe auch davon aus, daß eine solche Entfaltung dann dem gemeinsamen Leben zugute kommt, vorausgesetzt, sie bleiben lange genug zusammen und stürzen sich nicht kopfvoran in die neue Situation, weder als chronisch außerehelich Verliebte noch als chronisch innerehelich Verlassene.

Wenn ein Paar auf einem langen, verbindenden Weg ist miteinander, kann manchmal eine erotische Beziehung zu einem Dritten eingebaut werden in den Rahmen einer Ehe. Die Außenbeziehung des einen oder von beiden Partnern wandelt sich dann zu einer »Amitié amoureuse«, einer verliebten Freundschaft. Bei zwei der befragten Paare, die seit Jahren in solchen Dreiecken leben, besteht offenbar auch eine respektvolle Beziehung zwischen Freund/in und den jeweiligen Ehepartnern. Aber das ist, wie ich beobachte, doch eher die Ausnahme und bedingt sehr viel Kultur des Herzens bei allen Beteiligten und sehr viel Selbstsicherheit und emotionale Unabhängigkeit, die wohl eher nach der Lebensmitte als in der Aufbauphase mit Kindern möglich ist. Die Paare, die undramatisch mit solchen Situationen leben, sind nach meiner Erfahrung immer über die Lebensmitte hinaus. Bei allen anderen war das klare Ausgrenzen einer erotisch-sexuellen Außenbeziehung zugunsten der ursprünglichen Paarbeziehung – vielleicht nicht sofort, aber als Folge eines gemeinsamen Prozesses – die Voraussetzung dafür, daß sie zusammenblieben.

## Was die befragten Frauen und Männer erzählen

Im Eingangszitat von Barbara Sichtermann ist sie angesprochen, und später habe ich ihre geschichtlichen Wurzeln skizziert: die Annahme, eine Paarbeziehung auf Dauer sei unvereinbar mit lustvoller Sexualität. Das sei der Grund für die meisten außerehelichen Beziehungen, könnte man annehmen. So einfach ist es im Paaralltag aber nicht. Die Antworten der Befragten ergeben ein weitaus farbigeres Bild. Wenn ich ihre Geschichten lese, stelle ich fest, daß immer beide Ideale aufscheinen: sowohl ihre Sehnsucht nach der Vollkommenheit der Liebe als *Nächstenliebe* »in guten wie in schlechten Tagen«, als auch jene nach der Liebe als *Leidenschaft*. Das bedeutet, die antwortenden Frauen und Männer wollen beides, sowohl die romantische Form von Liebe als Leidenschaft, als auch, und unter demselben Dach, die Gattenliebe, welche moralische Güte als Nächstenliebe und Verbindlichkeit über die Leidenschaft stellt. Offenbar ein Widerspruch, der zum menschlichen Dilemma gehört, dieses Beideswollen: die Wurzeln der Zugehörigkeit und die Flügel von Leidenschaft und Autonomie.

## Szenarien der Untreue als Vorboten von Wandel

Die einfachste und zugleich schrecklich vereinfachende Interpretation von Untreue ist, daß sie die Quittung sei für zu wenig Liebe oder für eine schlechte Ehe. Diese Interpretation ist zwar handlich, weil scheinbar klar ist, wo die Schuld liegt – nämlich beim anderen. Aber sie birgt weder den Keim zu Abschied und Versöhnung noch zu einem Neuanfang. Ganz im Gegenteil ist sie meistens der Anfang einer unendlichen Geschichte, bei der es in immer neuen Variationen darum geht, wer wann wem und warum unrecht getan hat. Natürlich enthalten Affären *verschlüsselte Botschaften*, genau so wie jede andere Abweichung von den bisherigen gemeinsamen Übereinkünften, den expliziten wie den im stillen angenommenen. Aber sie zu entziffern ist nicht einfach, weder von innen noch von außen. Das Herz hat Gründe, welche der Verstand nicht kennt. Noch nicht kennt... Meistens zerbrechen sich die beiden den Kopf darüber, auch der oder die, denen »es« passiert ist, wieso gerade jetzt und mit dem Menschen, und was das wohl bedeuten könnte. Selbst bei der stärksten Überschwemmung mit Gefühlen sind solche Fragen da, quälend und aufregend, manchmal bis zur Verrücktheit. Wie geht es denn nun weiter? Und: So einfach ist es doch nicht, sich einfach loszureißen von dieser neuen Liebe, aber wenn ich es nicht tue, verliere ich meine Frau/meinen Mann – und ob ich das will und ertrage, weiß ich am wenigsten... Oder: Er soll sich sofort entscheiden, sonst halte ich die Ungewißheit nicht mehr aus und schicke ihn weg.

Erotische Außenbeziehungen – ob damit Sexualität verbunden ist oder nicht – werden nach meiner Beobachtung am ehesten in den Lebenslagen eingegangen, die von der *Instabilität notwendiger Übergänge* geprägt sind. Es muß allerdings nicht immer eine Instabilität in der Paarbeziehung bestehen – auch individuelle Ein- oder Aufbrüche von Frau oder Mann können eine solche bewirken. So vielfältig die jeweils einmaligen Motive eines Menschen in einer bestimmten Lage sind, so allgemein ist das Thema der Neubalancierung von *Nähe und Distanz* und von der Regulierung der *Grenzen* innerhalb und außerhalb der Paarbeziehung mit dem Thema von Untreue verbunden. In der Entwicklung eines Paares gibt es bestimmte voraussehbare Übergänge, welche Instabilität mit sich bringen. Die Einbeziehung eines Dritten kann dann als unbewußter Versuch verstanden werden, eine Stabilisierung der Zweierbeziehung zu erreichen oder, anders gesagt, diese zu »schützen« vor den notwendigen Auseinandersetzungen. Typische kritische Übergänge in der Paarentwicklung sind in der Situation der herausgeschobenen Entscheidungen in der Lebensform der »unendlichen Liebeskindheit« zu finden sowie in den Aufbrüchen nach der ersten Phase in einer »Familienehe« und in der Lebensmitte. Ganz besonders anfällig für eine Außenbeziehung des Mannes scheint der Übergang vom Paar zur Familie nach der Geburt des ersten Kindes zu sein.

Ich will nun versuchen, anhand der Geschichten der befragten Paare *drei Übergangskrisen* zu skizzieren, die mit Außenbeziehungen verbunden sein können, mit ihren typischen, immer aber auch einmaligen Bedeutungen. Frauen und Männer haben erzählt, wie sie selber im Rückblick eine solche »Geschichte« verstehen und wozu diese vielleicht sogar gut war im Leben.

### *1. Paare in der Lebensform der unendlichen »Liebeskindheit«*

David und Silvia erzählen (in Kapitel 4) davon, wie sie in einer Lebensform, die bewußt offen und modern geplant war, vor lauter Angst, einander zu verlieren, so kontrolliert tolerant miteinander umgingen, bis sie beinahe an dieser Enge erstickten. Sie übersahen tapfer alle möglichen Unterschiede und Konflikte, und ihre ganze Energie war darauf gerichtet, dem Ideal einer modernen, nicht einengenden Zweierbeziehung zu entsprechen. Beide hatten in ihrer eigenen Geschichte gelernt, daß Ärger und Konflikte gefährlich sind und nur Selbstkontrolle, Anpassung und Harmonie die Liebe garantieren. Heimliche Ressentiments über all die Themen, die unter den Teppich gekehrt wurden, waren zwar schon lange da, aber beiden nur dumpf bewußt.

In dieser stickigen *Glashausatmosphäre der »Liebeskindheit«* wirkt eine Außenbeziehung manchmal wie ein frischer Luftzug. »Ich weiß gar nicht, wie mir das passiert ist«, erzählt David seine Geschichte, »aber ich weiß, als ich mich in eine andere Frau verliebte, war es, als ob eine dicke Daunendecke von mir rutschte, unter der ich jahrelang fast erstickt bin.« Ein anderer junger Mann, ein Handwerker, der ebenfalls seit früher Jugend mit seiner Freundin zusammenlebte, erzählte im ersten Paargespräch von kürzlichen Besuchen bei Prostituierten, die er selber nicht verstehe und über die er sich »zu Tode schäme«. Oder eine 30jährige Frau, eine Laborantin, die seit 8 Jahren mit ihrem Freund zusammenlebt, meldete sich für ein gemeinsames Gespräch mit ihm an, weil sie schwanger sei von einem Mann, mit dem sie eine kurze Außenbeziehung gehabt habe, »und nun völlig verwirrt sei darüber, wie es weitergehen solle und was das alles bedeute«. Ihr

Freund wollte die Beziehung unbedingt fortsetzen und das Kind sogar »mit in Kauf nehmen«, wie er sagte.

In allen geschilderten Situationen war die Außenbeziehung Anlaß für eine gewaltige Erschütterung, aber auch für eine Auseinandersetzung des Paares, während der viele der Themen auf den Tisch kamen, vor welchen beide bisher die Augen verschlossen hatten. Die Laborantin im zitierten Beispiel entschied sich nach unendlichen gemeinsamen Gesprächen dazu, allein zu leben. Sie brach die Schwangerschaft schweren Herzens ab, um endlich auf eigene Füße zu kommen, bevor sie sich verbindlich mit Mann und Kind einlassen könne, wie sie erklärte.

Der junge Handwerker und seine Freundin entschieden sich, nachdem viele unausgesprochene Konflikte besprochen worden waren, beieinander zu bleiben und ihre individuellen Pläne wie auch ihren Paarentwurf neu zu schreiben. David und Silvia leben heute, nach seiner Außenbeziehung und dadurch ausgelösten Trennungen, noch immer »zusammen und nicht zusammen«, einmal im Gewächshaus der »Liebeskindheit« und einmal an der frischen Luft der Autonomie. Da sie keine Kinder wollen, wird wohl diese Beziehungsform auch über Jahre hinaus für sie eine Möglichkeit sein, sich nicht für und auch nicht gegen etwas zu entscheiden.

Der frische Luftzug einer Außenbeziehung bringt zwar bei Paaren in der Konstellation der Liebeskindheit »Erkältungen« mit heftigem Fieber und Schmerzen mit sich. Aber wenn beide die versteckte Botschaft verstehen, die in diesem Ereignis liegt, kann ein Heilungsprozeß beginnen, der mit dem Öffnen des Glashauses verbunden ist, ohne daß es zerschlagen werden muß. Manchmal erleben aber auch beide, daß die Welt draußen mit ihren Stürmen, mit Kälte, Sonne und frischer Luft, ihnen besser bekommt als die stickige Sicherheit und nehmen Abschied voneinander. Die Chance für Paare in dieser Situation liegt darin, daß sie sich nicht voreilig versöhnen und wieder unter die schützende Daunendecke kriechen, sondern sich den Konflikten stellen, die so lange weggesteckt worden sind. Wenn das nicht geschieht, wird der/die eine oder andere bald einmal mit einer neuen Beziehung, die »einfach so passiert«, die erstickende Decke wieder lüften. Das Arrangement kann dann zwar weitergehen, aber die Frage bleibt für immer unbeantwortet: »Bleiben wir zusammen, weil wir einander guttun und jeder sich dabei auch selber entwickeln kann oder bloß weil wir Angst haben vor Einsamkeit und Kälte.«

*2. Wenn die Zweierbeziehung zur Dreierbeziehung wird*

Mein Erstaunen über die relative Häufigkeit außerehelicher Beziehungen von jungen Vätern hat sich gelegt, seit ich besser verstehe, was für einen Bruch die Geburt des ersten Kindes nicht nur im Lebenslauf einer Frau, sondern – versteckter – auch in jenem eines Mannes bedeutet. Das ist besonders so, wenn der junge Vater mit der Welt der emotional abgeschotteten Männer nichts mehr zu tun haben möchte, aber auch in der Welt von Mutter und Kind nicht richtig Fuß fassen kann. Der *Verlust der früheren Intimität des Paares* durch das Erscheinen eines Dritten ist für Männer in der ersten Zeit nach der Geburt oft schmerzhafter als für Frauen, wenn sie trotz all ihrer bewußten Wünsche, »dazu« zu gehören, auf ihre Ernährerrolle festgeschrieben werden. Das heißt nicht – und ich habe beim Porträt von Lisa, Christoph und Mirjam davon erzählt –, daß Frauen deswegen glücklicher seien. Aber ihre Sehnsucht nach Intimität läßt sich in dieser ersten Zeit mit einem Säugling stillen, sie ist sogar lebensnotwendig für das Gedeihen des Kindes. Wenn allerdings aus der anfänglich notwendigen Verschmelzung von Mutter und Kind eine Liebesromanze entsteht – zum Beispiel, weil sie sich von ihrem Mann im Stich gelassen fühlte und sich jetzt am Kind schadlos hält –, schließt diese Symbiose, wie alle Symbiosen, den Dritten aus.

Die in der Untreue versteckte Botschaft des jungen Vaters an seine Frau mag zum Beispiel heißen: »Ich darf mich dir mit meiner großen Bedürftigkeit nicht zumuten, sonst schiebst du mich weg – als ein Kind zuviel«, oder aggressiver: »Da du dir mit dem Kind einen Geliebten genommen und mich verlassen hast, will ich jetzt auch jemanden für mich allein haben.«

Wenn es dem Paar gelingt, einander die eigenen Erfahrungen mit dem Eindringen eines Dritten in ihre bisherige Zweisamkeit zu erzählen, aus einer Ich-Position heraus: »So habe ich das erlebt, so war das für mich«, kann das zwar sehr schmerzhaft sein. »Ausgerechnet als ich dich am meisten brauchte, bist du zur Nächsten gelaufen« oder »Ich hab mich doch so bemüht um dich und das Kind, aber du hast mich ja gar nicht zugelassen«, sagen sie vielleicht. Solches Erzählen und Zuhören ebnet aber, wenn daraus ein fortlaufender alltäglicher Dialog wird, den Weg für gegenseitiges Verstehen und Verzeihen. Es ermöglicht neue Entwicklungen in den schwierigen Doppelrollen von Liebenden und Eltern. Gemeinsames Erzählen ermöglicht dem Paar dann eine Art von Intimität, die nicht mehr so selbstverständlich geschieht wie vor ihrer Elternschaft. Beide müssen dafür die Voraussetzungen schaffen: mit Inseln von Zeit und Raum für beide und mit Abgrenzung von der Vereinnahmung des Kindes und durch das Kind. Die Erfahrung, daß ein Dreieck mit einem Kind (oder einer Geliebten) zwar vorübergehend eine unsichere Zweierbeziehung stabilisiert, aber auch notwendige Wandlungen behindert, kann Anstoß zu einer Konfliktbereitschaft werden, wie sie dem Paar vorher fehlte. Anstelle von eingefrorenem Groll bei ihr und Flucht durch ihn also Aufbruch, wieder leidenschaftliche Spannung und Neugier aufeinander – ich kenne das aus Erfahrung mit Paaren in dieser Lage und habe es mit dem Porträt von Christoph und Lisa beschrieben. Die Prognose für die Paarentwicklung ist dann gut, wenn eine Außenbeziehung in den Rahmen des schwierigen Übergangs zur Elternschaft gestellt wird und der notwendige Wandel – auch mit Verspätung – geschehen kann. Wenn solche Entwicklungen fehlen, gefriert der Groll der verlassenen Frau manchmal über Jahre zu einem Eispanzer, der sie zwar vor weiteren Verletzungen schützt, in dem sie jedoch emotional eingesperrt bleibt. Ihr Mann interpretiert ihre Distanz dann vielleicht als Unabhängigkeit oder als »naturgegebene« erotische Interesselosigkeit der zur Mutter Gewordenen. Vielleicht verliebt er selbst sich im Laufe des gemeinsamen Lebens immer wieder in neue Frauen und manövriert dann jeweils schuldbeladen zwischen ihnen und seiner Partnerin. Erst wenn ein Kind Alarm schlägt – die ins Elterndreieck verstrickte Tochter zum Beispiel, welche mit einer Eßstörung zeigt, daß sie nicht Frau werden will –, können manchmal solche alten Geschichten abgeschlossen werden.

Die Mehrheit der antwortenden Frauen und Männer kamen um das vierzigste Altersjahr herum in Therapie, die einen etwas früher, die anderen etwas später. Es ist die Gruppe, bei der in meiner Untersuchung *die meisten Außenbeziehungen vorkamen, sowohl bei Frauen als auch bei Männern.* Bei vielen führten sie zu einer Neuschreibung der eigenen und der gemeinsamen Geschichte und zu guten inner-ehelichen Entflechtungen, ohne daß das Ganze zerrissen wurde. Aber zu dieser Lebensphase gehören häufig auch Trennungen und Scheidungen. Es werden einander Quittungen präsentiert, zum Beispiel für eine jahrelange schiefe Verteilung der Ressourcen und Pflichten von Frau und Mann. Alte Verletzungen und unausgesprochene Enttäuschungen sind plötzlich nicht mehr wegzustecken.

Am schmerzlichsten ist die Quittung für *nicht gelebtes eigenes Leben*[10] – die abgedunkelte Seite des Mondes. Es gibt zwar keine naturgegebene Midlife-Krise, aber für viele Paare um die vierzig ist die Zeit reif und günstig, sich den Fragen zu stellen, die vorher von der Selbstverständlichkeit des Alltags mit beruflichem Aufbau und kleinen Kindern zugedeckt wurden. Eine Außenbeziehung von Frau oder Mann kann in dieser Phase, wie ich es anhand mehrerer Paarporträts erzählt habe, der Auslöser für den längst fälligen Erdrutsch sein.

Meine Stichworte für diese Phase sind »die große Wut« und »das leere Nest«. Sie lassen sich beschreiben als Chance zu neuen Fragen, zum Beispiel: Wieso ist uns diese schreckliche Anpassung an überkommene Bilder passiert? Wieso haben wir nie offen miteinander über unsere Wünsche und Sehnsüchte geredet? Warum sind wir so einsam geworden miteinander? Was bleibt uns noch, wenn die Kinder größer werden und keinen Grund mehr bieten, daß wir zusammenbleiben? Oder: Da unsere Kinderlosigkeit feststeht, die biologische Uhr abgelaufen ist – was hält uns noch zusammen? Wer oder was füllt unser gemeinsames Gehäuse als Paar?

Die Geschichten der befragten Frauen und Männer zeigen ihr *unterschiedliches Verstehen* von Außenbeziehungen in dieser Lebensphase. Die Frauen waren eher bereit als die Männer, eine solche in den weiten Rahmen ihrer Biographie, der Paargeschichte sowie des Aufbruchs der Frauen in den letzten Jahrzehnten zu stellen. Oder anders: sie als Signal, als Hinweis dafür zu verstehen, daß es höchste Zeit sei für Veränderungen, bei ihnen selber und miteinander. Das bedeutet jedoch nicht, daß Frauen in dieser Phase eher gewillt sind als ausbrechende Männer, in der Beziehung zu bleiben. Es zeigte sich vielmehr, daß Frauen seit Jahren, oft seit Beginn der Ehe, unzufrieden waren mit dem gemeinsamen Leben, und die Außenbeziehung ihnen zwar »passiert« ist, aber von ihnen als logische Folge ihres bisherigen Lebens und als Auftakt zu Veränderungen verstanden wird. Die Chancen allerdings, daß sie in der Beziehung bleiben, wenn ihr Partner in einen gemeinsamen Entwicklungsprozeß mit ihnen einsteigt, sind nach meiner Beobachtung gut. Wenn er sich jedoch distanziert, Konfliktgesprächen ausweicht und die Affäre ihr allein anlastet, oder ihr mit Gewalt droht, ist das meist der Anfang vom Ende.

*Männer in der Lebensmitte* berichten überwiegend, daß ihnen eine Affäre »unterlaufen« sei, ohne daß sie eine Ahnung hätten warum. Vielleicht war's einfach eine günstige Gelegenheit zu einem Zeitpunkt, als sie sich ausgeleiert und leer fühlten, vielleicht eine Reaktion auf die alltägliche Langeweile in Ehe und Beruf – vielleicht auch Angst vor dem Älterwerden, sagen sie. Es gibt, wie ihre Berichte zeigen, für sie dann zwei mögliche Lösungen: Entweder lassen sie sich nun in eine Auseinandersetzung mit ihrer eigenen und der Paargeschichte ein, welche sie bisher vermieden haben, oder sie verlassen das gemeinsame Haus so heimlich und so schnell es geht durch die Hintertür und ziehen zu ihrer Geliebten, von der sie noch gestern sagten, es sei eine »nette Freundschaft, sonst gar nichts«. Die Geliebte ist dann meistens eine viel jüngere Frau, eine »Ersatztochter« vielleicht, die dem Mann die Erneuerung seiner Vitalität verspricht. Die andere Variante, die direkte, offene Auseinandersetzung mit sich selber und der bisherigen Beziehung, bedeutet übrigens auch beim Mann nicht immer, daß er darin bleiben will. Wenn er sich schließlich nach gemeinsamen Gesprächen und dem Experimentieren mit neuen Verhaltensmustern dennoch zum Gehen entschließt, ist das im besten Fall das Ende eines Entflechtungsprozesses. Darin liegt die Chance für eine neue Beziehungsdefinition miteinander anstelle eines radikalen Abbruchs der Paargeschichte in Form von Flucht durch die Hintertür.

Meine Untersuchung zeigt, daß die meisten Szenarien ehelicher Außenbeziehungen von Frauen und Männern in der Lebensmitte *ähnliche Ausgangslagen* haben. Die beiden sind vielleicht 15 Jahre oder länger verheiratet, kennen sich seit früher Jugend und sind seinerzeit zusammengezogen in der Hoffnung, sich zu lösen von einengenden Familienbanden oder Ersatz zu finden für ein fehlendes Familiennest. Oft treffen ihre beiden Motive zusammen, das eine bei der Frau, das andere beim Mann, und ergänzen sich. Manchmal war auch eine ungeplante Schwangerschaft, vielleicht als unbewußter Ablöseversuch, Anlaß für die Heirat, bevor beide sich gut genug kannten. Eine tiefe emotionale Bindung aneinander konnte sich zwischen dem Paar nicht entwickeln, weil Kinder, Beruf und Existenzsorgen alle Energien verbrauchten. Bei zwei Paaren in meiner Befragung erschwerten chronische Krankheit und Behinderungen bei ihren Kindern eine frühzeitige Auseinandersetzung zwischen Frau und Mann. Die jahrelange latente Depression bei der einen Frau und die heimliche Alkoholabhängigkeit bei einem der Männer ließen sich, als sich ihre Partner in andere Menschen verliebten, nicht mehr verschleiern.

Solange in dieser Konstellation der Mann seine Frau als unbezahlte Servicestelle und die Frau ihren Mann als Garant für die materielle Sicherheit brauchte, hätte keines von beiden gewagt, an eine Trennung zu denken. Aber angesichts des leer werdenden Nestes und ermutigt durch eine neue Liebe kann der Gedanke an eine Trennung zumindest vom einen nun gedacht werden. Das muß, ich habe es angedeutet, dennoch nicht das Ende der bisherigen Beziehung sein. Dort, wo beide bereit sind, das Geschehen zu vernetzen mit ihrer Lebensgeschichte und es als Möglichkeit einer »zweiten Ablösung« von alten inneren Landkarten zu verstehen, wie Robert erzählt, sind die Entwicklungschancen gut. Und zwar gut unabhängig davon, ob das Paar schließlich zusammenbleibt, oder sich trennt.

Natürlich können aus einer solchen Erfahrung auch die schrecklichen und unendlichen Geschichten der *Nicht-Entscheidung und des Doppellebens* folgen, wo ein Mann oder eine Frau inoffiziell mit der neuen Liebe lebt, offiziell aber verheiratet bleibt. Der Mann zwar funktioniert im Beruf meist bemerkenswert gut und jongliert zwischen den beiden Frauen, ist aber nach meiner Beobachtung oft latent depressiv oder neigt zu psychosomatischen

Symptomen. Die Geliebten, meist Alleinlebende, tendieren in dieser Konstellation eher dazu, ihre Außenbeziehung zu verschleiern und auf »leisem Feuer« zu halten – entweder, weil sie überzeugt sind davon, daß der Mann sich auf diese Weise eher für sie entscheidet, oder weil sie nach gängigen Moralvorstellungen die Hexen sind, welche einen unschuldigen Mann von seiner Familie weglocken. Nicht selten zahlen sie den Preis für das Hüten des Geheimnisses mit einer gewissen Einsamkeit.

## »Hinwegkommen und sich verwandeln« – und was es dazu braucht

Es ist in der Sicht der befragten Paare nicht das Drama einer sexuellen Außenbeziehung, das eine Ehe kaputt macht, sondern die Lieblosigkeit, der schlechte Stil und die unfairen Spiele, welche damit verbunden sein können. Können, nicht müssen! Ich gehe davon aus, daß lebenslängliche Monogamie für die meisten Menschen schwierig ist, vor allem, wenn wir von einer Beziehung alles und nichts von uns selber erwarten – das heißt, wenn wir uns selber nicht treu bleiben. Der Mythos vom Recht auf Wohlfahrt und von der Ausschließlichkeit der romantischen Liebe ist lebendig, sosehr er im Widerspruch steht zu der ebenso verbreiteten Idee der Unvereinbarkeit von Leidenschaft und Gattenliebe. Ich nehme einmal an, daß dieses Dilemma zwischen Treue und Untreue in der Welt von Paaren weiterhin existieren wird und es gut ist, von den Befragten zu hören, was ihnen das »Hinwegkommen und dennoch nicht zum gedächtnislosen Tier hinabsinken«, erleichtert oder erschwert hat.

## Offenheit und Schweigen, ein jedes hat seine Zeit

Soll, muß eine Affäre gestanden werden, oder ist es besser, sie für sich zu behalten und Partnerin oder Partner zu schonen? Es gibt *zerstörerische Offenheit und zerstörerisches Schweigen*, und ob es so oder anders wirkt, ist eine Frage des Vorgehens und der rechten Zeit. »Ich habe ihr sofort gestanden, daß ich mit ihrer Freundin geschlafen habe«, erzählte Heiner, 29, der mit Lilly in der offenen

Beziehungsform einer Jugendliebe lebte, während der Krise, die das Paar vor einigen Jahren zu mir brachte. »Aber ich bedaure das im nachhinein. Für mich war es eine einmalige Sache, für Lillys Freundin auch, aber durch mein Geständnis ist daraus ein Drama geworden.« Lilly: »Mich hat nicht so sehr seine Außenbeziehung fertiggemacht, das kann ja einmal passieren. Aber die Art, wie Heiner durch sein sogenanntes Geständnis mir die Rolle der verständnisvollen Mutter zuschob, die ihn quasi tröstet und ihm versichert, daß sie ihn auf keinen Fall verläßt, war für mich mühsam, Wo sollte ich mit meiner eigenen Kränkung hin? Wer tröstete mich? Irgendwie hat diese Erfahrung mir gezeigt, daß ich von jetzt an mich selber pflegen und nicht mehr seine Wunden lecken will.«

Lilly und Heiner sind zusammengeblieben und einen gemeinsamen Weg gegangen. Sie sind dabei über das ursprüngliche Mutter-Sohn-Verhältnis hinausgekommen. Vier Jahre später erzählen sie, daß Heiners »Seitensprung« und die anschließende Krise zu einem Wendepunkt in ihrer Beziehung wurde. Lillys Zorn über seine kindliche Erwartung, »wenn ich ihr alles sage, verzeiht sie mir alles«, ermutigte sie, Heiner die Verantwortung für sein Verhalten zurückzugeben und sich ihm mit ihrer eigenen Verletztheit zuzumuten. Heiner akzeptierte das und stellte sich emotional zunehmend auf eigene Füße. Er braucht jetzt Lilly nicht mehr in der Rolle der schützenden und alles verzeihenden Mutter und sie ihn nicht mehr als schutzbedürftigen Sohn. Eine neue Balance von zwei Erwachsenen ist entstanden, die sich eigene Beziehungsräume wie auch Verantwortlichkeit für das Gemeinsame zutrauen.

Aber auch das *Geheimhalten einer Affäre* kann auf verantwortungslose oder verantwortungsbewußte Weise geschehen:

Bettina, 38, und Mutter von zwei Schulkindern, die seit 14 Jahren mit ihrem gleichaltrigen Mann Fritz lebt, verliebte sich »Hals über Kopf« in ihren Chef, einen 20 Jahre älteren, erfolgreichen Unternehmer. Sie und ihr Mann kamen mit dem Anliegen zu mir, ihre Kommunikation zu verbessern; von der neuen Beziehung war nicht die Rede. Nach fünf Paargesprächen bat mich Bettina um ein Gespräch für sie allein, bei dem sie mir eröffnete, daß sie in einem schrecklichen Dilemma sei. Seit Monaten treffe sie sich heimlich mit Marcel, ihrem Geliebten, und erlebe mit ihm leidenschaftliche Sexualität, wie sie mit Fritz nie möglich war. Sie wolle, antwortete sie auf meine Frage, mit Fritz verheiratet bleiben, weil sie ihn gern habe und wisse, daß sie sich in einen Tagtraum verliebt habe. Bloß könne sie sich von diesem Traum nicht so ohne weiteres trennen, bevor sie seine Botschaft verstanden habe.

Mit zwiespältigen Gefühlen stieg ich auf Bettinas Anliegen ein, sie einige Male allein zu sehen, bis sie bereit sei, offen mit Fritz zu reden. Ich bat sie, den »Schonraum« von Einzelsitzungen direkt mit ihrem Mann zu verhandeln. Bei den Gesprächen mit Bettina wurde deutlich, wie sie mit ihrem Freund stellvertretend die Liebe erlebte, die sie sich von ihrem emotional unerreichbaren Vater ein Leben lang ersehnt und ihm hatte geben wollen. Sie erkannte, daß sie daran war, am falschen Ort unerledigte Geschichten mit einer Vaterfigur abzuschließen. Schritt um Schritt löste sie sich von ihrem Geliebten, indem sie Kontakt aufnahm zu ihrem Vater und zum ersten Mal in ihrem Leben eine eindeutige Beziehungsdefinition fand mit ihm. Ihr Vater blieb zwar abwehrend, als sie über Vergangenes reden wollte. Aber er konnte ihr immerhin sagen, wieviel sie ihm bedeute und wie froh er über ihre Annäherung sei.

Bettina erzählte ihrem Mann das Geheimnis erst, als sie bereit war, sich von ihrem Freund zu trennen. Er habe seither nicht mehr gegessen und nicht mehr geschlafen, berichtete Fritz in der folgenden gemeinsamen Stunde, obwohl das alles eigentlich nichts Neues sei für ihn. Dennoch sei er jetzt unendlich erleichtert über die Klarheit. Im Rückblick auf die Krise, drei Jahre später, schreibt er mir: »Natürlich wußte ich immer, worüber Sie damals mit meiner Frau in den Einzelstunden geredet haben. Aber ich wollte es nicht wahrhaben und hoffte, Bettinas Affäre gehe einfach weg, ich hätte nichts damit zu tun... Weil Sie mir anschließend Ihr eigenes Dilemma als Geheimnisträgerin in der Paartherapie geschildert haben, ging mein Vertrauen in Sie nicht kaputt.«

In den Sitzungen nach Bettinas Eröffnung wurde das Thema »Treue zu sich selber« zentral, auch für Fritz. Beide erkannten, wie sie als treue Kinder ihrer wenig glücklichen Eltern schon früh sich selber aufgegeben hatten, um ihnen Freude zu machen. Es ging ihnen auch auf, wie sie sich später in das Gehäuse einer genormten Kleinfamilie einsperrten aus Angst, sich auf eigene Füße zu stellen und ihre Loyalität zu den Eltern zu verraten. »Lieber lebendig sein als normal und angepaßt« wurde ihr Motto für den neuen Lebensentwurf, der für Bettina und Fritz berufliche und persönliche Umbrüche mit sich brachte, welche sie sich vor der Krise nie zugetraut hätten.

In solchen Dreiecks-Situationen steht, zunächst unbewußt, fast immer die *Sehnsucht nach »eigenem Raum«* für beide zur Diskussion. Manchmal beansprucht der oder die, welche sich verliebt hat, tatsächlich durch die Geheimhaltung der Affäre zum ersten Mal einen solchen eigenen Raum. Das kann gut gehen, wenn, wie bei Bettina und Fritz, sich mit der Zeit daraus eine klare und eindeutige Botschaft aneinander kristallisiert. Wenn jedoch aus einer solchen Notlösung eine chronische Lebenslüge wird, welche der Neubalancierung von Intimität und Autonomie entgegensteht, ist das im harmlosesten Fall eine verpaßte Chance für das Paar. Eine solche Geheimhaltung kann als Dauerlüge jedoch auch weit schlimmere Auswirkungen haben und unglaublich viele Energien binden, beim Geheimniskrämer wie bei jenem, der dadurch in die Detektivrolle gerät. Der Verrat an der gemeinsamen Geschichte ist das eine, die Lieblosigkeit der Lügen und Verwirrungstaktiken das andere. Wenn einem Angehörigen wesentliche Informationen über die gemeinsame Beziehung vorenthalten werden, die sie oder er jedoch gleichzeitig aus tausend Kleinigkeiten abliest, zerstört das Geheimnis nicht nur den Respekt füreinander, sondern vor allem die Selbstsicherheit des Betrogenen. Und wenn sie oder er auf seine Fragen immer wieder hört »Du bildest dir das ein« oder »Du mit deinen Phantasien«, stößt ihn das in Abgründe von Chaos und von Verwirrungen, die oft schlimmer sind als die Wirklichkeit der Untreue. Je elender und verfolgter sich der verlassene Partner dann fühlt, je mehr er oder sie sich selber zum Verfolger macht und vielleicht einen Komplizen sucht in einem Privatdetektiv oder in einem Kind, desto aussichtsloser werden die Chancen, daß die eigentlichen Konflikte auf den Tisch kommen. Ein Ende mit Schrecken ist dann meist die einzige Möglichkeit für den Belogenen, aus dem bösartigen Spiel auszusteigen.

In meiner Erfahrung ist ein Beziehungsverrat in Verbindung mit fortgesetzter Geheimhaltung von existentiell wichtiger Information nicht selten der *Auslöser für dramatische Symptome bei der nächsten Generation*, für Selbstmord oder psychotische Verwirrungszustände[11]. Die Erfahrung des Belogenwerdens in Verbindung mit doppelbödigen Botschaften wie zum Beispiel »ich habe zwar eine Geliebte, aber du bildest dir das bloß ein, du mit deiner krankhaften Eifersucht« wirkt manchmal als schleichendes Gift in einer Familie über Jahrzehnte weiter. Wenn Menschen in solchen Lebenslagen ihre ganze Energie darauf verwenden, den Deckel auf ein Pulverfaß zu drücken aus Angst, es könnte explodieren, rächt sich das Leben früher oder später an ihnen oder an der nächsten Generation. Es ist wohl kein Zufall, daß an dieser Stelle meines Schreibens ein Telefongespräch mit einer Kollegin aus der ehemaligen DDR stattfindet:

»Weißt Du, seit die äußeren Mauern gefallen sind, stürzen auch die inneren zusammen. Ich sehe immer wieder Frauen in der Beratung, die betrogen oder vergewaltigt worden sind, aber starr vor Angst weggeblickt haben, wie das in unserer Gesellschaft zum Überleben nötig war. Wenn ich als Beraterin den Schaden bloß »reparieren« wollte, statt mit ihnen den Blick in den Abgrund zu tun und zu fragen, was sie tun können, damit sie nie mehr in eine solche Situation als Opfer geraten, würde ich neue Mauern aufrichten helfen, und alles wäre umsonst gewesen.« (Mündliche Mitteilung von Annegret Krätschell, Berlin-Pankow)

## Schuld und Unschuld in Paarbeziehungen

Es gibt in meiner Erfahrung keine gute Möglichkeit für die Weiterentwicklung von menschlichen Beziehungen, die durch ein verstecktes Spiel von Schuld und Unschuld verbogen worden sind. Wenn ein solches »Spiel« gespielt wurde, ist die Voraussetzung für Weiterkommen und für Wandlung, daß die *Machtquellen* von Verfolgern und Verfolgten aufgedeckt und die Verhältnisse zwischen ihnen neu verhandelt werden. Lösungen, die auf unerledigte Schuld aufgepfropft werden, können nicht bloß wenig taugen, sie können sogar destruktiv sein. Wenn beim einen Partner das schlechte Gewissen zum Motor von Haß wird und beim anderen die versteckte Überzeugung, daß sie oder er durch die Macht seiner Unschuld das Spiel kontrolliert, kann es lebensgefährlich werden. Eugene O'Neill stellt dieses Drama in einem Theaterstück dar[12]:

Hickey, der ungetreue Ehemann, nachdem er seine Frau Evelyn erschossen hat, zu seinen Kumpanen:
»Wenn ich von 'ner Tour zurückkam, merkte Evelyn gleich, ob ich was mit 'ner Nutte hatte. Sie gab mir einen Kuß, schaute mir in die Augen und wußte Bescheid... Ihr könnt euch gar nicht vorstellen, wieviel Kummer

ich ihr gemacht habe und was für Schuldgefühle ich deswegen hatte. Wie ich mich gehaßt habe! Wenn sie nur nicht so verdammt brav gewesen wäre! Warum konnte sie's nicht genau so machen wie ich? ... Mein Gott, ich liebte sie so sehr, aber ich fing an, die Illusionen zu hassen, die sie sich machte. Ich war kurz davor durchzudrehen, weil ich ihr nicht verzeihen konnte, daß sie mir alles verzieh.«

Im Drama zwischen Evelyn und Hickey war ihr Motiv, ihn vom Bösen zu erlösen, und seines, Evelyn zu zeigen, daß sie das nie schaffen würde. Mit ihrer unendlichen Liebe schützte Evelyn ihren ungetreuen Mann auf verrückte Weise davor, aus der Rolle des Bösewichts auszusteigen, und Hickey seine Frau davor, die Machtposition ihrer ohnmächtigen Unschuld aufzugeben. Dem gemeinsamen Mythos aus der ersten Zeit ihrer Begegnung blieben sie treu, bis er sie zerstörte. Evelyn zahlt für ihre Untreue zu sich selbst und die Verleugnung ihrer eigenen Interessen mit dem Tod. Hickeys Preis für seine Untreue zu den eigenen Sehnsüchten nach Entflechtung von Evelyn ist die lebenslange Schuld des Mörders.

## Ent-Schuldigungs-Rituale[13]

Zwei Rituale, die Paaren geholfen haben, das gefährliche Spiel von Schuld und Unschuld zu beenden, will ich zum Schluß beschreiben.

### *Das Opfer steht auf und bleibt durch seinen Zorn sich selber treu*

Ich habe das entsprechende Ritual von einer jungen Frau, Helen (32), erfahren. Sie erzählte in der ersten Stunde der Paarberatung, wie sie in abgrundtiefe Verzweiflung gestürzt sei, als Georg (35) ihr gestand, er habe sich auf einem Bürofest verliebt in eine Kollegin und mit ihr eine sexuelle Beziehung begonnen, die im geheimen schon viele Monate dauere. Nun wisse er leider nicht mehr, wohin er gehöre, und bitte seine Frau um Geduld. Helen war zur Zeit des Bürofestes mit dem Baby daheim geblieben und hatte Georg die Chance zum Feiern gegeben. Sie empfand sowohl sein Verschweigen der Affäre, aber besonders seinen »schlechten Lohn für ihre gute Tat« als unglaubliches Unrecht.

Nach einigen durchweinten Tagen und Nächten habe sie Rache

beschlossen, erzählte sie im gemeinsamen Gespräch. Ihr Zorn wurde stärker als ihre Angst. Sie rief rundum ihre Freundinnen sowie ihre Schwester an und bat sie, am folgenden Abend zu ihr nach Hause zu kommen. Sie habe etwas Wichtiges mit ihnen zu besprechen. Georg forderte sie auf, daß er an jenem Abend zu seiner Freundin gehe und mit ihr die Zukunft ihrer Beziehung bespreche. Sie wolle dasselbe für sich selber tun und brauche dazu Ruhe sowie die Unterstützung ihrer Freundinnen. Georg, überrascht, konnte nicht anders, als Helens Entschiedenheit zu respektieren. Als er schließlich gegen Mitternacht nach Hause kam, waren die Gespräche noch im Gange. Die befreundeten Frauen begegneten ihm freundlich, ohne Vorwürfe, und Helen bat ihn nun ihrerseits um Zeit für ihre Entscheidung, ob sie bleiben oder gehen wolle.

Statt an der Position des unschuldigen Opfers festzuhalten, hatte Helen ihre Freundinnen gefragt, welchen Anteil der Krise sie bei ihr vermuteten. Sie hätte sich wirklich ausschließlich dem Baby zugewendet, meinten einige und Georg im Stich gelassen, als er selber beruflich in einer unsicheren Lage war. Helen weigerte sich dennoch, die Schuld für das erlittene Unrecht allein auf sich zu nehmen. Anstelle des bisherigen Täter-Opfer-Spiels blieb sie bei ihrer Empörung, auch als sie Georgs Motive anerkennen konnte. »Ich habe seit jenem Abend Helen respektiert, wie nie zuvor«, erzählt Georg im Rückblick auf die damalige Krise. Er machte darauf den Vorschlag für eine gemeinsame Therapie. Natürlich war Helens *Verweigerung der Opferrolle* nur der Anfang der Krisenbewältigung. Fünf Jahre und viele intensive Gespräche später erzählt Georg von seinem damaligen Erstaunen und seiner Neugier auf die Wandlungen bei seiner Frau. Helen, versöhnt, aber noch im Kontakt mit ihrem damaligen Zorn, sagt im gemeinsamen Gespräch: »Ich finde noch immer, daß diese Geschichte eigentlich unnötig war. Sie hätte auch anders herauskommen können. Aber wir haben gelernt, die unangenehmen Dinge heute rascher auf den Tisch zu bringen.«

Es gibt, wie Hickey und Evelyn zeigen, keine tödlicheren Geheimnisse als die im stillen nachgetragenen Konten von Schuld und Unschuld durch Menschen, die sich einmal geliebt haben. Je diffuser und unausgesprochener sie sind, desto dramatischer wirken sie im Untergrund, rasseln als gefährliche Skelette im »Paarspeicher«. Wenn die Stimmung zwischen einer Frau und einem Mann dauernd vergiftet ist, ob sie reden oder schweigen, nehme ich an, daß solche verborgenen Konten bei beiden vorhanden sind. Fast immer haben sie mit unerledigten Geschichten in bezug auf außereheliche Liebesbeziehungen zu tun.

Der erste Schritt eines in solchen Situationen wirksamen Rituals besteht darin, daß ich beide bitte, bis zur nächsten Stunde zwei alte Geschichten ans Licht zu heben. Jeder soll in der Phantasie in den »Keller« des anderen hinabsteigen, wo die Erinnerungen an gute und böse Taten gelagert sind. Dort soll sich jeder die Geschichte zu etwas Gutem suchen, was der Partner oder die Partnerin im gemeinsamen Leben von ihm empfangen hat. Aber auch eine unerledigte böse Geschichte, die ihm vom anderen angetan wurde, soll ans Licht geholt werden. In der nächsten Stunde erzählen sich beide, was sie gefunden haben. Meine Aufgabe besteht darin, sie dabei zu halten, vom Erinnerungskeller des *anderen* zu reden und für einmal nicht in den eigenen zu steigen. Nach den bisherigen Ermutigungen durch mich, »Ich« zu sagen und von Schätzen und Skeletten im eigenen Keller zu reden, ist so ein Kurswechsel manchmal schwierig. Erstaunlich und entlastend für beide ist jeweils, wie genau sie das Eingemachte ihrer Liebe, aber auch die Skelette des Liebesverrats im Keller des anderen kennen, und wie sehr sie gerade wegen der heimlichen Schuldkonten miteinander verstrickt blieben.

Das gemeinsame Erzählen in entspanntem Rahmen, bei dem es nicht um Wahrheit, sondern um neue Beschreibungen des Geschehenen wie auch des Zukünftigen geht, ist eine gute Möglichkeit, das schmerzliche Erlebnis der Untreue nun einzubetten in das gemeinsame Leben. Dabei geschieht es oft ganz selbstverständlich, daß der oder die Dritte aus der Rolle des Bösewichts herauskommt und daß mit dem Abschied Dankbarkeit verbunden wird für das, was durch diese Liebe in die Paarbeziehung eingeflossen ist. Wichtig ist mir als Begleiterin des Paares, daß sie ihre Entschuldigung aneinander oder die Drittperson so formulieren, daß sich diese auf ihr Verhalten, nicht auf ihre Liebesgefühle bezieht. Eine Botschaft an den »Ungetreuen« heißt dann vielleicht: »Für die Liebe zu einem anderen Menschen brauchen Sie sich nicht zu entschuldigen. Bloß für Ihr Verhalten gegenüber Ihrem Mann/Ihrer Frau und gegenüber Ihrer/Ihrem Geliebten tragen Sie Verantwortung.«

# *Epilog*

> Denn die Liebe ist nichts ohne Pflicht, ohne Opfermut, ohne frühere Bindung ans Dasein. Sie ist nichts ohne Beruf, ohne gemeinsame Sicht der Dinge, die öffnet und birgt. Sie ist immer nur des geliebten Lebens kleinere Schwester.
>
> Botho Strauß (S. 129, Über Liebe)

Dies solle kein Rezeptbuch werden, habe ich am Anfang versprochen, und auch nicht eines über zu wenig oder zu viel Gefühl zwischen Frauen und Männern. Also will ich es auch so halten. Ich fasse dafür zusammen, was mir die Paare in meiner Studie über ihre damalige Krise und ihre seitherigen Entwicklungen erzählt haben.

*Meine Hauptfrage war:*

*Wie gelingt es Paaren, die lange Weile von Verbindlichkeit mit der Kurzweil von Lebensfreude und Leidenschaft immer wieder neu zu beleben? Was erleichtert den Balanceakt der Geschlechter zwischen den Polen von Bindung und Autonomie? Und was macht dieses ständige Balancieren bei allem guten Willen so schwierig in der Welt moderner Paare – mit ihren unterschiedlichen Bildern von Weiblichkeit und Männlichkeit, den unterschiedlichen Erfahrungen ihrer Herkunft, ihrer Arbeit und der fast immer asymmetrischen Verteilung der Privilegien und Pflichten zwischen Frau und Mann?*

Unter dem Firnis neuer Offenheit und Vielfalt leben die konservativen Bilder des »goldenen Zeitalters der Familie« aus der Jahrhundertmitte unbemerkt weiter. Das wurde mir bei jedem Paar in Krise deutlich, auch dort, wo eine offene Zweierbeziehung gelebt wurde. Die Sehnsucht der meisten Männer nach bedingungsloser Geborgenheit bei einer Frau (und gemeinsamen Kindern) sowie die gleichzeitige Hoffnung von Frauen, durch den Partner Identität und Anerkennung zu finden, welche ihnen bei sich selber wie auch in der Arbeitswelt nicht ohne weiteres zur Verfügung stehen, ergänzten sich bei den meisten Paaren anfänglich aufs schönste. Das war besonders so, nachdem Kinder kamen und die Zweierbeziehung sich auflöste in der Familie. Im Treibhaus von Gemütlichkeit und Wohlfahrt merkten beide oft erst gegen die Lebensmitte, daß sie in eine Arbeits- und Rollenteilung geraten waren, welche sie ursprünglich gar nicht gewollt hatten. Die ungleiche Verteilung ihrer Aufgaben und ihrer Ressourcen erlaubte mit der Zeit Mann und Frau nur noch ein halbes Leben: ihm jenes in der Welt draußen, die Arbeit, die Vernunft, die Unrast und, wenn es gutging, die materielle und berufliche Anerkennung. Ihr die Welt drinnen, die Kinder, die Häuslichkeit und Beziehungspflege sowie, wenn es gutging, freundliche Anerkennung dafür sowie einen Fuß in der Außenwelt. Aber das alles sei nur *ein* Aspekt der Schwierigkeiten mit ihrem »Balanceakt« gewesen, erzählten mir die Frauen und Männer in meiner Studie. Unter dem Einfluß des gesellschaftlichen Individualisierungsprozesses der letzten Jahrzehnte in Verbindung mit der neuen Liebesromantik sei ihr Anspruch an emotionale Intimität in der Paarbeziehung unendlich gestiegen, berichteten vor allem die »Aufgeklärten« unter ihnen. Mit fast religiösem Eifer muß dieser Anspruch, zumindest in der Theorie, erfüllt werden durch einen fortwährenden Austausch der innersten Gefühle von Frau und Mann, auf daß ihre Beziehung zum ersehnten Hafen in einer unsicheren Welt werde. Die Liebe wird damit zum Leben selber und ist nicht mehr seine »kleinere Schwester«, wie es im Eingangszitat heißt. Dieser Zwang zur absoluten Offenheit und Echtheit, die »Tyrannei der Intimität«, macht den Balanceakt zwischen frагloser Verbindlichkeit und täglich neu zu veranstaltender Beglückung für die erzählenden Paare ungeheuer anstrengend. Die Schwierigkeit ist offenbar, daß das fraglose »Bindungsmodell« nicht etwa abgelöst worden ist vom »Beziehungsmodell auf Zeit«. Beide Formen wollen von den meisten Befragten unter einen Hut gebracht werden. Das ist es, was moderne Liebe so spannend und gleichzeitig so spannungsvoll macht...

Die erzählenden Paare gerieten also nicht etwa in Krise, weil sie so wenig von Ehe und Familie halten. Sie kamen vielmehr in Schwierigkeiten, weil sie so unendlich hohe Ansprüche an die Liebe von Frau und Mann stellten als Ersatz für alles, was ihnen sonst fehlt, daß sie damit »den Paarschlitten hoffnungslos überladen haben«, wie ein Mann es ausdrückt. Um die Lebensmitte erhielten viele in der Konstellation der »Familienehe« dann die Quittung für dieses Überladen des Schlittens, häufig in Form von verlorener Leidenschaft und Lebensfreude.

Waren die progressiven Paare, welche Liebe, Kinder und Arbeit von Anfang an auf beide Schultern verteilt hatten, besser dran? Fußangeln für den Balanceakt zwischen den Polen von Wurzeln und Flügeln, Verbindlichkeit und Leidenschaft, gab es auch für sie. Ihr »Paarschlitten« wurde besonders in der Phase mit Kleinkindern fast immer auf Kosten der Frauen überladen, welche neben ihrer Berufstätigkeit die Verantwortung für die Familienarbeit behielten. Den Paaren in den progressiven Lebensformen allerdings, welche dieses Problem zeitig erkannten und gemeinsam immer wieder nach Lösungen suchten, blieben dafür die großen Krisen des »Erwachens« in der Lebensmitte weitgehend erspart.

*Positive Entwicklungen nach der Krise*

Für die befragten *Frauen* wurde das Bewußtsein, daß sie von nun an mit aller Kraft einen *Raum für sich allein* beanspruchen wollten, im konkreten wie im bildlichen Sinn, zur wichtigsten Quelle ihrer Entwicklung. Das heißt, daß jene, welche die Paarkrise auch als Aufforderung zu persönlichem Wandel erkannten, sich vermehrt vom eigenen Raum aus auf andere beziehen lernten, als geistig und emotional eigenständige Individuen. Daß sie also aufhörten, sich vorwiegend über den männlichen Blick auf sich selber zu definieren, abwechslungsweise als versorgende Mutter oder bewundernde Tochter, wie die meisten das von ihren Müttern gelernt hatten. Konkret hieß das zum Beispiel in den Worten einer Frau um vierzig: »Ich habe die Antennen zu mir selber einziehen und mich fragen gelernt, was *ich* mag und nicht mag. Das bedeutet nicht, daß ich meine Lust an Zärtlichkeit und mein Talent, meine Nächsten zu erspüren, deshalb verleugne. Bloß entscheide nun ich selber von Mal zu Mal, ob ich leidenschaftlich begehren, mütterlich nähren oder in meinem eigenen Raum bleiben will.«

Einen Raum für sich selber beanspruchen bedeutet für viele, aber nicht für alle erzählenden Frauen, daß sie sich endlich mit Interesse und einer Energie ihrem Beruf zuwandten, die sie vor der Krise nicht für möglich gehalten hätten. Es konnte aber auch bedeuten, daß sie mit dem, was sie vielleicht bisher mit der linken

Hand und ohne Anerkennung betrieben hatten, mit ihrer Kunst, ihrem politischen oder sozialen Engagement zum Beispiel, endlich an die Öffentlichkeit traten und dafür Anerkennung forderten, auch Anerkennung materieller Art. Besonders eindrücklich waren für mich die Geschichten der Frauen nach der Lebensmitte, welche alles dumme Gerede über die »Midlife-Krise und danach« Lüge strafen, indem sie ihre Flügel zu Höhenflügen nutzten, von denen sie in der Familienphase nicht zu träumen gewagt hätten.

Bei den positiven Entwicklungen der *Männer* in meiner Untersuchung fiel mir auf, daß vielen von ihnen die Krise ihrer Partnerschaft ermöglicht hat, endlich zu sich selber zu kommen, indem sie ihre Abhängigkeitsbedürfnisse anerkennen und in Worte fassen lernten. Gerade durch die Erschütterungen in der Paar- und Familienwelt, welche sie bisher zur Versorgung ihres hungrigen Egos benutzt hatten, merkten viele, wie sehr sie ihre eigene Sensibilität und Beziehungsfähigkeit den traditionellen Rollenzwängen geopfert hatten. Einige Männer nahmen wieder Kontakt auf mit dem zärtlich-sensiblen Buben, der sie in ihrer Kindheit gewesen waren – dem kleinen Felix zum Beispiel, den ich in Kapitel 11 beschrieben habe –, und besonders mit ihren Vätern, die sie oft kaum kannten. Neu an solchen männlichen Entwicklungen war, daß sie ihre Sehnsucht nach Intimität nicht mehr als »Söhne« an mütterlich-bergende Frauen delegierten oder mit rastloser Arbeit und Flucht vor sich selber zudeckten. Eigentlich jeder Mann erzählte mir in irgendeiner Form, daß er durch die Paarkrise in einen Dialog mit sich selber, seinen Gefühlen und Bedürfnissen eingestiegen sei, wie er ihn sich seit der Zeit als »verträumter Bub« nicht mehr gestattet habe. Und daß bei ihm dadurch Möglichkeiten der emotionalen Öffnung zur Partnerin, zu den Kindern und zu anderen Menschen entstanden seien, die er nie mehr mit der »Teflonschicht« seiner Erziehung zudecken wolle. Bei den Männern, die von solchen persönlichen Veränderungen erzählten, war damit auffallend häufig auch eine *Neuorientierung im Beruf* verbunden. In den Paarporträts dieses Buches finden sich dafür einige eindrückliche Beispiele, nicht nur bei den Freischaffenden. Im besten Fall waren jedoch nicht allein die Männer zu einer Neudefinition ihrer Berufsrolle bereit, sondern ihre Frauen unterstützten sie dabei, sowohl durch den Verzicht auf einseitige materielle Versorgung als auch durch ihren eigenen Beitrag. Der Haken bei solcher

Neubalancierung der Ernährerrollen zeigte sich allerdings bei vielen Paaren in der nach wie vor unterschiedlichen Entlöhnung von Frauen- und Männerarbeit.

Für die *Paare* in meiner Studie war die wichtigste Grundlage einer gemeinsamen Entwicklung, daß sie erkannten, *wie ähnlich sie sich als Frau und Mann sind* in ihrer Sehnsucht nach Abhängigkeit und Verwurzelung im gemeinsamen Boden sowie in der gleichzeitigen Lust auf die Flügel innerer und äußerer Autonomie. Gerade weil Frauen und Männer nach wie vor in weitgehend getrennten Welten mit unterschiedlichen Sprachen und Leitbildern leben, war den befragten Paaren die Erkenntnis dieser *gemeinsamen* Sehnsüchte so wichtig. Dort, wo ihre Wieder-Verwurzelung im gemeinsamen Boden möglich wurde, hatten beide, Mann und Frau, endlich auch allein »fliegen« gelernt. Mir ist deutlich geworden, daß dieser zweite Teil ihres Balanceakts, das emotionale Erwachsenwerden, die wichtigste Voraussetzung dafür ist, daß Liebende einander bis ins Alter immer wieder lustvoll und neu-gierig begegnen. Das klingt einfacher, als es im Leben ist. Im Alltag der Paartherapie bin ich immer wieder erschüttert über den abgrundtiefen Schmerz und die unglaubliche Wut bei Frauen und Männern, die mit solchen Entflechtungsprozessen verbunden sind. Denn ihre Entwicklungen erfolgen selten im Gleichschritt, sondern fast immer zeitverschoben, und das entstehende Ungleichgewicht löst notwendigerweise Angst und Schrecken aus. Der daraus resultierende Entflechtungsprozeß, der immer auch ein Stück Anerkennung der Fremdheit von Frau und Mann bedeutet, ist paradoxerweise *die* Voraussetzung zu Intimität. Intimität heißt in des Wortes tiefstem Sinn: Erkennen seiner selbst sowie Erkennen des Gegenübers als »nicht-Ich«.

Ein Konflikt, von dem alle Paare in irgendeiner Weise erzählt haben, ergibt sich daraus, daß in unserer Kultur die Gestaltung von Intimität so lange ausschließlich Frauensache war. Als Folge der immer noch vorherrschenden Asymmetrie zwischen der Männer- und Frauenwelt, verbunden mit der Geringschätzung von »Weiblichkeit«, hat kaum ein Mann auf selbstverständliche Weise gelernt, wie er Intimität gestalten kann. In einer Zeit, da mehr und mehr Frauen sich von der Idee trennen, daß Beziehungsarbeit ausschließlich ihre Sache sei, wird die Hilflosigkeit und Wut darüber bei vielen Männern spürbar. Die einen drohen ihren Partnerinnen mit den alten Mitteln – Moral, Geld- oder Liebesentzug –, die anderen schlagen zu oder rennen zur nächsten Frau, die vorerst wieder fraglos die Beziehungsarbeit leistet. Aber es gibt auch die zahlreichen Männer in meiner Befragung, die mir erzählt haben, wie sie ihre Verzweiflung über den Wandel ihrer Frauen mit Geduld und langem Atem verstehen lernten. Und wie sie schließlich erkannten, was für positive Möglichkeiten ihnen selber daraus erwuchsen, daß sie auf sich zurückgeworfen wurden und ihren Lebensentwurf neu entwickeln konnten. Die *Frauen*, die ihren eigenen Raum beanspruchten, haben das anfänglich oft aggressiv oder defensiv getan aus der Erfahrung, daß dieser Raum ihnen ein Leben lang nicht selbstverständlich zur Verfügung stand. Damit verstärkten sie tatsächlich die Angst und Wut bei ihren Männern. Dort, wo diese Männer eine Entwicklung machten und dabei ihre eigenen emotionalen Nährböden entdeckten – und wo die Frauen ihnen durch die Krisen hindurch verbunden blieben –, wandelte sich der Geschlechterkampf um Intimität und Autonomie im besten Fall zu einem Dialog. Im gemeinsamen Gespräch – so erzählte mir ein Paar –, lernten beide sich in einer Weise »in die Augen schauen« wie sie das in den ersten Zeiten der gegenseitigen Verklammerung nicht für möglich gehalten hätten.

Manchmal war für eine solche Entflechtung auch eine *zeitlich begrenzte äußere Trennung* nötig, bei der beide Partner ein Stück Entwicklung nachholten, die vielleicht in einer früheren Lebensphase verpaßt worden war. Den Frauen und Männern, die in der gemeinsam vereinbarten Trennungszeit tatsächlich »bei sich« blieben und nicht sofort das alte Spiel mit neuer Besetzung weiterführten, erwuchsen daraus gute Chancen für eine gemeinsame Weiterentwicklung, wie einige Paarporträts sie illustrieren. Allerdings sind leider solche »Trennungen auf Zeit« vorwiegend Lösungsmöglichkeiten von materiell Privilegierten.

Damit ein Paar den alltäglichen Kampf darum, wer mehr nehmen darf und wer mehr geben muß, hinter sich lassen kann, braucht es über die Erkenntnis ihrer gemeinsamen Sehnsüchte hinaus offensichtlich auch, daß die beiden ihre Arbeitsteilung in Beruf *und* Familie immer wieder neu verhandeln und organisieren. Es muß nicht unbedingt eine 50 : 50-Lösung sein, erzählten sie mir, aber das Arrangement soll verhandelbar sein und der jeweiligen Situation von Frau und Mann flexibel angepaßt werden, ganz besonders dort, wo beide zum Lebensunterhalt der Familie beitragen (müssen). Die hergebrachten »Geschlechterstrategien«, mit welchen Frauen zur Schonung ihrer Männer jahrelang die Augen verschließen vor der ungerechten Verteilung der Berufs- und Familienarbeit und die Männer geflissentlich wegschauen, wirkten sich bei vielen Paaren in Form von Dauergroll bei den Frauen und Schuldgefühlen bei den Männern destruktiv auf beide aus.

Langfristig scheint bei den befragten Paaren die Annäherung an einen *Rollentausch*, bei welchem die Frauen nach der Lebensmitte mehr Autonomie und die Männer mehr Bezogenheit entwickeln, die beste Basis für ein erfülltes gemeinsames Älterwerden zu sein. Das Beispiel von Theres und Paul in Kapitel 8, die nach heftigen Krisen in der Lebensmitte ihre Rollen neu definiert und eine Lebendigkeit gefunden haben, wie sie sie damals vermißten, ist tröstlich und ermutigend.

Was hat Paaren persönlich auf ihrem Weg aus der Krise geholfen? Es sind drei Dinge, die mir von den Befragten als hilfreich beschrieben wurden:

1. Der Rückgriff auf die *ursprünglichen Bilder voneinander*, die ich als »Paarmythos« aus der wunderbaren Zeit der ersten Liebe und als Anlaß für Veränderung und Entwicklung beschrieben habe.

2. Der Blick in den »Keller« ihrer *gemeinsamen Geschichte* als Paar, wo das Eingemachte ihrer Liebe neben den alten Skeletten von Schuld und unabgeschlossenen Geschichten lagert – als gute Möglichkeit, die Skelette nochmals zu betrachten und dann respektvoll zu begraben und die alten Geschichten so zu erzählen, daß sie Stoff für neue Lebenskapitel ergeben.

3. Der Rückgriff auf die Schätze an Lebenserfahrung und Zugehörigkeit in den Geschichten der eigenen Herkunftsfamilie sowie die Auseinandersetzung mit den unerfüllbaren elterlichen Aufträgen und den Enttäuschungen aus ihren Lebensgeschichten. Daraus ergab sich für Männer und Frauen manchmal die Möglichkeit einer *»zweiten Ablösung«* von den Eltern wie auch von Erwartungen, die längst nicht mehr zu ihnen paßten.

Es gibt keinen allgemeingültigen Weg, diese universellen Themen jedes Paares in Krise anzupacken; das wurde mir bei jeder einzelnen Geschichte deutlich. Aber es gibt unendlich viele gute

Möglichkeiten für jedes einzelne, immer wieder die eigene Brille zu putzen und aus unterschiedlichen Perspektiven das zu beschreiben, was Frau oder Mann bedrückt und wonach sie sich sehnen. Nicht bloß die berühmten »zwei Beschreibungsarten« sind dafür nötig, also zum Beispiel die Erkenntnis, daß wir selber wählen, ob wir das Glas der Beziehung als halb voll oder halb leer beschreiben. Ich meine, daß gerade in Krisenzeiten eine Vielfalt von Beschreibungen und Geschichten für beide Partner neue Möglichkeiten eröffnet, zur Tages- und Nachtzeit, mit Worten, mit Taten wie auch mit zärtlichen Berührungen. Was Mann und Frau einander nicht erklären und voneinander auch nicht verstehen können, sollten sie einander erzählen ...

Jene Paare, denen eine gemeinsame Entwicklung oder schließlich eine respektvolle Entflechtung gelungen ist, haben einander erzählen und zuhören gelernt, indem beide dafür abwechslungsweise die Verantwortung übernahmen. Meine Lieblingsmethapher von Liebenden als »Gastgeber(in) und Gast«, die sich abwechslungsweise in ihren eigenen Raum einladen, als Erzählende und als Zuhörende, scheint für einige Paare hilfreich gewesen zu sein für das Redigieren ihrer gemeinsamen und ihrer persönlichen Biographie. Fast alle Frauen und Männer in meiner Untersuchung haben übrigens ihre persönliche Entwicklung mit einem »Besuch« bei ihren Eltern oder in deren Geschichte verbunden, selbst wenn diese längst gestorben waren. Einige erzählen, daß sie dadurch selbst in schmerzvollen Familiengeschichten endlich ein Stück Zugehörigkeit gefunden haben, nachdem sie diese Geschichten durchleuchtet und zu ihren eigenen gemacht hatten.

## Ausblick

Als ich 1990 die Entwicklungen von Paaren nach der Therapie zu erfragen und aufzuschreiben begann, geschah das in einer Zeit europäischer Euphorie verbunden mit dem Glauben aus den Jahren des Wohlstands, daß bei gutem Willen eigentlich »alles möglich sei«, ökonomisch und politisch, und ganz besonders im zwischenmenschlichen Bereich. Inzwischen ist es 1992 geworden, Europa zersplittert sich mit Gewalt und drängt gleichzeitig auf Vereinigung, ein Widerspruch, der vielen Menschen Angst macht vor dem Verlust ihrer Identität. Es ist der Stoff, aus dem die meisten beschriebenen Paarkonflikte gemacht sind.

Die wirtschaftliche Rezession ist inzwischen kaum mehr zu übersehen, und die Furcht vor den Benachteiligten, mit denen wir unseren Wohlstand teilen müßten, beunruhigt bis hinein in den privaten Alltag. Die Frage, ob wir als eine Gesellschaft von »Wir-losen-Ichs« überhaupt eine Zukunft haben, wird drängender. Bei zahlreichen Männern, die in den letzten Jahrzehnten nach oben gelangt sind, ist die versteckte Angst vor dem Fallen, von der sie mir bei der Befragung erzählten, inzwischen Wirklichkeit geworden. Lebenslügen platzen täglich, in der Arbeit wie in Paarbeziehungen und Familien, die sich nicht mehr durch Wohlstand betäuben lassen. Die alte männliche Art des »Nicht-Hinschauens« zugunsten von verbissenem Kampf, mitsamt den zugehörigen Formen von Flucht und Sucht, hat sich für viele von ihnen schlecht gelohnt. Auch Frauen zahlen den Preis dafür, daß sie den Glauben an das immerwährende Wachstum mitproduzieren helfen, sowohl in der Arbeitswelt als auch in der Familie.

Das Thema *Auseinandersetzung oder Flucht* scheint aktueller denn in den fetten Jahren, auch in der privaten Welt von Paaren. Ich beobachte bei vielen, die in die Beratung kommen, nicht nur Existenzangst, sondern auch neue Energien auf der Suche nach gangbaren gemeinsamen Wegen. Die Frage, wer den Preis für Flucht oder radikalen Beziehungsabbruch bezahlt – die Kinder zum Beispiel –, darf wieder gestellt werden. Ich denke nicht, daß aus solchen Entwicklungen schon bald weniger Scheidungen resultieren. Dafür sind die soziale Revolution im Verhältnis der Geschlechter und die Auseinandersetzung mit dem gesellschaftlichen Individualisierungsprozeß zu unfertig. Aber ich beobachte, daß wieder mehr Frauen und Männer bereit sind als vor einigen Jahren, ihre Beziehung respektvoll zu entflechten statt sie zu zerreißen, sei es nun unter demselben Dach oder unter getrennten Dächern.

Mir scheint, daß es für Frauen und Männer gegen Ende des zwanzigsten Jahrhunderts grundsätzlich zwei Möglichkeiten gäbe, mit dem persönlichen und gesellschaftlichen »Erwachen« umzugehen: eine konstruktive und eine destruktive. Die zweite Variante würde bedeuten, daß wir die alten Verhältnisse zementieren, wie das in Zeiten kritischer Übergänge immer wieder geschieht. Das hieße, die Frauen an den Herd oder hinter die Kulissen der Arbeitswelt zurückzuschicken und die Männer herauszufordern, nun erst recht auf die Zähne zu beißen, noch mehr zu rennen und zu produzieren und sich wieder als graue Mäuse unterzuordnen. Damit würde die schiefe Verteilung der Ressourcen und der Fähigkeiten zwischen Frauen und Männern verstärkt – mit allen invalidisierenden Wirkungen für ihr privates und ihr öffentliches Zusammenleben durch die erneute Trennung ihrer Welten in zwei Hälften.

Beim zweiten Szenario würden wir die Lernerfahrungen, welche den erzählenden Frauen und Männern bei der Bewältigung ihrer Krisen geholfen haben, auf den Umgang mit der neuen gesellschaftlichen Situation übersetzen lernen: zum Beispiel die Erkenntnis, daß wir grundsätzlich die gleichen Sehnsüchte haben, jedoch unterschiedliche Lernerfahrungen und unterschiedliche Fähigkeiten, miteinander zu kooperieren und Probleme zu lösen. Wenn solche Unterschiede vermehrt genutzt würden, sowohl in der Arbeitswelt als auch im privaten Leben – wenn also Frauen und Männer sich im konkreten Sinne des Wortes in *beiden Welten einnisten* würden –, hätte ich keine Sorge, daß wir gemeinsam etwas Gutes aus den inneren und äußeren Krisen machen könnten.

Ich danke

*Rudolf Welter* für seine liebevolle, anregende Begleitung meines Lernprozesses mit diesem Buch und im Leben,

*Bruno Hildenbrand* und *Barbara Welter*, die Seite um Seite des entstehenden Manuskripts gelesen und aus ihrer Perspektive als Soziologe und als Historikerin kommentiert und ergänzt haben,

*Kathrin Meyer-Waldherr* und *Marguerite Jetzer*, deren sprachliche und nährende Fähigkeiten mich wunderbar über die Runden brachten,

*Evan Imber-Black* für die vielen Gespräche »über den Atlantik«, die mir die Augen geöffnet haben für die Bedeutung von Familienritualen und Familiengeheimnissen,

*Helmut Ockel* für seine freundschaftliche Unterstützung und seinen Kommentar aus psychoanalytischer Sicht,

*Stefan Welter*, der mich geduldig aus den Tiefen zahlreicher PC-»Abstürze« herausgeholt hat.

Meilen, Juni 1992

# *Anmerkungen*

## Zu Kapitel 1

1 Erikson, E. H.: Identität. Jugend und Krise. New York 1968
2 Strauß, Botho: Über Liebe, Geschichten und Bruchstücke. Stuttgart 1989, S. 15

## Zu Kapitel 2

1 Beck, Ulrich und Elisabeth Beck-Gernsheim: Das ganz normale Chaos der Liebe. Frankfurt am Main 1990
2 Brose, Hanns-Georg und Bruno Hildenbrand: Vom Ende des Individuums zur Individualität ohne Ende. Opladen 1988 sowie Lüscher, Kurt, et. al.: Die postmoderne Familie. Konstanz 1988
3 Kind und Beruf. Deutsches Jugendinstitut. München 1988
4 Herrmann, Gabrielle: Zeitalter der Selbstbeobachtung. In: züri-tip, Wochenbeilage, Tages-Anzeiger Zürich, 21. 7. 1989
5 Salinger, J. D.: Der Fänger im Roggen. Köln 1982
6 Elias, Norbert: Über den Prozeß der Zivilisation. Bern, München 1969
7 von Roten, Iris: Frauen im Laufgitter. Zürich 1991 (Nachdruck)
8 Hochschild, Arlie R. und Anne Machung: Der 48 Stundentag. Wien, Darmstadt 1990
9 Berger, Peter L. und Hansfried Kellner: Die Ehe und die Konstruktion der Wirklichkeit. In: Zs. Soziale Welt 16, Eine Abhandlung zur Mikrosoziologie des Wissens, 1965, S. 220–235
10 Hare-Mustin, Rachel T. und Jeanne Marecek: Making a Difference, Psychology and the Construction of Gender. New Haven 1990
11 Schenk, Herrad: Freie Liebe – Wilde Ehe. Über die allmähliche Auflösung der Ehe durch die Liebe. München 1987
12 Krähenbühl, Verena, Hans Jellouschek, Margret Kohaus-Jellouschek und Roland Weber: Stieffamilien – Struktur, Entwicklung, Therapie. Freiburg i. Br. 1986
13 Burkart, Günter und Martin Kohli: Liebe, Ehe, Elternschaft. München 1992
14 Lorenzer, Alfred: Intimität im Zeitalter der instrumentalen Vernunft. In: Buchholz, M. B. (Hrsg.): Intimität. Über die Veränderung des Privaten. Basel, Weinheim 1989
15 Jellouschek, Hans: Lebens- und Liebesformen im Wandel. Unveröffentl. Manuskript

## Weiterführende Literatur zu Kapitel 2

Bichsel, Peter: Aus Geschichten lernen. In: Irgendwo anderswo. Frankfurt a. M. 1987

Bischof, Norbert: Das Rätsel Ödipus. Die biologischen Wurzeln von Intimität und Autonomie. München 1985

Rücker-Embden-Jonasch, Ingeborg und Andrea Ebbecke-Nohlen (Hrsg.): Balanceakte. Heidelberg 1992

Gilligan, Carol: Die andere Stimme – Lebenskonflikte und Moral der Frau. München 1984

Chodorow, Nancy: Das Erbe der Mütter. Stuttgart 1985

Ungerer, Tomy: Kein Kuß für Mutter. Zürich 1979

De Beauvoir, Simone: Das Zweite Geschlecht. Hamburg 1951

Fausto-Sterling, Anne: Gefangene des Geschlechts? München 1988

Trömel-Plötz, Senta: Gewalt durch Sprache. Frankfurt 1984

Welter-Enderlin, Rosmarie: Der Mensch ist seines Glückes Schmied. In: Frauenleben heute. Weinheim, Basel 1990

Welter-Enderlin, Rosmarie: Tragödie oder Chance zum Neuanfang? In: Krabbe, H. (Hrsg.): Scheidung ohne Richter. Neue Lösungen für Trennungskonflikte, Hamburg 1991

## Zu Kapitel 3

1 Schapp, Wilhelm: In Geschichten verstrickt. Würzburg 1976
2 Jellouschek, Hans: Männer und Frauen auf dem Weg zu neuen Beziehungsformen. In: Pflüger, P. M. (Hrsg.): Der Mann im Umbruch. Patriarchat am Ende? Olten und Freiburg i. Br. 1989, S. 174–189. Siehe auch ausführlich in: Jellouschek, Hans: Die Kunst, als Paar zu leben. Zürich 1992
3 Brecht, Bertolt: Gesammelte Werke 20. Frankfurt a. M., S. 169
4 Reich, Günter: Partnerwahl. Heidelberg 1988

## Weiterführende Literatur zu Kapitel 3

Welter-Enderlin, Rosmarie: Familiengeschichten als Geschichte der Familie und im Beratungsprozeß. In: Lohse, T. (Hrsg.): Vom Heilen in Familien. Bremen 1992

## Zu Kapitel 4

1 Neue Zürcher Zeitung, 86/1989
2 Strauß, Botho: Über Liebe. Op. cit., S. 19
3 Ebd., S. 117
4 Kafka, Franz: Sämtliche Erzählungen. Hrsg. von Paul Raabe, Frankfurt a. M. 1970

## Zu Kapitel 5


1 Rerrich, Maria S.: Balanceakt Familie. Zwischen alten Leitbildern und neuen Lebensformen. Freiburg 1988
2 Badinter, Elisabeth: Die Mutterliebe. Geschichte eines Gefühls vom 17. Jahrhundert bis heute. München 1988
3 Combrinck-Graham, Lee und David Kerns: Intimacy in Families with Young Children. In: Kantor D. und B. F. Okun: Intimate Environments. London–New York 1989
4 Sichtermann, Barbara: Vorsicht Kind. Eine Arbeitsplatzbeschreibung für Mütter, Väter und andere. Berlin 1989, S. 71 (Zitat Hedi Wyss)
5 Farrell, William: Why Men are the Way they are. New York 1986
6 Cottin Pogrebin, Letty: The Teflon Father. Ms. Magazine, 9/10, page 95
7 Lukesch, Barbara: Nur mehr eine halbe Portion. Die ernüchternde Erfahrung eines Mannes mit einem 60%-Job. Weltwoche Zürich, 37/1991
8 Wolf, Christa: Nachdenken über Christa T., Frankfurt 1971


## Weiterführende Literatur zu Kapitel 5


Laub, Dagmar-Tatjana: Aspekte des Mutter-Seins. In: Zs. System Familie, 1/1992

Lorenzer, Alfred: Der Weg in die moderne Intimität im Zeitalter der instrumentellen Vernunft. In: Buchholz, M. B. (Hrsg.): Intimität. Über die Veränderung des Privaten. Weinheim 1989


## Zu Kapitel 6


1 Burkart, Günter und Martin Kohli: Liebe, Ehe, Elternschaft. Op. cit., Kap. 2
2 Härtling, Peter: Nachgetragene Liebe. Darmstadt 1980
3 Weber, Gunthard und Helm Stierlin: In Liebe entzweit. Hamburg 1989


## Weiterführende Literatur zu Kapitel 6


Hildenbrand, Bruno: Geschichtenerzählen als Prozeß der Wirklichkeitskonstruktion. In: Zs. System Familie, 3/4/1990, S. 227–237

Welter-Enderlin, Rosmarie: Skelette im Keller und Schätze auf dem Dachboden. Ebd., S. 196–206

Wolf, Christa: Kindheitsmuster. Darmstadt 1979

## Zu Kapitel 7


1 Burkart, Günter und Martin Kohli: Liebe, Ehe, Elternschaft. Op. cit., S. 220

2 Berger, Peter L. und Thomas Luckmann: Die gesellschaftliche Konstruktion der Wirklichkeit. Frankfurt a. M. 1987, S. 144

3 Ebd., S. 168

4 Ehrenreich, Barbara: Fear of Falling. The Inner Life of the Middle Class. New York 1989

5 Weber-Kellermann, Ingeborg: Dienen lerne beizeiten das Weib. In: Zs. System Familie, 3/4/1990, S. 206–227

6 Honegger, Claudia und Bettina Heintz (Hrsg.): Listen der Ohnmacht. Zur Sozialgeschichte weiblicher Widerstandsformen. Frankfurt a. M. 1981

7 Carter, Elizabeth and Monica McGoldrick: The Changing Family Life Cycle – A Framework for Family Therapy. New York 1988, Kap. 1 und S. 262

8 Berger, Peter L. und Thomas Luckmann: Op. cit., S. 171 ff.

9 Halper, Janice: Stille Verzweiflung. Die andere Seite des erfolgreichen Mannes. München 1989

10 Sennett, Richard: Autorität. Frankfurt a. M. 1990, S. 113 (Zitat von Michel Foucault)


## Zu Kapitel 8


1 Strauß, Botho: Über Liebe. Op. cit. 1989, S. 131


## Weiterführende Literatur zu Kapitel 8


Willi, Jürg: Was hält Paare zusammen? Hamburg 1991


## Zu Kapitel 9


1 Borkowsky, Anna, Elisabeth Kaestli, Katharina Ley und Ursula Streckeisen: Zwei Welten – ein Leben. Berichte und Anregungen für Frauen zwischen Familie und Beruf. Zürich 1985

2 Hochschild, Arlie und Anne Machung: Der 48 Stundentag. Wien, Darmstadt 1990

3 Ross, Catherine E., John Mirowsky and Joan Huber: Dividing Work. Sharing Work and In-Between. In: American Social Review 1983/48, S. 809–823

4 Ebd.

5 In der Schweiz habe ich Kontakt mit zwei konkreten Projekten dieser Art. Das eine, »Taten statt Worte« (gegründet von Elisabeth Michel-

Alder) ist ein Zusammenschluß fortschrittlicher Unternehmungen und Organisationen, die frauen- und mütterfreundliche Arbeitsmöglichkeiten ausprobieren und ihre Erfahrungen damit austauschen. Das andere, der SV-Service in Zürich, ein Unternehmen auf dem Gebiet der Personalverpflegung mit 4000 Angestellten, beschäftigt bis hinauf in die Geschäftsleitung 80% Frauen. Zur geplanten künftigen Entwicklung des Unternehmens gehören vielfältige Arbeitszeitmodelle, welche Frauen (und Männer!), wenn sie Kinder haben oder wenn sie alte oder kranke Familienangehörige pflegen, Zeit dafür einräumen, ohne sie deswegen in ihrer Laufbahn zu benachteiligen.

## Zu Kapitel 10


1 Kohut, Heinz: Narzißmus. Eine Theorie der psychoanalytischen Behandlung narzißtischer Persönlichkeitsstörungen. Frankfurt a. M. 1976
2 Sennett, Richard: Verfall und Ende des öffentlichen Lebens. Die Tyrannei der Intimität. Frankfurt a. M. 1986, S. 408
3 Miller, Alice: Das Drama des begabten Kindes. Frankfurt a. M. 1980
4 Sennett, Richard: Intimität. Op. cit.
5 Ebd., S. 412
6 Ebd., S. 335
7 Ebd., S. 411
8 Ebd., S. 283
9 Ebd., S. 428


## Zu Kapitel 11


1 von Matt, Peter: Liebesverrat. München, Wien 1989, S. 73
2 Scarf, Maggy, in: Intimate Environments. New York 1989, S. 218 (Übersetzung durch Autorin)
3 Sichtermann, Barbara, in: Burkart, Günter und Martin Kohli, München 1992, op. cit., S. 106
4 Schenk, Herrad: Die Befreiung des weiblichen Begehrens. München 1991
5 Bischof, Norbert: Der biologische Sinn der Zweigeschlechtlichkeit. In: Sullerot, Evelyne und Odette Thibault (Hrsg.): Die Wirklichkeit der Frau. München 1979
6 Berger, Peter L. und Thomas Luckmann: Die gesellschaftliche Konstruktion von Wirklichkeit. Op. cit., S. 195/164
7 Weltwoche 1/1992, Gespräch mit Thomas P. Gasser, ABB Schweiz
8 Gilligan, Carol, 1982, op. cit.

9 Sennett, Richard, op. cit., S. 330
10 Weber-Kellermann, Ingeborg, in: Zs. System Familie 3/4/1990, S. 206–227
11 Bruner, Jerome: Actual Minds, Possible Worlds. Cambridge 1986, S. 121 (Übersetzung durch Autorin)
12 Hare-Mustin, Rachel T. und Jeanne Marecek: Making a Difference. 1990, op. cit.
13 Douglas, Mary: Ritual, Tabu und Körpersymbolik. Frankfurt a. M. 1981
14 Gleym, Hans: Working together, Women and Men. EWMD, London 1987
15 Welter-Enderlin, Rosmarie: Konflikt und Gewalt in Paarbeziehungen. In: Pflüger, P. M. (Hrsg.): Das Paar, Mythos und Wirklichkeit. Olten 1988, S. 61 ff.
16 Jellouschek, Hans: Semele, Zeus und Hera. Zürich 1987, S. 84 ff.

## Zu Kapitel 12

1 Sichtermann, Barbara, in: Burkart, Günter und Martin Kohli: Liebe, Ehe, Elternschaft. Op. cit. S. 301
2 Thompson, Anthony P.: Extramarital Sex. A Review of the Research Literature. In: The Journal of Sex Research, 1983, S. 1–22
3 Demosthenes, in: Schenk, Herrad: Die Befreiung des weiblichen Begehrens. Op. cit., S. 43
4 von Matt, Peter: Liebesverrat. 1979, op. cit., S. 73
5 Körner, Heinz (Hrsg.): Eifersucht. Rotenburg, 1979
6 Beck-Gernsheim, Elisabeth und Ulrich Beck: Das ganz normale Chaos der Liebe. Frankfurt a. M. 1990
7 Willi, Jürg: Replik zu Hoffmann-Novotny. In: Zs. Familiendynamik, 16/4, 1991, S. 33
8 Pittman, Frank: What Now, Camelot? In: Zs. Family Therapy Networker, Washington 1987
9 Finzi, Sandra: Die Affäre. In: Zs. Familiendynamik 13/2, 1988
10 Jellouschek, Hans: Semele, Zeus und Hera. Zürich 1987, op. cit.
11 Welter-Enderlin, Rosmarie: Secrets in Couples and Couples Therapy. In: Imber-Black, Evan (Hrsg.): Secrets in Families and Family Therapy. New York 1992
12 O'Neill, Eugene: Der Eismann kommt. Frankfurt a. M. 1989
13 Imber-Black, Evan, J. Roberts und R. Whiting: Rituale in Familien und Familientherapie. Heidelberg 1992